Zwischen Kaffeehaus und Kanzel

Martin Nicol

Zwischen Kaffeehaus und Kanzel

Praktische Theologie im Wechselspiel mit den Künsten

Zum 70. Geburtstag von Martin Nicol herausgegeben von Alexander Deeg

EVANGELISCHE VERLAGSANSTALT
Leipzig

Martin Nicol, Dr. theol., Jahrgang 1953, studierte Theologie in
Erlangen, Tübingen, Rom und Toulouse. Er ist Kirchenmusiker
im Nebenamt und hatte von 1995 bis 2019 den Lehrstuhl für
Praktische Theologie in Erlangen mit Schwerpunkt Homiletik,
Poimenik und Liturgik inne.

Bibliographische Information der Deutschen Nationalbibliothek
Die Deutsche Nationalbibliothek verzeichnet diese Publikation in der
Deutschen Nationalbibliographie; detaillierte bibliographische Daten
sind im Internet über http://dnb.dnb.de abrufbar.

© 2023 by Evangelische Verlagsanstalt GmbH · Leipzig
Printed in Germany

Cover: Zacharias Bähring, Leipzig
Satz: 3w+p, Rimpar
Druck und Binden: Hubert & Co., Göttingen

ISBN 978-3-374-07368-9 // eISBN (PDF) 978-3-374-07369-6
www.eva-leipzig.de

Inhalt

Vorwort

Es kann ein Ton sein, ein einziger Ton in einem langen Musikstück, der Martin Nicols Aufmerksamkeit erregt und den er durchsichtig macht für eine Lebens- und Glaubensbewegung. – Es kann ein Wort sein, ein einziges Wort von vielen in einem Gedicht, einem Bibelwort oder einem theologischen Text, durch das eine neue Perspektive auf diese Welt und auf einen Gott, der mit ihr zu tun hat, erkennbar wird. – Es kann eine Szene in einem Film sein, ein Kapitel in einem Roman oder eine Zeile in einem Choral ... Martin Nicol, der emeritierte Erlanger Praktische Theologe, der im März 2023 sein 70. Lebensjahr vollendet, ist ein Lehrer der Wahrnehmung, der seinen Schüler:innen und Leser:innen Augen öffnet für Gott inmitten dieser Welt.

So ist er ein leidenschaftlicher und begeisternder Theologe. »Langweilige Theologie« wäre für ihn ein Oxymoron. Wie könnte eine Wissenschaft langweilig sein, die mit dem »greatest drama ever staged« (Dorothy Sayers) zu tun hat, mit den Ereignissen der Gottesgegenwart? Leidenschaft für die Predigt und den Gottesdienst, die Seelsorge, die Bibel, die Sprache und die Musik – das zeigen die in diesem Band gesammelten Aufsätze, die einen Einblick geben in Martin Nicols Formatierung einer *ästhetischen Praktischen Theologie*.

Beim Wiederlesen durfte ich neu entdecken, wofür ich dem akademischen Lehrer Nicol so dankbar bin: für die Genauigkeit seines Hinsehens und Hinhörens, für sein unermüdliches Aufspüren von Beziehungen und Intertextualitäten – auch solchen, auf die ich nie gekommen wäre, für die Leichtigkeit, mit der Bibel & Beethoven, Karl May, evangelische Pfarrgärten und die Himmelfahrt zusammenfinden, für die unermüdliche Gottes- und Weltleidenschaft, für sein spürbares Leiden an mancher kirchlicher Praxis und seine spürbare Liebe für die Kirche, für theologische Denkbewegungen, die den Intellekt herausfordern und zugleich den Glauben aufrütteln, herausfordern und stärken. Aber auch für die methodische Vielfalt und mutige Unkonventionalität seiner Praktischen Theologie – und nicht zuletzt für die Liebe zur Sprache, die sich in jedem Text Martin Nicols zeigt und sich wohltuend abhebt von vielen allzu ›trockenen‹ und uninspirierten Hervorbringungen unseres Fachs.

In einer Zeit, in der das von Albrecht Grözinger einst so genannte »Ästhetische Paradigma in der Praktischen Theologie« müde geworden ist und abgelöst wurde von einem neuen und zweiten empirisch-sozialwissenschaftlichen Paradigma, legen wir Aufsätze Martin Nicols vor, die zwischen 1994 und 2020 entstanden. An unterschiedlichen Orten waren die meisten von ihnen bereits veröffentlicht; hier finden sie sich in Auswahl versammelt und ergänzt um einen bisher in deutscher Sprache nicht erschienenen und einen gänzlich unveröffentlichten Artikel.

Wir, Martin Nicol und ich, danken Albrecht Grözinger für sein Geleitwort und der Evangelischen Verlagsanstalt, allen voran Frau Dr. Annette Weidhas, für die Aufnahme des Titels in ihr Programm. Wir danken der Leipziger Theologiestudentin Elisabeth Eilers für die präzise Korrekturdurchsicht und das Erstellen der Register.

Diesen Band haben zwei großzügige Druckkostenzuschüsse möglich gemacht: Die Evangelisch-Lutherische Kirche in Bayern würdigt mit ihrem Zuschuss einen Lehrer der Theologie, der Generationen von Pfarrer:innen geprägt hat; das von Martin Nicol mitgegründete »Atelier Sprache« in Braunschweig hat sich in den vergangenen zwei Jahrzehnten als ein Ort erwiesen, an dem sich eine ästhetisch orientierte Praktische Theologie praktisch erproben und von dem sie inspiriert zurückkehren konnte. Ganz herzlich danke ich OKR Stefan Reimers und KR Dr. Günter Riedner (Evangelisch-lutherische Kirche in Bayern) sowie Pfarrerin Johanna Klee und OLKR Thomas Hofer (Evangelisch-lutherische Landeskirche in Braunschweig).

Möge dieser Band Einblicke geben in alte und neue Denkbewegungen Martin Nicols und seine praktisch-theologische Gottes-Leidenschaft, vor allem aber Augen öffnen dafür, wie sich Gott zwischen Buchstaben und Tönen, in Ritual und Predigt verbirgt, entzieht und offenbart.

Leipzig, im Advent 2022
Alexander Deeg

Praktische Theologie als Kunst-Lehre

Geleitwort von Albrecht Grözinger

Es ist alles andere als ein Zufall, dass der erste, der hier veröffentlichten Aufsätze, den Begriff der Gotteskunst bereits im Titel trägt. Martin Nicol steht pointiert für ein bestimmtes Verständnis der Praktischen Theologie, das auf der einen Seite selbstverständlich erscheint, auf der anderen Seite de facto aber alles andere als selbstverständlich ist. Bereits der Begründer der Praktischen Theologie, Friedrich Schleiermacher, versteht die Praktische Theologie als den Inbegriff aller Regeln, die zu einer reflektierten kirchlich-religiösen Praxis unerlässlich sind. Er greift dafür auf den von Aristoteles geprägten Begriff der τέχνη (techne) zurück, den Schleiermacher selbst in einen scharfen Gegensatz zum Begriff der Mechanik setzt. Im mechanischen Handeln sind alle Schritte genau festgelegt und bestimmt. Während der τέχνη ein notwendiges Moment der Freiheit, der individuellen Ausgestaltung wie der Wahrnehmung innewohnt. Kunst-Lehre ist für Schleiermacher deshalb immer mit Freiheits-Lehre identisch.

Ars theologica

In der mittelalterlichen Diskussion erscheint das aristotelische Verständnis der τέχνη unter dem Begriff der Ars. Viele der mittelalterlichen Homiletik-Lehrbücher führen den Begriff der *ars homiletica* bereits im Titel mit sich. Die *ars* grenzt sich auf der einen Seite ab von einer rein mechanisch verfassten Handwerkslehre, setzt aber auf der anderen Seite noch nicht das in der Renaissance entstehende Selbstbewusstsein des genialischen Künstlers voraus, der seinen Gegenstand gleichsam wie ein Gott erschafft. Genau dieses Verständnis der mittelalterlichen *ars* treffen wir in den Aufsätzen von Martin Nicol an. Der Praktische Theologie, die Praktische Theologin sind auf der einen Seite in all ihrer Kreativität gefordert, wissen aber stets auch, dass sie ihren »Gegenstand« nicht erschaffen, sondern dass dieser »Gegenstand« – nämlich Gott in seinem Geheimnis – jeder kirchlichen und religiösen Praxis immer schon vorausgeht. Sie sind das menschliche Echo eines vorausgehenden göttlichen Handelns an der

Welt und an uns. Und deshalb ist das Verständnis der Praktischen Theologie als *ars* sowohl ihrer Voraussetzung wie ihrer Aufgabe so angemessen.

Dieses Wissen ging in der Geschichte des Faches Praktische Theologie immer wieder verloren. Zwar nahm – wie bereits erinnert wurde – die Geschichte der neuzeitlichen Praktischen Theologie bei Schleiermacher ihren Ausgang vom Begriff der *ars* (τέχνη); Friedrich Niebergall rückte die Praktische Theologie in die Nähe der Künste; und selbst Karl Barth konnte in der ersten Auflage seines Römerbriefkommentars von den PfarrerInnen als den *Musikanten des lieben Gottes* sprechen. Doch der Verdacht der Dialektischen Theologie gegen alles methodische Handeln in der Praktischen Theologie, wie dies vor allem in Eduard Thurneysens Essay *Die Aufgabe der Predigt* aus dem Jahre 1921 zum Ausdruck kommt, ließ diese Musikanten des lieben Gottes wieder in den Hintergrund treten. Und in der empirischen Wende des Faches Praktische Theologie in den 70er-Jahren des vergangenen Jahrhunderts mit ihrer Orientierung an den Sozialwissenschaften erschien die Praktische Theologie eher als Sozial-Technologie, denn als artifizielles Handeln. Erst in der kurzen Phase der ästhetischen Wende in der Praktischen Theologie, die Martin Nicol entscheidend mitgeprägt hat, tauchte die Erinnerung an die alte Tradition der Praktischen Theologie als *ars* (τέχνη) wieder auf.

Prinzipielle Interdisziplinarität

Es war wiederum Schleiermacher, der daran erinnerte, dass eine leistungsfähige Praktische Theologie stets auf andere Wissenschaften angewiesen ist. Und zwar als Wissenschaften in ihrer autonomen Gestalt und Leistungsform und nicht lediglich als »Hilfswissenschaften«. Dieser prinzipiellen Interdisziplinarität geben die hier veröffentlichen Aufsätze Martin Nicols eine spezifische Form. Waren in der Geschichte unserer Disziplin vorrangig die Human- und Sozialwissenschaften das Gegenüber, so erweitert Nicol diese um ein charakteristisches Spektrum: Literaturwissenschaft, Architektur, Musikwissenschaft, kurz: das gesamte Ensemble der Kulturwissenschaften ist in den Aufsätzen präsent. Das »Geheimnis Gottes« bedarf offensichtlich dieser auf ästhetische Wahrnehmung und Gestaltung ausgerichteten Wissenschaften ebenso – wenn nicht dringlicher – als der eher an einem lebenspraktischen Zugriff interessierten Sozial- und Humanwissenschaften.

Geschichtliche Tiefendimension

Wer wie Martin Nicol in die Welt der Künste eintaucht, erinnert immer auch an deren geschichtliche Abkünfte. Kunstwerke sind immer auch Gespräche mit der

Vergangenheit. Die ästhetische Theorie einer Intertextualität im weitesten Sinne macht uns dies deutlich. Nun steht aber die Praktische Theologie stets auch in einer gewissen Spannung zu den explizit historisch orientierten Wissenschaften. Und Studierende der Theologie verstehen die Praktische Theologie immer wieder als eine gewisse Entlastung von einer vermeintlichen oder auch tatsächlichen historischen Orientierung der Theologie als Gesamtwissenschaft. Die Praktische Theologie erscheint in dieser Perspektive sogar als die Befreiung von den historischen Fesseln. Und wer verändern will, der muss sich von diesen Fesseln befreien. So lautet ein verbreitetes Urteil unter Theologiestudierenden und Pfarrer/innen.

Dieser Sicht liegt jedoch, das zeigen die Aufsätze von Martin Nicol auf beeindruckende Weise, ein zumindest irreführendes Verständnis der Bedeutung des geschichtlichen Blickes zugrunde. Kunstwerke verändern gerade dadurch, dass sie das Gespräch mit ihren VorgängerInnen suchen, unsere Gegenwart. Bereits Aristoteles sagte, dass es die Poesie sei, die zeigt, *wie die Dinge sein könnten*. Der geschichtlich-poetische Blick weist uns gerade ein in die Relativierung alles Bestehenden, weil er uns zeigt, dass alles auch anders sein könnte. *Nur wenn das, was ist, sich ändern lässt, ist das, was ist, nicht alles*: Dieses Diktum Theodor W. Adornos aus dessen Negativer Dialektik erinnert daran, dass es gerade der geschichtlich-poetische Blick ist, der *der alles verändernden Tatsache, dass Gott ist* – wie dies Karl Barth einmal ausgedrückt hat – am ehesten entspricht.

Methodenpluralismus

In der gegenwärtigen Praktischen Theologie dominiert eindeutig das Paradigma der empirischen Forschung. Dies ist zunächst einmal gar nicht zu kritisieren. Empirische Forschungen weiten und – vor allem – korrigieren unsere eingeschliffenen Sichtweisen. Allerdings stehen wissenschaftliche Paradigmen stets in der Gefahr – gerade dort, wo sie erfolgreich sind – sich selbst zu überschätzen, wenn nicht gar zu verabsolutieren. So kann man in diesem Zusammenhang gegenwärtig nicht selten hören, der empirische Zugang sei doch der genaueste, exakteste und unbestechlichste, während andere Sichtweisen auf die Realität (wie ein hermeneutischer oder ästhetischer Zugang) doch sekundäre, abgeleitete Wahrnehmung seien, im schlimmsten Fall eine ideologische Verzerrung dieser Wahrnehmung. Dem ist entgegenzuhalten, dass eine hermeneutische oder ästhetische Wahrnehmung und Interpretation unserer Wirklichkeit zwar anders auf diese Wirklichkeit bezogen sind als ein empirischer Zugang, aber in ihrer Leistungsfähigkeit nicht weniger präzise als dieser. Im Grunde sind diese wissenschaftlichen Paradigmen aufeinander angewiesen, um die Wirklichkeit angemessen wahrzunehmen und zu interpretieren. Man kann dies sehr schön an dem kleinen Essay *Nomadenhaft häuslich – Kaffeehaus als Lebensform* zeigen. Im empirischen Paradigma hat in jüngster Zeit die Milieu-Theorie eine besondere Bedeutung gewonnen. Und sicher ist auch die kulturelle Institution des Kaffeehauses einem bestimmten Milieu zuzuordnen. Wie aber konkret die lebensgeschichtlichen Erfahrungen und Wahrnehmungen eines Kaffeehausbesuchers, einer Kaffeehausbesucherin aussehen – dies vermag die Milieu-Theorie allein nicht zu explizieren, dazu bedarf es der kulturgeschichtlichen und ästhetischen Wahrnehmung, wie dies der Essay Nicols versucht.

Die hier vorliegende Sammlung von Essays und Aufsätzen repräsentiert eindrucksvoll einen bestimmten Zugang zur praktisch-theologischen Wahrnehmung und Reflexion – nämlich den einer kulturgeschichtlichen und ästhetischen Orientierung. Und sie zeigt, was sie gerade in der Vielfalt der gegenwärtigen praktisch-theologischen Landschaft zu leisten vermag. Deshalb ist sie zugleich ein starkes Plädoyer für einen unhintergehbar notwendigen Methodenpluralismus im Bereich der Praktischen Theologie.

Konzept

Ereignis und Kritik
Praktische Theologie als hohe Schule der Gotteskunst[1]
[2002]

I. Ausgesparte Mitte

Einst lagerte hier das Heu. Jetzt kommen unter dem Gefüge der Holzbalken Menschen zusammen. Sie halten inne, beten, meditieren, feiern Gottesdienst. Im Dachboden eines ehemaligen Stadels findet sich die Kapelle für die Gäste eines katholischen Tagungshauses.[2] Die kleinen Dachluken halten den Raum im Halbdunkel. Nur an der Breitseite, zum Park hin, befindet sich ein hohes Fenster. Glasklar sind sie nicht, die mehrfach unterteilten Scheiben, aber sie lassen gedämpftes Licht herein und öffnen den Blick ins Freie, auf die mächtigen Laubbäume, die dem ehemaligen Schlosspark Schatten geben. Im Halbkreis sind die Stühle zum Fenster ausgerichtet. Links Tabernakel und Ewiges Licht, rechts eine Marienikone mit der Osterkerze. Die Mitte ist ausgespart. Wo man den Altar erwarten würde, lenkt jetzt, leicht verschwommen, das hohe Fenster den Blick auf die alten Bäume.

Es gibt nicht viele Sakralräume, die allein schon durch ihre Architektur Welt hereinlassen. Und es dürfte erst recht nicht viele Kapellen geben, in denen ein Stück Welt genau die Blicke auf sich zieht, die den Altar suchen. Zugegeben, es ist ein schönes Stück Welt, das ich da erblicke. Von der Brutalität draußen erzählen die alten Bäume nichts. Aber ein Stück Welt sind sie doch. Mit den Bäumen, die der Wind bewegt, kommt Welt herein, vom Fenster gerahmt und durch die Scheiben leicht gebrochen. Im Wechselspiel von Sakralraum und Natur wird etwas sinnenfällig von der Weltwirklichkeit Gottes.

Die Menschen in der Kapelle sammeln sich um eine ausgesparte Mitte. Zweifel, wer da unsichtbar die Mitte erfüllt, kann es nicht geben. Über dem Fenster hängt, klein und unaufdringlich, ein Kruzifixus. Ewiges Licht und Osterkerze bezeugen ihn als den auferstandenen Herrn. Christus ist die Mitte für

---

[1]   Erweiterte Fassung eines Vortrages, den ich in einer praktisch-theologischen Sozietät am 21.06.2001 in Kampen/Niederlande gehalten habe.

[2]   Edith-Stein-Haus in Weisendorf bei Erlangen.

die Menschen im Halbkreis. Er ist die Mitte im Wechselspiel von Natur und sakralem Raum.

Für mich ist diese Kapelle zum Ausdruck dafür geworden, wie ich mein Fach, die Praktische Theologie, verstehe: wissenschaftliche Arbeit, bewegt von der ausgesparten Mitte. Ich kann im Hintergrund der Kapelle bleiben und theologische Reflexionen anstellen. Ich kann ganz vorne sitzen und selbst eintauchen ins gottesdienstliche Geschehen. Praktische Theologie, so sehe ich es, oszilliert zwischen Kritik aus der Distanz und dem Ereignis erlebter Gottesgegenwart.[3] Mit »Kritik« meine ich die wissenschaftliche Reflexion, die anhand von einsichtigen Kriterien über Phänomene und Vollzüge nachdenkt. Mit »Ereignis« meine ich einzelne, lebendige Vollzüge, die unverfügbar sind, weil sich da von Gott her etwas ereignet.[4] Ereignis und Kritik, beide bezogen auf das Geheimnis der ausgesparten Mitte, bilden das polare Spannungsfeld, in dem sich die Praktische Theologie bewegt.

II. Crossover

Ein paar Bäume machen noch nicht die Welt. Das Bild von der Kapelle scheint den Spielraum der Praktischen Theologie letztlich aufs Sakrale zu begrenzen: ein Gottesdienstraum – mit gelegentlichem Blick ins Freie. So verstanden würde das Bild nicht taugen zum Sinnbild einer Praktischen Theologie in der Gegenwart. Deren Blick geht längst hinaus über den engeren Raum von Kirche. Die Fenster zu der Kultur, in der wir leben, sind weit geöffnet. Hochkultur, Alltagskultur, Popkultur, Multikultur, Trivialkultur – elitäre Selbstbegrenzungen der Tradition zählen nicht mehr. Vom Comic[5] bis zu den Klängen des Rock und Pop[6], vom Jazz[7]

---

[3]   Vgl. Martin Nicol, Zwischen Ereignis und Wissenschaft. Über Schwierigkeit und Faszination der Praktischen Theologie, in: PTh 83 (1994), 68–81.

[4]   Vgl. zur Rezeption der theologischen Rede vom »Ereignis«: Ingo Reuter, Predigt verstehen. Grundlagen einer homiletischen Hermeneutik (APrTh 17), Leipzig 2000, 175–186. Diese Arbeit erhebt das »Ereignis«, mit Einhilfe durch Jean-François Lyotard und dessen postmoderner Rede vom Ereignis, wieder zur wesentlichen predigthermeneutischen Kategorie, um die Unverfügbarkeit des Predigtgeschehens zu kennzeichnen.

[5]   Vgl. Frank Thomas Brinkmann, Comics und Religion. Das Medium der »Neunten Kunst« in der gegenwärtigen Deutungskultur, Stuttgart/Berlin/Köln 1999.

[6]   Vgl. Bernd Schwarze, Die Religion der Rock- und Popmusik. Analysen und Interpretationen, Stuttgart/Berlin/Köln 1997.

[7]   Vgl. Hans-Martin Gutmann, Grenzgänge. Einfälle zu Jazz und Theologie, in: Gerhard Fermor u. a. (Hg.), Theophonie. Grenzgänge zwischen Musik und Theologie, Rheinbach 2000, 78–97.

bis zu Mendelssohns »Elias«[8], von der multireligiösen Kultur in Berlin[9] bis zur jüdischen Religionspädagogik in Israel[10], von der Gegenwartsliteratur[11] bis zum Filmschaffen Hollywoods[12], von der Spiritualität des Kirchenraums[13] bis zum Kühler eines Rolls-Royce[14] – es gibt inzwischen kaum ein Phänomen, das nicht praktisch-theologische Aufmerksamkeit findet.

Mit ihrer kulturellen Neugier steht die deutschsprachige Praktische Theologie nicht allein. Weltweit überblenden sich Bereiche, die vordem nichts miteinander zu tun hatten oder haben wollten: Crossover an allen Ecken und Enden. Die Bühnenperformance wird zum Modell für die Predigt[15], Musik bringt die praktisch-theologische Reflexion zum Klingen[16] und die Kategorie der Unterhaltung überspannt elegant den Graben zwischen einem U-Bereich des Alltags und einem E-Bereich[17] des Glaubens. Im allgemeinen Crossover verwischen sich Trennlinien auch zwischen den theologischen Disziplinen. Die Systematische Theologie übt mit Tönen neue Denkbewegungen[18], die Bibelwissenschaft kümmert sich mit Blick auf Hollywood um die biblischen Stories[19], und Phänomenen von Unterhaltung in der Kirche ist auch die historische Forschung auf der Spur[20].

Die Aufzählungen sind alles andere als vollständig. Ich habe nur ein paar besonders auffällige Beispiele aus der Fülle von Literatur herausgegriffen. Sie

[8]   Vgl. Harald Schroeter, Mendelssohns Elias. Ein Bibliodrama zwischen Kirche und Konzertsaal, in: Gerhard Fermor u. a. (Hg.) (Anm. 7), 128–151.
[9]   Vgl. Wilhelm Gräb, Religion in Berlin, in: PTh 90 (2001), 134–151.
[10]   Vgl. Bernd Schröder, Jüdische Erziehung im modernen Israel. Eine Studie zur Grundlegung vergleichender Religionspädagogik, Leipzig 2000.
[11]   Vgl. Erich Garhammer, Am Tropf der Worte – literarisch predigen, Paderborn 2000; auch Ulrike Suhr, Poesie als Sprache des Glaubens. Eine theologische Untersuchung des literarischen Werkes von Marie Luise Kaschnitz, Stuttgart/Berlin/Köln 1992.
[12]   Vgl. Thies Gundlach, Das Böse im Film. Beobachtungen zur theologischen Kompetenz Hollywoods, in: PTh 87 (1998), 425–441; auch Inge Kirsner, Erlösung im Film. Praktisch-theologische Analysen und Interpretationen, Stuttgart/Berlin/Köln 1996.
[13]   Vgl. Klaus Raschzok, Spuren im Kirchenraum. Anstöße zur Raumwahrnehmung, in: PTh 89 (2000), 142–157.
[14]   Vgl. Albrecht Grözinger, Der Kühler des Rolls-Royce oder Wahrnehmung und Tradition, in: Ders., Praktische Theologie als Kunst der Wahrnehmung, Gütersloh 1995, 66–80.
[15]   Vgl. Jana Childers, Performing the Word. Preaching as Theatre, Nashville 1998.
[16]   Vgl. Bernard Reymond, Music and Practical Theology, in: IJPT 5 (2001), 82–93.
[17]   Vgl. Joseph M. Webb, Comedy and Preaching, St. Louis 1999; auch Harald Schroeter-Wittke, Unterhaltung. Praktisch-theologische Exkursionen zum homiletischen und kulturellen Bibelgebrauch im 19. und 20. Jahrhundert anhand der Figur des Elia, 2000.
[18]   Vgl. Jeremy S. Begbie, Theology, Music and Time, Cambridge 2000.
[19]   Vgl. Bernard Brandon Scott, Hollywood Dreams and Biblical Stories, Minneapolis 1994.
[20]   Vgl. Jeannine Horowitz u. Sophia Menache, L'humour en chaire. Le rire dans l'Église médiévale, Genf 1994.

mögen genügen, eine weltweite Neuorientierung der Praktischen Theologie anzuzeigen. Dabei steht das Fach nicht allein. Im größeren Kontext der Geisteswissenschaften ist die gesamte Theologie von den Veränderungen erfasst. Die
Metapher vom Netz kennzeichnet diesen Wandel. Weltweit dominiert das Internet, Leitmedium der Zukunft, die Wahrnehmung von Wirklichkeit. Hierarchische und lineare Begründungsmuster sind nur noch begrenzt tauglich. Im
Internet ist alles mit allem vernetzt. Ein Mouseclick genügt, ganz und gar
Fernliegendes auf ein und denselben Bildschirm zu bringen. Keine Situation,
kein Wort, kein Bild, kein Text bleibt ohne neue und überraschende Kontexte.
Wenn alles mit allem vernetzt ist, dann wird, ganz generell, Intertextualität[21] das
Phänomen, mit dem wir es zu tun haben. Nicht mehr nur einzelne Phänomene,
sondern das Wechselspiel ganz verschiedener Phänomene bildet jetzt den Fokus
der Aufmerksamkeit.

III. Wege der Neugier

Auf verschiedenen Wegen hat sich die Praktische Theologie in solche Vernetzungen hineinbegeben. Die Stichworte *Subjekt, Kunst* und *Religion* mögen exemplarisch für die Neugier stehen, mit der sich die deutschsprachige Praktische
Theologie seit Mitte der achtziger Jahre neu auf den Weg gemacht hat.

Erstens: Subjekt. Gegenüber einer pastoraltheologischen Verengung auf den
Amtsträger und einer ekklesiologischen Verengung auf die Kirche hat *Henning
Luther* den einzelnen Menschen als Gegenstand der Praktischen Theologie ins
Spiel gebracht. Dem einzelnen Menschen als Subjekt hat die wissenschaftliche
Reflexion zu gelten: dem einzelnen Menschen mit seinem Schmerz und seiner
Sehnsucht, mit seiner Religiosität, seiner Lebensgeschichte, seiner Weise, Gott
und Welt wahrzunehmen im Alltag. Wie der einzelne Mensch seine Welt erlebt
und konstituiert – das wird die leitende Fragestellung. Sie nötigt die Theologie
zunächst zu einer gleichsam vordogmatischen Weise der Wahrnehmung. Segmente von Wirklichkeit, die bisher eher am Rande des Interesses lagen, kommen
nun zentral in den Blick: Alltag, Religion, Lebensgeschichte, Kunst. Eine Praktische Theologie, die sich dem einzelnen Subjekt zuwendet, kann nicht immer in
kritischer Distanz verharren, sondern wird sich notwendig in Ereignisse gelebten
Lebens verwickeln lassen:

---

[21] Ich verwende die Begriffe von Text und Intertextualität hier in einem weiteren Sinn, als
das üblicherweise in der Literaturwissenschaft geschieht; vgl. Johanna Bossinade, Poststrukturalistische Literaturtheorie, Berlin, Heidelberg 2000, 94–103.

»Eine Theologie ohne Tränen der Trauer und ohne Seufzer der Hoffnung, eine Theologie, die den Menschen in seinem Schmerz und in seiner Sehnsucht verloren hat, hat auch das, was sie für ihr eigentliches Thema halten mag, Gott verloren.«[22]

Zweitens: Kunst. Gegenüber einer Fixierung auf Humanwissenschaften und empirische Forschung hat *Albrecht Grözinger* die Kunst als Bezugsgröße der Praktischen Theologie ins Spiel gebracht.[23] Ästhetische und religiöse Erfahrung werden zu vergleichbaren Phänomenen. Die Praktische Theologie versteht sich selbst als Kunst, als Kunst der Wahrnehmung. Sie nimmt wahr, wie Gestaltungen der christlichen Tradition und Gestaltungen der Gegenwartskultur sich wechselseitig deuten. Dabei gilt das besondere Augenmerk dem »Weißen im Bild«, den leeren Stellen in der Kunst und im Leben, den Schnittstellen und Übergängen, dem Offenen, nicht Definierten und nicht Definierbaren. Grözinger weiß, dass das »Geheimnis der Welt« nicht fixiert werden kann. Definieren kann auch die Theologie das Geheimnis nicht, wohl aber kann sie es »methodisch behüten«. Methodisch behüten, was sich der Methode entzieht – das macht Schwierigkeit und Faszination der Praktischen Theologie aus:

> Sie »siedelt sich exakt an der Schnittstelle zwischen Kunst und Wissenschaft an. In diesem Zwischenbereich hat sie ihren Ort. Dies wird auch die Methode ihrer Sprache und Darstellung bestimmen. Auch hier changiert sie zwischen wissenschaftlicher Objektsprache und künstlerischer Performance. Deshalb hat sie es auch so schwer im Haus der theologischen Wissenschaft. Den einen ist sie zu praxisfern, den anderen zu poetisch.«[24]

Drittens: Religion. Gegenüber einer verengten Ausrichtung auf kirchliche Vollzüge macht *Wilhelm Gräb* die Religion als kulturelles Phänomen zum Anliegen der Praktischen Theologie. Mit einer solchen Religionshermeneutik steht er nicht allein. Er ist Mitherausgeber der neuen Zeitschrift »International Journal of Practical Theology«. Sie versteht sich, so das Editorial zur ersten Nummer (1997), weltweit als Organ einer »kulturhermeneutischen Neubestimmung und Erweiterung der Praktischen Theologie«. Für Gräb selbst steht neuerdings die Hauptstadt Berlin exemplarisch für die multikulturelle und multireligiöse Si-

---

[22]   Henning Luther, Schmerz und Sehnsucht. Praktische Theologie in der Mehrdeutigkeit des Alltags [1987], in: Ders., Religion und Alltag. Bausteine zu einer Praktischen Theologie des Subjekts, Stuttgart 1992, 239–256 u. 306–315, 252.

[23]   Vgl. Albrecht Grözinger, Praktische Theologie und Ästhetik. Ein Beitrag zur Grundlegung der Praktischen Theologie, München 1987.

[24]   Alle Zitate s. Albrecht Grözinger, Das »Weiße« im Bild oder Am Nullpunkt der Praktischen Theologie, in: Ders., Praktische Theologie als Kunst der Wahrnehmung, Gütersloh 1995, 153–159.

tuation der Zukunft. Ein neues »Religionsdenken« sei an der Zeit. Dieses neue Denken setzt Unkirchlichkeit nicht mit Religionslosigkeit gleich. Einem individuellen Glauben ohne Kirche, wie er die aktuelle Religionskultur kennzeichne, habe sich die Praktische Theologie zuzuwenden. Praktische Theologie stellt sich dar als Hermeneutik gelebter Religion. Sie nimmt Religion in außerkirchlichen Ausprägungen wahr, bringt »handlungstranszendente Sinnbedingungen« in die Deutung ein und vermittelt so die christliche Tradition mit gelebter Religiosität:

> »Es braucht für den kirchlichen und religiösen Beruf eine Praktische Theologie, welche die Kultur der Gegenwart erschließt, die religiöse Frage in ihr identifiziert, das gegenwarts- und erfahrungsoffene Religionsgespräch in ihr fördert, Stilsicherheit in der symbolisch-religiösen Darstellung von Weltanschauungen und Lebensansichten ermöglicht.«[25]

Subjekt, Kunst und Religion – die drei Stichworte markieren die aktuelle Neuorientierung der Praktischen Theologie. Als zusammenfassende Kennzeichnung bietet sich der Begriff der Ästhetik an.[26] Einer ästhetisch ausgerichteten Praktischen Theologie geht es nicht primär um Gedanken und Ideen, sondern um konkrete Gestaltungen von Leben und Religion. Dabei werden Phänomene nicht nur einzeln, sondern auch in ihrem Wechselspiel wahrgenommen. Das hat zur Folge, dass herkömmliche Grenzziehungen hinfällig werden. Praktische Theologie als Ästhetik spannt den Bogen zwischen einer Ästhetik des Alltags und einer Ästhetik von Kunst, zwischen spezifisch christlicher Ästhetik und einer Ästhetik gemeinkultureller Vermittlungen von Religion.

Die neue Praktische Theologie ist von einer Neugier gepackt, die ansteckt. Vergleichbar wäre in der jüngeren Vergangenheit allenfalls die Neugier der empirischen Wende, als sich die Praktische Theologie gegen Ende der sechziger Jahre aufmachte, außertheologische Erkenntnisse und Fertigkeiten etwa aus Psychologie oder Soziologie in die eigene Arbeit zu integrieren.

Die Fenster der Praktischen Theologie zur Welt sind weit geöffnet. Frischer Wind zieht durch den Blätterwald der Publikationen. Neugierig ist diese neue Praktische Theologie. Und weltläufig dazu. Sie könnte damit, so sehe ich es, durchaus einer »Weltläufigkeit Gottes« entsprechen, wie sie etwa im Johannesprolog zum Ausdruck kommt:[27] Das Wort, das den Glauben wirkt, ist zugleich das Wort, das die Welt erschuf. Im Deutehorizont der Schöpfungsmittlerschaft Christi

---

[25]   Vgl. Gräb (Anm. 9), 150.

[26]   Vgl. Albrecht Grözinger, Praktische Theologie und Ästhetik. Ein Buch- und Forschungsbericht, in: IJPT 3 (1999), 269–294.

[27]   Wenn ich solche »Weltläufigkeit« ins Englische übersetzen wollte, dann müsste ich wohl von »God's own cosmopolitanism« sprechen. Das würde einen zusätzlich reizvollen Akzent im Verständnis von Joh 1 ergeben.

verfestigen sich Zweiheiten wie die von Glauben und Welt, Innen und Außen, Frömmigkeit und Kultur, Gott und Welt nicht zu Dualismen. Vielmehr werden solche Zweiheiten zu Polen eines Spannungsfeldes, in dem es sich lohnt, Entdeckungen zu machen. So oder so ähnlich könnte die Praktische Theologie sich nicht nur an neuer kultureller Weite erfreuen, sondern ihre neue Weltläufigkeit auch in einem genuin theologischen Bezugsrahmen zur Geltung bringen.

Zu fragen ist freilich, ob bei aller Neugier der Reichtum und die Spannweite christlicher Tradition immer ausreichend zur Geltung kommen. Zuweilen scheinen alltagskulturelle Ausprägungen von Religiosität die Praktische Theologie weit mehr zu faszinieren als das, was christliche Theologie von sich aus in die multireligiöse Kultur einzubringen hätte. Vor allem geht ein wichtiger Hinweis leicht unter im kulturhermeneutischen Diskurs. Es ist der Hinweis auf das »Geheimnis«. Gemeint ist das Geheimnis der Gottespräsenz. Dieses Geheimnis kann nicht gelöst werden wie ein Rätsel. Allenfalls kann es, so Albrecht Grözinger, »methodisch behütet«[28] werden. Bei Wilhelm Gräb steht, so sehe ich es, das Geheimnis in der Gefahr, sich in die Abstraktion von »handlungstranszendenten Sinnbedingungen«, einer »Unbedingtheitsdimension humaner Selbstdeutung«[29] oder eines »letztinstanzlichen Sinnhorizontes«[30] zu verflüchtigen. Eine Praktische Theologie aber, die das Geheimnis der Gottespräsenz »methodisch behüten« will, kann es nicht fixieren, schon gar nicht im Denken. Der Weg in die Abstraktion ist der traditionelle Weg der Wissenschaft. Neue Wege sehen anders aus. Weltläufige Wege könnten es sein. Wege im Spannungsfeld von Ereignis und Kritik. Wege der Reflexion. Erfahrungswege. Für die genuin theologisch motivierte Neugier einer neuen Praktischen Theologie hat Albrecht Grözinger eine schöne Formel gefunden: »Als Flaneure Gottes sollen wir den Spuren dieses Geheimnisses folgen.«[31]

IV. Gottesdienst und Geheimnis

Flaneure trifft man im Kaffeehaus. Die Flaneure Gottes mag man gelegentlich im Gottesdienst antreffen. Aber ihr Radius reicht weiter als bis zur Kirchentür. Der Gottesdienst ist nicht der einzige Ort, an dem das Geheimnis Gottes aufgespürt werden kann. Schon Ernst Lange hatte einst der Praktischen Theologie ins

---

[28]   Vgl. Grözinger (Anm. 24), 158.

[29]   Beide Zitate bei Gräb (Anm. 9), 150.

[30]   Wilhelm Gräb, Lebensgeschichten – Lebensentwürfe – Sinndeutungen. Eine Praktische Theologie gelebter Religion, Gütersloh 1998, 51.

[31]   Albrecht Grözinger, Paul Cézanne und die Montagne Sainte-Victoire oder Von der Treue des Blicks und dem Geheimnis der Welt, in: Ders., Praktische Theologie als Kunst der Wahrnehmung, Gütersloh 1995, 130 – 143, 143.

Stammbuch geschrieben, sie dürfe die Heilsgegenwart Gottes nicht wesentlich im Kult lokalisieren.[32] Gottesdienst sei immer ein Geschehen im Zweitakt von Ekklesia und Diaspora. Es mache theologisch keinen Unterschied, ob Christen gottesdienstlich beieinander sind (Ekklesia) oder als einzelne an ihren jeweiligen Lebensorten (Diaspora). Die Weltwirklichkeit Gottes lässt sich nicht einengen auf Orte und Zeiten.

Im Gottesdienst ist Gott keineswegs gegenwärtiger als irgendwo sonst in der Welt. Aber als Ort exemplarischer Wahrnehmung von Gottespräsenz eignet sich der Gottesdienst sehr wohl. Das gilt auf der Ebene primärer Erfahrung ebenso wie auf der Ebene theologischer Reflexion. Es ist kein Zufall, dass es zu einem guten Teil die Liturgik war, die einer Praktischen Theologie als Ästhetik den Weg wies. Zeitlich jedenfalls fiel beides zusammen: die Neuentdeckung der Liturgik und die Formierung einer Praktischen Theologie als Ästhetik. Am Gottesdienst und seinen Phänomenen konnte die Semiotik theologische Relevanz gewinnen.[33] Im Bereich von Gottesdienst wurden Symbol und Ritual ästhetisch neu entdeckt als eigentümliche Gestaltungen von Religion.[34] In der Liturgik trafen die Welt des Theaters und die Welt der Religion so zusammen, dass Gottesdienst als »Inszenierung« beschrieben werden konnte.[35] Die Interdependenzen zwischen Raum und Ritual ließen die Kirchenarchitektur neu in den Blick kommen.[36] Gottesdienstliche Inszenierungen und außergottesdienstliche Rituale wurden in ihrer Konkurrenz oder in ihrem Wechselspiel kenntlich.[37] Es macht also Sinn, den Gottesdienst als (Gesamt-)Kunstwerk wahrzunehmen.[38] Das dürfte inzwischen weitgehend Konsens geworden sein in der Liturgik.

---

[32]   Vgl. Ernst Lange, Chancen des Alltags. Überlegungen zur Funktion des christlichen Gottesdienstes in der Gegenwart, Stuttgart 1965, 146–151.

[33]   Vgl. Michael Meyer-Blanck, Semiotik und Praktische Theologie, in: IJPT 5 (2001), 94–133.

[34]   Vgl. Gerard Lukken, Semiotik des Raumes. Theater und Ritual – Unterschiede und Berührungsebenen, in: Thomas Nißlmüller u. Rainer Volp (Hg.), Raum als Zeichen. Wahrnehmung und Erkenntnis von Räumlichkeit, Münster 1999, 55–70.

[35]   Vgl. Michael Meyer-Blanck, Inszenierung des Evangeliums. Ein kurzer Gang durch den Sonntagsgottesdienst nach der Erneuerten Agende, Göttingen 1997.

[36]   Vgl. Klaus Raschzok, Der Feier Raum geben. Zu den Wechselbeziehungen von Raum und Gottesdienst, in: JMLB 45 (1998), 79–103.

[37]   Vgl. etwa Albrecht Grözinger, Der Gottesdienst als Kunstwerk, in: PTh 81 (1992), 443–453, wo politische und religiöse Inszenierungen in Beziehung gesetzt werden; vgl. auch Peter Stolt u. a. (Hg.), Kulte, Kulturen, Gottesdienste. Öffentliche Inszenierung des Lebens, Göttingen 1996.

[38]   Vgl. Karl-Heinrich Bieritz, Gottesdienst als ›offenes Kunstwerk‹? Zur Dramaturgie des Gottesdienstes, in: PTh 75 (1986), 358–373.

Gleichzeitig mit seinen ästhetischen Implikationen wurde auch die genuin religiöse Dimension des Gottesdienstes neu entdeckt. Im deutschen Sprachraum hat Manfred Josuttis den entscheidenden Impuls gegeben.[39] Er versteht den Gottesdienst als mystagogisches Drama nach den Sequenzen, die den Erfahrungsweg mittelalterlicher Mystik ausmachen: purgatio – illuminatio – unio. Gottesdienst, so Josuttis, führt »in die verborgene und verbotene Zone des Heiligen«.[40] Liturgie bedeutet, so fasse ich zusammen, einen symbolisch-rituell gestalteten Erfahrungsweg in der Gotteswirklichkeit.

Die traditionelle Liturgik sprach, wenn die spezifisch religiöse Qualität der Liturgie in Rede stand, vom »Geheimnis«. Wilhelm Stählin und andere haben seinerzeit das »Geheimnis« (griech. mysterion, lat. sacramentum) auch für eine evangelische Liturgik ins Spiel gebracht.[41] Gottesdienst ist Weg im Geheimnis, Erfahrungsweg in der Gotteswirklichkeit, genauer: in der Präsenz des auferstandenen Herrn. Der Gottesdienst beginnt mit dem wechselseitigen Zuspruch solcher Gegenwart: »Der Herr sei mit euch – und mit deinem Geist.« Die gesamte eucharistische Handlung ist Feier des gegenwärtigen Herrn. Die »Anamnese« erinnert nicht an Vergangenes, sondern vergegenwärtigt, mit der Signatur der Geschichte und in der Perspektive der Zukunft, den auferstandenen Herrn. Auch die Predigt hätte sich als Etappe auf dem gottesdienstlichen Erfahrungsweg in der Gotteswirklichkeit zu verstehen.[42]

Um das Geheimnis der Gottesgegenwart geht es im Gottesdienst.[43] Und weit darüber hinaus; Gottes Geheimnis ist weltläufig oder es ist nicht. Die Kapelle, die ich zu Beginn beschrieben habe, wird zum Symbol. Die ausgesparte Mitte ist das Zentrum, die bewegende Mitte, sie steht für das Geheimnis, das alles in Bewegung hält und um das sich alles dreht. Eine ästhetisch konzipierte Praktische Theologie wäre dann Wissenschaft von der ausgesparten Mitte, Wissenschaft vom Gottesdienst im weiten und weltläufigen Sinn des Wortes.

---

[39]   Manfred Josuttis, Der Weg in das Leben. Eine Einführung in den Gottesdienst auf verhaltenswissenschaftlicher Grundlage, München 1991.

[40]   Ders., Die Einführung in das Leben. Pastoraltheologie zwischen Phänomenologie und Spiritualität, Gütersloh 1996, 95.

[41]   Vgl. Michael Meyer-Blanck, Leben, Leib und Liturgie. Die Praktische Theologie Wilhelm Stählins (APrTh 6), Berlin/New York 1994, 267–278.

[42]   Vgl. Martin Nicol, Gestaltete Bewegung. Zur Dramaturgie von Gottesdienst und Predigt, in: Jörg Neijenhuis (Hg.), Liturgie lernen und lehren. Aufsätze zur Liturgiedidaktik, Leipzig 2001, 151–163.

[43]   Vgl. Arno Schilson, Über das »Geheimnis« des lebendigen Gottes in der Liturgie. Unzeitgemäße Hinweise auf Vergessenes in Christentum und Liturgie, in: LJ 51 (2000), 8–17.

V. Wissenschaft zwischen Kritik und Ereignis

Praktische Theologie als Wissenschaft von der ausgesparten Mitte oszilliert zwischen Ereignis und Kritik, zwischen dem Ereignis von Gottespräsenz und einer Kritik aus der Distanz, zwischen engagiertem Erleben und sorgfältigem Reflektieren. Ereignis und Kritik bilden die beiden Pole eines Spannungsfeldes, in dem sich die Praktische Theologie bewegt. Genau diese Spannung macht die Faszination des Faches aus. Es ist wie beim Film. Die einen lesen die Kritik zum Film, die anderen erleben ihn im Kino. Am besten ist, man tut das eine nicht ohne das andere:

> »Filmliteratur ist frustrierend. Je näher sie ihrem Gegenstand kommt, desto stärker fehlt er selbst. Wo ein filmisches Werk erfasst ist, will man es gleich sehen oder wiedersehen. Der Text ist immer: ungenügend.«[44]

Ein wirkliches Oszillieren zwischen Film und Filmkritik lässt keinen der beiden Pole unberührt. Ähnliches gilt etwa auf dem Gebiet der Literatur. Der Professor für Literaturwissenschaft, Umberto Eco, schreibt Romane wie »Der Name der Rose«, und der Romancier treibt Wissenschaft. Beides bleibt unterschieden und aufeinander bezogen. Im Wechselspiel von Kritik und Ereignis bliebe auch die Praktische Theologie nicht unberührt. Die Wissenschaft (Kritik) würde sich ebenso verändern wie die Weise, in der wir Ereignisse von Gottespräsenz wahrnehmen. Die Voraussetzungen dafür, dass sich die Praktische Theologie in diesem Wechselspiel auch als Wissenschaft erneuert, sind günstig. Der Paradigmenwechsel hin zu einem vernetzten, systemischen Denken in allen Bereichen hat die akademische Welt in Bewegung gebracht. Die Hoffnung ist begründet, dass eine Praktische Theologie zwischen Ereignis und Kritik in neuer Weise anschlussfähig wird für die Diskurse anderer Disziplinen innerhalb und außerhalb der Theologie.

Das Verhältnis von Bibelwissenschaft und Praktischer Theologie könnte ein Prüfstein sein, ob tatsächlich Bewegung gekommen ist in erstarrte Fronten. Gerd Theißen beispielsweise zeigt Bewegung an für die Beziehung zwischen Exegese und Homiletik.[45] Er entwirft ein hoffnungsvolles Szenario. Demnach geriet die

---

[44]   Merten Worthmann über ein Buch zum lateinamerikanischen Film (DIE ZEIT Nr. 32, 02.08.2001).

[45]   Vgl. Gerd Theißen, Plaidoyer pour une relation renouvelée entre exégèse et homilétique. Un nouveau »primat« du texte dans la prédication, in : ETR 75 (2000), 531–547. Vgl. die deutsche Version, in der freilich die Problematik jener »Ehe« nicht so deutlich ausgeführt ist: Ders., Exegese und Homiletik. Neue Textmodelle als Impulse für neue Predigten, in: Uta Pohl-Patalong u. Frank Muchlinsky (Hg.), Predigen im Plural. Homiletische Aspekte, Hamburg 2001, 55–67.

Ehe zwischen Exegese und Homiletik, seit Jahrhunderten bewährt, in den vergangenen Jahrzehnten massiv in die Krise. Die Forschungsinteressen gingen
zunehmend aneinander vorbei. In der aktuellen Situation freilich biete sich die
Chance, dass die bedrohte Beziehung unter neuen Vorzeichen wieder tragfähig
wird. Beide Seiten sind dabei, sich von alten Fesseln zu befreien. Die historisch-
kritische Forschung ist längst zu einer exegetischen Perspektive unter anderen
geworden, und die Homiletik steht nicht mehr unter dem Diktat empirischer oder
rhetorischer Methoden. Beide sind in neuer Weise auf den Text ausgerichtet. Der
Text wird jetzt nicht mehr einlinig analysiert als Produkt seiner Entstehungs-
geschichte, sondern wahrgenommen als wesentlicher Faktor bei der Entstehung
von Sinn. Homiletik wie Exegese, beide haben den Text noch vor sich.

Andere Exegeten pflichten bei. Auch hier wird Internationalität zu einem
Kennzeichen des Aufbruchs.[46] Im französischen Sprachraum spricht Daniel
Marguerat von einer wahren »Explosion« von neuen Lesarten der Bibel.[47] Vor
allem die »Stunde des Lesers«[48], von der Literaturwissenschaft seit längerem
entdeckt, sei nun auch für die Bibelwissenschaft gekommen. Der Anteil des
Lesers am Verstehen des Textes sei auch und gerade von einer Wissenschaft zu
würdigen, die dem Text verpflichtet ist. Die »Stunde des Lesers« ist ein starker
Impuls, die ästhetische Qualität von Texten und die Weisen ihrer Rezeption zu
erforschen.[49] Für manche mag eine solche Betrachtungsweise noch immer unter
das Verdikt der Beliebigkeit fallen. Eine Praktische Theologie zwischen Kritik
und Ereignis aber wird in der Stunde des Lesers einen Hinweis auf das sehen, was
ich prägnant als »das Ereignis« kennzeichne. Dass das Ereignis der Textrezeption
nicht als irgendein Event wahrgenommen wird, sondern als Ereignis im Geheimnis Gottes[50], darauf hätte die Praktische Theologie in besonderer Weise zu
achten.

Als Praktischer Theologe begrüße ich die Bewegung, die allenthalben zu
verspüren ist. Mit ihrem Bemühen, das Geheimnis methodisch zu behüten, stellt
sich Praktische Theologie heute weniger denn je ins Abseits der Wissenschaft.
Kritik und Ereignis lassen sich nicht mehr auf Werktag und Feiertag, auf wissenschaftlichen Beruf und private Frömmigkeit, auf akademische Theologie und

---

[46] Vgl. etwa den Sammelband mit internationalen Beiträgen: Stefan Alkier u. Ralph Brucker
(Hg.), Exegese und Methodendiskussion (TANZ 23), Tübingen/Basel 1998.
[47] Daniel Marguerat, L'exégèse biblique: éclatement ou renouveau?, in : FV 93, 3 (1994),
7–24, 7.
[48] Marguerat (Anm. 47), 16–19.
[49] Vgl. Daniel Marguerat u. Adrian Curtis (Hg.), Intertextualités. La Bible en échos, Genf
2000.
[50] Ulrich Körtner bringt für diesen Sachverhalt die Inspirationslehre in neuer Weise zur
Geltung: Vgl. ders., Der inspirierte Leser. Zentrale Aspekte biblischer Hermeneutik, Göttingen 1994, 111 f. u. ö.

Praxis der Kirche, auf erste und zweite Ausbildungsphase verteilen. Ereignis und Kritik sind, so behaupte ich, die Pole ein und desselben Spannungsfeldes, in dem sich Forschung und Lehre zu bewegen haben.

VI. Wissenschaft als Gotteskunst

Im Spannungsfeld von Ereignis und Kritik kommt der Praktischen Theologie eine Aufgabe zu, die sich den anderen Disziplinen nicht in derselben Weise stellt. Sie soll, so Grözinger, das Geheimnis methodisch behüten. Dazu gehört ein verändertes Selbstverständnis. Dazu gehören aber auch ganz handfest neue didaktische Perspektiven, so beispielsweise das Bemühen um eine dem Geheimnis oder Ereignis angemessene Sprache. Die Sprache der Poesie etwa ist dem Ereignis von Gottespräsenz in aller Regel angemessener als die Sprache der Begriffe. Wo aber bleibt, so frage ich, in der Begriffssprache der Wissenschaft das Bemühen um andere Sprechweisen? Wo bleibt in der akademischen Ausbildung für den pastoralen Beruf die Sprache des Gebets? Wo bleibt die Sprache der Mystik? Wo die Sprache existentiellen Gesprächs? Wo bleibt die Sprache gelebten Lebens? Wo die Sprache der Bilder und Geschichten? Die Sprache der Wissenschaft dominiert die Ausbildung an den Fakultäten; die Examensmühe gilt einseitig den Begriffen. Das elementare Reden von Gott aber hat vornehmlich mit Bildern zu tun. Die Gleichnisse Jesu jedenfalls sind weit eher »bewohnte Bildwelten«[51] als theologische Traktate. Die theologische Fachsprache ist demgegenüber die Sprache kritischer Distanz. Als solche ist sie unverzichtbar. Je mehr ich mich aber dem Geheimnis der ausgesparten Mitte nähere, desto weniger trägt die Sprache der Kritik. Das Gottesereignis fordert zwingend eine andere Sprache. Im Ereignis oder ganz nahe an ihm ist anders zu reden als über das Ereignis.[52] Auch solches Sprechen im akademischen Studium auszubilden und zu fördern wäre eine Aufgabe der Praktischen Theologie.

Praktische Theologie als Wissenschaft verändert sich. Damit steht sie nicht allein. Wohin soll die Bewegung gehen im Wechselspiel von Ereignis und Kritik? Weil Bewegung, will sie sich nicht verlieren, leitende Bilder braucht, wage ich eine vorläufige Zielbestimmung. Sie dürfte provozieren. Ich wage sie dennoch: Praktische Theologie als hohe Schule der Gotteskunst. Die »hohe Schule« ist auch »Hochschule« und steht für den Pol der Kritik, während »Gotteskunst« den Ereignis-Pol repräsentiert. Wenn die Praktische Theologie sich weiter ästhetisch

---

[51]   Christian Link, Gleichnisse als bewohnte Bildwelten, in: Reinhold Bernhardt u. Ulrike Link-Wieczorek (Hg.), Metapher und Wirklichkeit. Die Logik der Bildhaftigkeit im Reden von Gott, Mensch und Natur, Göttingen 1999, 142–152.

[52]   Vgl. Martin Nicol, Homiletik. Positionsbestimmung in den neunziger Jahren, in: ThLZ 123 (1998), 1049–1066, 1054f.

profiliert, wenn sie gar selbst zu einer Kunst der Wahrnehmung wird, dann liegt ein solches Leitbild nahe. Bernard Reymond[53], Praktischer Theologe aus Lausanne, kann sich offensichtlich zu einem Leitbild dieser Art verstehen:

> Die Ausbildung künftiger Pfarrerinnen und Pfarrer sowie ihre kontinuierliche Fortbildung »müssten darauf abzielen, weit mehr als bisher die künstlerischen Seiten ihrer Wahrnehmungsfähigkeit zu entwickeln. Die einen sind eher empfänglich für Poesie oder Prosa, die anderen für Musik, Malerei, Film, Tanz; aber diese unterschiedliche Disposition ist nicht das Problem. Das Problem besteht darin, dass das Paradigma der exakten Wissenschaft noch viel zu einseitig das akademische Studium bestimmt. Eine recht verstandene theologische Ausbildung müßte sich um ein gutes Gleichgewicht bemühen zwischen wissenschaftlicher Strenge und einer Entfaltung künstlerischer Sensibilität [...].«[54]

Erfreulicherweise ist das »Paradigma der exakten Wissenschaft« in der Weise, die sich für Reymond so problematisch darstellt, im Wandel begriffen. Die Entfaltung künstlerischer Sensibilität müsste einer Praktischen Theologie als Wissenschaft nicht mehr entgegenstehen. Wissenschaft und Kunst lassen sich im Spannungsfeld von Kritik und Ereignis einander zuordnen. Vorsichtig frage ich, ob das nicht eine Perspektive wäre auch für die Theologie in all ihren Disziplinen? Theologie als die eigentümliche Wissenschaft von der ausgesparten Mitte? Theologie als Denkbemühung im Spannungsfeld von Ereignis und Kritik? Theologie als Wissenschaft vom Gottesdienst im weiten und weltläufigen Sinn des Wortes?

Dekretieren kann ich eine solche Perspektive nicht. Aber dafür werben möchte ich. Ich möchte dafür werben, dass sich die verschiedenen theologischen Wissenschaften in Nähe und Distanz zur ausgesparten Mitte verstehen. Ich möchte dafür werben, dass sie das bis in die Sprache hinein tun und in die Didaktik. Ein Konsens zeichnet sich keineswegs ab. Einstweilen sollte sich eine Praktische Theologie als hohe Schule der Gotteskunst bemühen, dass die Pole von Kritik und Ereignis in der Balance bleiben. Sie sollte darauf achten, dass es in der theologischen Ausbildung nicht zu einem Spannungsabfall kommt, nicht nach der einen Seite und nicht nach der anderen. Sie sollte das Geheimnis methodisch behüten, indem sie nicht müde wird, auf die ausgesparte Mitte zu verweisen. Und sie sollte mit Lust fortsetzen, was sie schon so ausgiebig tut in diesen Jahren: flanieren auf den Spuren des Geheimnisses.

---

[53]   Vgl. Bernard Reymond, Le prédicateur, »virtuose« de la religion. Schleiermacher aurait-il vu juste?, in: ETR 72 (1997), 163–173. Die Übersetzung der Textpassage stammt von mir (M.N.).

[54]   Reymond (Anm. 53), 166.

Gottesdienst

Wider die Instrumentalisierung des Rituals

Beispiel Confiteor
[1994]

I.

Das Confiteor ist zum *Ritual* geworden, zum vielerorts unverzichtbaren, wiederholbaren und wiederholungsbedürftigen Handlungsmuster des gottesdienstlichen Anfangs. In ganz verschiedenen Diskussionsrunden stießen meine Hinweise, auf das Confiteor könne durchaus auch einmal verzichtet werden, auf taube Ohren oder erbitterten Protest. Religiöses Bedürfnis und gottesdienstliche Gewohnheit haben das Confiteor zum Ritual gemacht.

Dabei handelt es sich beim Confiteor allein schon aufgrund seiner wechselvollen Geschichte um ein liturgisch nicht unproblematisches Stück: privates Rüstgebet des Priesters, Offene Schuld der Gemeinde, Anklänge an die Beichte – da überlagert sich vieles. In neuerer Zeit haben sich noch Elemente der Begrüßung und Formen von Eingangsmeditation dazugesellt. Entsprechend dieser wechselvollen Geschichte ist auch die theologische Einordnung des Confiteor höchst undeutlich: Die Beichte soll es keinesfalls ersetzen und als notwendiger Reinigungsakt vor dem Zugang zum Heiligen steht es unter prinzipiellen Vorbehalten gerade der evangelischen Theologie.

Aber nun ist das Confiteor einmal zum Ritual geworden. Vorbehalte gibt es allenfalls gegen seine agendarische Form, seine Sprache und Vorstellungswelt, die als nicht mehr zeitgemäß empfunden werden – deshalb die vielen Versuche mit Neuformulierungen. Aber gerade diese Versuche bestätigen eigentlich nur die Einsicht, dass – ungeachtet seiner jeweiligen Ausformung – das Confiteor im Bewusstsein derer, die da gottesdienstlich feiern, zum unverzichtbaren Eingangsritual geworden ist.

II.

Was mich im Folgenden beschäftigt, sind Versuche der Neu- oder Umformulierung des Confiteor, wie sie landauf landab zu erleben sind. Es geht mir dabei nicht um den Nachweis, dass am Confiteor grundsätzlich keine sprachlichen Renovierungsarbeiten durchgeführt werden sollten. Worum es mir geht, ist dies: Ich möchte am Beispiel des Confiteor auf eine höchst problematische Weise des Umgangs mit dem Ritual aufmerksam machen: auf seine *Instrumentalisierung.* Es bereitet mir Sorge, dass die Selbstverständlichkeit, mit der sinnvollerweise Rituale vollzogen werden, durch Instrumentalisierung verlorengehen könnte. »Instrumentalisierung« heißt: Jemand will mit dem Selbstverständlichen des Rituals etwas bewirken oder aussagen, was sich nicht aus dem Ritual selbst heraus versteht. Auf vier Gefährdungen des Rituals möchte ich hinweisen.

1. Theologisierung

Das folgende Beispiel entnehme ich den Textsammlungen der Materialstelle für Gottesdienst in Nürnberg. Die VerfasserInnen bleiben nach den Grundsätzen der Materialstelle ungenannt. Ich kann aber davon ausgehen, dass der folgende Text irgendwann in den letzten etwa zehn Jahren in einer bayerischen Gemeinde verwendet, für gut befunden und deshalb an die Materialstelle eingesandt worden ist. Es handelt sich um ein Confiteor für Pfingsten:

> »In den entscheidenden Augenblicken unseres Lebens kommt es darauf an, daß wir Geistesgegenwart bewahren.
> Um zur richtigen Zeit richtig zu reagieren, das treffende Wort zu finden und das Notwendige zu tun, müssen wir ganz da sein.
> Gott hat uns versprochen, mit seinem Geist unter uns gegenwärtig zu sein.
> Das kann er nur, wenn wir für ihn offen sind.
> Leider müssen wir zugeben, daß wir uns nicht immer von Gottes Geist leiten lassen.
> Oft treibt uns ein ganz anderer Geist, der Geist der Ich- und der Ehrsucht, der Geist der Mißgunst und des Neides, der Geist der Lüge und der Bosheit.
> Darum wenden wir uns an Gott und bitten um seine Vergebung.«

Wenn ich den Text näher betrachte, mache ich eine merkwürdige Feststellung. Wir, die Beter, dürfen da nicht einfach beten: »*Wir* wollen gerne ganz da sein«, sondern wir bekommen gesagt: »Wir *müssen* ganz da sein, *um* zur richtigen Zeit richtig zu reagieren.« Was geht da vor sich? Es sind im Grunde übergeordnete argumentative Gedankenführungen, in die das betende Subjekt eingespannt ist. Das »Wir« wird zwar grammatikalisch zum Subjekt (»*wir* müssen ganz da sein«), aber eben zum Subjekt innerhalb einer Sachaussage (»wir *müssen* ganz da sein, *um ... zu*«), einer Sachaussage, die in Wirklichkeit ein ganz anderer trifft: Der Pfarrer ist es, der hier eine Theologie des Heiligen Geistes ausbreitet, gegenüber deren unhinterfragbarer Richtigkeit das Lebensverhalten der betenden Menschen nur als Sünde erscheinen kann. Hier darf nicht mehr schlicht bekannt werden, was vom gottesdienstlichen Ritual her selbstverständlich an der Zeit wäre und wozu die vertraut-altertümlichen Formulierungen der Agende einladen: *Wir sind da vor dem Angesicht Gottes und wir sind grundsätzlich als sündige Menschen da.* Nein, hier wird dem Menschen gesagt, was zu bekennen ist und wozu. Es handelt sich dabei um eine *Theologisierung* des Selbstverständlichen und damit, wie ich meine, um eine Gefährdung des Rituals.

2. Moralisierung

Das nächste Beispiel stammt wieder aus kirchlicher Praxis in Bayern. Ich entnehme es dem Korrespondenzblatt des Pfarrer- und Pfarrerinnenvereins (Heft 3/ 89, S. 40). Der folgende Beitrag ist namentlich nicht eigens gekennzeichnet:

> »Wir sind hier versammelt, um miteinander fröhlich Ostern zu feiern und am Mahl des Herrn teilzunehmen.
> Wir kommen mit unserem manchmal schwachen Glauben. Uns bedrückt, daß man an unserem Leben oft so wenig spürt von der österlichen Freude und von der Hoffnung des Auferstehungsglaubens.
> Wir vertrauen auf Gottes Barmherzigkeit. Um Christi willen sprechen wir: Gott sei uns Sündern gnädig.«

Hier wird zunächst wie in der agendarisch üblichen Formulierung die Situation der gottesdienstlichen Zusammenkunft zur Sprache gebracht. Es ist ohne Zweifel sinnvoll, dass der Bezug zur Kirchenjahreszeit und zum besonderen Charakter des Sonntags hergestellt wird. Aber warum eigentlich muss hinzugefügt werden, dass wir »fröhlich« Ostern feiern wollen? Im Grunde ist diese Bestimmung überflüssig, da der Begriff von Ostern sie bereits enthält: Es ist eine Selbstverständlichkeit, dass Ostern kein trauriges, sondern ein fröhliches Fest ist. Aber die Bestimmung will eben nicht ganz Selbstverständliches noch einmal sagen, sondern den Betenden etwas zu verstehen geben.

Wir verfolgen diese Beobachtung weiter. Die dem Osterfest angemessene Haltung der Fröhlichkeit kann, so dieses Confiteor, bei der gottesdienstlichen Gemeinde nicht vorausgesetzt werden. Unser Glaube lasse ebenso zu wünschen übrig wie die österliche Ausstrahlung unserer Lebensvollzüge. Unterschwellig klingt da mit: Fröhlich sein ist gut, nicht fröhlich sein ist schlecht. Dieser Feststellung könnte ich mich zunächst noch anschließen: Jeder normale Mensch empfindet Unfröhlichkeit nicht gerade als angenehm – an Ostern zumal. Eigentlich problematisch wird die Feststellung erst, wenn sie ihren Ort im Ritual des Confiteor findet, denn das Bekenntnis möglicher Unfröhlichkeit mündet schließlich in das Bekenntnis »Gott sei uns *Sündern* gnädig«. Zudem weiß jeder, dem das Ritual einigermaßen vertraut ist, dass im agendarischen Wortlaut des

Rituals ein Bekennen dessen stattfindet, »dass wir *gesündigt* haben mit Gedanken, Worten und Werken«. Somit werden Unfröhlichkeit und mangelnde Ausstrahlung von österlicher Freude zur Sünde. Das ist eine ungeheuerliche Feststellung. Im Kontext der Seelsorge wären wir uns vermutlich einig: Unfröhlichkeit als Sünde – das würde auf die Seelsorgesuchenden einen neurotischen Zwang zu christlicher Fröhlichkeit ausüben; als Verhalten von SeelsorgerInnen aber wäre das eine Form von neurotisierender Gesetzlichkeit. Das bezeichne ich als *Moralisierung:* dass da völlig normale Lebensäußerungen mit Wertungen wie »schlecht« oder gar »sündig« belegt werden – ganz zu schweigen von dem mitklingenden Appell, das Verhalten zu ändern.

3. Psychologisierung

Das folgende Beispiel entnehme ich wieder der Textsammlung der Nürnberger Materialstelle:

> »Wir sind hier zum Gottesdienst versammelt, um sein Wort zu hören und ihm zu antworten in unserem Lied, unserem Gebet und Bekenntnis.
> Gott gebietet uns, unseren Nächsten zu lieben.
> Wir wissen und erkennen, daß wir oft gebunden sind durch Vorurteile. Daß wir abhängig sind von der Meinung anderer Leute. Daß wir oft nicht Nein sagen aus Sorge, den anderen zu kränken. Daß wir oft nicht Ja sagen, weil wir fürchten, in Abhängigkeit zu geraten. In unseren Herzen finden sich oft mehr Vorwürfe gegeneinander als Dankbarkeit, mehr Mißtrauen und Selbstzweifel als Freiheit ... Gott, sei mir Sünder gnädig.«

Diese Formulierung beschreibt das menschliche Herz. Sie beschreibt es so, wie es hinter allen Fassaden, die wir nach außen aufzubauen pflegen, aussieht: dass wir oft gerne Nein oder, in anderen Fällen, Ja sagen würden, uns aber nicht trauen; oder dass unser Herz mehr schlechte Gedanken gegenüber anderen Menschen enthält, als es mitmenschlich geboten wäre. Solche Behauptungen sind unzweifelhaft richtig; jede sensible Beobachtung der menschlichen Psyche zeigt uns das.

Der Confiteortext geht davon aus, dass wir das alles »wissen und erkennen«. Das mag stimmen auf der Ebene eines allgemeinen Wissens um den Menschen; da ist das eher eine Binsenweisheit. Aber als persönlich-existentielle Einsicht ist das problematisch. Ich jedenfalls pflege mich zu wehren, wenn mir jemand pauschal und ohne das Wagnis des Gesprächs solche psychischen Verfasstheiten unterstellt oder gar verlangt, ich solle solche Unterstellungen auch noch »nachbeten«. In dem untersuchten Text liegt kein Confiteor, kein Bekenntnis mehr vor, sondern der Versuch, den Menschen zu bestimmten Einsichten in die

Verfasstheit seines Herzens zu bewegen. Solche Versuche sind nicht grundsätzlich zu verurteilen, aber sie haben ihren Ort mit Sicherheit nicht in den symbolisch-rituellen Stücken des Gottesdienstes.

Dieser Confiteortext bietet nicht mehr den weiten rituellen Raum, in den die betenden Menschen eintreten können mit allem, was sie im Herzen mit sich herumtragen. Diese Formulierung beschreibt vielmehr den Raum des menschlichen Herzens, wie der Verfasser oder die Verfasserin ihn sieht, und verlangt, dass der betende Mensch dieses Herz als sein eigenes anerkenne. Ich meine, hier führt der Versuch, einen alten und formelhaften Text durch die Nennung seelischer Verfasstheiten lebensnäher zu gestalten, zu einer unangemessenen *Psychologisierung* des Rituals.

4. Dramatisierung

Natürlich habe ich mich auch selbst im Formulieren versucht. Das mag, wie bei den VerfasserInnen der kritisierten Texte, mehrere Gründe haben: Misstrauen gegenüber alten, abgenutzten Texten, Freude am Neu- und Unformulieren sowie überhaupt eine zeitbedingte Brüchigkeit des Rituals. Auch den bereits genannten Gefährdungen bin ich, wenn ich meine selbstverfertigten Confiteortexte durchsehe, keineswegs entgangen. Ich bitte, es nicht als Koketterie aufzufassen, wenn ich zum Schluss auf eine weitere Gefährdung mit einem eigenen Beispiel hinweise:

> »Herr,
> wir rufen zu Dir
> aus der Tiefe unseres Herzens,
> aus der Tiefe unserer Angst, die uns die Luft abschneidet,
> aus der Tiefe, wo wir mit unseren Fragen und Problemen allein sind,
> wo das Leben uns kaum mehr tragbar belastet,
> wo kein Mensch uns begegnet.
> Wir rufen zu Dir um Deine tragende Hand,
> um Dein bergendes Gewand,
> um Deine spürbare Nähe ...
> Gott sei uns Sündern gnädig.«

Weil man über sich selbst nicht so gut kritisch reden kann wie über andere, will ich es kurz machen. Also: In einem liturgisch nicht gebundenen Gebet an einer anderen Stelle des Gottesdienstes könnte ich mir einen solchen Text vorstellen – woran der Leser oder die Leserin sehen kann, dass auch ich an meinen eigenen Sprachgestaltungen durchaus hänge. Aber für das Ritual des Anfangs erscheinen mir diese Worte als zu schwergewichtig, zu lastend, zu bedrängend. Hier wird die menschliche Existenz in immer neuen Sprachanläufen an einem Punkt äußerster Einsamkeit aufgespürt. Hier wird die Verlorenheit menschlicher Existenz mit schweren Worten groß gemacht, damit (um mit Paulus zu reden) die Gnade um so mächtiger werde. So etwas nenne ich *Dramatisierung* und finde sie dem Selbstverständlichen des Rituals unangemessen.

III.

Was also tun? Gar nichts mehr versuchen an Neuformulierung? Gar kein Bemühen mehr, die alten rituellen Vollzüge wieder verständlicher zu gestalten? Auf Gedeih und Verderb das Ritual nach Agende vollziehen? Sicher nicht. Versuche, etwa mit Kirchenvorständen, haben mir gezeigt, dass es durchaus möglich ist, Confiteortexte zu erarbeiten, die sich auch über den einzelnen Sonntag hinaus nicht abnutzen und die kollektiv nachvollziehbar sind. Es sind moderne Texte denkbar, die niemanden nötigen, mit einer ganz bestimmten Befindlichkeit im Gottesdienst dabeizusein; Texte, die nichts vom Besucher erreichen wollen, keine Einsicht und kein Tun; Texte, die das Selbstverständliche des Rituals nicht instrumentalisieren für einen noch so guten und theologisch an sich legitimen Zweck.

Aber es wäre unklug, auf so viele kritische Randbemerkungen, wie ich sie hier ausgebreitet habe, nun (als ob es den gäbe!) *den* Confiteor-Text zu präsentieren. Ich biete keinen vermeintlichen Mustertext, benenne aber eine *Haltung*, die mir ein guter Ausgangspunkt für liturgisches Sprachgestalten zu sein scheint, weil sie sensibel macht gegenüber unangemessener Instrumentalisierung. So möchte ich diese Haltung charakterisieren: *absichtslos – und mit allem rechnend.*

Im Blick auf das Schlussritual im Gottesdienst, den Segen, hat mir vor kurzem jemand dies gewünscht: Gottes nutzlosen Segen. Das war sie, diese Haltung: Da hat einer absichtslos mit allem gerechnet. Auf meine Nachfrage, ob ich richtig verstanden hätte, bekam ich die Antwort: Aber natürlich, ja, Gottes nutzlosen Segen – denn einen anderen gibt es nicht. So sind Rituale: selbstverständlich, »nutz«-los, unbrauchbar als Instrumente für irgendwelche Zwecke. Und absolut unverzichtbar.

Kult um die Bibel
und Kultur des Lesens
Zum gottesdienstlichen Umgang mit dem Buch der Bücher
[2004]

»Das Mönchlein, das liest«

Alfred Andersch hat 1957 einen Roman veröffentlicht, der sich ums Lesen dreht: »Sansibar oder der letzte Grund«.[1] Neben den menschlichen Romanfiguren spielt eine Holzfigur die Hauptrolle: Ernst Barlachs »Lesender Klosterschüler«.

Man darf annehmen, dass der Klosterschüler in der Bibel liest. Der Roman jedenfalls geht selbstverständlich davon aus: »Er liest doch nur die Bibel, sagte der Junge.«[2] Wie im Roman hatte auch die reale Plastik ihren ursprünglichen Ort im Kirchenraum. Sie wurde im Jahr 1930 für die Kirche in Güstrow geschaffen. Ernst Barlach bekam zu diesem Zeitpunkt schon die Repressionen durch die Nazis zu spüren, die seine Werke als »Entartete Kunst« brandmarkten. Der politische Kontext jener Zeit ist im Roman von Alfred Andersch bedrängend präsent.

Der Klosterschüler liest zunächst so, wie man sich Bibellektüre landläufig vorstellt: ruhig, in sich und das Buch versunken. Genau dies aber, dessen ist sich der Pfarrer sicher, beunruhigt die Mächtigen: »Den mächtigen Christus auf dem Altar lassen sie in Ruhe, sein kleiner Schüler ist es, der sie stört. Das Mönchlein, das liest.«[3] Die Nazis sind so beunruhigt, dass sie die Figur konfiszieren wollen.

Beunruhigt ist auch Gregor, der KP-Funktionär im Dissens mit seiner Partei. Aber anders als die Nazis: »Ich habe einen gesehen, der ohne Auftrag lebt. Einen, der lesen kann und dennoch aufstehen und fortgehen.«[4] Die Figur weckt eine tiefe Sehnsucht: »Lesen, dachte er. Noch einmal lesen. So lesen, wie der da vorn.«[5] Diese kleine, gefährliche Figur will Helander, der Pfarrer der Kirche, retten.

---

[1]   Alfred Andersch, Sansibar oder der letzte Grund. Roman, 1957. Ich benutze die Taschenbuchausgabe Zürich 1972.

[2]   A.a.O., 146.

[3]   A.a.O., 29.

[4]   A.a.O., 44.

[5]   A.a.O., 49.

Gegen Ende des Romans befindet sich der Klosterschüler zusammen mit Judith, einer Jüdin, schon auf dem rettenden Schiff nach Schweden. Es kommt zwischen Judith und dem Schiffsjungen zu einem kurzen Wortwechsel, der das kultische Lesen mit der Kultur des Lesens verknüpft. Der Schiffsjunge ist gerade noch in einem Alter, in dem Jungen einst die Abenteuer von Tom Sawyer und Huckleberry Finn, ungezählte Bände von Karl May und vieles mehr verschlangen. Der Junge, sobald er die Frau als Jüdin erkennt, identifiziert sie sofort mit einer seiner Romanfiguren. Er »verstand plötzlich, daß Juden so was Ähnliches waren wie Neger, das Mädchen spielte hier an Bord genau die gleiche Rolle wie der Neger Jim für Huckleberry Finn, sie war jemand, den man befreien mußte.«[6] Aber warum er eine kleine Holzfigur retten soll, begreift er zunächst nicht:

> »Er liest doch nur die Bibel, sagte der Junge. Deswegen war er doch in der Kirche aufgestellt.
> In der Kirche, ja, da las er die Bibel. Aber hast du ihn vorhin im Boot gesehen?
> Ja.
> Das las er ein ganz anderes Buch, fandest du nicht?
> Was für eins?
> Irgendeins, sagte Judith. Er liest alles, was er will. Weil er alles liest, was er will, sollte er eingesperrt werden. Und deswegen muß er jetzt wohin, wo er lesen kann, soviel er will.
> Ich lese auch alles, was ich will, sagte der Junge.
> Sag es lieber niemand! meinte Judith.«[7]

Kein Wunder, dass den Mächtigen die kleine Holzfigur ein Dorn im Auge war: Lesen in der Bibel und in anderen Büchern wurde ihnen gefährlich.

Dieser gefährliche Leser hatte seinen Ort im Kultraum Kirche. Dort wollten ihn die Nazis nicht lassen. Dort aber gehört er hin. Die Bibel ist ein Kultbuch im ursprünglichen Sinn des Wortes. Im Unterschied zu Kultbüchern wie Goethes »Werther« oder Rowlings »Harry Potter« entstand der Kult nicht erst um das Buch.[8] Im Judentum gab es einen Kult, bevor sich die Tora zu seinem Zentrum entwickelte, und im Christentum wurde die Eucharistie gefeiert, bevor es ein Neues Testament gab. Erst die Wechselwirkungen von Kult und Buch haben aus der Bibel das Kultbuch gemacht, das sie bis heute ist.

Ich will im Folgenden Barlachs Lesenden Klosterschüler zurückbringen in den kultischen Raum, aus dem ihn die Nazis entfernen wollten. Mich interessiert zunächst der Buchkult, also die Einbindung der Bibel in den religiösen Kult. Dann

---

[6]   A. a. O., 145.

[7]   A. a. O., 146.

[8]   Zum Begriff des Kultbuchs vgl. etwa Frank Schäfer, Kultbücher. Von »Schatzinsel« bis »Pooh's Corner« – eine Auswahl, Berlin 2000, 8–11.

werde ich Wechselwirkungen zwischen religiösem Kult und einer Kultur des Lesens in den Blick nehmen.

Kult um die Bibel

Für Christen bilden die beiden Testamente der Bibel die »Heilige Schrift«, während Juden die Schriften der Hebräischen Bibel (Tanach) als ihre heiligen Schriften verehren. Das Epitheton »heilig« zeigt an, dass dieses Buch aus allen anderen Büchern herausragt. Es ist das Buch der Bücher. Und es ist Medium der Transzendenz. In diesem Buch wird, wie auch immer, die Stimme Gottes vernehmbar.

Diese Bedeutung der Bibel als »heilige« Schrift bringen im Judentum und in den Konfessionen des Christentums Rituale oder Liturgien zur Geltung. Um die Bibel als »Kultbuch« zu profilieren, spreche ich dafür von »Kult«. Ich werde zunächst also den vielfältigen Kult um die Bibel in vier Typen beschreiben: Judentum, christliche Orthodoxie, Katholizismus und Protestantismus.

Im *Judentum* genießt ein Schriftenkorpus aus der Hebräischen Bibel besondere Verehrung: die fünf Bücher Mose, genannt »Tora« (im engeren Sinn).[9] Schon die Gestaltung der Torarolle ist bezeichnend. Vor allem im aschkenasischen Judentum ist sie, einem Menschen gleich, angetan mit priesterlicher Gewandung. So trägt sie beispielsweise eine Brusttasche für Losentscheidungen (vgl. Ex 28,15). Priester vollzogen, als es in Jerusalem noch den Tempel gab, die Opfer und vermittelten so den Kontakt zwischen Gott und seinem Volk. Jetzt ist, so signalisiert es die Gewandung, die Tora in diese Mittlerrolle zwischen Himmel und Erde gerückt.[10]

Die gottesdienstliche Lesung der Tora erfolgt in einem feierlichen Ritual. Die priesterlich gekleidete Torarolle wird unter Rezitation verschiedener Sprüche aus dem Toraschrein genommen. Eine Prozession führt die Schrift durch die Gemeinde, die auf diese Weise sichtbar Anteil hat an der Tora. Dann wird sie auf dem Vorlesepult (Bima) abgelegt, die Gewandung abgenommen. Die Lesung erfolgt, in feierlicher Kantillation, auf Hebräisch. Dann wird die Rolle wieder bekleidet. Sie verbleibt aber noch außerhalb des Toraschreins bis die Lesungen aus den Propheten oder den übrigen Schriften der Hebräischen Bibel und eventuell eine Art von Predigt (Darascha) erfolgt sind. Dann wird die Torarolle wiederum in einer Prozession zum Schrein zurückgebracht.

---

[9]   Vgl. Annette Böckler, Jüdischer Gottesdienst. Wesen und Struktur, Berlin 2002, bes. 106–135.
[10]   Vgl. Alexander Deeg, Opfer als ›Nahung‹. Ein christlich-jüdisches Gespräch zur Spiritualität des Opfers, in: Werner H. Ritter (Hg.), Erlösung ohne Opfer?, Göttingen 2003, 113–145, 131–133.

Eine leitende Dramaturgie verleiht dem Ritual seine Prägekraft. Jede Tora-lesung inszeniert einen symbolischen Aufstieg zum Sinai. Das geht bis in die Details. Beispielsweise heißt der Auftrag, aus der Tora vorzulesen, »Aufstieg« (Alija), und die Lesung erfolgt vom Lesepult (Bima), dessen Stufen den Berg andeuten. Die Inszenierung ist deutlich. Wie Gott einst auf dem Sinai die Tora an Mose übergab, so empfängt sie nun jedes Mitglied der Gemeinde neu in der gottesdienstlichen Lesung. Israel vergegenwärtigt sich in jeder öffentlichen Tora-Lesung seiner Identität und bringt die Tora als Mittlerin zwischen Himmel und Erde facettenreich und dramaturgisch eindrücklich zur Geltung.

Auch in der *orthodoxen Christenheit* werden in der Lesung biblische Gege-benheiten inszeniert: Christi öffentliches Auftreten als Verkünder des Evange-liums.[11] Dem entspricht es, dass die vier Evangelien hervorgehoben sind ge-genüber den übrigen Texten des Alten und Neuen Testaments. Aus diesen wird zwar auch gelesen. Im Mittelpunkt der liturgischen Handlung aber steht nicht das gesamte Bibelbuch, sondern ein reich geschmücktes Evangeliar.

Grundsätzlich ist die Inszenierung des Wortteils der Göttlichen Liturgie zu sehen im Wechselspiel mit der Eucharistie: Wie hier das Wort geteilt wird, so dort Brot und Wein. Einzüge inszenieren jeweils die Präsenz des Auferstandenen. Dabei ist eine Steigerung zu beobachten: Die Lesung geschieht im Zeichen des Kleinen, die Eucharistie aber im Zeichen des Großen Einzugs. Wir wenden uns dem Kleinen Einzug zu.

Da werden die Königlichen Türen geöffnet, die sonst den Altarraum vom übrigen Kirchenraum trennen. Im orthodoxen Verständnis von Kirchenraum und Liturgie bedeutet das: Die Gemeinde darf einen Blick tun in den himmlischen Bereich. Das Evangeliar liegt zunächst auf dem Altar, wird dann aber in feierli-cher Prozession durch die Gemeinde getragen. Dabei erfolgt der Einzug durch die nördliche Tür des Gotteshauses, nicht durch die Königlichen Türen im Zentrum: Christus, so die Symbolik, kommt gleichsam durch die Seitentür, also unerkannt in die Welt. Auch Licht und Weihrauch, die dem Evangeliar vorangetragen werden, gelten nicht dem Buch, sondern Christus, der da einzieht. Nachdem der Diakon das Evangelium vom Ambo aus gelesen hat, wird das Evangeliar wieder auf den Altar gelegt. Die Königlichen Türen werden geschlossen und erst für den Großen Einzug der Eucharistie wieder geöffnet.

Insgesamt inszeniert die Göttliche Liturgie die Christus-Geschichte.[12] Das geschieht an keiner Stelle als Erinnerung an Vergangenes, sondern durchweg im

---

[11]   Vgl. Fairy v. Lilienfeld, Die Göttliche Liturgie des Hl. Johannes Chrysostomos, Erlangen ²1986; Nikolaj V. Gogol (1808–1852), Betrachtungen über die Göttliche Liturgie, Würzburg 1989; Boris Bobrinskoy, Les formes rituelles des lectures bibliques. Les rites accompagnants des lectures évangéliques et leur sens dans la tradition liturgique byzantine orthodoxe, in: Contacts. Revue française de l'orthodoxie 54 (2002), 292–298.
[12]   Lilienfeld (Anm. 11), 31–35.

Erleben der Gegenwart Christi. Indem der Gottesdienst Vorgeschmack ist auf die Gemeinschaft mit Gott am Ende der Zeit, kommt zugleich eine eschatologische Dimension zur Geltung. Das Buch ist also niemals nur Buch. Es repräsentiert Christus, den Mensch gewordenen Gott. Ihn vernehmen die Gläubigen, wenn aus dem Evangeliar gelesen wird. Ihm begegnen sie dann noch enger und intensiver in der Eucharistie.

Auch im römischen *Katholizismus*[13] konzentriert sich das Ritual der Messe auf das Evangeliar. Es wird in feierlicher Prozession durch die versammelte Gemeinde zum Altar gebracht und mit Kerzen, Weihrauch, Küssen und ehrfürchtigem Stehen verehrt. Verschieden vom Ritualverständnis des Ostens ist freilich die Bedeutung, die dem gesamten Wortteil der Messe seit dem Zweiten Vatikanischen Konzil zukommt. Nicht nur um die Verehrung des Buches geht es, sondern um die Kommunikation des Evangeliums in den Lesungen, in Antwortgesängen der Gemeinde und in der Predigt. Die Konzilsdokumente sprechen vom »Tisch des Gotteswortes« in Analogie zum »Tisch des Herrenleibes«.[14] Die Präsenz Christi wird zunächst im Wortgeschehen (Kommunikation), dann in der Austeilung der eucharistischen Gaben (Kommunion) liturgisch inszeniert.

In der neueren Liturgiewissenschaft wird der Wortteil der Messe besonders intensiv diskutiert. So etwa die Frage, ob die Konzentration auf ein Evangeliar nicht die übrige Bibel, vor allem aber das Alte Testament abwerte. Benedikt Kranemann plädiert in diesem Zusammenhang für eine »Lesungsbibel« an der Stelle des Evangeliars.[15] Ob Evangeliar oder Bibel, in jedem Fall wird sehr praktisch darüber nachgedacht, wie dem Buch, vergleichbar der Hostie im Tabernakel, ein symbolträchtiger Ort im Kirchenraum (pultartiges »Logophoron«) eingeräumt werden könne.[16] Mit beidem, der Lesungsbibel und dem Logophoron, würde sich das Buch der Bibel noch deutlicher als bisher im Kult und im Bewusstsein der Gemeinde verorten.

Schon in der normalen Messe ist der Bezug zwischen Evangelienlesung und der Institution Kirche etwa dadurch markiert, dass nur der Priester oder Diakon

---

[13]   Vgl. Hanns Peter Neuheuser (Hg.), Wort und Buch in der Liturgie. Interdisziplinäre Beiträge zur Wirkmächtigkeit des Wortes und Zeichenhaftigkeit des Buches, St. Ottilien 1995.

[14]   Vgl. Hanns Peter Neuheuser, Das Bild vom Tisch des Wortes und des Brotes. Kernaussagen der Liturgiekonstitution zum Verhältnis von Wortliturgie und Eucharistiefeier, in: Neuheuser (Anm. 13), 133–169, 143.

[15]   Vgl. Benedikt Kranemann, Anmerkungen zur Dramaturgie des Wortgottesdienstes der Meßfeier, in: Ansgar Franz (Hg.), Streit am Tisch des Wortes? Zur Deutung und Bedeutung des Alten Testaments und seiner Verwendung in der Liturgie, Pietas Liturgica 8, St. Ottilien 1997, 759–768.

[16]   Vgl. Helmut Fußbroich, Neuere Bemühungen, dem Evangeliar einen Ort im Kirchenraum zu geben, in: Neuheuser (Anm. 13), 497–507.

die Lesung vornehmen darf. Auch der »Tisch des Wortes« kann nur innerhalb der Kirche und ihres Kultes seinen Ort haben.[17]

Die Wechselwirkung von heiligem Buch und Kirche wird auch aus der besonderen Rolle deutlich, die das Bibelbuch bei Konzilien spielte.[18] Beim Zweiten Vatikanischen Konzil wurde, wie schon bei früheren Kirchenversammlungen, zu Beginn der Sitzungen im Petersdom feierlich das Evangelienbuch inthronisiert. Unter dem Zeichen des Evangelienbuchs wird zunächst Christus selbst inthronisiert als der gar nicht so heimliche Vorsitzende der Versammlung. Zugleich symbolisiert dieses Ritual auf eindrucksvolle Weise, dass das Konzil an der Lehrautorität des Herrn der Kirche partizipiert.

Der *Protestantismus* hat Bedeutendes für die Verbreitung der Bibel und ihre Verwurzelung im Bewusstsein der einzelnen Gläubigen geleistet. Aber er hat selbst in seiner lutherischen Spielart keine Formen des liturgischen Umgangs mit der Bibel entwickelt, die denen anderer Konfessionen vergleichbar wären. Zwar gibt es sorgsam über das Kirchenjahr angeordnete Lesungen mit rituellen Antwortgesängen der Gemeinde. Aber darüber hinaus ist ein besonderer Umgang mit dem Buch der Bibel nicht auszumachen. Der Befund verwundert, nimmt doch der Protestantismus nur allzu gerne das Prädikat einer »Kirche des Wortes« in Anspruch. Bei näherem Hinsehen freilich werden Gründe für die liturgische Sorglosigkeit kenntlich. Der Schwerpunkt des Wortgottesdienstes hat sich von den Lesungen weg und auf die Predigt hin verlagert. Alleine schon die häufig erhöhte Kanzel signalisiert, dass, jedenfalls dramaturgisch, bei dem dort angesiedelten Geschehen mit einem Höhepunkt zu rechnen ist.

Der Kanzelakt wurde mit rahmenden Kleinritualen gewissermaßen zu einem Gottesdienst im Gottesdienst ausgestaltet. Im Vollzug der Predigt wird das Wort Gottes, wie es in den Schriftworten der Bibel seinen Niederschlag gefunden hat, in die jeweils aktuelle Situation der Gläubigen hinein ausgelegt.

Auch über die Predigt hinaus gibt es Formen typisch protestantischen Bibelgebrauchs. So stellt sich etwa die wortgebundene Kirchenmusik bis heute wesentlich als Bibelvertonung dar. Oder aber die biblische Botschaft wird in Form von einzelnen Sprüchen ins alltägliche Leben integriert.[19] Diese Hinweise mögen genügen, um die liturgische Verschiebung von der Lesung zur Auslegung nicht als Geringschätzung des biblischen Wortes erscheinen zu lassen. Im Gegenteil, der protestantische Akzent auf der Auslegung manifestiert sich auch in so etwas wie einer biblischen Fermentierung des Alltags.

---

[17]   Vgl. Neuheuser (Anm. 14), 143 f.

[18]   Vgl. Johannes Helmrath, Die Inthronisation des Evangelienbuchs auf Konzilien, in: Neuheuser (Anm. 13), 233–279.

[19]   Vgl. etwa zu den Herrnhuter Losungen oder zum Konfirmationsspruch: Karl-Friedrich Wiggermann, Lauschen, lesen, lernen. Zur Spiritualität des Bibelspruches in der evangelischen Kirche, in: Geist und Leben 71 (1998), 380–393.

Buchkult und Hermeneutik

Barlachs Klosterschüler – wie liest er die Bibel? Nach den bisherigen Erkundungen weiß ich nicht mehr eindeutig zu sagen, ob er sie jüdisch, orthodox, katholisch oder protestantisch liest. In jedem Fall liest er im Kultbuch Bibel. Der Kult ist nichts, was man sich vom Kultbuch wegdenken könnte. Ein Kultbuch ohne Kult macht so wenig Sinn wie ein Kochbuch ohne Kochen. Zwar ist die Bibel auch als Sammlung literarischer Texte von hohem kulturellem Interesse. Dennoch würde ihr, wenn sie nicht Kultbuch wäre, kaum mehr Aufmerksamkeit gelten als den Werken Homers oder Vergils. Letztlich gäbe es die Bibel in der uns bekannten Form nicht. Schon die Entstehung des Kanons der biblischen Bücher ist nicht ohne eine Wechselwirkung von Kult und Buch denkbar. Das hat hermeneutische Konsequenzen: Kultbücher werden primär im Buchkult tradiert und angeeignet; das genuine Verstehen eines Kultbuchs ereignet sich im Kult.

Ich werde nun den kultischen Umgang mit der Bibel auf hermeneutische Implikationen befragen und dabei für jede Konfession bzw. Religion einen spezifischen Akzent benennen. Es handelt sich um Akzente, nicht um ausschließliche Kennzeichen. Jeder Kult um die Bibel leistet seinen Beitrag zur Bibelhermeneutik. Im Grunde sind alle Aspekte in jeder Kultgemeinschaft vorhanden. Nur der Akzent wird jeweils charakteristisch anders gesetzt.

Zugleich werde ich den Lesenden Klosterschüler als einen modernen Leser im Kultbuch Bibel imaginieren. Ich erlaube mir, die vier kultischen Bibelhermeneutiken, die ich skizziere, als Elemente einer künftigen Kultur des Lesens zu verstehen.

Ermuntert hat mich zu meinem Vorgehen, Kult um die Bibel und Kultur des Lesens in Beziehung zu setzen, ein amerikanischer Journalist und Schriftsteller, jüdischer Herkunft und, wie viele Juden, auf liberale Weise fasziniert von seiner Tradition. Jonathan Rosen hat einen faszinierenden Essay publiziert, in dem er einen von der Tora geprägten Umgang mit Texten in Analogie setzt zum Internet: »Talmud und Internet«.[20] Im Talmud ist die rabbinische Weise, mit der Tora umzugehen, ihrerseits wieder Buch geworden. Talmud und Internet – der amerikanische Untertitel trifft das Anliegen des Buches recht gut: *A Journey between Worlds*, eine Reise zwischen Welten. Jonathan Rosen unternimmt die Reise mit einer These im Gepäck, die sich von Seite zu Seite bestätigt: dass Talmud und Internet keine Welten sind, die sich gegenseitig ausschließen. Alles mit allem verknüpfen zu einer, pointiert gesagt, »zusammenhanglosen Harmonie«[21] – das tun Talmud und Internet in analoger Weise. Rosen präsentiert unterhaltsam die Vision von einer neuen Kultur des Lesens, inspiriert vom jüdischen Umgang mit Texten und fasziniert von den Möglichkeiten des Internets.

---

[20] Jonathan Rosen, Talmud und Internet. Eine Geschichte von zwei Welten, Berlin 2002.
[21] A.a.O., 110.

Es ist kein Zufall, dass ich mich für meine Überlegungen zum Umgang mit dem Kultbuch Bibel ausgerechnet von einem Schriftsteller jüdischer Herkunft inspirieren lasse. Das Judentum hat mit der Hebräischen Bibel eine weit längere Erfahrung als die Kirche mit der Bibel. Alles deutet darauf hin, dass eine christliche Lektüre der Bibel derzeit einiges gewinnen könnte durch Impulse aus dem Judentum. Jüdische Hermeneutik[22] zielt wie alle zeitgemäße Hermeneutik nicht nur darauf, Texte zu verstehen, sondern Wirklichkeit zu erfassen. Kern und Ziel aber aller Bemühungen um die Wirklichkeit bleibt im Judentum ein Text, ein Buch, ein kultisch verehrtes Buch: die Tora. Auch der Talmud spiegelt letztlich nur die vielfältigen Bemühungen der Rabbinen, Tora und Leben ineins zu sehen.

Das *jüdische Modell* im Umgang mit dem Kultbuch Bibel bringe ich auf die Formel: *Welt im Buch*. Die Kultur jüdischen Lesens, ihrerseits wieder Buch geworden im Talmud, hat die erstaunliche Fähigkeit entwickelt, im Buch die Welt und die Welt im Buch zu entdecken. Es gibt grundsätzlich kein Phänomen, das nicht in der Tora aufgefunden werden könnte. Ein Grundsatz rabbinischer Bibellektüre lautet: »Alles ist in der Tora.«[23] Im Hintergrund solcher Hermeneutik steht geschichtliche Erfahrung. Der Tempel als Mittelpunkt des Kultes war zerstört, das Volk in aller Herren Länder zerstreut. Die Juden, so Jonathan Rosen, »wurden aus einem Volk des Tempels oder des Landes zu einem Volk des Buches. Und sie wurden zum Volk des Buches, weil sie keinen anderen Daseinsort mehr besaßen.«[24] Buchwerdung der Welt – Weltwerdung des Buchs: Was das Judentum an der Tora lernte, hat es auch im Umgang mit anderen Texten und Büchern erprobt.

Ich sehe Barlachs Klosterschüler jüdisch lesen. Er ist so versunken in das Buch, dass er nichts um sich her wahrzunehmen scheint. Das Buch ist ihm Welt, und die Welt ist ihm Buch. Zugleich aber ist diese Welt im Buch keine Sonderwelt. Er sieht seinen Bibeltext verwoben in alle Texte und Kontexte der Welt. Mit der gleichen Beharrlichkeit, mit der er sich in die Bibel vertieft, liest er, so Alfred Andersch[25], alles, was er will.

Wer die Bibel jüdisch liest, ist ein weltläufiger Leser. Jonathan Rosen beschreibt eindrücklich, wie die englischen, deutschen und hebräischen Bücher in der Bibliothek seines Vaters für den jungen Leser zur Welt wurden. Lange Zeit waren für ihn die Bücher seiner Eltern genau das: »die Silhouette einer Stadt voll

---

[22]   Vgl. Almut Shulamit Bruckstein, Topographie einer (zukünftigen) Philosophie der jüdischen Hermeneutik, in: Dies., Die Maske des Moses. Studien zur jüdischen Hermeneutik, Berlin/Wien 2001, 17–48, Vgl. auch Tanja Gojny, Alexander Deeg u. Martin Nicol, Vernetzte Texte. Bibel und moderne Lyrik im Wechselspiel, in: PrTh 37 (2002), 298–311.

[23]   mAvot 5,22; vgl. dazu Günter Stemberger, Vom Umgang der Rabbinen mit der Bibel. Einführung – Texte – Erläuterungen, München 1989, 25.

[24]   Rosen (Anm. 20), 19.

[25]   Andersch (Anm. 1), 146.

unendlicher Verheißungen und Möglichkeiten, in der ich eines Tages leben würde.«[26] So oder so ähnlich versteht einer, der jüdisch liest, seine Existenz aus dem Buch.

Das *orthodoxe Modell* im Umgang mit dem Kultbuch Bibel bringe ich auf die Formel: *Buch als Ikone.* Nach orthodoxer Theologie ist in der Ikone das Urbild selbst gegenwärtig. Wer gläubig die Ikone anschaut, gewinnt Anteil an dem, was sie darstellt. Das Evangeliar ist die Ikone Christi, des Mensch gewordenen Wortes Gottes. Deshalb wird in der Liturgie dem Bibelbuch die Ehre erwiesen, die Gott selbst zukommt.[27] Das Buch wird zum lesbaren Zeichen der Transzendenz.

Ich sehe Barlachs Klosterschüler orthodox lesen. Seine Leseweise hat teil an der elementar-religiösen Methode der Meditation.[28] Weil ein göttlich inspiriertes Buch auf seinen Knien liegt, bewegt er sich, während er liest, mit allen Seelenkräften in die erfahrbare Nähe Gottes. Die Grenzen zwischen Lesen und Beten werden durchlässig, nach beiden Richtungen. Durch das geschriebene und meditierte Wort Gott erfahren – das ist der Impetus, der in allen Religionen die Meditation heiliger Schriften bewegt.

Worte als Medium göttlicher Offenbarung – Jonathan Rosen beschreibt die säkulare Weise, in Büchern zu lesen wie in Heiligen Schriften. Er zieht die Linie von dem Wort Gottes aus dem brennenden Dornbusch bis zum modernen Umgang mit dem Wort überhaupt: »Selbst wenn man in einem säkularen Elternhaus groß wurde, waren Worte wie die Sterne am Himmel – man war nie sicher, ob ihr Ursprung noch irgendwo weit weg leuchtete oder längst erloschen war.«[29] Trotz solcher Ungewissheit – die »Sterne am Himmel« sind keine beliebige Metapher. Wenn Abraham zu den Sternen am Nachthimmel aufblickt, dann sind sie ihm Zeichen der von Gott verheißenen Zukunft (vgl. Gen 15,5). Bücher als Sterne am Himmel – das signalisiert eine im Kern religiöse Erwartung an das Buch und die Bücher.

Das *katholische Modell* im Umgang mit dem Kultbuch Bibel bringe ich auf die Formel: *Buch der Kirche.* Beides gehört zur Kirche: die schriftliche Tradition der Bibel selbst und die mündliche Tradition ihrer Auslegung. Selbst der Protestantismus, der einst mit sympathischem Pathos die Dignität des Ursprungs und der Quellen betonte, hat inzwischen eingesehen, dass die Tradition der Kirche in jede Auslegung im Kontext von Kirche eingeht. Nur in den Ereignissen seiner Aneignung von der Geschichte bis in die Gegenwart ist der Text der Bibel zu

---

[26]   Rosen (Anm. 20), 28.

[27]   Vgl. Wilhelm Nyssen, Evangelium und Evangelienbuch in der Liturgie des christlichen Ostens, in: Neuheuser (Anm. 13), 385–394, 391.

[28]   Vgl. Martin Nicol, Meditation II. Historisch/Praktisch-theologisch, in: TRE 22, 337–353 [1992].

[29]   Rosen (Anm. 20), 26.

entdecken.[30] Welche Rolle bei alledem die Institution Kirche spielen soll, bleibt umstritten. Dass aber Kirche wesentlich auch Auslegungsgemeinschaft ist, kann inzwischen als konsensfähig gelten.[31] Das katholische Modell macht die Auslegungsgemeinschaft Kirche institutionell greifbarer als andere Konfessionen.

Ich sehe Barlachs Klosterschüler katholisch lesen. Er ist Klosterschüler und gehört in die Welt der Orden, ein wesentliches Segment der Institution Kirche. Die Orden bildeten von Anfang an eine Welt, in der kultische Lektüre und Kultur des Lesens auch institutionell miteinander verbunden waren. Man kann, wie es der französische Historiker Philippe Wolff tat, das intellektuelle Erwachen Europas seit der karolingischen Renaissance mit der klösterlichen Kultur des Lesens in ursächliche Verbindung bringen.[32] Man kann die mittelalterliche Mönchstheologie mit dem Benediktiner Jean Leclercq auf die schöne Formel bringen: *L'amour des lettres et le désir de Dieu*.[33] In jedem Fall hat sich im Raum der Institution Kirche eine Kultur geistlicher Schriftlesung entwickelt, die so frei war, dass sie immer wieder auch die Institution sozusagen von innen heraus in Frage stellte. Luthers reformatorische Entdeckung war nicht historische Auslegung im modernen Sinn. Es war der lesende Klosterschüler Martin Luther, aus dessen geistlicher Schriftlektüre die Einsichten erwuchsen, die die Welt bewegten.[34]

Jonathan Rosen sieht die katholische Kirche symbolisiert in der Kathedrale von Chartres. Seine jüdische Erkenntnis angesichts einer Kirche in Stein, die auch ihn fasziniert: »Das jüdische Volk hatte erkannt, daß lediglich Worte von Dauer waren.« In keinem Fall will er »Glauben mit irgendeiner Form architektonischer oder religiöser Einheit gleichsetzen«.[35] Er kritisiert das katholische Modell – um dann freilich sofort das Bild der Kathedrale positiv aufzugreifen: »Der Talmud selber ist eine Art Kathedrale, die durch die Zeiten hindurch erbaut wurde und die ganze Welt übergreift.«[36] Eine Kultur des Lesens tritt, wenn man die Stelle radikal hört, an die Stelle der Institution. Bei aller Kritik – einen bleibenden Graben zwischen Institution und Buch will auch Rosen nicht sehen. Er imaginiert, dass sich der Verfasser eines Buches über die Kathedrale von Chartres und jüdische Talmudschüler im Himmel begegnen: »Er kann sie die

---

[30]   Vgl. Martin Nicol, Einander ins Bild setzen. Dramaturgische Homiletik, Göttingen 2002, 56–64.

[31]   Vgl. Ulrich H. J. Körtner, Theologie des Wortes Gottes. Positionen – Probleme – Perspektiven, Göttingen 2001, 267, 341 u. ö.

[32]   Vgl. Philippe Wolff, L'Éveil intellectuel de l'Europe, Paris 1971.

[33]   Jean Leclercq, L'amour des lettres et le désir de Dieu, Paris 1957. Der originale Buchtitel kommt in der deutschen Übersetzung nur unzureichend zur Geltung: Wissenschaft und Gottverlangen. Zur Mönchstheologie des Mittelalters, Düsseldorf 1963.

[34]   Vgl. Martin Nicol, Meditation bei Luther, Göttingen ²1990, 175–181.

[35]   Rosen (Anm. 20), 69.

[36]   A. a. O., 70.

Schönheit und universale Erhabenheit der hoch aufragenden gotischen Kathedralen wahrnehmen lehren. Sie aber können ihm den Talmud nahebringen.«[37]

Das *protestantische Modell* im Umgang mit dem Kultbuch Bibel bringe ich auf die Formel: *Buch zur Predigt*. Die Formel hat sicher auch ihre negativen Konnotationen: dass das Heilige Buch mit seinen Geheimnissen tot gepredigt wird.[38] Ich kann die Formel aber auch positiv verstehen. Der Protestantismus setzt mit seiner Hochschätzung der Predigt einen kontrapunktischen Akzent zu jeder kultischen Verengung des Bibelbuchs. Es geht darum, sich im Raum des Kults in die Worte, Bilder und Geschichten der Bibel hineinzusprechen mit eigenen, ehrlichen, zeitgemäßen, individuellen, auch kritischen Worten. Predigt in diesem Sinn verknüpft jedes nur denkbare Phänomen der Gegenwart mit dem Wort der Bibel. Die protestantische Predigt lässt im Prinzip nie auch nur den mindesten Zweifel an der Aktualität dessen, was vor langer Zeit in Worte gefasst wurde. Das schließt eine kritische Grundhaltung ein. Kritik an der Gegenwart und Kritik an der Heiligen Schrift bedingen sich gegenseitig. Gleichwohl ist aus der Bibel, aller Kritik zum Trotz, stets Gottes Wort zu vernehmen. Diesen Zusammenhang hat auch die kritischste Bibelwissenschaft so gut wie nie in Frage gestellt. Nur hermeneutisch ernstgenommen hat sie ihn nicht immer.

Ich sehe, wie Barlachs Klosterschüler auch protestantisch liest. Er ist bereit zum Protest. Von Gregor, dem Kommunisten, wird er begrüßt als »sein Genosse, der freie Leser«.[39] Er ist nicht so in die Sprache des Buchs versunken, dass er seine eigene Sprache verlieren würde. Im Gegenteil, jederzeit wäre er in der Lage, aktuelle Bezüge des Bibelbuchs herausstellen und diese im kritischen Disput mit anderen zu verteidigen. Und sollte sich der kritische Disput auf das Buch selbst richten, bliebe unser protestantischer Klosterschüler mit Sicherheit kein Argument und keine Hypothese schuldig.

Jonathan Rosen sieht auch bei den Rabbinen die Fähigkeit, prinzipiell jedes Phänomen der Welt mit dem Heiligen Buch in Verbindung zu bringen: »Die Rabbinen im Talmud reden in einem Augenblick über Gott, im nächsten über Sexualität und gleich danach über den Handel.«[40] In Analogie zu dieser eigentümlichen Mischung der Phänomene zwischen Gott und Welt steht die Freiheit, Gottes Wort und menschliche Autorschaft von Texten zu verbinden: »Obwohl die Rabbinen den Talmud als lebendiges Wort Gottes definierten, ist er doch ... eindeutig von streitbaren Menschen geschaffen, die ständig unterschiedliche Auffassungen diskutierten, intensiv über profane Details des Lebens ihrer Zeit nachsannen und dann zu kühnen Einfällen Zuflucht nahmen ...«[41] Das könnte

---

[37] A.a.O., 80.

[38] Vgl. Manfred Josuttis, Offene Geheimnisse, Gütersloh 1999, 7–15.

[39] Andersch (Anm. 1), 84.

[40] Rosen (Anm. 20), 74.

[41] A.a.O., 75.

auch über den Umgang der Protestanten mit der Bibel im Horizont eines historisch-kritischen Bewusstseins gesagt sein. Ein protestantischer Umgang mit dem Buch und den Büchern ist immer auch ein kritischer Umgang. Kein Text bleibt von Kritik verschont. Im Gegenteil: Kritik erhöht die Welthaltigkeit jeder Lektüre.

Plädoyer für eine Relecture der Bibel als Kultbuch

Die Bibel ist ein Kultbuch im ursprünglichen Sinn des Wortes: Es gibt in den Konfessionen und Religionen einen vielfältigen Kult um die Bibel. Das Phänomen von Kultbüchern in der Gegenwart zeigt, dass sich Kult auch an solche Bücher anlagert, die ursprünglich gar nicht dezidiert religiös gedacht waren. Jedenfalls kommen sich im Phänomen der Kultbücher das Buch und die Bücher erstaunlich nahe. Die Frage ist, wie die Theologie den Kult um das Buch der Bücher hermeneutisch wahrnimmt. Die Frage ist aber auch, was die Literaturwissenschaft mit dem Impuls anfängt, dass in der Leserschaft von Büchern ganz offenbar eine beachtliche Bereitschaft besteht, Texte »kultig« zu lesen und auf diese Weise ins Leben zu integrieren.

Im Gefolge der Aufklärung haben wir uns daran gewöhnt, die Bibel zu lesen wie andere Bücher auch. Die Bibel ist zu einem menschlichen Buch geworden. Die Theologie hat die Kompetenz erworben, die Bibel historisch zu lesen. Das ist gut so und wird bleibend zum Umgang mit der »Heiligen« Schrift gehören. Die Kehrseite dieser Lesart: Die Bibel erscheint wesentlich als Sammlung alter Texte, die erst mehr oder minder aufwendig in die Gegenwart übersetzt werden müssen. Kultbücher aber werden nicht alt. Jedenfalls nicht, solange es einen Kult um das Buch gibt. Als Kultbuch ist die Bibel prinzipiell auch ohne Transfer vom Präteritum ins Präsens ein aktuelles Buch.

Ein einlinig historisches Verstehen ist in der Theologie an seine Grenzen gekommen. Wo »Religion« draufsteht, wird wieder Religion erwartet. Es käme nun darauf an, die Bibel *auch* wieder so zu lesen, wie sie seit alters in den Liturgien von Kirche und Synagoge präsent ist: als Kultbuch. Gläubige Menschen erwarten von einem solchen Buch mehr als Informationen über die Ursprünge ihrer Religion. Sie erwarten sich von diesem Buch etwas, das sie für ihre Existenz zwischen Himmel und Erde brauchen. Die Bibel – ein erstaunlich fremdes Buch, ein spirituelles Buch, ein Buch als Lebenstext. Die Theologie täte gut daran, ihre uralte Kompetenz im Lesen von Lebenstexten neu zu aktivieren.

Analog wird sich der literaturwissenschaftliche Umgang mit Texten fragen können, ob er dem, was viele Texte sein wollen und wie sie gebraucht werden, immer gerecht wird. Literarische Texte wollen Wirklichkeit deuten. Sie sind eben auch Lebenstexte. Was der jüdische Philosoph Abraham Joshua Heschel über das Lesen der Bibel schreibt, dürfte für das Lesen von Lebenstexten überhaupt gelten: Wir haben »so viel über die Bibel zu sagen, daß wir nicht bereit sind zu hören, was die Bibel über uns zu sagen hat. Wir lieben nicht die Bibel, wir lieben unsere eigene Fähigkeit zu kritischer Unterscheidung, unsere eigenen Theorien über die Bibel.«[42] Man kann, so meine ich, in diesem Zitat ohne große Mühe »Bibel« durch »Literatur« ersetzen. Und es würde noch immer Sinn machen. Doch das soll hier Hinweis bleiben. Es geht bei diesem Plädoyer primär um das Buch, nicht um die Bücher.

Für den Kult um die Bibel muss ich nicht plädieren. Es gibt ihn. Man kann ihn allenfalls angemessener ausführen. Zugleich aber ist dieser Kult ein Phänomen von religiöser Bedeutung, mit geschichtlicher Tiefenschärfe und hermeneutischen Konsequenzen. Dafür plädiere ich: den Kult um das Buch ernstzunehmen für den Umgang mit diesem Buch.

Eine Weise, dies zu tun, ist sicher die, das Lesen als eine Grundmetapher theologischen Arbeitens und theologischer Existenz wieder zu profilieren. Klaas Huizing[43] verwendet die schöne Formel vom »erlesenen Menschen«. Das würde eben auch für eine theologische Existenz bedeuten: lesen und sich lesen lassen, seine Existenz aus dem Buch verstehen – und den Büchern. Die Chancen für ein solches Unternehmen stehen schlecht. Der Iconic Turn unserer Kultur macht den Studierenden das Lesen schwer. Und nicht nur ihnen. Versucht sollte es dennoch werden. Eine Kernkompetenz von Theologie und Kirche steht auf dem Spiel.

Freilich, ein Lesen, das sich vom Kultbuch Bibel inspirieren lässt, wird nicht, wie man meinen könnte, zu immer größerer Gewissheit gelangen. Die Zeiten, in denen man in der Bibel eine unwandelbare Wahrheit zu finden glaubte, sind längst vorbei. Inspiration des geschriebenen Wortes in diesem Sinn bleibt Fundamentalisten aller Couleur vorbehalten. Die jüdische Erfahrung eines vernetzten Lesens kommt zu einer anderen, nicht gerade bequemen, aber doch auf ihre Weise inspirierenden Einsicht: »daß es keiner ›festen Überzeugung‹ bedarf, sondern im Gegenteil eines größeren Zutrauens in die Ungewißheit.«[44] Ein am Kultbuch Bibel sensibilisiertes Lesen wird nicht autoritär sein. Es wird die Bibel und andere Lebenstexte nicht um jeden Preis verstehen, sie nicht unbedingt erklären und ihnen ihre Fremdheit austreiben wollen.[45] Nein, ein am Kultbuch

---

[42]   Abraham Joshua Heschel, Die ungesicherte Freiheit. Essays zur menschlichen Existenz, Neukirchen-Vluyn 1985, 140.

[43]   Vgl. Klaas Huizing, Homo legens. Vom Ursprung der Theologie im Lesen, Berlin 1996; ders., Der erlesene Mensch. Eine literarische Anthropologie (= Ästhetische Theologie 1), Stuttgart 2000.

[44]   Rosen (Anm. 20), 79.

[45]   Vgl. Bernhard Waldenfels, Jenseits von Sinn und Verstehen, in: Ders., Vielstimmigkeit der Rede. Studien zur Phänomenologie des Fremden, Bd. 4, Frankfurt a. M. 1999, 67–87, Jochen Hörisch, Die Wut des Verstehens. Zur Kritik der Hermeneutik, Frankfurt a. M. 1988, erw. Neuaufl. 1998. Vgl. zu den liturgischen Konsequenzen aus dem Verständnis der Bibel als

Bibel sensibilisiertes Lesen wird *sich lesend ins Fremde wagen.* Texte als Wegzeichen des Fremden – wo solche Lust am Lesen entstünde, wäre dies ein wundervoller Beitrag des Kultbuchs Bibel zu einer Kultur des Lesens.

»Kultbuch«: Martin Nicol, Kultbuch Bibel. Für eine Ritualität des Wortes, in: Ders., Weg im Geheimnis. Plädoyer für den Evangelischen Gottesdienst, Göttingen [3]2011, 135–161.

Warum wir Gottesdienst feiern

Erwartungen am Sonntagmorgen*
[2013]

Wo die Vielfalt ihr Maß hat

Über den normalen Gottesdienst unserer Kirche rede ich heute. Ich tue das in einem Raum, den nicht Wenige als auffällig anders erleben. Hier, in der Jugendkirche LUX, werden Gottesdienste gefeiert, die anders sind als das, was landauf landab am Sonntagmorgen in Gemeinden ansteht. Wie der normale Gottesdienst und die anderen Gottesdienste ins Verhältnis zu setzen seien, ist derzeit ein Thema von hoher Brisanz.

Ich bin nicht gegen die Vielfalt evangelischer Gottesdienstkultur. Sie gehört zum Protestantismus. Sensibel für Musikrichtungen, Zielgruppen, Lebensgewohnheiten oder Milieus, bieten wir Evangelischen seit geraumer Zeit Gottesdienste jenseits jeder Agende. Grundsätzlich ist gegen religiöse Feiern mit Nachteulen, GoSpecial-Begeisterten, nachdenklichen Spätaufstehern und auch gegen die Experimente in dieser Jugendkirche nichts einzuwenden.

Am Sonntagmorgen in einer normalen Gemeinde aber haben nicht Experimente ihren Ort. Am Sonntagmorgen dürfen Menschen erwarten, dass stattfindet, was draufsteht: der Gottesdienst der Kirche. Der evangelische Gottesdienst, wie ihn diese Landeskirche beschlossen und im Gesangbuch repräsentiert hat. Der ganz normale Gottesdienst am Sonntagmorgen. Der Gottesdienst, in dem die christliche Gemeinde sich, ihren Glauben an den Dreieinigen Gott und ihre Verbundenheit mit der weltweiten Kirche in einer liturgischen Handlung öffentlich darstellt. Dieser Gottesdienst versteht sich auch im vermeintlich liturgiesicheren Bayern nicht mehr von selbst.

Genau diesem Gottesdienst gilt meine Leidenschaft. Ich plädiere seit längerer Zeit für den normalen Gottesdienst am Sonntagmorgen. Nicht um die Vielfalt evangelischer Gottesdienstkultur zu ersticken. Sondern um in der Vielfalt das Maß zu profilieren. Nicht um die beiden Gottesdienste voneinander zu trennen. Sondern um sie aufeinander zu beziehen. Sie gehören zusammen wie Standbein

---

* Vortrag bei der Frühjahrssynode der ELKB in Nürnberg, 16. April 2013.

und Spielbein. Wie soll denn, so frage ich, das Spielbein spielen, wenn das Standbein nicht steht?

Was wir der Kirche zu bieten haben

Wer Sonntag für Sonntag den Gottesdienst meint neu erfinden zu müssen, darf sich nicht wundern, wenn der evangelische Gottesdienst als markant profilierter Liturgietyp sang- und klanglos von der liturgischen Landkarte verschwindet. Das aber wäre, wenn es denn dazu käme, ein herber Verlust. Denn was wir Evangelischen der Weltkirche mit unserem Gottesdienst zu bieten haben, ist etwas Wunderschönes, etwas, das theologisch, liturgisch, ästhetisch bestehen kann. Während andere selbstverständlicher und erfahrener Eucharistie feiern, verstehen wir Evangelischen uns darauf, mit Worten und Tönen den Textraum der Bibel zu öffnen. Ich versuche eine Beschreibung dessen, was speziell die »Kirche des Wortes« zur Gottesdienstkultur der weltweiten Kirche beizutragen hat. Der evangelische Gottesdienst ist

> »ein vielstimmig vielschichtiges Gebilde aus Bibelworten und sprachmächtiger Auslegung, aus herzinnigen Gebeten und tagesaktuellen Einsprüchen, aus kühnen Klängen, mächtigen Chorälen und zarten Weisen der Kirchenmusik.«[1]

Mit solchen Merkmalen hat sich der evangelische Gottesdienst ins kulturelle Gedächtnis eingeschrieben. Das ist es, was viele Menschen erwarten, wenn sie zum Gottesdienst gehen. Und das ist es, was viele Menschen landauf landab so sehr vermissen, dass sie am Sonntagmorgen lieber zu Hause bleiben.

In dieser Situation sollte die evangelische Kirche sich neu auf ihren Gottesdienst besinnen. Dann lassen sich in den vertrauten Vollzügen hinreißend schöne und verstörend fremde Signaturen des Gottesgeheimnisses entdecken. Vielleicht ist ja die Zeit gekommen, unseren evangelischen Gottesdienst mit zögerndem Staunen neu zu feiern.

Was die Welt von uns braucht

Was die Welt von uns braucht, ist Gotteswirklichkeit. Nicht als Gegensatz zur Weltwirklichkeit; das wäre sektenhaft. Sondern Gotteswirklichkeit mitten in der Wirklichkeit der Welt. Statt »Wirklichkeit« kann ich auch »Zeit« sagen. Dann ist, was die Welt braucht, Gotteszeit. Wenn ich frage, in welcher Zeit wir uns befinden,

---

[1] Martin Nicol, Weg im Geheimnis. Plädoyer für den Evangelischen Gottesdienst, Göttingen ³2011, 11. Vgl. zum Vortrag durchgehend die Linienführungen im Buch.

ergibt sich ein buntes Bild. Als Christen leben wir in mehreren Zeiten zugleich: Uhrzeit, Arbeitszeit, Brotzeit, Freizeit, Jahreszeit, Kirchenjahreszeit, Lebenszeit oder Ewigkeit. Ich vereinfache und sage, wir leben in der fundamentalen Polarität von Gotteszeit und Weltzeit.

Die Rede von der »Polarität« signalisiert keinen Gegensatz, sondern ein Spannungsfeld. Die beiden Zeiten sind klar unterschieden. Und gehören doch ebenso klar zusammen. Im Glauben handelt es sich bei aller Zeit um Gotteszeit. Aber in der alltäglichen Wahrnehmung fallen die Zeiten auseinander. Wir leben in der Weltzeit und vergessen über weite Strecken, dass mitten in ihr die Gotteszeit präsent ist. Damit die Gotteszeit in der Weltzeit kenntlich bleibt, braucht die Welt und auch die Kirche selbst den Gottesdienst. Und zwar den öffentlichen Gottesdienst. Deshalb die Kirchtürme, deshalb die Glocken, deshalb das Fernsehen. Und deshalb gelegentlich der Journalist, der sich am Sonntag unter die Gemeinde mischt, um am Montag eine Rezension in der Tageszeitung zu veröffentlichen. Gottesdienst ist öffentlich. Die Bestimmung der Bekenntnisschriften, nach der das Evangelium »öffentlich«[2] zu präsentieren sei, gewinnt unter den Bedingungen einer Weltzeit, die sich immer weltlicher darstellt, neue Plausibilität.

Solche Öffentlichkeit mag gelegentlich auch missionarisch eine gewisse Wirkung haben. Aber wir feiern unseren Gottesdienst nicht deshalb öffentlich, damit wir Menschen missionieren. Im Gegenteil, die Öffentlichkeit wäre auch dann zu gewährleisten, wenn kein einziger Mensch neu für die Kirche gewonnen würde. Gottesdienst ist öffentlich, damit in der Weltzeit die Gotteszeit kenntlich bleibt. In der traditionellen Sprache der Frömmigkeit lautet das so: »Gott loben, das ist unser Amt« (EG 288,5).

Auf eine Gotteszeit, die aussieht wie die Weltzeit, kann die Welt verzichten. Nur eine Gotteszeit, die eine Differenz zur Weltzeit aufweist, lohnt den Aufwand am Sonntagmorgen. Wir Christen zeigen öffentlich, dass die Weltzeit nicht die einzige Zeit ist, nach der das Leben tickt. Unser Gottesdienst bringt die anders getaktete Gotteszeit zur Geltung. Insofern ist er, weltzeitlich gesehen, eine fremde und befremdliche Handlung. Wäre er es nicht, müssten wir uns fragen, ob wir alles richtig gemacht haben.

Die fundamentale Herausforderung liturgischer Kompetenz liegt nicht allein in der Präsentation der Gotteszeit, sondern im Wechselspiel der beiden Zeiten. Damit ein Wechselspiel in Gang kommt, müssen die Zeiten eine Differenz aufweisen. Wird das nicht beachtet, droht die eine Zeit in der anderen aufzugehen.

Beispiel. Die Kalenderwoche beginnt fraglos mit dem Montag. Kirchlich dagegen ist der Sonntag der erste Tag der Woche. Im Licht des Ostermorgens feiert die Christenheit die Auferstehung Christi, den Sieg über den Tod, den Anbruch der neuen

---

[2]   CA 14: »publice docere«.

Schöpfung. Warum aber kündigt eine Pfarrerin am Sonntag den Wochenspruch »für die morgen beginnende Woche« an? Damit zwingt sie die Gotteszeit in den Takt der Weltzeit. Schade, denn nur in der Differenz der Zeiten kommt etwas vom Reiz ihres Wechselspiels zur Geltung: Während die Weltzeit am Wochenende erschöpft ausatmet, holt die Gotteszeit am Sonntagmorgen tief Atem. Genau solches Atemholen lohnt den Gang in die Kirche.

Noch einmal und mit aller Deutlichkeit: Wir haben keinen Grund, die Weltzeit zu diskreditieren, aber wir haben auch kein Recht, der Welt wie der Kirche das spannungsreiche Wechselspiel der different erfahrenen Zeiten vorzuenthalten.

Dass Gott seine Zeit braucht

Ich behaupte pointiert: Ein Gottesdienst hat kein Thema, ein Gottesdienst hat seine Zeit. Genauer: Die Gotteszeit ist der genuine Anlass, Gottesdienst zu feiern.

Beim Blick in den Gottesdienstanzeiger von Gemeindebriefen ergibt sich ein buntes Bild von Anlässen und Themen, denen der Sonntagsgottesdienst gelten soll.[3] Da finde ich einen »Faschingssonntag« (vormals Estomihi), einen »Frauensonntag« (vormals Laetare) oder einen »Partnerschaftssonntag« (vormals Judika). Dem Gottesdienstplan einer Gemeinde entnehme ich folgende Themen: 16. Dezember 2012 (vormals 3. Advent), 9:30 Uhr, Gottesdienst zum Thema »Der grüne Gockel auf dem Kirchendach«; 20. Januar 2013 (vormals letzter Sonntag nach Epiphanias), 9:30 Uhr: Gottesdienst zum Thema »Reformation und Toleranz«. Und am 24. März 2013, 9:30 Uhr: Gottesdienst mit einem ehemaligen Stasiopfer. Das war vormals der Palmsonntag, Auftakt zur der mit Passion und Ostern dichtesten Zeit des Kirchenjahres.

Alle Themen, die ich genannt habe, sind wichtig. Aber Anlass, einen Gottesdienst zu feiern, sind sie nicht. Denn nur eine Zeit kann man feiern, ein Thema dagegen wird erörtert. Dieser prinzipielle Unterschied wird vielfach nicht mehr wahrgenommen. Gottesdienste geraten zum Vortrag über Themen der Zeit, umrahmt von Restelementen aus der gottesdienstlichen Feier.

Was führt mich dazu, so entschieden zu behaupten, der Gottesdienst habe kein Thema, sondern eine Zeit? Ich gebe hier eine zweifache Antwort.

Erstens. Das Kirchenjahr ist die Wurzel des christlichen Gottesdienstes. Sonntag ist Ostertag. Der Sonntagsgottesdienst feiert den österlichen Anbruch der neuen Schöpfung. Und das in vielen Farben und Schattierungen. Das Kir-

---

[3]   Nachweise auf Nachfrage beim Autor. Es geht hier nicht um bestimmte Gemeinden, sondern um typisches Verhalten.

chenjahr entfaltet den österlichen Neubeginn geschichtlich und eschatologisch. Es stellt die aktuelle Weltzeit ins Licht der neuen Zeit Gottes.

Zweitens. Viele Zeiten sind Anlässe zu gottesdienstlichem Feiern. So vor allem die Schwellenzeiten im Leben der einzelnen Menschen. Ich spreche von den Kasualien, zum Beispiel Taufe, Trauung oder Bestattung. In ihnen werden Momente der Lebenszeit zum Anlass gottesdienstlichen Feierns. Noch niemand hat je gefordert, die Kasualien prinzipiell zu Gottesdiensten mit aktueller Themenstellung umzufunktionieren. Niemand käme auf die Idee, bei einer Bestattung – selbst wenn es sich um die Bestattung eines Bankdirektors handelte – sozialethische Betrachtungen über Bosse, Banken und Börsen anzustellen. Den Gottesdienst an Sonn- und Feiertagen verstehe ich als »Gotteskasualie«. Die Zeit Gottes ist Anlass gottesdienstlichen Feierns. Das müsste doch eigentlich Anlass genug sein! Warum ersetzt man – was bei jeder Bestattung ein Skandal wäre – bei der Gotteskasualie am Sonntag so bedenkenlos den Kasus durch ein Thema? Wenn die Geschichte meines Lebens selbstverständlich Anlass ist für die unterschiedlichsten Gottesdienste, um wie viel mehr müsste dann die Geschichte Gottes gottesdienstlich gefeiert werden!

Gottesdienst am Sonntag hat kein Thema, sondern seine Zeit. Es ist die Aufgabe der Kirche, die Gotteszeit theologisch begründet, ästhetisch stimmig und im Wechselspiel mit der Weltzeit öffentlich zu präsentieren.

Mit der Tradition Identität zeigen

Das Wort »Tradition« hat derzeit keinen guten Klang. Sicher, wo Tradition traditionalistisch zu erstarren droht, ist Skepsis angebracht. Aber Tradition an sich ist für den Gottesdienst unverzichtbar.

Tradition gewährleistet die Identität der Feier und der feiernden Gemeinde. Es ist besonders die Jesus-Tradition der Evangelien, die für den Gottesdienst der Kirche von Anfang an prägend ist. Am greifbarsten wird dies in der Abendmahlstradition. Paulus bietet, bevor er die Einsetzungsworte zitiert, einen Kernsatz gottesdienstlicher Tradition »Ich habe von dem Herrn empfangen, was ich euch weitergegeben habe« (1Kor 11,23). In der lateinischen Bibel ist das terminologisch noch klarer: »quod et tradidi vobis«, »was ich euch auch tradiert habe«.

Die Traditionsbezogenheit des christlichen Gottesdienstes verdichtet sich in dem Befehl Christi: »Das tut zu meinem Gedächtnis!« Der Satz bezieht sich nicht auf Texte, die zu verstehen seien, sondern auf eine Handlung, die zu tun ist: »Das *tut* ...!« Man kann diesen Sachverhalt als frühes Argument werten, dass nicht bloße Inhalte die Identität sichern, sondern Handlungen oder Rituale, in denen die Inhalte ihre wiederholbare Gestalt haben. Identität bildet sich nicht durch abstrakt formulierte Inhalte, sondern durch Rituale, die sich ins Leben einschreiben.

In der gottesdienstlichen Handlung mit erkennbarem Anhalt an der Tradition versichert sich die feiernde Gemeinde ihrer Identität. Sie bietet aber auch Identität für die, die von außen kommen. An einem Urlaubsort beispielsweise suchen Menschen nicht nur das, was ihrer Seele in diesem Moment guttun könnte. Sie suchen auch ihre Kirche. Und selbst wenn sie sie nicht suchen sollten, wäre es doch wichtig, dass sie ihre Kirche vorfinden: eine Kirche, die erkennbar ist in den Vollzügen, eine Kirche, die mit dem, was sie öffentlich tut, und mit der Art, wie sie es tut, ganz und gar bei ihrer Sache ist.

Ein solcher Gottesdienst, an dem die Kirche identifiziert werden kann, heißt in der Fachdiskussion inzwischen nicht mehr »agendarisch«, sondern »traditionskontinuierlich«.[4] Aber »traditionskontinuierlich« signalisiert ja nur: Die Tradition geht weiter. Das freilich wird der wechselvollen und wandlungsreichen Geschichte wie auch dem Gestaltungsreichtum der bestehenden agendarischen Vorgaben nicht gerecht. Ich schlage vor, das missverständliche Epitheton »traditionskontinuierlich« zu ersetzen durch ein ähnliches, aber potenzialreicheres Wort: »traditionsoffen«. »Traditionsoffen« signalisiert: Wir brauchen die liturgische Tradition, um unsere Gegenwart zu verstehen und die Zukunft zu imaginieren. Wir brauchen die Tradition. Denn mit der Tradition stirbt auch die Utopie. Ernst Bloch, der Philosoph, sprach einst fremdprophetisch von »utopischer Treue« gegenüber der Tradition. Und meinte damit eine Frömmigkeit, die unruhig ist, weil sich die Utopien und Verheißungen der Tradition noch lange nicht erfüllt haben.[5] Lasst uns in utopischer Treue und frommer Unruhe bei unserer Sache bleiben! Wir brauchen die Tradition als Trittsteine eines Weges, auf dem wir Sonntag für Sonntag im Licht des Ostermorgens Gott und die Welt und das eigene Leben erkunden.

Wie die Agende Arbeit macht

Die Agende verspricht spirituelle Höhenerfahrung; Manfred Josuttis sprach von der »Traumzeit«, in die sie führe.[6] Aber zunächst macht sie Arbeit. Eine so andere Zeit wie die Gotteszeit lässt sich nicht ad hoc erfinden und erst recht nicht eine so anspruchsvolle Handlung wie das Wechselspiel der beiden Zeiten. So etwas lässt sich nur studieren und ausprobieren. Denen, die bereit sind, sich an den Vor-

---

[4]   Vgl. Michael Meyer-Blanck, Klaus Raschzok, Helmut Schwier (Hg.), Gottesdienst feiern: Zur Zukunft der Agendenarbeit in den Evangelischen Kirche, Gütersloh 2009, 74.

[5]   Ernst Bloch, Atheismus im Christentum [1968], Frankfurt a. M. 1970, 35.

[6]   Manfred Josuttis, Die Erneuerte Agende und die agendarische Erneuerung, in: PTh 80 (1991), 504–516, 516.

gaben des traditionsoffenen Gottesdienstes abzuarbeiten, erschließen sich die Wunder der gottesdienstlichen Partitur. Wie, beispielsweise, sollte ich anderswo die Grammatik der Gotteszeit einüben?

Erstes Beispiel. »Alle Lande sind seiner Ehre voll«, singen wir im Sanctus des Abendmahls. Weltzeitlich ist das eine unsinnige Behauptung, denn »alle Lande« sind von allem voll, nur nicht von Gottes Herrlichkeit. Gotteszeitlich aber hat die Formulierung ihre Logik. Es handelt sich um Doxologie. Sie benennt im Indikativ, was der Glaube für wahr hält, obwohl das Auge es nicht sieht. Der doxologische Indikativ ist weltzeitlich nicht zu erklären.

Zweites Beispiel. Die Einsetzungsworte gipfeln in dem Auftrag: »Das tut zu meinem Gedächtnis!« »Gedächtnis« evoziert für unsere modernen Ohren zunächst die Erinnerung an vergangenes Geschehen. »Gedächtnis« sprengt aber zugleich die Koordinaten eines engen Zeitstrahldenkens. »Gedächtnis« transportiert das Zeitverständnis des hebräischen Äquivalents. Hebr. *zachar* meint nicht nur ein erinnerndes Repetieren dessen, was vergangen ist, sondern zielt zugleich auf Gegenwart und Zukunft. Erinnerung, Vergegenwärtigung und Erwartung schieben sich in dem Begriff »Gedächtnis« übereinander und ineinander. Es handelt sich um so etwas wie eine Erinnerung an die Zukunft. So viel zu der Sorge, Tradition habe ausschließlich mit Nostalgie, Vergangenheit und ewig Gestern zu tun.

Die Agende macht auch Arbeit, weil der Gottesdienst Qualität haben muss. Qualität aber ist nur durch penibles Handwerk zu erreichen. Ich habe die Agende bereits mit der Partitur eines Musikstückes verglichen. Auch der genialste Dirigent muss erst bis in kleinste Details die Partitur studieren, das Ensemble muss üben, üben und wieder üben. Was dann bei der Aufführung wunderbar leicht klingt, ist das Ergebnis intensiv handwerklicher Arbeit. Die Partitur des traditionsoffenen Gottesdienstes erfordert viel Arbeit: theologisch, musikalisch, dramaturgisch. Was im Konzertsaal wie in der Kirche unter allen Umständen zu vermeiden ist: Schlamperei, mangelnde Vorbereitung, Pannen, Indisposition. Wo die Qualität nicht stimmt, gehe ich nicht hin. Die Geduld der Menschen, Sonntag für Sonntag Schlampereien zu ertragen, ist erstaunlich, aber nicht unerschöpflich.

Dass die Partitur des traditionsoffenen Gottesdienstes aller Mühe wert ist, habe ich vorausgesetzt. Eine theologische Begründung fällt schwer. Die Kirchen der Reformation hatten seit jeher Mühe, das Phänomen der Tradition theologisch einzuholen. Ich stelle vorsichtig die Frage, ob es nicht so etwas gibt wie die Führung Gottes in der Geschichte der agendarischen Einwicklungen. Weniger vorsichtig ist neuerdings die Liturgische Konferenz. Ein Kommissionspapier[7], das im vergangenen Jahr veröffentlicht wurde, identifiziert die alternativen Gottes-

---

[7] Vgl. Jochen Arnold (Hg.), Andere Gottesdienste. Erkundungen und Reflexionen zu alternativen Liturgien, Gütersloh 2012, bes. 138–141.

dienste mit Gottes Zukunft in Gestalt des kommenden Gottesreichs. Das ist theologisch kurzschlüssig. Das sollte aber Anlass sein, die theologische Frage nach dem Wert und der Würde liturgischer Tradition nicht länger mit einer Handbewegung und dem Verdikt »katholisch« vom Tisch zu wischen.

Wie die Welt ins Lot kommt

Liturgische Zeitkunst – das ist die Kunst, den traditionsoffenen Gottesdienst am Sonntagmorgen als Wechselspiel der Zeiten zu gestalten. Rudolf Bohren hat einst mit einem Buchtitel so formuliert: »Dass Gott schön werde«[8]. »Alle Lande sind seiner Ehre voll«, singen wir im Sanctus des Abendmahls. »Ehre« lässt sich also auch mit »Herrlichkeit« übersetzen, gegebenenfalls sogar mit »Schönheit«. Die Zeile aus dem Sanctus würde dann lauten: »Von seiner Schönheit ist die ganze Erde erfüllt.« Der traditionsoffene Gottesdienst spielt die Gotteszeit in die Weltzeit ein. Es ist nicht zu vermeiden, dass dabei etwas sinnenfällig wird von der fremden, abgründigen Schönheit der Gotteszeit, die, so bekennen wir, insgeheim die Welt erfüllt.

Der evangelische Gottesdienst hat die fremde Schönheit der Gotteszeit von Anfang an auch durch Töne repräsentiert. In der Kirchenmusik, neben der Predigt unser Hauptmarkenzeichen, haben wir Evangelischen der ästhetischen Herausforderung auf eine die Welt bewegende Weise entsprochen. Die evangelische Kirchenmusik fand deshalb solchen Anklang, weil sie, zum einen, etwas hören ließ von der Schönheit Gottes und weil sie, zum anderen, die Gemeinde in einen Klangkörper verwandelte, der sich unter kundiger Führung in die Gotteszeit hineinsang. Kirchenmusik hilft der Gemeinde, singend ihrem Glauben »Ausdruck« (Expression) zu verleihen, und sie vermittelt zugleich einen »Eindruck« (Impression) von der fremden Schönheit der Gotteszeit. Letztere Ausrichtung könnte, so meine ich, größeres Gewicht bekommen.

Mögen wir Evangelischen mit dem, was im Gottesdienst zu hören ist, auch einen Vorsprung haben, so ist doch an einem anderen Punkt Nachholbedarf anzumelden. Ich meine die Körperlichkeit und überhaupt Welthaftigkeit der Liturgie. In der Predigt gelingt uns weltzeitliche Aktualität oft bemerkenswert gut. Liturgie aber ist keine Predigt mit anderen Mitteln. Liturgie ist ein Vorgang eigener Art. Wenn ich ein in die Jahre gekommenes Modewort verwenden darf, dann würde ich sagen: Liturgie ist ein »ganzheitlicher« Vollzug. Was wir mit dem Signalwort »Ganzheitlichkeit« seit geraumer Zeit anstreben, steht uns aber noch immer nicht wirklich zu Gebote. Das ist noch lange nicht »Ganzheitlichkeit«, wenn ein evangelischer Pfarrer Weihrauch verwendet und auf Nachfrage die

---

[8]   Rudolf Bohren, Daß Gott schön werde. Praktische Theologie als theologische Ästhetik, München 1975.

Begründung gibt: »Ein schöner Duft gehört dazu.«[9] Diese Antwort ist theologisch, gelinde gesagt, unterbestimmt.

Es geht um mehr als Weihrauch oder bunte Stola, um mehr als ein paar freundliche Accessoires zum unverändert wortlastigen, redseligen, inhaltsbetonten, verstehenswütigen Gottesdienst. Es geht ganz elementar darum, dass wir mit Dingen, Handlungen und Worten ins Lot kommen. Gottesdienst bringt nicht nur die Gotteszeit zur Geltung, sondern auch die Weltzeit ins Lot. Es geht um nicht weniger als um die gottesdienstliche Heiligung der Welt. Heiligung der Welt, das heißt: der Welt bis in die kleinen Dinge, Handlungen und Worte die Würde gewähren, die ihr im Licht der neuen Schöpfung zukommt. Dann ist der Altar ein Altar, der Gruß ein Gruß, das Gebet ein Gebet. Dann ist zumal das Buch, aus dem wir lesen, das Buch der Bücher und das Lesen aus diesem Buch ein Vorgang von so eigener Würde, dass er prinzipiell durch keine Predigt zu toppen ist.

Dann hat alles seine Zeit und seine Würde. Dann bedeutet »Gehet hin in Frieden!« eben nicht: »Setzt euch hin und seid ruhig!« Warum der Weltzeit die Würde der realen Welt nehmen und sie zur gedachten Welt entweltlichen? Wir Protestanten beherrschen diese Art der Entweltlichung meisterhaft. Auf meinen publizierten Hinweis, die »Musik zum Ausgang« solle den Ausgang inszenieren und die Gemeinde aus dem Gotteshaus hinaus spielen[10], ging ein Leserbrief ein.[11] Der Autor argumentierte durchaus bedenkenswert. Aber am Schluss gingen alle protestantischen Gäule mit ihm durch:

> »Das Orgelnachspiel begleitet den Gang über die Schwelle nach draußen. Das muss nicht dadurch geschehen, dass ich aufstehe und hinausgehe. Es kann […] auch im Sitzen ein ›hörendes Hinausgehen‹ geben […].«

Ein »hörendes Hinausgehen im Sitzen« … Das ist die protestantische Missachtung der Welt. Diese Art von Entweltlichung ist einer der Gründe, warum der evangelische Gottesdienst in der Konsequenz sich selbst überflüssig macht. Denn wer es schafft, im Sitzen hörend hinauszugehen, der schafft es noch viel leichter, im Sitzen an Gott denkend lieber gleich zu Hause zu bleiben.

Ich habe genug begründet, kritisiert, beabsichtigt, imaginiert. Es könnte der Eindruck entstanden sein, ich hielte den traditionsoffenen Gottesdienst unserer Kirche für eine Handlung, die ohne Rücksicht auf eine reale Gemeinde vor allem eines zu sein habe: liturgisch richtig. Zugegeben, richtigere Gottesdienste wären mir lieber. Aber letztlich zählt, wer zum Gottesdienst kommt. Und das sind nicht Zielgruppen, sondern Menschen mit der Last und Lust ihres Lebens. Der Got-

---

[9]   Vgl. Thomas Morell, Weihrauch für Protestanten?, in: Evang. Sonntagsblatt für Bayern v. 15.06.2006.

[10]   Martin Nicol, Klangraum Gottesdienst, in: MuK 2013, H. 1, 24–30.

[11]   Vgl. www.musikundkirche.de (Forum).

tesdienst bietet in, mit, unter und zwischen den Ritualen der Tradition genug Freiraum, sich mit der je eigenen Lebenszeit in der Gotteszeit wiederzufinden. So wie jene Lara aus Boris Pasternaks »Doktor Schiwago«.[12] So formuliert liturgisch trittsicher der russische Literat:

> »Lara war nicht fromm. Sie glaubte nicht an kirchliche Dogmen und Riten. Aber manchmal bedurfte sie einer gewissen inneren Musik, um das Leben ertragen zu können. Diese Musik konnte man nicht aus eigener Kraft bei jeder Gelegenheit komponieren.«

Das ist präzise und positiv das, was sich über einen Gottesdienst nach Agende sagen lässt. Aber dann kommt der Satz, den ich für genial einfach und anrührend richtig halte, der Satz, der auf unmittelbar verständliche Weise ausdrückt, was der agendarische, traditionsoffene Gottesdienst zu leisten vermag:

> »Lara [...] ging deshalb in die Kirche, um hierbei weinen zu können.«

Wenn das geschieht, dass jemand im öffentlichen, geordneten, verlässlichen Wechselspiel der Zeiten ganz bei sich sein kann und weinen – dann war der Gottesdienst, ungeachtet aller Fehler, richtig.

---

[12]   Boris Pasternak, Doktor Schiwago, Frankfurt a. M. 1958, 62.

Thema mit Variationen
Neue Gottesdienste und liturgische Tradition*
[2016]

Zum Auftakt Outing
Mein Standort

Um »in« zu sein, sollte man sich »outen«. Deshalb signalisiere ich gleich zu Beginn, wo ich stehe, was von mir zu erwarten ist und was ich garantiert nicht biete.

Ich oute mich als liturgoman.[1] Die Einschätzung der entsprechenden Symptomatik wechselt stark. Auf der einen Seite gilt, wer sich zur Liturgomania bekennt, als evangelisch nicht mehr ganz zuverlässig.[2] Auf der anderen Seite darf man unter Liturgomania gewisse Merkmale der Persönlichkeit verstehen, die zur sachgemäßen Bewältigung der liturgischen Aufgabe durchaus förderlich sind. Ich bin liturgoman. Das erklärt, wofür ich stehe. Und klärt, was mit mir nicht zu machen ist. Kurz und klar: Ich bin kein Hochkirchler. Ich bin kein Kryptokatholik. Ich bin nach Herkunft und Überzeugung evangelisch, brauche keine Stola und trage den schwarzen Talar mit Stolz. Allen, die in mir den Traditionalisten wittern, erteile ich eine freundliche Absage. Und erkläre zugleich, dass ohne Tradition keine Liturgie zu machen ist.

Ich oute mich als kirchlicher Theologe. Zwar lehre ich Liturgik an der Universität; dazu gehört, dass ich jungen Leuten, die ins Pfarramt wollen, solides Wissen zum Gottesdienst zu vermitteln suche. Meine weitergehende Aufgabe

---

*   Vortrag beim Landeskonvent Kirchenmusik der ELKB, Rothenburg o. d. T., 5./6. Oktober 2015.

[1]   Der Begriff wurde von mir (MN) in Analogie zu »Pianomania« gebildet, die in dem gleichnamigen Kinofilm als Chiffre für die mitunter utopischen Klangvisionen von Pianisten sowie den Perfektionismus eines Ausnahme-Klavierstimmers dient; vgl. den Film »Pianomania. Die Suche nach dem perfekten Klang«, D/Ö 2009.

[2]   Vgl. Jochen Arnold, Plädoyer für Freiheit und Vielfalt. Eine Antwort auf M. Nicol, in: MuK 83 (2013), 31–33. Arnold vermutete hinter meiner »Liturgomania« einen Hang zu »hochkirchlicher Kathedralliturgie« und diagnostizierte eine Frontstellung gegen die »(kleinen) Feste der Menschenfreundlichkeit Gottes«.

aber sehe ich darin, dass ich mit meiner fachlichen Kompetenz die Entwicklungen und Entscheidungen meiner Kirche in Sachen Gottesdienst begleite.

Ich oute mich als Musikfreund. Meine Leidenschaft gehört zunächst der Kirchenmusik im engeren Sinn. Darüber hinaus achte ich auf alles, was das Ohr zwischen Singen und Sagen wahrnimmt, halte die *viva vox Evangelii* wesentlich für ein Stimmphänomen und verstehe den Gottesdienst insgesamt als »Klangraum«.[3] Eine Agende ist für mich wie eine Partitur: Das innere Ohr imaginiert beim Lesen, wie das, was da lediglich fürs Auge notiert ist, idealerweise klingen könnte.

Genug der Outings. Jetzt ist klar, wer hier redet und mit wem es die Leserinnen und Leser zu tun haben. Ich richte nun die Aufmerksamkeit auf die Sache, der ich mich wie auch Sie, Kirchenmusikerinnen und Kirchenmusiker, verschrieben habe. Es geht um den Gottesdienst. Genauer: den evangelischen Gottesdienst. Noch genauer: den Gottesdienst der gelobten und gescholtenen, der erlebten und erlittenen, in jedem Fall aber unserer Evangelischen Kirche.

Wenn das Standbein wackelt
Aktuelle Problemanzeige

Meine Überlegungen sind geleitet von der Frage, in welchem Verhältnis der agendarische Gottesdienst zu der Vielfalt neuer, anderer Gottesdienste steht. Um anzudeuten, wie schwierig die Kommunikation in dieser Sache derzeit ist, komme ich zunächst auf die Situation in Bayern zu sprechen. Auf der Frühjahrstagung 2013 der Landessynode der ELKB in Nürnberg verwies ich zur Verhältnisbestimmung der beiden Typen von Gottesdienst auf die antike Statue mit Stand- und Spielbein.[4] An sich erklärt sich der Vergleich im Kontext der Bildenden Kunst von selbst. Die antike Statue gewann aus der Position des einen Beins genau den festen Stand, der dem anderen Bein sein lockeres Spiel ermöglichte. Darauf hatte ich mich bezogen, als ich den agendarischen Gottesdienst zur Vielfalt anderer Gottesdienste ins Verhältnis setzte. Es müsse, so meine Logik, das Standbein stehen, damit das Spielbein spielen könne.

---

[3]   Vgl. Martin Nicol, Klangraum Gottesdienst. Imaginationen mit Links zur Praxis, in: MuK 83 (2013), 24–30. Vgl. neuerdings das praktisch hilfreiche und konzeptionell bedenkenswerte Büchlein von Thomas Klie und Markus J. Langer, Evangelische Liturgie. Ein Leitfaden für Singen und Sprechen im Gottesdienst, Leipzig 2015.

[4]   Vgl. Martin Nicol, Warum wir Gottesdienst feiern. Erwartungen am Sonntagmorgen, in: Nachrichten der Evangelisch-Lutherischen Kirche in Bayern 68 (2013), 201–206.

Ein offener »Brief der Landessynode an die Kirchenvorstände der ELKB«[5] vom 18. 04. 2013 griff zwar das Bild der Statue auf, übersah aber geradezu demonstrativ die Normativität, die in dem Bild liegt. Denn der Künstler, der nicht für des Standbeins stabilen Stand sorgt, schafft eine Figur mit chronischen Gleichgewichtsstörungen. Mein Bild vom Stand- und Spielbein galt nicht der Binsenwahrheit, dass ein Mensch zwei Beine hat. Nicht die Existenz zweier unterschiedlicher Gottesdienstmodelle sollte bestätigt, sondern die Aufgabe benannt werden, innerhalb einer pluralen Gottesdienstkultur die Binnenverhältnisse zu klären. Nicht um Statistik ging es mir, sondern um Statik. Der Brief fragte nach den gottesdienstlichen Gegebenheiten in den Gemeinden. Das war, wenn auch ungenau, die Frage nach der Statistik. Die Frage nach der Statik aber war in jenem Brief auch nicht andeutungsweise im Spiel. Denn das wäre die Frage nach dem Gottesdienst gewesen, den die Kirche braucht und den sie der Welt schuldet.

Alt oder Neu
Eine problematische Alternative

»Neue Gottesdienste braucht das Land«, verkündete pünktlich zum Auftakt des neuen Jahrtausends Michael Herbst in Greifswald.[6] Der Text aus dem Jahr 2000 preist die neuen Gottesdienste als das, was für die Zukunft wünschenswert sei. Der Gottesdienst der Tradition bekommt freundlichen Artenschutz für die Zeit, in der es noch Menschen gibt, die an ihm hängen. Die Kräfte der Innovation aber hätten sich nun auf die neuen Gottesdienste zu konzentrieren.

Spätestens seit dem programmatischen Appell aus Greifswald regiert das Pathos des Neuen die Debatten. Ein Kommissionspapier der Liturgischen Konferenz[7] identifizierte die alternativen Gottesdienste allein deshalb, weil sie neu seien, kurzerhand mit Gottes Zukunft. In dem bunten Strauß von Bibelstellen, die für die Legitimation des Neuen angeführt werden, ist der Rekurs auf die Weisen aus dem Morgenland (Mt 2,1–12) ohne Zweifel am eindrucksvollsten. Diese nämlich kehrten auf einem »andern Weg« in ihr Land zurück. Das hatte seine Logik. Denn wären sie denselben Weg zurückgegangen, dann »wären sie womöglich dem grausamen Herodes in die Hände gefallen«. So weit, so richtig. Aber der ganze Scharfsinn der Gedankenführung erschließt sich erst in der kühnen Pointe, die Weisen aus dem Morgenland seien Protagonisten der »anderen«

---

[5]   Der Brief trägt selbst kein Datum, scheint aber laut Internet (Zugriff: 26. 12. 2015) dem 18. April 2013 zugeordnet zu werden (http://landessynode.bayern-evangelisch.de/berichte-beschluesse-worte-und-stellungnahmen-fruehjahrstagung-2013.php).

[6]   Vgl. Michael Herbst, Neue Gottesdienste braucht das Land, in: BThZ 17 (2000), 155–176.

[7]   Andere Gottesdienste. Erkundungen und Reflexionen zu alternativen Liturgien, im Auftrag der Liturgischen Konferenz hg. v. Jochen Arnold, Gütersloh 2012.

Gottesdienste im Land. Denn daraus, dass sie auf der Rückreise einen »andern Weg« einschlugen, »lässt sich unschwer folgern, dass es heilsam, ja lebensrettend ist, andere, ja ganz neue Wege [...] zu beschreiten.« Der Hinweis auf EG 395 »Vertraut den neuen Wegen« rundet hymnologisch die eindrucksvolle Argumentation ab.[8] Man darf sich die Weisen vorstellen, wie sie, EG 395 auf den Lippen, in das Morgenland anderer, neuer Gottesdienste zurückkehren, vorbei an der Trutzburg des »grausamen Herodes«, in der die Menschen in traditionellen Gottesdiensten reihenweise ihr Leben lassen oder zumindest alle Lebendigkeit an der Kirchentür abgeben müssen.

Das Neue findet also überraschende Legitimation aus der Bibel. Das Alte dagegen bedarf solch differenzierter Schriftauslegung nicht. Hans-Hermann Pompe meint, das Alte sei schlicht deswegen out, weil es alt ist:

> »Wir laden zum Gottesdienst ein mit den Medien des Frühmittelalters (Glocken) und feiern ihn mit Musikinstrumenten des Mittelalters (Orgel). Die Predigttradition basiert im 16. Jahrhundert, prägende Lieder entstammen dem 17. Jahrhundert. Laienbeteiligung ist häufig auf dem Stand des 18. Jahrhunderts stehen geblieben, liturgische Sprache spiegelt Entscheidungen des 19. Jahrhunderts. Oft genug treffen wir uns in den ungastlichen Betonbauten des 20. Jahrhunderts. Kein Wunder, dass solche Gottesdienste Menschen des 21. Jahrhunderts nur schwer ansprechen.«[9]

Der Klotz ist so grob, dass ich den groben Keil nicht finde, der darauf gehören würde. Also greife ich zu Manfred Josuttis. Als es, Anfang der 1990er Jahre, noch nicht um das »Gottesdienstbuch«, sondern um eine »Erneuerte Agende« ging, plädierte Josuttis mit großer Entschiedenheit gegen das ursprünglich favorisierte Baukastensystem und für eine Agende mit festgelegten Abläufen rituellen Charakters. Beliebigkeit passe nicht zu Handlungen im Machtbereich des Heiligen. Sein Fazit:

> »Ein Gottesdienst, der nicht mehr den Anspruch erhebt, sein Vollzug sei in Inhalt und Form lebensnotwendig, muß nicht mehr vollzogen werden.«[10]

Nur ritualisierte, bewährte und kollektiv legitimierte Abläufe können den Anspruch erheben, ihr Vollzug sei »in Inhalt und Form lebensnotwendig«. Im Kern

---

[8]   A. a. O., 137.

[9]   Hans-Hermann Pompe, Gottesdienst. Der sonntägliche Normalfall und seine Ergänzungen, in: Christian Schwarz u. Michael Herbst (Hg.), Praxisbuch Neue Gottesdienste, Gütersloh 2010, 112–130, 113.

[10]   Manfred Josuttis, Die Erneuerte Agende und die agendarische Erneuerung, in: PTh 80 (1991), 504–516, 511.

vertritt Josuttis die These, der christliche Gottesdienst sei wesentlich und mit gutem Grund ein Traditionsphänomen.

Identität aus Tradition
Einzelgemeinde und Kirche

Nach Tradition fragt man, so scheint es, als anständiger Protestant nicht. Schon die Reformation strebte gegen die herrschende Kirche und mit den Humanisten *ad fontes*, zu den Quellen. Im Pathos des Anfangs und in stramm antikatholischem Affekt glaubte man allen Ernstes, die Bibel ursprungsrein lesen und den Gottesdienst originalbiblisch feiern zu können.

Aus heutiger Sicht haben wir es mit einer produktiven Verkennung der hermeneutischen Gegebenheiten zu tun. Der Aufbruch zu den Quellen war ohne Zweifel an der Zeit. Inzwischen sollten wir freilich gelernt haben, in und mit dem »hermeneutischen Zirkel« zu leben. Demnach kann ich keine Quelle »objektiv« in den Blick nehmen, als ob es mich, meine Geschichte und meine Gegenwart nicht gäbe. Kurz: Ohne die konstitutive Einbeziehung der Tradition ist der Gang *ad fontes* eine Luftnummer.

Tradition ist nicht einfach das, was schon zu lange da ist, um noch als neu gelten zu können. Tradition ist auch nicht etwas, was man anzieht oder ablegt wie ein Gewand. Tradition ist, ob man sie annimmt oder sich dagegen auflehnt, zunächst einfach da. Die Tradition der Kirche begegnet unter anderem in Worten und Werken, in Bildern und Begriffen, Gesten und Geschichten, in Rhythmen, Räumen, Ritualen, in Texten und Tönen. Mit solchen Gegebenheiten reicht die Kirche ihre Weise, Gottesdienst zu feiern, von einer Generation an die andere weiter. Solches »Tradieren« schafft »Tradition« und gewährleistet die Identität der Feier wie der feiernden Gemeinde.

Biblisch evident ist das beim Abendmahl. Paulus bietet, bevor er die Einsetzungsworte zitiert, einen Kernsatz gottesdienstlichen Tradierens: »Ich habe von dem Herrn empfangen, was ich euch weitergegeben habe« (quod et tradidi vobis, 1Kor 11, 23 Vulg.). Schon hier geht die Frage nach der Tradition im Gottesdienst über Abläufe, Formulierungen und Details der Gestaltung hinaus. Sie mündet in die Frage, welche Rolle die Tradition der Kirche bei deren Profilierung nach innen und nach außen spielt oder zu spielen hätte. Dabei ist und bleibt der sensibelste Punkt das Verhältnis von Schrift und Tradition in der Bibelhermeneutik.

Ich gehe davon aus, dass Tradition wesentlich zur Liturgie gehört. Es sollte eigentlich keine Frage sein, ob wir auf Tradition rekurrieren. Dagegen hätte die Frage, wie wir das tun, kirchliches Handeln kontinuierlich zu begleiten. In besonderer Weise gilt das für den Gottesdienst als die öffentliche Darstellung dessen, was in der Kirche geglaubt wird. Wo das gottesdienstliche »Tradieren«

kreativ und kundig vonstatten ginge, könnte auch noch die kleinste Gemeinde Identität aus dem Bewusstsein gewinnen, dass sie mit ihrem partikularen Gottesdienst unterwegs ist in der Gottesdienstkultur der universalen Kirche.

Die diskrete Macht der Doxologie
Zur Zukunft in der Tradition

Doxologische Formeln sind ein bevorzugtes Betätigungsfeld liturgischer Kreativität. Sie erscheinen vielfach leer, unzeitgemäß, traditionalistisch erstarrt, bar jeder Realität. Das reicht von der trinitarischen Formel zu Beginn (»Im Namen ...«) bis zum Segen am Schluss des Gottesdienstes.[11] Mit solchen Formeln bekennt die Gemeinde Gott als die nicht sichtbare Wirklichkeit in allen sichtbaren Realitäten der Welt. Das Bekenntnis bringt nicht zur Sprache, was man ohnehin sieht, sondern es übersteigt, was vor Augen ist. »Alle Lande sind seiner Ehre voll« (Jes 6, 3) bekennen jüdische Gemeinden in der *Keduscha* und christliche Gemeinden im *Sanctus*. Ein derart tollkühnes Bekenntnis, wider den Augenschein und vorzugsweise im Indikativ, wagen wir im Gottesdienst. Das ist Doxologie pur: Gott loben für das, was man nicht sieht.

Besonders auf doxologische Formeln und Rituale in der agendarischen Liturgie zielt der Vorwurf traditionalistischer Erstarrung. Die Abständigkeit vieler Formulierungen, der distanzierte Gebrauch und in gewisser Weise auch die Unbeholfenheit gut gemeinter Aktualisierungen tragen zu diesem Eindruck bei. Die Liturgie dürfe nicht an der Realität vorbeigehen, ist dann zu hören. Das ist prinzipiell richtig. Aber genau deswegen gehört die Differenz von Bekenntnis und Realität zu den fundamentalen Gegebenheiten im Gottesdienst. Weil sich Gottes Wirklichkeit in der Welt nicht auf vorfindliche Realität reduzieren lässt, darum bedarf es der liturgisch kenntlichen Differenz von doxologischer Wirklichkeit und vorfindlicher Realität.[12]

Die konstitutive Bedeutung von Tradition in der Liturgie erhellt auch aus der Tatsache, dass die doxologischen Formulierungen mehrheitlich der Bibel entnommen oder doch biblisch inspiriert sind. Das rückt Liturgiehermeneutik in die

---

[11]   Ich fasse den Begriff der Doxologie weit und verstehe darunter alle Formeln und Handlungen, mit denen die Gemeinde die Gotteswirklichkeit als gegeben voraussetzt und Gott die Ehre (gr. dóxa) gibt. Damit ist der Gottesdienst insgesamt als doxologisches Geschehen im Blick. Vgl. Martin Nicol, Weg im Geheimnis. Plädoyer für den Evangelischen Gottesdienst, Göttingen [3]2011, 321 u. ö.

[12]   Vgl. Nicol (Anm. 11), 129–131. Dort wird der Begriff einer »doxologischen Wirklichkeit« an der eucharistischen Schlüsselhandlung entwickelt. Vgl. die Analogie im kulturellen Bereich: Martin Nicol, Gottesklang und Fingersatz. Beethovens Klaviersonaten als religiöses Erlebnis, Bonn 2015, 284.

Nähe der Bibelhermeneutik und proviziert die Frage, welcher Stellenwert der biblischen Tradition im Gottesdienst zukomme. Die Frage ist hier nicht umfassend zu beantworten. Ich verweise lediglich auf einen Denker, der derzeit nicht im Fokus der Aufmerksamkeit steht. Kaum jemand hat das revolutionäre Potenzial der biblischen Tradition glanzvoller und lockender zur Geltung gebracht als, in seinem monumentalen »Prinzip Hoffnung«, der Atheist Ernst Bloch.[13] In der Spur, die er gelegt hat, klingt »Tradition« so erfreulich anders, so gar nicht abgestanden, nicht gequält wie oft in der Kirche. »Tradition« ist kein Nachklang vom Gestern, sondern ein Klang, der neugierig macht aufs Morgen. »Tradition« wäre so etwas wie ein Platzhalter, ein vielstimmiger Auftakt für die Zukunft Gottes. Als Haltung, ihr zu begegnen, könnte ich mir eine Art utopischer Treue zur Tradition vorstellen: Sie hat noch keinen Ort (Topos), birgt aber »Wunschbilder des erfüllten Augenblicks«[14]. Eine Kirche, die sich zur Profilierung ihrer Identität auf Tradition beruft, blickt auf die Überlieferung, um überhaupt Sprache zu haben für das, was auf uns zukommt. Mit den Worten und Formeln, den Bildern und Geschichten der Tradition sucht sie die Zeichen der Zeit zu erkennen, vergleichbar dem Blinden, der mit seinem Blindenstock den Dingen auf der Spur ist.[15] Ohne die Sprache, die uns »tradiert« wurde, könnte es sein, dass die Zukunft Gottes stattgefunden hat, ohne dass wir es bemerkten.

Opfer als Nahung
Zur Theologie der Tradition

Alexander Deeg hat auf einen Zusammenhang hingewiesen, der auf protestantischer Seite helfen könnte, die Scheu vor »Tradition« allmählich abzulegen. Deeg nimmt Bezug auf das Judentum. Als es in Jerusalem noch den Tempel gab, bedeutete Kult primär Opferkult. Ihn aber bedenkt die Kirche von Anfang an mit Skepsis. Im Protestantismus werden der Opferkult in Jerusalem und das Messopfer Roms gerne in einem Atemzug mit Verdikt belegt. Vollzügen, die das Etikett »Opfer« tragen, unterstellt man generell, mit ihnen werde unangemessen versucht, auf Gott Einfluss zu nehmen.

Am alttestamentlichen Sprachgebrauch zeigt Alexander Deeg, wie man »Opfer« auch ganz anders verstehen kann. Das deutsche Wort, von Buber/Rosenzweig dem hebräischen Äquivalent abgelauscht und eigens für diese Hand-

---

13   Vgl. Ernst Bloch, Das Prinzip Hoffnung [1959], 3 Bde., Frankfurt a. M. 1976.
14   So die Überschrift zum letzten großen Teil des Hauptwerkes.
15   Vgl. Reiner Kunze, poetik, in: Ders., ein tag auf dieser erde. gedichte, Frankfurt a. M. 1998, 81: »[...] Das gedicht / ist der blindenstock des dichters / Mit ihm berührt er die dinge / um sie zu erkennen«.

lung gebildet, lautet nicht mehr »Opfer«, sondern »Nahung«.[16] Solche »Nahung« ist keine theurgische Handlung nach der Devise *Do ut des* (Ich gebe, damit du gibst), sondern die von Gott selbst eingeräumte, regelmäßige und regelgemäße Weise, ihm zu »nahen«.[17] Pointiert würde das bedeuten, die gottesdienstliche Tradition sei von Gott selbst seiner Kirche zugewachsen und als Weise der »Nahung« zugedacht. In Orientierung an der gottesdienstlichen Tradition wüsste sich der Mensch einigermaßen richtig in der Gottesnähe zu bewegen.

Diese Prämisse ist, zugegeben, nicht leicht nachzuvollziehen. Christlicher Gottesdienst, evangelisch wie auch katholisch, ist keine Handlung, die einst vom Himmel fiel, folglich als heilig zu gelten habe und nun ein für alle Mal unverändert gefeiert werden müsse. Was die Prämisse einer von Gott eingeräumten Weise der »Nahung« formuliert, ist das Vertrauen in einen gottesdienstlichen Weg, den Generationen geformt, den Streitigkeiten geläutert und kirchliche Übereinkünfte legitimiert haben.

Dieser Sachverhalt sollte eigentlich dazu führen, dass dem geltenden Ritual als dem Standbein zunächst einmal Respekt und höchste Sorgfalt der Ausführung entgegengebracht wird. Kirchenleitungen hätten regulativ tätig zu werden, wenn das Standbein ins Wackeln gerät.[18] Alle Verantwortlichen hätten auf den Gottesdienst der Tradition zu achten als auf ein Pfund, das der Kirche anvertraut ist.

Alt und Neu im Wechselspiel
Gegen traditionalistische Erstarrung

Bei der antiken Statue sollte das Standbein den Stand gewährleisten, der dem Spielbein seine munteren Bewegungen ermöglicht. Die beiden Beine können ihre je eigene Aufgabe nur erfüllen, wenn sie in einer Art Wechselspiel aufeinander bezogen bleiben.

Was freilich im Bild evident ist, stellt sich in der gottesdienstlichen Realität als problematisch dar. Was soll aus dem harmonischen und gekonnten Mitein-

---

[16] Wo Luther hebr. qorban mit »Opfer« übersetzte, schreiben Martin Buber und Franz Rosenzweig in ihrer Bibelübersetzung »Nahung«. Das entspricht der hebräischen Wurzel qrb = »sich nähern, nahe kommen« und ist schon von daher präziser als das deutsche »Opfer«, das überdies von einer Fülle negativer Konnotationen belastet ist.

[17] Vgl. Alexander Deeg, Opfer als ›Nahung‹. Ein christlich-jüdisches Gespräch zur Spiritualität des Opfers, in: Werner H. Ritter (Hg.), Erlösung ohne Opfer?, Göttingen 2003, 113–145; vgl. auch Nicol (Anm. 11), 245–271.

[18] Vgl. Heinrich de Wall u. Stefan Muckel, Kirchenrecht. Ein Studienbuch, München 2012, 310–316 [§ 32 Das Recht des Gottesdienstes], bes. 310. Das gesamte evangelische Kirchenrecht wird in diesem Lehrbuch von der Aufgabe abgeleitet, für die Rahmenbedingungen Sorge zu tragen, in denen sich der Gottesdienst der Kirche ordnungsgemäß entfalten kann.

ander der Beine werden, wenn eine Gemeinde ihr Gottesdienstkonzept so präsentiert, wie es 2014 in einem Gemeindebrief zu lesen war? Eine Gemeinde
kündigte für jeden 4. Sonntag im Monat einen »Gottesdienst in offener Form« an:

> »Gottesdienste, die auf die gewohnte Liturgie oder eine klassische Predigt verzichten,
> gehören bei uns ganz selbstverständlich und schon lange zu vielen Anlässen dazu:
> Beim Gemeindefest, bei Konfirmationen, zur Osternacht, an Erntedank und Heilig-
> abend feiern wir mit Jung und Alt, mit neuer und alter Musik, mit Bewegung und
> Spiel.«[19]

In diesem Text stehen Alt und Neu nicht im Wechselspiel, sondern im Widerspruch. Jedenfalls signalisieren das die Formulierungen. Hier profilieren sich die
neuen Gottesdienste gegen den regulären Gottesdienst. Sie erachten genau das
als verzichtbar, was zum evangelischen Gottesdienst, im lutherischen Bayern
zumal, traditionell nicht nur dazugehört, sondern ihn ausmacht: Liturgie und
Predigt. Mit den Beiwörtern »gewohnt« und »klassisch« fällt der reguläre Gottesdienst insgesamt unter das Verdikt, veraltet zu sein. Gerade absurd aber ist es,
dass der neue Typ von Gottesdienst genau dann auf dem Programm steht, wenn
die Kirche am besten besucht und die Öffentlichkeit am größten ist. Das ist, wie
wenn VW seine Jahresbilanz in Wolfsburg unter dem Stern von Stuttgart der
Öffentlichkeit präsentierte. Eine Gemeinde, die sich ihrer Identität sicher ist,
würde alles daran setzen, gerade bei der Konfirmation oder an Heiligabend ihre
Tradition selbstbewusst und selbstverständlich zur Geltung zu bringen. Bei
hervorgehobenen Anlässen müsste sie zeigen, dass es sich auch am normalen
Sonntag lohnt, den Gottesdienst dieser Gemeinde zu besuchen. Die Formulierungen im Gemeindebrief signalisieren ein gestörtes Wechselspiel von Stand-
und Spielbein, mithin eine Störung der gottesdienstlichen Statik. Wie aber
müssten die beiden Gottesdienst-Typen beschaffen sein, damit die Statik stimmt
und das Wechselspiel zwischen Alt und Neu in Gang bleibt?

Frage: Wozu braucht die Kirche überhaupt die neuen Gottesdienste? Eine
mögliche Antwort: Um traditionalistischer Erstarrung entgegenzuwirken! Das
klingt gut, ist aber im Detail keineswegs einfach zu beschreiben. Vielleicht gelingt es mit Hilfe der Musik leichter als mit dem Bild der Statue aus der Bildenden
Kunst. Denn Musik gehört integral zum Gottesdienst. Sie ist, anders als jene
Statue mit Stand- und Spielbein, eine Kunst in Bewegung. Wenn ich von der
Musik spreche, gerate ich liturgisch gewissermaßen schon in die gottesdienstliche Bewegung.

---

[19] R. Fröhlich, Gottesdienst in offener Form, in: Gemeindebrief der Martin-Luther-Ge-
meinde in Erlangen-Büchenbach, Februar/März 2014, 5.

Zwischen Expression und Impression
Was die Kirchenmusik leistet

Im Spannungsfeld von Alt und Neu muss sich die Kirchenmusik nicht für das eine oder das andere entscheiden. Im Gottesdienst hat prinzipiell Musik aller Stilrichtungen Platz. Alt und Neu stehen im Gottesdienst nebeneinander. Ich spreche vom Vorrang der Parataxe gegenüber logischen Verknüpfungen aller Art (Hypotaxe).[20] Der Begriff der Parataxe bezieht sich zunächst auf liturgische Sequenzen, die nicht notwendig nach herkömmlicher Logik verbunden sein müssen. Diese Eigentümlichkeit der Liturgie kann auf musikalische Stile übertragen werden. Für den Gottesdienst ist gut, was Gott die Ehre gibt und der Gemeinde ins Gotteslob hilft. Stilfragen sind zu erörtern, Stildiktaturen aber zu meiden.

Auch die Begriffe Tradition und Kreation beschreiben ein Spannungsfeld, keinen Gegensatz. Zu allen Zeiten hat sich die Musik weiterentwickelt, indem sie kreativ mit der Tradition umging. Ludwig van Beethoven widmete seine ersten drei Klaviersonaten op. 2 Joseph Haydn, wohl wissend, dass sie bei aller Anknüpfung einen Neueinsatz bedeuteten. Und die vorletzte Sonate op. 110 As-Dur spielt geradezu mit Fragmenten der Tradition und präfiguriert ein Arrangement, das wir heute fast schon als »postmodern« bezeichnen könnten.[21] Auch wer solches Spiel mit der Tradition nicht im Detail verstehen und nachvollziehen kann, sollte in die musikalische Bewegung mitgenommen werden. Alessandro Baricco hat nachdrücklich darauf verwiesen, dass sich Musik letztlich »imponieren« wolle. Das bedeutet, dass auch der nicht einschlägig vorgebildete Hörer sie bei Neuerungen nachempfinden und sich ihrer Bewegung überlassen können sollte.[22]

Was die Kirchenmusik vor »säkularer« Musik charakterisiert, ist die Polarität aus Impression und Expression. Dass Kirchenmusik dem Glauben der Gemeinde Ausdruck (Expression) verleiht, gehört zu ihren Aufgaben. Sie spricht der Gemeinde gewissermaßen aus der Seele. Sie stimuliert zugleich die seelischen Gegebenheiten, in denen der Glaube sich formt und für die er nach Ausdruck sucht. Die expressive Funktion der Kirchenmusik steht außer Diskussion.

Was dagegen in den Debatten vielfach zu kurz kommt, ist der andere Pol des Spannungsfeldes: der Eindruck (Impression). Natürlich kann Musik immer Eindruck machen. Gemeint ist hier aber ein spezifischer Eindruck. Kirchenmusik macht dadurch Eindruck, dass ihre Klänge potenziell als Gottesklang vernehmbar sind. Musik wird zum Gleichnis des Himmels. Diese Funktion ist keineswegs Werken oder gar Personen eingeschrieben. Nicht weil es Mozart war, der

---

[20] Zu Hypotaxe und Parataxe vgl. Nicol (Anm. 11), 52–55.

[21] Vgl. Nicol, Gottesklang (Anm. 12), 107–117.

[22] Vgl. Alessandro Baricco, Hegels Seele oder die Kühe von Wisconsin. Nachdenken über Musik [ital. 1992], München 2001, 15–29.

sie geschrieben hat, ist seine Musik »himmlisch«, sondern sie wird als »himmlisch« empfunden, weil sie in einer bestimmten kulturellen Konstellation als Gottesklang erlebt und entsprechend kommuniziert wurde. Es ist die Rezeption, die Musik zum Gleichnis des Himmels macht.[23]

Der Kanon dessen, was musikalisch als Gleichnis des Himmels gelten kann, sieht an jedem Ort und zu jeder Zeit anders aus. Diskutieren kann man also durchaus, ob diese oder jene Musik bei der einen oder anderen Gelegenheit das Potenzial zur Impression habe. Nicht diskutabel erscheint mir dagegen, dass gottesdienstliche Musik grundsätzlich neben der Expression auch der Impression dienen sollte.

In kirchlichen Debatten wird an erster Stelle gerne die Frage verhandelt, was Gemeinden, Zielgruppen oder Milieus an Musik erwarten. Das ist keine unsinnige Fragestellung. Nur verweilt sie einseitig bei der Expression. Bei der Impression dagegen kommt eine Kategorie ins Spiel, die nicht von vornherein mit Akzeptanz rechnen kann. Ich meine die Kategorie des »Fremden«. Mit einer gewissen »Fremdheit« sollte man bei einer Musik, die als Gleichnis des Himmels fungiert, eigentlich rechnen. Stilistische Fremdheit kann zum Gleichnis der Fremdheit werden, mit der die Gotteszeit mitten in der Weltzeit gegenwärtig ist. Musik spricht also nicht nur im Modus der Vertrautheit den Menschen aus der Seele, sondern sie hinterlässt auch im Modus der Fremdheit Spuren in der Frömmigkeit.

Thema und Variationen
Eine musikalische Metapher

Auch wer nur gelegentlich mit Musik zu tun hat, kann in der Regel mit dem Phänomen der Variation bzw. mit der Kunst das Variierens etwas anfangen. Wie Thema und Variationen in der Musik, so spielen auf dem Gebiet des Gottesdienstes Stand- und Spielbein, traditionelle Liturgie und neue Gottesdienste zusammen. Oder genauer: So sollte es sein.

Die neuen Gottesdienste wären, so gesehen, Cover-Versionen des traditionellen Gottesdienstes. Sie würden das thematische Material aus den Ritualen der Tradition nehmen und es in großer Freiheit adaptieren, explizieren, variieren, gegebenenfalls karikieren, in jedem Fall aber parodieren. Dabei ist »Parodie« in der Kirchenmusik ein positiver oder zumindest neutraler Begriff. Nicht die Verspottung der Vorgabe, sondern ihre Variation im neuen Kontext ist das Proprium der Parodie.

---

[23]   Vgl. Nicol, Gottesklang (Anm. 12), 270–273 u.ö. Zu Impression und Expression vgl. a.a.O., 182–184.

Als Beispiel verweise ich auf die sensible Sequenz der Eröffnung. Dass bei neuen Gottesdiensten auch in den Sequenzen des Anfangs andere Signale gesetzt werden, ist nachvollziehbar. Aber dass die rituellen Sequenzen der Tradition, nur weil sich die Gemeinde anders zusammensetzt als im regulären Gottesdienst, plötzlich überhaupt nicht mehr gelten sollen, leuchtet ganz und gar nicht ein. Warum darf die Formel »Im Namen des Vaters und des Sohnes und des Heiligen Geistes«[24] nicht auch den Kinder- und den Familiengottesdienst, einen Go+, GoSpecial oder anders werbewirksam benannten Gottesdienst einleiten? Im katholischen Bereich steht das kleine Auftaktritual aus Selbstbekreuzigung und trinitarischer Formel am Beginn eines jeden Gottesdienstes. Wir würden mit einer vergleichbaren Praxis einen Gottesdienst, der diesen Namen verdient, als solchen kennzeichnen. Alle, die einen neuen Gottesdienst besuchen, würden mitbekommen, dass sie jetzt an einem christlichen Gottesdienst teilnehmen und an einem Geschehen, das sich von vergleichbaren, aber eben nicht gottesdienstlichen Abläufen wesentlich unterscheidet. Die liturgische Mikrosequenz würde die Identität der gottesdienstlich versammelten Gemeinde markieren. Und sie würde, ganz nebenbei, auch intertextuelle Bezüge außerhalb von Liturgie und Kirche als solche kenntlich halten. Beispielsweise spricht einiges dafür, dass Herbert Grönemeyer das traditionelle »Im Namen«-Thema angriffig kontrastiert, wenn er formuliert: »Warum in seinem Namen / Wir heißen selber auch ...«[25] Wäre das Thema nicht mehr bekannt, ginge auch Grönemeyers Variation ins Leere. Und das wäre doch, so meine ich, richtig schade.

Was also, wenn sich neue Gottesdienste nicht gegen die Tradition, sondern durch spielerischen Bezug auf die Tradition profilieren würden? Dann würden Gottesdienste nicht mehr pervertiert zu Lockangeboten, Modernitätsbeweisen oder missionarischen Bemühungen einer unsicher gewordenen Kirche. Dann würden wir die neuen Gottesdienste brauchen, weil wir selbstbewusst zu unser Tradition stehen. Weil wir keine Scheu haben, die Tradition dem Experiment auszusetzen. Weil wir ausloten wollen, was an utopischem Potenzial in der Tradition steckt. Weil das Thema durch die Variationen nicht überflüssig wird, sondern sich als Bezugsgröße erst eigentlich etabliert. In der Musik ist das ein Zaubermoment: wenn das Thema, durch kühne Variationen verwandelt und verändert, wieder in seine eigene, einfache Gestalt zurückkehrt. Solche Momente dürfen erwartet werden, wenn Tradition und Kreation nicht im Widerspruch aufeinanderprallen, sondern im Wechselspiel einander bereichern.

Niemand kann das Wechselspiel von Kreation und Tradition überzeugender und mitreißender gestalten als die Kirchenmusik. Sie hat seit Jahrhunderten Erfahrungen gesammelt, wie man alte Themen zeitgemäß variiert. Theologie und Kirchenmusik sollten ihr Zusammenwirken nicht auf die pünktliche Übermittlung der Lieder für den Sonntag beschränken, sondern es ausweiten auf die

---

[24]   Vgl. zu dieser Formel Nicol (Anm. 11), 119f.

[25]   Herbert Grönemeyer, Stück vom Himmel, aus dem Album »12« (2007).

gemeinsame Arbeit an den Grundlagen evangelischer Gottesdienstkultur. Dass aus Widerspiel Wechselspiel wird! Dass wir unsere Tradition nicht länger gut gemeint pervertieren, sondern richtig gut parodieren! Dass Gospels und Choräle, alte Weisen und neue Rhythmen gemeinsam mehr Stärke entfalten, als wenn sie, säuberlich verteilt auf verschiedene Gottesdienst-Typen, jeweils für sich blieben! Die musikalischen Fachleute der Kirche könnten vorangehen und zeigen, was eine Variation ist. Denn es scheint, ein an sich simpler Sachverhalt müsse doch von Zeit zu Zeit wieder ins Bewusstsein gehoben werden: dass die Variation ihren Reiz des vergleichenden Hörens nur entfaltet, wo das Thema bekannt ist. Wenn Variationen blühen, aber nicht klar ist, was sie variieren, dann funktioniert das Spiel nicht mehr. Mit Statistik ist das Problem nicht in den Griff zu bekommen. Statik ist gefragt, und zwar von der Leitung der Landeskirche bis zur kleinsten Ortsgemeinde. Gemeinsam mit kundigen Leuten aus der Gemeinde sollten Fachleute der Musik und Fachleute der Theologie dafür sorgen, dass unsere geliebte evangelische Kirche in ihrer überschäumenden Kreativität nicht genau das aufs Programm setzt, was die Kirche nicht braucht und was sie der Welt nicht schuldet: Variationen über ein verlorenes Thema.

Predigt

Preaching from Within

Homiletische Positionslichter aus Nordamerika*
[1997]

I. Blickrichtung Nordamerika

Als der amerikanische Dirigent, Komponist und Pianist Leonard Bernstein einst, gegen Ende der 1930er Jahre, in Harvard Musik studierte, machte er eine verwunderliche Beobachtung:

> »Man konnte zwei Stunden lang durch das Musikgebäude gehen, ohne auch nur einen Ton zu hören. Alles stand an der Tafel oder wurde in gedämpftem Flüstern erörtert«.[1]

Eine solche Äußerung wirft auf die musikalische Ausbildung damals in Harvard kein gutes Licht. Sie würde auch einer Homiletik, in deren Seminarräumen es ähnlich ruhig und theorielastig zugänge, nicht zur Ehre gereichen. Predigenlernen hat mit Reden zu tun: mit leisem und lautem Reden, mit Ausprobieren und Üben, mit Agieren und Reagieren. Es wäre kein gutes Zeichen, wenn man da an Seminartüren nichts vernehmen würde als »gedämpftes Flüstern«!

In den homiletischen Seminaren Amerikas scheint es damals ähnlich gedämpft zugegangen zu sein wie im Musikdepartement von Harvard.[2] Heute jedoch kann davon nicht mehr die Rede sein. Ich habe mich selbst umgesehen. 1994 war ich in Chicago und habe dort im Rahmen einer Fortbildung für Pfarrerinnen und Pfarrer Predigen und Predigtlernen miterlebt.[3] Mitreißende, aufrüttelnde, bewegende und sehr nachdenkliche Töne drangen dort aus den ho-

---

*   Erweiterte Fassung meiner Antrittsvorlesung am 14.2.1996 in Erlangen.

[1]   Zit. bei Humphrey Burton, Leonard Bernstein, New York 1994, 33.

[2]   Vgl. den Lagebericht aus den 1960er Jahren bei Fred B. Craddock, As One Without Authority. Essays on Inductive Preaching [1971], Nashville ³1979, 3 f. Das, was sich heute als »Homiletische Revolution« darstellt, war damals offenbar noch ein sehr punktuelles Geschehen.

[3]   Programm »Doctor of Ministry in Preaching«, Association of Chicago Theological Schools, Leitung: Don M. Wardlaw, McCormick Theological Seminary.

miletischen Seminarräumen. Von allen Klischees, die man sich hierzulande machen mag, war nichts zu bemerken. Die geldgepolsterten Fernsehprediger jedenfalls blieben ebenso außen vor wie evangelikale Missionare. Es ging, wie bei uns auch, um biblisch-theologisch verantwortetes Predigen.

Etwas freilich war auffällig anders als hierzulande. Und zwar war deutlich zu bemerken, wie die Homiletik in den USA dabei ist, zu sich selbst zu finden; Amerikas Homiletik befindet sich in der Konsolidierungsphase einer veritablen Revolution.[4] Von jener, wie man dort ausdrücklich sagt, »homiletischen Revolution« werde ich im Folgenden berichten.

Die Literatur ist längst unübersehbar.[5] Allein zu den Erfahrungen und Anliegen von Frauen auf der Kanzel gibt es inzwischen ganze Listen von Titeln.[6] Ich habe versucht, in der Fülle der Details Schwerpunkte auszuwählen, die etwas erkennen lassen von den generellen Konturen der neuen amerikanischen Homiletik. Ich bin überzeugt, dass mit dieser Skizze auch Positionslichter aufscheinen für unsere eigene, die deutsche Situation des Predigens und Predigtlehrens.[7]

II. Homiletical Revolution

Um es gleich vorwegzusagen: Die Homiletische Revolution hat längst nicht alles Kanzelreden der Neuen Welt erfasst; auch Amerika ist kein Eldorado der Predigt. Erst vor kurzem hat David Buttrick, einer der führenden Homiletiker der älteren Generation, eindrücklich beklagt, wie sehr das Predigen landauf landab noch immer gefangen sei in alten Rede- und Auslegungsmustern; die Predigt sei noch immer »a captive voice«, »eine gefangene Stimme«.[8]

Zu dieser Lagebeschreibung in kreativer Spannung steht das Selbstverständnis derer, die in der homiletischen Ausbildung engagiert sind. Dieses Selbstverständnis ist längst vom Bewusstsein geprägt, an einem homiletischen

---

[4]   Darauf ist die frankophone Homiletik schon seit längerem aufmerksam geworden; vgl. Bernard Reymond, Coup d'oeil sur le renouveau homilétique aux USA, in: Cahiers de l'IRP 9 (1991), 2–9.

[5]   Vgl. Literaturübersicht bei David Buttrick, Homiletic. Moves and Structures, Philadelphia 1987, 463–486, oder bei Paul Scott Wilson, The Practice of Preaching, Nashville 1995, 293–301.

[6]   Vgl. Carol M. Norén, The Woman in the Pulpit, Nashville 1992; vgl. auch die beeindruckende Bibliographie zum Thema »Women and Preaching« in der Zeitschrift »Homiletic« (17/2, 1992, 7–10; 18/1, 1993, 34–36; 19/1, 1994, 28–30; 20/1, 1995, 7–10).

[7]   Vgl. zur deutschen Situation Henning Schröer, Zwischen Beliebigkeit und Monotonie. Was tut sich in der evangelischen Homiletik?, in: BiLi 67 (1994), 214–218.

[8]   David Buttrick, A Captive Voice. The Liberation of Preaching, Louisville 1994.

Umbruch teilzuhaben. David James Randolph sprach 1969 programmatisch von der »Erneuerung« oder »Wiedergeburt« des Predigens[9], Richard L. Eslinger spricht gar von »der kopernikanischen Revolution in der Homiletik«[10], und Paul S. Wilson kann 1995 ein Lehrbuch publizieren, das mit großer Selbstverständlichkeit getragen ist vom Bewusstsein einer »laufenden homiletischen Revolution«.[11]

Es lassen sich einige Stationen für die Homiletische Revolution namhaft machen.[12] Der Anfang kann mit dem Jahr 1960 markiert werden. Da fanden acht regionale Konferenzen auf Einladung der American Association of Theological Schools statt. An ihnen nahmen insgesamt 175 Homiletikdozierende aus 107 vorwiegend protestantischen Ausbildungsstätten teil. Bei jenen Konferenzen wurde mit einigem Staunen wahrgenommen, dass sich homiletisch in ganz Nordamerika Neues ankündigte.

H. Grady Davis, der an allen acht Konferenzen teilnahm, versuchte den Konsens zu formulieren.[13] Und zwar bestand Konsens zunächst über das Wesen der Predigt. Das muss uns nicht übermäßig erstaunen, denn in Amerika herrschte damals wie bei uns die Wort-Gottes-Theologie Barthscher Prägung in Verbindung mit historischer Arbeit an der Bibel. »Wahres Predigen ist eine Form des Wortes Gottes« (199) oder »Wahres Predigen ist biblisches Predigen, gegründet auf sorgfältige exegetische Arbeit und Auslegung der Bibel« (199) – solche Sätze wären damals auch bei uns als Konsens wahrscheinlich gewesen. Anders aber als bei uns war allein schon dies, dass man solchen Konsens wahrnahm in einer großen und konfessionell bunten Gemeinschaft von Homiletikdozierenden.

Es folgen dann Sätze, wie sie bei uns damals in dieser Kombination nicht denkbar gewesen wären. Während bei uns die Wort-Gottes-Theologie in antiexperimentellen Frontstellungen erstarrte, verband sie sich in Amerika undoktrinär mit Erfahrungen der homiletischen Praxis. Davis notiert zur Ausbildungssituation von 1960: »Predigen wird zunehmend gelehrt in Verbindung mit Predigtpraxis« (200). Das bedeutete nichts anderes als eine experimentelle Homiletik, deren Instrumentarium im Übrigen schon damals auf breiter Basis Tonaufzeichnungen einschloss (vgl. 202).

---

[9]   David J. Randolph, The Renewal of Preaching, Philadelphia 1969, 24, 18 u. ö.

[10]   Richard L. Eslinger, A New Hearing. Living Options in Homiletic Method, Nashville 1987, 65.

[11]   Vgl. Wilson (Anm. 5), 12, 14, 20, 104, 199, 202, 204 f. u. ö.

[12]   Vgl. die Skizze bei Don M. Wardlaw, Art. Homiletics and Preaching in North America, in: Concise Encyclopedia of Preaching, hg. v. William H. Willimon u. Richard Lischer, Louisville 1995, 243 – 252.

[13]   H. Grady Davis, The Teaching of Homiletics. The Present Situation in American Seminaries, in: Encounter 22 (1961), 197 – 207.

Davis hat damals, nach den Treffen von 1960, prophetisch notiert, er sei überzeugt, dass »diese Theologie, wenn sie vorherrschend wird, notwendigerweise Veränderungen hervorbringen wird, radikale Veränderungen in der homiletischen Ausbildung« (198). Fünf Jahre später, 1965, kam es zur Gründung der Academy of Homiletics, einem kontinuierlichen Forum vorwiegend protestantischer Homiletik. In den 1970er Jahren wird dann die Homiletik zu einer Disziplin eigenen Rechts in den Ausbildungsstätten. 1976 erscheint erstmals die Zeitschrift »Homiletic«, das Organ der Academy. Überlegungen zur homiletischen Didaktik begannen sich zu formieren. Sie zeigen inzwischen erstaunliche Früchte in Programmen zur Aus- und Fortbildung.[14]

Das sind die äußeren Eckdaten der Entwicklung. Zu fragen ist nun, wo theologische und zeitgeschichtliche Wurzeln für die Homiletische Revolution liegen.

Eine Wurzel ist sicher das, was man als die »Neue Hermeneutik« bezeichnete. Deren homiletische Bedeutung wurde frühzeitig erkannt.[15] Gerhard Ebeling vor allem war es, der in Amerika dafür stand.[16] Die Neue Hermeneutik schloss Bibel und Erfahrung zusammen, sie schärfte den Blick für die dynamische Kraft des Wortes Gottes und sie wies entschlossen darauf hin, dass Sprache und Wirklichkeit auf keinen Fall getrennt voneinander begriffen werden können. In diesem Umfeld hat sich ein genuin theologischer Erfahrungsbegriff homiletisch etabliert. Die prinzipielle Verschwisterung von Bibelwissenschaft, Systematischer Theologie und Homiletik, wie sie im existentialen Ansatz eines Bultmann oder Ebeling gegeben war, brach in Amerika nicht wie in Deutschland auseinander, sondern war der Grund, auf dem eine neue, ebenso bibel- wie erfahrungsorientierte Homiletik wachsen konnte.[17] Aufschlussreich ist allein schon die Tatsache, dass es ausgerechnet ein Neutestamentler war, der die Homiletische Revolution publizistisch grundlegte. 1971 erschien Fred B. Craddocks »As One Without Authority«.[18] Dieses Buch analysierte brillant Defizite und Chancen der

---

[14]   Vgl. Don M. Wardlaw (Hg.), Learning Preaching. Understanding and Participation in the Process, Lincoln 1988. Das Buch ist Frucht einer langen Diskussion und stellt den Ausgangspunkt dar für das Fortbildungsprogramm »Doctor of Ministry in Preaching«.

[15]   Vgl. Randolph (Anm. 9), 10–25.

[16]   Vgl. James M. Robinson u. John B. Cobb, Jr., The New Hermeneutic, New York 1964. Die Beiträge des Bandes gruppieren sich um zwei grundlegende Aufsätze von Ebeling und Fuchs. Wichtig für den homiletischen Aufbruch wurde Robert W. Funk, Language, Hermeneutic, and Word of God, New York 1966.

[17]   Vgl. neuerdings zum systematisch-theologischen Interesse an der Homiletik: Gerhard O. Forde, Theology Is for Proclamation, Minneapolis 1990.

[18]   Craddock (Anm. 2). Zur Bedeutung dieses Buches und seines Verfassers vgl. Gail R. O'Day u. Thomas G. Long (Hg.), Listening to the Word. Studies in Honor of Fred B. Craddock, Nashville 1993.

damals aktuellen Lage und markierte zugleich den Weg in die Zukunft, den die nordamerikanische Homiletik dann auf breiter Basis gehen sollte.

Eine andere Wurzel für die Homiletische Revolution ist die Bürgerrechtsbewegung der 60er Jahre. Sie bescherte Amerika eine politische Revolution, in der Predigten und Prediger eine zentrale Rolle spielten. Amerika wurde von Martin Luther King und anderen afroamerikanischen Predigern mit einem biblischen Predigen konfrontiert, das seine Lebendigkeit und seine Kraft aus Quellen schöpfte, die dem Land insgesamt und einer weißen Homiletik bis dahin entgangen waren. »African American Preaching« ist inzwischen zu einem der anregendsten Phämonene der Homiletischen Revolution geworden. Mit ihm ist mitten in den europäischen Mustern der weißen Predigtkultur eine Predigtweise mit ganz anderen Ursprüngen in aufregender Weise präsent.

Alles in allem wuchs mit der Homiletischen Revolution das Bewusstsein für die organische Einheit einer jeden Predigt: Jeder Inhalt braucht seine ihm gemäße Form, und jede Form modelliert ihrerseits den Inhalt.[19] Eine Predigt gleicht, so das schöne Bild von H. Grady Davis, einem Baum, der die ihm eigene Gestalt in natürlichem Wachstum entwickelt.[20]

Das romantische Bild soll nicht verdecken, dass sich mit alledem ein epochaler Umbruch in der Homiletik vollzieht. Was zur Disposition steht, ist nichts weniger als die diskursive, argumentgegründete Predigt, wie sie seit der Verschwisterung von biblischer Botschaft und antiker Rhetorik letztlich das herrschende Modell darstellt. Exegetische Studien zu den biblischen Formen der Verkündigung haben diesen Umbruch motiviert.[21] Vor allem Story, Parabel und poetische Formen kamen gegenüber der diskursiven Predigt in den Blick. Don M. Wardlaw formuliert 1983 im vollen Bewusstsein epochalen Umbruchs:

> »Die Gestalt der Predigt ist jetzt offen für radikale Neuorientierung. Das veränderte Wahrnehmungsvermögen, wie es aus den kulturellen Umbrüchen im 20. Jahrhundert resultiert, gewährt den Annahmen, die der argumentbezogenen Form zugrunde liegen, nicht länger Großhändlerrabatt.«[22]

Ich will im Folgenden auf einige Kennzeichen dieser gründlichen Umorientierung hinweisen.

---

[19]   Vgl. etwa Wilson (Anm. 5), 199–205. Wilson meint, in der Entdeckung der organischen Einheit liege im Grunde die Homiletische Revolution der Gegenwart beschlossen. Sie hole eine romantische Revolution in der Homiletik nach.

[20]   Henry Grady Davis, Design for Preaching, Philadelphia 1958, 15 f.

[21]   Wegweisend für den homiletischen Aufbruch wurde vor allem: Amos N. Wilder, The Language of the Gospel. Early Christian Rhetoric, New York/Evanston 1964.

[22]   Don M. Wardlaw, The Need for New Shapes, in: Ders. (Hg.), Preaching Biblically. Creating Sermons in the Shape of Scripture, Philadelphia 1983, 11–25, 14.

III. Preaching as an Event

Mag sein, dass die Beschäftigung mit den theologischen Konturen der Predigt, wie bei uns auch, nicht immer gleichbleibend intensiv betrieben wurde.[23] Dennoch war eine dezidiert theologische Deutung des Predigtgeschehens schon für die Anfänge der Homiletischen Revolution kennzeichnend. In der unmittelbaren Gegenwart hat Paul S. Wilson seine ganze Homiletik darin grundgelegt, dass er Predigen als »Ereignis Gottes« beschreibt.[24]

Worum es geht, hat im Grunde schon im letzten Jahrhundert Phillips Brooks, Prediger in Boston, pointiert klargemacht:

> »Vieles in unserem Predigen sieht so aus, als ob wir kranken Menschen Vorlesungen über Medikamente halten würden. Die Vorlesung ist wahr. Die Vorlesung ist interessant. Nein, die Wahrheit der Vorlesung ist bedeutend, und wenn der kranke Mensch die Wahrheit der Vorlesung begreifen würde, dann wäre er ein besserer Patient. Er würde seine Medikamente verantwortlicher einnehmen und seine Diät intelligenter regeln. Aber noch immer bleibt die Tatsache, dass die Vorlesung nicht das Medikament ist. Das Medikament zu verabreichen, nicht Vorlesungen zu halten - das ist die Pflicht des Predigers«.[25]

Das Beispiel verdeutlicht recht gut, was man später in der Homiletischen Revolution als das »Ereignis« der Predigt zu beschreiben suchte: Die Predigt informiert nicht über Ereignisse des Glaubens, sondern sie ist selbst ein Ereignis, in dem Gott durch sein Wort Menschen in seine heilende Wirklichkeit hineinzieht.[26]

Event, Ereignis - das ist bekanntlich eine Terminologie, die der hermeneutischen Theologie eines Gerhard Ebeling oder Ernst Fuchs entstammt. Neu ist diese Terminologie also für uns nicht. Neu aber ist die Entschlossenheit, mit der die amerikanische Homiletik das »Ereignis« zum zentralen Begriff für die spezifisch theologischen Konturen des Predigens machte. 1969 formulierte Randolph:

---

[23] Vgl. Wilson (Anm. 5), 20, 104.

[24] Vgl. Wilson (Anm. 5), 20-32. Vgl. etwa auch die (theologisch freilich weit weniger präzise) Studie von John R. Claypool, The Preaching Event [1980, unter anderem Titel], San Francisco 1990.

[25] Phillips Brooks, Lectures on Preaching, New York 1877, 126.

[26] Vgl. Richard A. Jensen, Speaking for God ... Speaking for the Others, in: Dialog 34 (1995), 167-172. Er betont, dass die sakramentale Natur des Predigens solches »über/about« eigentlich ausschließt.

»Die Genesung der Homiletik hängt ab von der Wiederentdeckung der Predigt in ihrer Unvergleichbarkeit. Eine Predigt ist keine Vorlesung, kein Aufsatz, auch keine Therapiestunde … Wenn Predigen wirklich Predigen sein soll, dann muss es vom Zentrum ausgehen: Predigen muss verstanden werden als *Ereignis*«.[27]

Solches »Ereignis«, Randolph macht das unmissverständlich klar, ist nicht einfach ein Erlebnis mit hohem Emotionsgehalt, sondern es ist ein Ereignis, das sich dem Wirken Gottes selbst und der Bezogenheit der Predigt auf das biblische Wort verdankt.[28]

Zugegeben, die Rede vom »Ereignis« klang im Umkreis der Neuen Hermeneutik bisweilen reichlich hermetisch und blutleer. In dem »Sprachereignis« eines Ernst Fuchs noch die lebendigen Phänomene zu entdecken, das war, so scheint es, letztlich nur Eingeweihten gegeben. Es macht die Besonderheit der amerikanischen Ereignis-Homiletik aus, dass sie das »Ereignis« nicht nur dogmatisch postulierte, sondern stets mit wachen Sinnen interessiert war an realen Phänomenen, an lebendigen Ereignissen. Das befähigte solche Ereignis-Homiletik von Anfang an zu solider, erfahrungsorientierter Ausbildung. Die Erkenntnis, dass eine Predigt als Ereignis eigene Sprach- und überhaupt Gestaltungsformen braucht, gehört zu den Grundeinsichten der neuen Homiletik und ihrer Bemühungen um erfahrungsorientierte Ausbildung.[29]

Die aktuelle Ereignis-Homiletik in den USA ist sich zwar der Wurzeln in der Neuen Hermeneutik durchaus noch bewusst. Aber zum einen hat man die hermeneutische Diskussion entschlossen weitergeführt.[30] Die soziale und politische Dimension, die der Neuen Hermeneutik abging, wurde längst beachtet.[31] Zum anderen ist die Rede vom Predigt-»Ereignis« auch jenseits der Neuen Hermeneutik längst zum breiten, erfahrungsleitenden Konsens der Homiletischen Revolution geworden. So kann beispielsweise Richard Lischer die existential-hermeneutische Rede vom »Sprachereignis« mit deutlicher Skepsis betrachten. Im selben Atemzug aber konzipiert er dann sehr selbstverständlich Predigt als »Ereignis«. Lange vor dem modischen Gebrauch solcher Worte wie »Sprachereignis« hätten, so Lischer trocken, die schwarzen Prediger Amerikas die Predigt als »Ereignis« begriffen.[32]

---

[27] Randolph (Anm. 9), 18 f.
[28] Vgl. Randolph (Anm. 9), 1.
[29] Vgl. Richard A. Jensen, Telling the Story. Variety and Imagination in Preaching, Minneapolis 1980, 76–89. Jensen zeigt schön, wie sich die neue Auffassung bis hin etwa zu Tempusgebrauch und Gliederung auswirkt.
[30] Vgl. Wilson (Anm. 5), 139 f., 155 f., 189–193.
[31] David Buttrick bemerkt spitz, die Bibel habe mit dem unsozialen Narzissmus der Neuen Hermeneutik nichts zu tun (Anm. 8), 14.
[32] Vgl. Richard Lischer, A Theology of Preaching, Nashville 1981, 79.

Ich habe in Chicago meinen Kollegen Don Wardlaw gefragt, wie man denn im Horizont einer Ereignis-Homiletik zutreffender vom Umgang mit dem Bibeltext reden könne. Predigen *über* (about) den Text, so meinte ich, das signalisiere doch eher Distanz als Nähe zum Text. »Preaching *from within*«, antwortete er, »Predigen aus dem Inneren des Texts« oder, einfacher und zutreffender, »Predigen im Text«.

Für mich hat die Metapher »Preaching from Within« über die spezielle Fragestellung nach dem Bibeltext hinaus Bedeutung gewonnen. Und zwar kennzeichnet sie für mich generell Predigen auf dem Hintergrund einer Ereignis-Homiletik. Solches »Predigen *in*« entfernt sich kategorial von allem »Reden *über*«: *über* das Bibelwort, *über* Gott und die Welt, *über* die Gemeinde. »Preaching from Within« ist »Reden *in*«: Reden *im* Bibelwort, *im* Ereignis, *im* Handeln Gottes, *im* Beziehungsgeschehen von Predigerin und Gemeinde, *im* Hier und Jetzt der Situation. Eine solche Predigt versucht, sie versucht es zumindest, nicht *über* das Trösten zu reden, sondern zu trösten.

IV. Literacy and Orality

Martin Luther King, nach seiner homiletischen Herkunft befragt, antwortete gerne, er sei der Sohn eines Baptistenpredigers, der Enkel eines Baptistenpredigers und der Urenkel eines Baptistenpredigers. Das klingt vertraut, meint aber anderes, als wenn hierzulande jemand sagt, er oder sie stamme eben aus einer Pfarrerfamilie. Bei King meint der Satz neben den leiblichen vor allem die geistlichen Väter und Mütter der schwarzen Baptisten, in deren Sprachwelt er aufgewachsen war.[33] King erklärte damit, wie er, längst vor dem Theologiestudium an der Hochschule, seine Fähigkeit im Predigen und im Umgang mit der Bibel erworben hatte. Die Sprachwelt, in der das geschah, war eine Kultur des mündlichen Wortes, eine mündliche Kultur (orality) im Unterschied zu einer um das schriftliche Wort zentrierten Kultur (literacy). In Amerikas schwarzen Gemeinden konnte und kann das Phänomen der orality, der mündlichen Predigtkultur, unmittelbar erlebt und studiert werden. Eine »Predigt schreiben«, wie wir zu sagen pflegen, ist im Kontext solcher orality im Grunde eine Unmöglichkeit.

Eigentlich hätte es die Homiletik von der biblischen Theologie längst vernehmen müssen, dass »Wort« in der Bibel »Ereignis« ist, und zwar ein mündliches Ereignis. Walter J. Ong stellt fest:

---

[33]   Vgl. Richard Lischer, The Preacher King. Martin Luther King, Jr. and The Word That Moved America, New York/Oxford 1995, 28.

»Das hebräische *dabar,* ›Wort‹, bedeutet ebenso ›Ereignis‹ und bezieht sich somit direkt auf das gesprochene Wort. Das gesprochene Wort ist immer ein Ereignis, eine Bewegung in der Zeit, der vollständig die dinghafte Ruhe des geschriebenen oder gedruckten Wortes abgeht«.[34]

Biblische Einsichten trafen in Amerika auf frappierende Weise zusammen mit kulturgeschichtlich orientierten Studien.[35] Bruce A. Rosenberg etwa hat eine Reihe von Predigten, die ohne Manuskript konzipiert und vorgetragen wurden, auf Band aufgezeichnet, transkribiert und untersucht.[36] Dabei kam zutage, wie sehr solches Predigen in mündlicher Tradition alles andere als zufällig ist, sondern eigenen Gesetzmäßigkeiten folgt.[37] Gesetzmäßigkeiten sind das, die mündlich von einer Generation zur anderen weitergegeben wurden.[38]

Es ist nun keineswegs so, dass solche Homiletik in der Tradition der orality in den weißen Seminaries von Anfang an enthusiastisch aufgenommen worden wäre. Evans E. Crawford erinnert sich an die zögerliche Reaktion, als, gleichsam meteoritenhaft, die »schwarze« Predigtweise in einen »weißen« Kontext fiel:[39]

»Möglicherweise war solches Zögern ... zurückzuführen auf den niedrigen Status, auf den orality in einer druckorientierten Welt gefallen war. Die Homiletik hatte einen Punkt erreicht, an dem der Inhalt weit höher rangierte als das Wagnis der Predigt. Das Skript war wichtiger geworden als der Geist ...«

Solches Zögern am Anfang ist anhaltender Aufmerksamkeit gewichen. Heute fasziniert African American Preaching mit seiner Tradition der orality die amerikanische Homiletik unter anderem deshalb, weil es lebendig an das erinnert, was biblisches und frühchristliches Predigen einst gewesen sein könnte.[40]

---

[34]   Walter J. Ong, Orality and Literacy. The Technologizing of the Word, London/New York 1982, 75; vgl. Wilson (Anm. 5), 37–60 (Preaching as an Oral Event).

[35]   Vgl. Walter J. Ong, The Presence of the Word. Some Prolegomena for Cultural and Religious History, New Haven/London 1967 (bes. Auditory Synthesis: Word as Event, 111–138).

[36]   Bruce A. Rosenberg, Can These Bones Live? The Art of the American Folk Preacher, Urbana/Chicago 1988 (1970).

[37]   Vgl. in einem weiteren Horizont die Studie von Walter J. Ong über »Orality and Literacy« (Anm. 34).

[38]   Vgl. Henry H. Mitchell, Black Preaching. The Recovery of a Powerful Art, Nashville 1990, 39 ff.

[39]   Evans E. Crawford, The Hum. Call and Response in African American Preaching, Nashville 1995, 66.

[40]   Vgl. Paul Scott Wilson, A Concise History of Preaching, Nashville 1992, 17–20; Lischer (Anm. 32), 25.

Die Tradition der orality stellt eine Herausforderung dar, die bei uns längst selbstverständlich gewordene Verquickung von Predigt- und Schriftkultur grundsätzlich zu überdenken. Man muss es nicht gleich so scharf formulieren wie Richard Lischer:

> »So heruntergekommen ist Predigen als ein mündliches Ereignis, dass Manuskripte Predigten genannt werden, und mancherorts wird Predigen so gelehrt, dass man die Studierenden ihre Manuskripte verlesen lässt.«[41]

Sicher, es geht in diesem Zusammenhang auch um die alte homiletische Frage, inwieweit ein Manuskript nützt und inwieweit es schadet. Aber es geht doch um mehr und um Wichtigeres. Es geht darum, ob Predigen von Anfang an als Vorgang mündlicher Kommunikation begriffen wird. Das betrifft die Sprache selbst, die in mündlicher Kommunikation anderen Gesetzen folgt als in schriftlicher Form; das betrifft aber entscheidend auch die nonverbalen Elemente im mündlichen Predigtereignis.

Solche Einsichten müssen zu einer vehementen Klage führen über die generellen Ausbildungsbedingungen. Wie kommt es, so die Frage, dass gemeinhin die Ausbildungsstätten Europas wie auch Amerikas kaum oder gar nicht gesprochene Sprache[42] lehren, sondern fast ausschließlich das geschriebene Wort fördern? Das sei, so Wilson, besonders zu bedauern in einer Zeit wie der unseren, in der immer weniger gelesen, aber umso mehr ferngesehen werde.[43] Wenn es zutrifft, dass wir gleichsam in einer Zeit »zweiter Mündlichkeit«[44] leben und dass damit auch die traditionelle, am Geschriebenen und Gedruckten orientierte »Gutenberg-Homiletik«[45] zerfällt, dann werden wir die homiletische Ausbildung nicht mehr so ausschließlich wie bisher im Rahmen einer Schriftkultur wahrnehmen können.[46]

---

[41]   Lischer (Anm. 32), 25.

[42]   Vereinzeltes Zeichen des Umdenkens ist die Gründung einer »Akademie für gesprochenes Wort« 1993 in Stuttgart. Die Akademie hat es sich zum Ziel gesetzt, »die Kultur der freien Rede, des Dialogs und der Diskussion zu fördern, das Bewusstsein für die Bedeutung eines verantwortungsvollen Umgangs mit gesprochener Sprache zu schärfen« (aus dem Werbematerial der Akademie). Vgl. auch Forschung & Lehre. Mitteilungen des Deutschen Hochschulbundes 4/1996, 178–189 (verschiedene Beiträge zum Thema »Wissenschaft und Gespräch«).

[43]   Vgl. Wilson (Anm. 5), 38f.

[44]   Vgl. Ong (Anm. 34), 135–138.

[45]   Richard A. Jensen, Thinking in Story. Preaching in a Post-literate Age, Lima (USA) 1993, 7.

[46]   Vgl. den Hinweis der frankophonen Homiletik bei Bernard Reymond, Les défis de l'oralité, in: Henry Mottu und Pierre-André Bettex (Hg.), Le défi homilétique. L'exégèse au service de la prédication, Genf 1994, 228–235.

V. Performing the Scriptures

Richard Lischer berichtet von einer Begebenheit, bei der es gar keine Predigt brauchte, um alle Beteiligten in das Bibelwort hineinzuziehen:[47]

Situation ist die Nacht, mit der im November 1956 der Busboykott in Montgomery zu seinem Ende kam. Soeben hatte höchstrichterliches Urteil die Rassentrennung in den Bussen endgültig aufgehoben. Etwa 8000 Menschen versammelten sich zu Gottesdiensten in zwei Kirchen der Stadt. Beim einen Gottesdienst sollte der einzige weiße Pastor der Stadt, der die Ziele des Aufstandes offen geteilt hatte, die Epistel lesen: 1 Kor 13, das Hohelied der Liebe. Bevor er zur Lesung aufstand, flüsterte Ralph Abernathy ihm zu: »Lies, als hättest du es nie zuvor gelesen! Aber lege alles hinein!« Als der Pastor zu den Worten kam »Als ich ein Kind war, redete ich wie ein Kind und dachte wie ein Kind und war klug wie ein Kind; als ich aber ein Mann wurde, legte ich ab, was kindlich war«, da brach die Gemeinde in spontanen Applaus und Beifallsrufe aus. Was war passiert? Schlicht dies: Die Menschen hatten ihr eigenes Mündigwerden im Spiegel des Bibelwortes wiedererkannt und dieser überwältigenden Einsicht hörbar und spürbar Ausdruck verliehen.

Richard Lischer deutet jene Begebenheit auf eine etwas ungewohnte Weise:

> »Insbesondere die schwarze Kirche Amerikas kennt keine ›Bedeutung‹, die im Text sitzen und auf Erklärung warten würde. ›Bedeutung‹ eröffnet sich in der gemeinschaftlichen Aufführung (performance) des Textes – genau die Weise, in der sich die ›Bedeutung‹ von King Lear oder einer Beethoven-Symphonie bei der Aufführung eröffnet.«[48]

In unserem Beispiel war es schon beim bloßen Verlesen des Bibelwortes zu einer performance, einer »Aufführung« gekommen, die an Aktualität nichts zu wünschen übrigließ. Performance, Aufführung – das ist Terminologie aus dem Bereich der Kunst, des Theaters vor allem, aber auch der Musik; Lischer verwendet sie ganz bewusst, und zwar im Anschluss an den Briten Nicholas Lash[49] und in Übereinstimmung mit einer ganzen Reihe von Kollegen anderer Disziplinen.[50]

---

[47]   Nach Lischer (Anm. 33), 218.

[48]   Lischer (Anm. 33), 217.

[49]   Vgl. Nicholas Lash, Performing the Scriptures, in: Ders., Theology on the Way to Emmaus, London 1986, 37–46.

[50]   Vgl. etwa Michael G. Cartwright, The Practice and Performance of Scripture. Grounding Christian Ethics in a Communal Hermeneutic, in: The Annual of the Society of Christian Ethics, Washington 1988, 31–53. Cartwright hat herausgearbeitet, wie der Begriff der performance nicht zuletzt wegen seiner ekklesialen Komponente dazu taugt, Bibelgebrauch im

Für unsere Ohren klingt »Aufführung«, gar »Inszenierung« des Bibelwortes leicht so, als würde man es einem Spektakel aussetzen, als würde man es, um es wirksamer zu machen, mit kräftigem Make-up versehen. Wenn es aber gelingt, solche Ressentiments[51] einmal beiseite zu lassen, dann ergibt sich ein einfacher Sachverhalt: Theaterstücke sind dazu da, dass sie aufgeführt, Symphonien sind dazu da, dass sie gespielt, und Bibelworte sind eben dazu da, dass sie gepredigt, d. h. im Gottesdienst »aufgeführt« werden. Am Musizieren und Theatermachen sind in der Regel mehrere Personen beteiligt, nicht zuletzt auch, auf seine Weise, das Publikum. Performing the Scriptures, ein Bibelwort »aufführen«, bedeutet dementsprechend: das Bibelwort gemeinsam gestalten.[52]

Sicher, eine solche Live-Performance des Bibelworts hat im afroamerikanischen Gottesdienst andere Möglichkeiten und Formen als bei uns. Die Gemeinde ist konstitutiv ins Geschehen einbezogen. Auf einem insgesamt hochemotionalen Grund kommt es da zu Zwischenrufen aus der Gemeinde, zum ritualisierten Zusammenspiel aus Ruf und Antwort; die Predigt kann mitunter in gemeinsames Singen übergehen. Dabei muss die Gemeinde keineswegs immer nur begeistert zustimmen. Nicht selten wird im afroamerikanischen Gottesdienst laut, was deutsche Predigthörerinnen und -hörer lediglich im Herzen bewegen. Wenn nämlich das Predigen an Kraft nachlässt, dann kann aus der Gemeinde so oder ähnlich der Ruf kommen: »Help him, Lord«, »Herr, hilf ihm!«[53] Oder aber die Gemeinde wird so ins Predigtgeschehen einbezogen, dass sie eine Art Kontrapunkt zur Predigtrede gestaltet. Ein Beispiel für solche kontrapunktische Mitarbeit gibt Richard Lischer:

In einer Predigt Martin Luther Kings über die Ambivalenz menschlicher Leistung und Größe, wird die Gemeinde zunehmend ins Predigtereignis hineingezogen. Als der Prediger ausruft: »Amerika ist eine große Nation«, kann man noch heute das Wort »but«, »aber«, auf dem Tonband vernehmen. Es geht wie

---

Kontext der Ethik zu kennzeichnen. Die Eucharistie sei, so Cartwright, in exemplarischer Weise performance der Schrift.

[51]   Vgl. zur Geschichte solcher Ressentiments Richard F. Ward, Speaking from the Heart. Preaching with Passion, Nashville 1992, 93 ff. Ward berichtet über die Möglichkeiten, schon die biblische Lesung als performance zu gestalten (89–107).

[52]   Vgl. zum säkularen Kontext einer gemeinsamen Performance das Programmheft des Chicago Symphony Orchestra für die Saison 1995/96. Es gibt detailliert Anweisungen, wie das Publikum vom Schweigen bis zum Applaus eine »life performance« mitgestalten kann (26). Begründung: »Damit eine große Aufführung ein wirklich großes Konzert wird, spielen Sie, Teil des Publikums, eine bedeutende Rolle.«

[53]   Mitchell (Anm. 38), 101 f. Crawford (Anm. 39) beschreibt anschaulich afroamerikanische Predigt als performance. Vgl. die schöne Aufnahme der Metapher von der musikalischen Aufführung in der Predigt bei Thomas H. Troeger, Imagining a Sermon, Nashville 1990 (67–88: Listen to the Music of Speech).

kleine Knallfrösche durch den Kirchenraum, bis ein Mann den Gedanken kurz und bündig beendet: »Aber es fährt zur Hölle!«[54]

Es mag so aussehen, als ginge es bei der Predigt-Performance biblischer Texte um einen Vorgang, der sich fernab oder sogar im Gegensatz zu den Auslegungsbemühungen der Bibelwissenschaft behaupten würde. Das muss nicht so sein. Wenn ich richtig sehe, dann bewegen sich in Amerika die professionellen Ausleger des Text-Buches und die geborenen Prediger bzw. Darsteller der Texte aufeinander zu. Jedenfalls geht inzwischen auch African American Preaching, ohne dabei seine Eigenart zu verleugnen, bei der Bibelwissenschaft in die Schule.[55]

Ich möchte den Ertrag dieser Überlegungen zur »performance« präzise formulieren. Der Begriff konzentriert mindestens zwei homiletische Essentials in einem Wort. Da ist zum einen die ekklesiologische Komponente. Der Begriff der »performance« hebt hervor, was im deutschen Predigtverständnis leicht in den Hintergrund zu geraten droht: dass zum gelingenden Verstehen eines Bibelwortes eben nicht nur und gar nicht primär der Kanzelredner vonnöten ist, sondern vor allem eine Gemeinde. Die Gemeinde ist es, die durch ihr Hören, ihr Verstehen und möglicherweise Reagieren das Ereignis gelingenden Verstehens überhaupt erst ermöglicht. Zum anderen enthält der Begriff der performance eine hermeneutische Komponente: Das Predigt-Ereignis kommt nicht nachträglich zur Auslegung des Textes dazu, sondern es ist selbst, einer Bühneninszenierung oder einem Konzert vergleichbar, integraler Bestandteil eines umfangreichen Auslegungsprozesses.[56]

VI. Poetry as Paradigm

Es war ein Alttestamentler, der am pointiertesten die Frage gestellt hat, ob denn nicht letztlich die Poesie das Paradigma für alles Predigen abzugeben habe. Walter Brueggemann veröffentlichte mit »Finally Comes the Poet« einen flammenden Appell zugunsten einer »poetry in a prose-flattened world«, »Poesie in einer prosaflachen Welt«.[57] »Prosa« – das meint Verflachung der Predigtsprache durch ideologische Muster, seien sie nun politischer, psychologischer oder moralischer Art; »Prosa« – das meint auch eine sprachlich verflachte Welt, in der, so

---

[54] Nach Richard Lischer, »Performing« the Scriptures, in: PTh 84 (1995), 136–149, 147.

[55] Vgl. Mitchell (Anm. 38), 39–55; auch Stephen B. Reid, Experience and Tradition. A Primer in Black Biblical Hermeneutics, Nashville 1990.

[56] Vgl. Martin Nicol, Musikalische Hermeneutik. Hinweis auf das Ereignis in der Schriftauslegung, in: PTh 80 (1991), 230–238.

[57] Walter Brueggemann, Finally Comes the Poet. Daring Speech for Proclamation, Minneapolis 1989. Alle Zitate stammen, soweit nicht anders vermerkt, aus der Einleitung (1–11).

Brueggemann treffend, »Kirchengebete und Liebesbriefe gleichermaßen wie Memo-Notizen klingen«. »Reduzierte Sprache«, so ruft er aus, »führt zu reduziertem Leben«; der Sonntagmorgen bedeute »Gegen-Leben durch Gegen-Rede«.

»Poesie« – das ist die Sprache solcher Gegen-Rede. Einzig eine Sprache, die fundamental anders klingt als die Sprache, die uns umgibt, könne zu solcher Gegen-Rede taugen. »Poesie« – das meint nicht primär Reim, Rhythmus oder Versmaß. »Poesie« – das meint Geschichten, Gleichnisse, Bilder und Metaphern.[58] Zu lernen sei solche Sprache in der Bibel, im Alten wie im Neuen Alten Testament. Vor allem prophetische Texte sind es, die Brueggemann untersucht. Von daher können Poet und Prophet fast synonym gebraucht werden: »Der Poet/Prophet ist eine Stimme, die verfestigte Realitäten zerschlägt und neue Möglichkeiten in der hörenden Versammlung wachruft.« Wort Gottes ist Poesie, so die These, und insofern sei es wahr, »dass das Gedicht die Reiche zerschlägt, dass das Gedicht heilt, verändert und befreit, dass das Gedicht kommt wie ein Dieb in der Nacht und neues Leben schenkt, frisch vom Wort her und von nirgends sonst.«[59]

Das ist eine starke, ihrerseits prophetisch herausfordernde Rede. Sie macht auf pointierte Weise deutlich, was der Homiletischen Revolution schon immer ein Anliegen war: die Sprache der Predigt. Eine Fülle von Literatur ist diesem Thema gewidmet. Der systematisch-theologische Kern solchen Bemühens ist natürlich die Metapher als die dem Reden von Gott angemessene Sprachfigur.[60] Um eine Sprache geht es, die nicht primär informiert über vergangenes Geschehen, sondern die mit eigentümlicher Kraft ein Geschehen in den Redenden und Hörenden in Gang setzt. Poetische Sprache informiert nicht über Fakten, sondern sie schafft eigene Wirklichkeit. Genau dies, dass sie dem *dabar*, dem »Wort«, das zugleich »Ereignis« ist, nahesteht, macht poetische Sprache tauglich als Sprache der Verkündigung.

Homiletisch wurde, wie bei uns auch, seit gut zwei Jahrzehnten das narrative Predigen untersucht und propagiert.[61] Inzwischen hat vor allem die Frage nach der Sprache der Bilder sowie nach der Rolle der Imagination beim Predigtprozess

---

[58]   Vgl. a.a.O. 109.

[59]   A.a.O. 142.

[60]   Vgl. Sallie McFague, Metaphorical Theology. Models of God in Religious Language, Philadelphia 1982.

[61]   Vgl. aus der Fülle der Literatur etwa Edmund A. Steimle, Morris J. Niedenthal u. Charles L. Rice, Preaching the Story, Philadelphia 1980. Es ehrt die Homiletische Revolution, dass aus ihrer Mitte gegen eine Verengung auf das Narrative auch sehr kritische Töne laut wurden. Vgl. Richard Lischer, Luther and Contemporary Preaching. Narrative and Anthropology, in: The Scottish Journal of Theology 36 (1983), 487–504; ders., The Limits of Story, in: Interpretation 38 (1984), 26–38.

die homiletische Arbeit beschäftigt.[62] Immer wieder wurde dabei eindringlich nach der Bibel und ihren sprachlichen Formen gefragt.[63] Alles in allem stoßen wir hier auf eine breite und substanzreiche Diskussion, in der das Bemühen um eine neue Sprache in der Predigt und neue Sensibilität für die Sprache der Bibel auf kreative Weise zusammentreffen.

VII. Tanglewood – homiletisch?

Ich erlaube mir, mit einem Ausblick zu schließen, dem, möglicherweise, Visionäres nicht ganz abgeht.

Zu Anfang hatte ich Leonard Bernsteins Unbehagen an der musikalischen Ausbildung in Harvard angeführt. Er hat damals sehr schnell und überraschend einen Ausweg aus dem Unbehagen gefunden. Im Sommer 1940 ging Bernstein, so sein Biograph, nach Lenox, Massachusetts, »wo er die sechs anregendsten Wochen seines Lebens verbringen sollte, den ›herrlichen Sommertraum‹ der Musikschule in Tanglewood«.[64] Tanglewood war damals noch nicht das glamouröse Festival, das es später werden sollte. Tanglewood war ein, wie wir heute sagen würden, bunter Workshop, bei dem junge Leute unter inspirierender Anleitung vom Morgen bis in die Nacht Musik ausprobieren konnten.

Manchmal, wenn »prosaflache« Verhältnisse nicht zu schwer auf mir lasten, kann ich mir eine Art homiletisches Tanglewood vorstellen. Vor meinem inneren Auge entwickelt sich dann, ein wenig naiv und sehr schön, ein Szenario, bei dem Predigtlernen, Predigtlehren und vor allem Predigen selbst und Predigthören einmal so spannend wäre, so poetisch, so voller Prophetie, so mittendrin im Ereignis des Wortes Gottes, dass selbst sechs dichte Wochen dafür nicht genug wären.

---

[62] Vgl. Patricia Wilson-Kastner, Imagery for Preaching, Minneapolis 1989; Paul Scott Wilson, Imagination of the Heart. New Understandings in Preaching, Nashville 1988.

[63] Vgl. Thomas G. Long, Preaching and the Literary Forms of the Bible, Philadelphia 1989. Ein exegetisches Schlüsselwerk für die homiletische Erneuerung wurde Wilder, The Language of the Gospel. Early Christian Rhetoric (Anm. 21).

[64] Burton (Anm. 1), 72.

Zum Schluss kommen

Das Finalproblem in der Kanzelrede*
[2020]

An allen Enden Finale ...
... und Finale ohne Ende

Nicht nur ich komme zum Schluss. Jedenfalls scheint es mir, als wimmle es um mich herum nur so von Schlüssen. Die Friedrich-Alexander-Universität stellte zum Abschluss des Jubiläumsjahres 2018 ihre Hochglanz-Mitteilungen unter den Titel: »ENDE ... – und wie es weitergeht«.[1] Der Kabarettist Bruno Jonas hat, wie er der Zeitung sagte, um seinen 60. Geburtstag herum begonnen, »über sein Finale nachzudenken«[2] und als erstes Ergebnis solcher Finalgedanken eine »Gebrauchsanweisung für das Jenseits« publiziert.[3] Wolf Wondratschek, der Literat, bedauert, die Welt habe noch immer nicht begriffen, wie genial manche Sätze von ihm, Wondratschek, seien, wie zum Beispiel: »Beethoven fängt mit dem Ende an und kann damit dann nicht mehr aufhören.«[4] Und ebenso schlicht wie tröstlich verheißt ein erfolgreicher Kinofilm: »Das Beste kommt zum Schluss.«[5]

Die Schlüsse, die da in Rede stehen, werden humorvoll oder doch wenigstens augenzwinkernd präsentiert. Sobald man freilich den Schluss der Predigt in den Blick nimmt und dazu auch noch Manfred Josuttis befragt, gibt es definitiv nichts mehr zu lachen. Denn, so der ehemalige Kollege in Göttingen, im Finale einer Predigt gehe es irgendwie immer »um die Logik und um die Dramaturgie letzter

---

Worte«.[6] Auf der Kanzel, so scheint es, kommt nicht nur die Predigt zum Schluss, sondern auch der Spaß ans Ende.

Bei vielen Predigten ist es freilich nicht so sehr das Gewicht letzter Worte, das den Schluss ungemütlich macht, als vielmehr die Vielzahl vorletzter Worte. Das reale Finale der Predigt ist oft genug ein Finale ohne Ende. Warum, so frage ich, ziehen sich auch schlank angelegte Predigten am Schluss doch noch in die Länge? Weil die Zeit zum Streichen fehlte? Weil zum Schluss dies und das unter allen Umständen noch gesagt werden musste? Weil man die ganze Woche nicht so ungestört und so gewichtig reden kann wie am Sonntag auf der Kanzel? Es gibt immer Gründe, sagbare und unsägliche, vor dem tatsächlichen Schluss noch einige Schleifen zu ziehen.

Der Predigtschluss ist bis heute nicht so bedacht, wie es die Sache erfordern würde.[7] »Der Schluß einer Rede, Peroratio, Epilogus, ist von der alten Rhetorik sehr sorgfältig behandelt, weniger von der Homiletik.«[8] Das schrieb um 1900 Ernst Christian Achelis. Bis heute gilt in der Homiletik dem einladenden ersten Satz weit mehr Mühe und Aufmerksamkeit als dem erlösenden letzten. Das mag an dem viel beschworenen »Predigteinfall« liegen. Er liefert in der Regel den Anfang der Kanzelrede. Wer da stark engagiert ist, den drohen zum Schluss Zeit und Kraft zu verlassen.

Einige typische Predigtschlüsse sind: Liedstrophe, Gedichtzeile, Zusammenfassung, Appell, Wiederholung eines markanten Satzes aus dem Predigttext. Was immer geht und was in unseren Breiten üblich ist: ein kurzes Gebet oder bzw. und Kanzelsegen. Diese Weise des Schlusses hat den theologisch nicht unwichtigen Vorteil, dass der Prediger oder die Predigerin nicht selbst die eigene Rede mit »Amen« bekräftigt, sondern dass bei einem Gebet oder Segen die Gemeinde in aller Regel ganz von selbst ihr »Amen« spricht. So ein kleines Schlussritual ist nicht die schlechteste Weise, zum Schluss zu kommen.

Ein Handbuch der Praktischen Theologie aus den 1970er Jahren notiert nüchtern, was der Predigt am Schluss droht: »Nichts verdirbt ihn und damit eine ganze Rede mehr als seine Länge.«[9] Wer aber das Risiko der Länge gar nicht erst eingehen möchte, dem erteilt das Handbuch einen überwältigend einfachen Rat: »Man kann auch einfach abbrechen und mit dem letzten Satz des letzten Teiles, d. h. ohne einen ausgearbeiteten Schlußteil, aufhören.« Wer diesen Rat befolgt,

---

[6]   Manfred Josuttis, Über den Predigtschluß, in: Ders., Rhetorik und Theologie in der Predigtarbeit. Homiletische Studien, München 1985, 201–215, 201.

[7]   Vgl. Martin Nicol, Mehr Gott wagen. Predigten und Reden zur Dramaturgischen Homiletik, Göttingen 2019, 140–146.

[8]   Vgl. Ernst Christian Achelis, Lehrbuch der Praktischen Theologie, Bd. 2, Leipzig ³1911, 266.

[9]   Friedrich Winter, Die Predigt, in: Handbuch der Praktischen Theologie, Bd. II [1974], Berlin (Ost) ²1979, 197–312, 267.

riskiert, dass bei der Predigt ein Eindruck entsteht, wie ihn Karl Valentin für das Nachbarphänomen Vortrag zeitlos gültig festgehalten hat: »[...] und am Ende des Vortrags trat plötzlich der Schluß ein.«[10]

Ich meine nicht, dass der Schluss so eintreten sollte, wie es das Handbuch und Karl Valentin benennen. Ich halte den Schluss für eine besonders sensible, der Gestaltung bedürftige Stelle. Für die Frage, wie man einen Predigtschluss konkret konzipiert und formuliert, ist das Homiletische Seminar zuständig. Jetzt aber, in dieser Vorlesung, will ich die Aufmerksamkeit dafür schärfen, wie wichtig der Schluss ist oder sein könnte. Ich tue das so, wie ich es immer mit Lust und aus Überzeugung getan habe: Ich betrachte die Predigt als Kunst, *ars praedicandi*, und sehe mich bei den Künsten um, ob es etwa im Konzert oder im Kino vergleichbare Phänomene gibt, welche die Gegebenheiten auf der Kanzel erhellen könnten. Ich schließe heute auch den Bogen zu meiner Erlanger Antrittsvorlesung vom 14. Februar 1996. Damals habe ich unter dem Titel »Preaching from Within« einen öffentlichen Auftakt gesetzt zu der, wie ich sie in der Folge nannte, Dramaturgischen Homiletik.[11] Sie versteht die Predigt programmatisch als Kunst unter Künsten. Damit hatte ich gleich zu Beginn die Beschäftigung mit den Künsten ganz oben auf die akademische Agenda gesetzt.

Wer darf und wer nicht
Das Finalproblem bei Gustav Mahler

Dass mit dem Finale ein Problem gegeben ist, das über die Beantwortung einer finalen How-to-do-Frage weit hinausgeht, wusste man im 19. Jahrhundert leidvoll genau. »Eine Symphonie ist seit Haydn kein bloßer Spaß mehr, sondern eine Angelegenheit auf Leben und Tod«, seufzte Johannes Brahms.[12] Die klassische Symphonie thematisierte und bearbeitete im Kopfsatz und im zweiten, langsamen Satz die Herausforderungen, die mit dem musikalischen Material gegeben waren. Ein dritter Satz stimmte mit heiterem Tonfall auf das Finale ein. Und dieses mündete, nachdem es thematisch Fahrt aufgenommen hatte, seinerseits in immer lauter und immer rascher gehämmerte Akkorde, die, damals wie heute, den Dirigenten zur Ekstase bringen, den Saal zu frenetischem Beifall und die Karikatur zu Höchstleistungen.

---

[10]   Karl Valentin, Der Weltuntergang, in: Ders., Buchbinder Wanninger. Sprachclownerien und Grotesken, hg. v. Helmut Bachmeier, Stuttgart 2016, 25 f., 26.

[11]   Martin Nicol, Preaching from Within. Homiletische Positionslichter aus Nordamerika, in: PTh 86 (1997), 295–309.

[12]   Vgl. Bernd Sponheuer, Logik des Zerfalls. Untersuchungen zum Finalproblem in den Symphonien Gustav Mahlers, Tutzing 1978 (dort das Zitat von Brahms und weitere Zitate sowie eine Skizze zum »Finalproblem«).

Gustav Mahler, der Dirigent, hatte diesen Typ von Finale natürlich im Ohr, wenn er als Komponist an seinen Symphonien arbeitete. Und er hatte damit seine Probleme. Beispiel: V. Symphonie, entstanden in den Sommern 1901 und 1902 und erstmals aufgeführt im Jahr 1904. Bekannt ist sie heute vor allem durch ihren 4. Satz, das *Adagietto*. Luchino Visconti hatte diese Musik in seiner Thomas-Mann-Verfilmung »Der Tod in Venedig« (1971) dem Geschehen auf der Leinwand unterlegt. Die Kombination von Mann und Mahler legte sich nahe. Schon in der Novelle trug Professor Gustav von Aschenbach, die Hauptfigur, Züge des Komponisten Gustav Mahler. Unter dem Eindruck der Nachricht von Mahlers Tod schrieb Thomas Mann jenen berühmten letzten Satz unter seine Novelle:[13] »Und noch desselben Tages empfing eine respektvoll erschütterte Welt die Nachricht von seinem Tode.« Was sollte nach einem solchen *Adagietto* noch Wesentliches kommen?

Die Symphonie hat insgesamt fünf Sätze. Im Finale formt Mahler mit einem choralartigen Thema einen triumphalen Schluss. Da taumelt die Musik förmlich in die mitreißende Schluss-Stretta. *Allegro molto und bis zum Schluss beschleunigend* lautet denn auch die suggestive Tempoangabe des Komponisten für die letzten Takte seiner Symphonie.

Ende gut, alles gut. Könnte man meinen. Dem traditionellen Muster folgte ganz offenbar die zeitgenössische Kritik. Sie kannte Viscontis Film noch nicht und pries daher das Finale als Höhepunkt des Werkes, fand das vorangehende *Adagietto* stimmungsvoll und wusste mit den ersten drei Sätzen nicht wirklich etwas anzufangen.[14] Was aber nicht weiter störte. Finale gut, alles gut. Nach dem Willen des Komponisten hätte das so sein sollen. Aber schon im eigenen Hause sah man es anders. Frau Alma störte sich im Prozess der Entstehung an dem, wie sie sagte, »kirchlichen, uninteressanten« Choral. Ehemann Gustav setzte zur Verteidigung an: »Aber Bruckner ...« »*Der* darf, Du nicht!«, fiel Alma ihm ins Wort.[15] Mahler ließ die Symphonie gleichwohl mit einem gewaltig instrumentierten Choral ausklingen.

»Das Finale [...] wiegt wohl doch gegenüber den ersten drei Sätzen zu leicht«, befand Jahrzehnte später Theodor W. Adorno.[16] Wie sollte man eine Symphonie ausklingen lassen, nachdem der »clichéhaft fröhliche Beschluß der älteren Symphonik« ausgedient hatte? Auch Adorno stand nun vor dem »Finalproblem«,

---

[13]   Vgl. Hans Rudolf Vaget, Gekreuzte Wege (SZ vom 24.03.2018, 20). Dort wird das kürzlich aufgefundene einzige Schreiben von Thomas Mann an Gustav Mahler beschrieben und ausgewertet.

[14]   Vgl. Jens Malte Fischer, Gustav Mahler. Der fremde Vertraute, Wien 2003, 480.

[15]   A. a. O., 479.

[16]   Theodor W. Adorno, Mahler. Eine musikalische Physiognomik [1960], Frankfurt a. M. 1985, v. a. Kap. VII (Zerfall und Affirmation); Zitate in diesem und im nächsten Absatz: a. a. O., 181.

das die symphonische Komposition des 19. Jahrhunderts faktisch bestimmte, das von August Halm, Paul Bekker und anderen wahrgenommen, aber offenbar erst gegen Ende der 1970er Jahre erstmals wissenschaftlich eingehend bedacht wurde.[17] Adorno diagnostizierte ein »Finalproblem« bei einigen Symphonien Gustav Mahlers. Der sei aber zugleich auch der erste gewesen, der das Problem »radikal anpackte«. In jedem Fall lasse sich bei Gustav Mahler gut studieren, was es mit dem »Finalproblem« auf sich hat.

Adorno kritisiert den hymnisch-triumphalen Schluss nicht als solchen. In seiner V. Symphonie setzte Mahler das Choralthema, das den krönenden Schluss bilden sollte, bereits im zweiten Satz dem Zerfall aus. In der Spannung zwischen ersehnter Affirmation und erlebtem Zerfall habe Gustav Mahler, so Adorno, dem »affirmativen Unwesen« gehuldigt und trotz seiner »subjektiven Unfähigkeit zum happy end« einen »seiner vergeblichen Jubelsätze« gestaltet. Mahler habe mit dem Genus des Chorals ins kultische Repertoire gegriffen, ohne sich dem Kult zu überlassen oder auszusetzen. Der Schluss überzeuge nicht, meint denn auch der Mahler-Biograph Jens Malte Fischer; irgendwie sei er »angeklebt«. Aber wer Ohren habe zu hören, »der wird bemerken, daß der Kleister nicht hält«.[18]

Der angeklebte Schluss
Happyend statt Ästhetik

Selbst dort, wo es gar nicht um die Predigt geht, gibt sie das Muster ab für versuchte Sinnstiftung und missglückten Schluss. Milena Jesenská (1896–1944) war nicht nur einfühlsame Briefpartnerin eines Schwierigen: Franz Kafka. Sie war Schriftstellerin, Journalistin, Kritikerin von eigenem Rang.[19] Sie hatte im Kino den Film »Eine Frau aus Paris« von Charlie Chaplin gesehen.[20] Am 22. Februar 1924 beschrieb sie in der Zeitung, wie sie den Film erlebte: »Es ist ein schöner, ein unermeßlich schöner Film [...]. Warum man jedoch diesem Film einen so häßlichen, pastoralen, kitschigen Schluß angeklebt hat, in dem wir gerettete Herzen, Wohlstand und Würde sehen, das weiß Gott.«[21]

---

[17] Vgl. Sponheuer (Anm. 12). Vgl. die forschungsgeschichtlichen Notizen ebd., 19 Anm. 1 und 21 Anm. 7. Bekker sprach vom »Finaleproblem« zunächst im Blick auf Beethovens IX. Symphonie: Paul Bekker, Beethoven [1911], Berlin ²1912, 282.

[18] Fischer (Anm. 14), 480.

[19] Milena Jesenská, Alles ist Leben. Feuilletons und Reportagen 1919–1939, aus d. Tschech. übers. v. Reinhard Fischer u. a., hg. v. Dorothea Rein, Frankfurt a. M. ³1990.

[20] A Woman of Paris, USA 1923. Dt. »Die Nächte einer schönen Frau« bzw. »Eine Frau aus Paris«.

[21] Milena Jesenská, »Eine Frau aus Paris« von Charlie Chaplin, 22.02.1924, in: Dies., Alles ist Leben (Anm. 19), 84–86, 86.

Beiläufig bekommt man eine Vorstellung, was ein »pastoraler Schluss« sei. Demnach folgte der Film einer kompromisslosen Ästhetik, bis er in einen Schluss mündet, der diese Ästhetik verlässt und unter »kitschig« zu verbuchen ist. Die Nahtstelle ist erkennbar; der Schluss sei »angeklebt«. Würde man diesen Schluss neu konzipieren oder einfach nur wegnehmen, dann wäre, so verstehe ich die Journalistin, der ganze Film »unermeßlich schön«, künstlerisch kühn und schonungslos aufrichtig.

In dem negativen Etikett vom »pastoralen Schluss« bildet sich eine Predigtweise ab, die spätestens zum Schluss der Versuchung nachgibt, möglicherweise aufgezeigte Spannungen mit ein paar schnellen Sätzen zu lösen. »Kitschig« sei ein solcher Schluss, sagte die Journalistin. »Erwartbar« sei er, sage ich. Im Ergebnis kommen sich Kino und Kirche schmerzlich nahe. Allzu oft ahnt, wer in der Kirchenbank sitzt, von »Liebe Gemeinde« an, wie es geht, und weiß längst vor dem »Amen«, wie es ausgeht. Warum ist der Predigtschluss so erwartbar wie das Happyend in Hollywood?

Die Sonntags-Mahler
Kulturgeschichtlicher Durchblick

Wenn ich mich und andere Pastores, die heute da sind, in diesen Diskurs einzeichne, dann trifft das Wortspiel »Sonntags-Mahler« den Sachverhalt ziemlich gut. Die »Sonntags-Mahler« passen zu einer Homiletik, die das Predigen als Kunst unter Künsten versteht. Sie passen zu Gustav Mahler, den ich immer wieder gerne im homiletischen Diskurs verorte. Und ein klein wenig pastorale Selbstironie ist bei den »Sonntags-Mahlern« gewiss auch dabei.

Sonntags-Mahler (mit h) orientieren sich nicht, wie es Sonntags-Maler (ohne h) tun würden, an Farbe und Pinsel, sondern an Tönen. Genauer müsste man sagen: Sonntags-Mahler (mit h) verstehen ihre pastorale Arbeit in Analogie zu Ton-Künstlern. Sie führen, wenn sie am Sonntagmorgen predigen, das auf, was sie in den Tagen zuvor komponiert haben. Zugegeben, ein wenig vermessen klingt es schon, wenn ich meine Überlegungen auf eine Analogie gründe zwischen dem Genie, das Mahler zweifellos war, und den Menschen, die, wie viele von Ihnen und ich auch, am Sonntagmorgen ihre berufliche Pflicht tun. Aber ich bin fest überzeugt, dass man, um auf geniale Kunst zuzugreifen, kein Genie sein muss. Was ich tue, ist dies: Ich nehme Maß an Kunst, die größer ist als ich und größer als das, was ich kann. Ich nehme Maß an Kunst, die darin »groß« ist, dass man mit ihr ein Leben lang nicht fertig wird. Was ja, ganz nebenbei, für die Worte, Bilder und Geschichten der Bibel mindestens in gleichem Maß gelten sollte. Wenn ich also für meine Predigtaufgabe große Kunst in den Blick nehme, dann nicht so: »Ist ja fetzig; das mach ich demnächst auch!« Sondern so: »Das fasziniert mich, das verstehe ich nicht, dem gehe ich nach!« Und dann mache ich mich auf die

Spur dessen, was mich anzieht und sich entzieht. An großer Kunst entdecke und identifiziere ich Problemlagen. Ich sehe mit Schrecken, wie sehr künstlerische Kompromisslosigkeit Biografien auch beschädigen kann. Ich achte genau auf künstlerische Verfahren und adaptiere sie an meine eigenen Bedürfnisse und Fähigkeiten. So erweitere ich die sprachlichen Mittel für meine ureigene Kunst, die *ars praedicandi*, zu der auch ein Genie wie Gustav Mahler nur bedingt beitragen kann. Denn Predigen ist, ganz eigen und unverwechselbar, die Kunst, von Gott zu reden.

Die Verbindung von Kanzelrede und Kunstszene betrifft zunächst ganz praktisch die Predigtarbeit. Hier, im akademischen Kontext, kann ich einen Hinweis nicht unterlassen. Wenigstens andeuten will ich, wie intensiv, wie spannungsreich und wie vielfältig Predigtgeschichte und Kulturgeschichte interagieren. Beispiel: 1916 formierte sich in Zürich mit der Gründung des *Cabaret Voltaire* der Dadaismus als Bewegung. Zugleich saß wenige Kilometer Luftlinie entfernt Karl Barth an seinem Schreibtisch in Safenwil, drohte an der Predigtaufgabe zu verzweifeln, korrespondierte mit Freund Thurneysen und schrieb an seinem epochalen »Römerbrief«. Was für eine Konstellation! Historisch dürften die Bewegungen getrennt verlaufen sein.[22] Aber die Zusammenschau bereichert die Sicht auf den Dadaismus ebenso wie die Sicht auf die Dialektik der Dialektischen Theologie.

Es ist also kein Zufall, wenn ich bei Gustav Mahler startete, um vorläufig bei Karl Barth zu landen. Ich werte die Krisensymptome, die Adorno bei Mahler herausarbeitete, als Vorboten der europäischen Krise, die durch das Jahr 1914 und den Beginn des Ersten Weltkriegs markiert ist. Aus ihr zogen Dadaisten und Dialektiker ihre je eigenen, aber zumindest in den Anfängen auch durchaus vergleichbaren Schlüsse.[23]

Der junge Barth, der in Safenwil am »Römerbrief« schrieb, hatte noch nicht wortreich eine vielbändige Dogmatik in die Welt geschickt, sondern war dabei, eine theologische Dialektik zu entwickeln, die für die Krise taugte. Und genau das wirkte verstörend. Denn die frühen Texte zielen nicht auf das, was man auf Grundlage der Bibel dann eben doch sagen könne, sondern sie zeigen auf jene Mitte, die menschlich nicht sagbar ist, jene »lebendige, selber freilich nicht zu benennende Wahrheit, die in der Mitte steht und beiden, der Position und der Negation, erst Sinn und Bedeutung gibt.«[24] In Barths Bonner Homiletik (1932/33) begegnet sehr bestimmt jene Mitte. Der Prediger dürfe sie keinesfalls kanzel-

---

[22] Vgl. neuerdings Ueli Greminger, Leo Jud trifft Hugo Ball. Die Zürcher Reformation im Fegefeuer des Dada, Zürich 2019. Der Text verfährt nicht streng historisch, hätte aber Verbindungen, wenn sie denn bekannt wären, vermutlich auch benannt.

[23] Vgl. Nicol (Anm. 7), 56–59.

[24] Karl Barth, Das Wort Gottes als Aufgabe der Theologie [1922], in: Jürgen Moltmann [Hg], Anfänge der dialektischen Theologie, Teil 1, München ³1974, 197–218, 212.

üblich mit einem Skopus, also einer Botschaft, einem Merksatz oder einem Rat zur Lebensführung besetzen. Denn das wäre »der Versuch, dem vorzugreifen, was Gott selbst in der Predigt tun und sagen will.«[25]

Karl Barth war in jener Bonner Homiletik auch in Fragen der Predigtgestalt konsequent. Eine Einleitung lehnte er aus prinzipiell-theologischen Erwägungen ab, weil sie in der Absicht, den Hörer zu gewinnen, dazu verleite, nach dem »Anknüpfungspunkt« im Menschen zu fahnden; eigentlich sei eine »Einleitung« bereits eine »Ausleitung«.[26] Ebenso wenig könne es einen Schluss geben. Denn zum Schluss ist längst alles gesagt, was zu sagen war. Oder aber es sei, wenn das »Unglück« bereits geschehen ist, dafür definitiv zu spät. Eine theorielastige Predigt könne am Schluss auch nicht mehr praktisch werden. Und »das Erschallenlassen eines großen Schluß-Hallelujas« sei als Mittel der Motivierung »besonders gefährlich und versucherisch«.[27] Im Grunde beginne und ende die Predigt mit der Auslegung des Bibeltextes.

Heute sehen wir das anders. Ein Argument freilich gibt zu denken: Der ganze Gottesdienst bis zum »Liebe Gemeinde« könne, so Barth, als Einleitung der Predigt verstanden werden.[28] Das ist zwar so protestantisch, dass es ökumenisch nicht mehr durchgehen kann; die Predigt sollte auch bei uns nicht mehr den einsamen Höhepunkt des Gottesdienstes darstellen. Aber grundsätzlich war der Verweis auf den Konnex von Ritual und Rede richtig.

Zwei Fragen ergeben sich aus der Linie von Gustav Mahler über Milena Jesenskà zu Karl Barth: Wie bleibt eine Predigt kompromisslos bis zum Schluss? Und wie passen Rede und Ritual zusammen?

Der erwartbare Gott
Zur Theologie des Finalproblems

Warum ist der Predigtschluss so erwartbar wie das Happyend in Hollywood? Das ist die Kernfrage, wenn es darum geht, wie eine Predigt »spannend« sein könne. Spannung kann ich nicht erzeugen. Sie muss in der Sache liegen, die ich zur Sprache bringe. Im Allgemeinen kann man davon ausgehen, dass mit genuiner Spannung nur da zu rechnen ist, wo ich etwas, das tatsächlich offen ist, auch tatsächlich offenlasse. Und es ist zwischen Himmel und Erde mehr offen, als es Predigtschlüsse gemeinhin erkennen lassen.

Ich halte viel vom Offenen Kunstwerk des Umberto Eco und der damit verbundenen Rezeptionsästhetik. Aber diese Offenheit ist mir noch nicht offen ge-

---

[25] Karl Barth, Homiletik. Wesen und Vorbereitung der Predigt, Zürich 1966, 34.

[26] A.a.O., 101f.

[27] A.a.O., 106.

[28] A.a.O., 101.

nug. Mir steht eine Entwicklung vor Augen, die vom offenen Kunstwerk wei-terführt in eine offene Theologie. Das ist keine Theologie, die nichts zu sagen hätte und in diesem Sinn alles offenließe. Nein, das ist eine Theologie, die offenlässt, was eben noch keineswegs erfüllt ist, worauf ich aber, so in etwas anderem Zusammenhang die Schauspielerin Iris Berben, »sehnsüchtiglich gern« mein Leben ausrichte.[29] Eine solche Theologie betrachtet die Worte, Bilder und Ge-schichten der Bibel als Wegzeichen. Predigten erhellen mit Hilfe der Wegzeichen den Standort, während sich das Ziel allenfalls in Umrissen am Horizont ab-zeichnet. Jürgen Moltmanns »Theologie der Hoffnung« lenkt mich, seit ich sie als Student verschlungen habe, theologisch in eine solche Richtung. Eigentlich dürften seit Moltmann keine Kanzel-Sätze mehr fallen, die eine Entwicklung abschließen. Jedenfalls sind mehr Verheißungen offen als erfüllt. Diese Per-spektive holen wir zu unserer Zeit im Gespräch mit dem Judentum langsam wieder ein. Das Symbol von der Wiederkunft am Ende der Zeit wird wieder wichtig gegenüber dem Symbol von der Ankunft in der Mitte der Zeit. Das hatte der nichtpraktizierende Jude und bekennende Atheist Ernst Bloch schon früh-zeitig einer Theologie ins Stammbuch geschrieben, die dabei war, sich in der Bundesrepublik nicht ganz ungemütlich einzurichten. Nur wo Verheißungen offenbleiben, wird die Predigt spannend. Das gilt auch und gerade für den Pre-digtschluss.

Ich will das Problem an Gegebenheiten erörtern, die grob in die Mahler-Barth-Zeit fallen. Ich greife zu einem Jesus-Spruch, der zu den heftigsten Worten der Bibel gehört: »Ich bin nicht gekommen, Frieden zu bringen, sondern das Schwert« (Mt 10,34). Ich biete zwei Dispositionen, wie sie sich bei Wilhelm Rathmann finden.[30] Rathmanns Buch ist im Jahr 1902 erschienen. Es versammelt mit seinen ungezählten Minimalgliederungen in gewisser Weise den Stand der deutsch-sprachigen evangelischen Predigt, und zwar ziemlich genau zu der Zeit, als Gustav Mahler an seiner V. Symphonie arbeitete.

Die eine der beiden Dispositionen setzt ganz auf das Schwert oder, besser, auf die mit dem »Schwert« verbundene Kampfmetaphorik:

»Christi Kampfruf:
I.   Die Losung, die er uns giebt;
II.   die Feinde, die er uns zeigt;
III. die Waffen, die er uns darreicht;
IV.   die Hülfe im Kampfe;
V.   der Siegespreis nach dem Kampfe.«

---

[29]   Iris Berben über Flirten, im Interview mit Harald Hordych (SZ vom 28./29.01.2017).
[30]   Wilhelm Rathmann, Deutsches Perikopenbuch. Predigtdispositionen zu den Texten sämtlicher 22 deutschen Perikopensysteme, Bd. 1, Leipzig 1902, 180, Nr. 919, die Prediger Freytag u. Lange zu Mt 10,32–43.

Die andere Disposition dagegen lässt das Schwert nur in der Themenformulierung erkennen. Ansonsten dreht sich alles um den »Frieden«:

> »Das Schwert des Herrn ist der Friede:
> I.   Es geht aus seinem Frieden hervor;
> II.   wird in seinem Frieden gehandhabt;
> II.   führt in seinen Frieden hinein.«

Die beiden Dispositionen lösen das Spannungsfeld aus Schwert und Frieden jeweils nach einer Seite hin auf. In dem einen Fall wurde unter Kriegsgeschrei der Friede vom Schwert erledigt. Im anderen Fall wurde das Schwert sorgsam in Frieden gewickelt. Und in beiden Fällen wird Spannung verlässlich gelöst. Eine Predigt aber darf die Spannung zwischen Frieden und Schwert nicht nach einer Seite auflösen. Vielmehr hätte sie sich fragend und protestierend zwischen den Polen Frieden und Schwert zu bewegen. Das Jesus-Wort von Frieden und Schwert erweist sich täglich irgendwo in der Welt als brandaktuell. Gelöst ist da gar nichts.

Ich greife zu einer weiteren Predigt aus jener Zeit. Sie stammt aus einem der wirkmächtigsten Predigtbände der neueren Predigtgeschichte: »Gott und die Seele« von Christian Geyer und Friedrich Rittelmeyer, erstmals erschienen im Jahr 1906.[31] Da findet sich eine Predigt von Christian Geyer, die ausschließlich dem kurzen Jesuswort von Frieden und Schwert gilt. Nachdem auch dieser Prediger das Schwert des Krieges zur Pflugschar des Friedens umgeschmiedet hat, kommt er mit einem vollkommen anderen Jesuswort zum Schluss: »In der Welt habt ihr Angst; aber seid getrost, ich habe die Welt überwunden« (Joh 16, 33b). Das aber bedeutet das Aus für die genuine Spannung, die mit dem Bibelwort eigentlich gegeben wäre. Statt zwischen die Pole von Schwert und Frieden zu führen, löst der Prediger das problematische Bibelwort durch ein anderes, gefälliges Bibelwort ab. So bekommt man einen harmonischen Predigtschluss, aber keine realistische Predigt im Spannungsfeld zwischen Frieden und Schwert.

Wie sie mit Bibel spielen
Predigt als Solokadenz

Wir haben einen weiten Weg hinter uns: Gustav Mahler, Milena Jesenskà, Karl Barth und drei Predigten aus jener Zeit. Mahler hat mit dem Finalproblem gekämpft, gelöst hat er es auch in späteren Symphonien nicht. Ich aber will jetzt, am

---

[31]   Christian Geyer u. Friedrich Rittelmeyer, Gott und die Seele. Ein Jahrgang Predigten [1906], 5. u. 6. Auflage, Ulm 1908, 132–140. Vgl. Klaus Raschzok, Christian Geyer und Friedrich Rittelmeyer: Porträt einer homiletischen Freundschaft, in: GPM 59 (2004/05), 132–148.

Ende meiner Vorlesungstätigkeit, nicht auf Probleme starren und mutwillig die Aussicht auf einen glückenden Schluss verbauen. Wieder hole ich die Musik zu Hilfe. Aber wohin soll ich greifen? Mahler geht nicht. Beethoven? Da würde Karl Barth protestieren.[32] Vielleicht Mozart? Den Karl Barth über alles liebte und über den er sich dermaleinst mit Benedikt XVI. konfliktfrei austauschen kann? Ich habe beide, Barth und Ratzinger, in meinem Beethoven-Buch für ihre monomane Mozart-Liebe heftig kritisiert.[33] Und nun bin ich selbst, in den letzten Jahren, Mozart geradezu verfallen. Ich werde also, was ich mit Mahler begann, mit Mozart beschließen.

Joachim Kaiser (1928–2017), der große Kunstkritiker, widmete sich 1991 in einem langen SZ-Artikel Mozarts Klavierkonzerten. Er tat das unter einem Aspekt, der erstaunlich selten thematisiert wird: die Solokadenzen.[34] Was ist eine Solokadenz? Im klassischen Konzert kommt es, meist gegen Ende des ersten Satzes, zu einer Steigerung des musikalischen Geschehens, das erst auf einem »langen, fordernden (Quartsext-)Akkord« (Kaiser) stehenbleibt. Diesen Akkord nennt Kaiser zutreffend einen »klingenden Doppelpunkt«. Er bedeutet für den Solisten oder die Solistin das Signal, von jetzt an nicht mehr Mozarts Notentext zum Klingen zu bringen, sondern eigene Klänge in die Lücke zu setzen, die Mozarts Partitur dafür vorsieht. Ob vorbereitet oder spontan: der Solist improvisiert. Für seine Improvisation nimmt er Themen, Rhythmen oder Motive aus der Partitur auf und formt daraus ein eigenes kleines Konzert im Konzert. Den improvisatorischen Umgang mit vorgegebenem Material fasst Joachim Kaiser in die schöne Formulierung: »Wie sie mit Mozart spielen«. Dabei ist mit »spielen« eine ganze Palette von Optionen aufgerufen. Die Palette reicht von »kongenial spielen« bis »schauerlich mitspielen«. Denn an dieser Stelle war stets alles möglich. Da haben Pianisten hemmungslos sich selbst und ihre Virtuosität zelebriert. Andere Pianisten dagegen wurden durch Mozart zu improvisatorischen Meisterleistungen herausgefordert. Und Komponisten wie Beethoven oder Brahms ließen sich von Mozarts genialen Vorgaben verlocken, für Konzerte des großen Vorgängers nun ihrerseits geniale Kadenzen beizusteuern.

Die Kadenz als Gattung hat es mir angetan. Ich sammle Kadenzen. Und wie alle Sammler habe ich die Tendenz, Menschen wahllos mit Kadenz-Fündlein zu traktieren. Nun traktiere ich damit – letzte Gelegenheit vor dem Ruhestand! – ein ganzes Auditorium. Was den Homiletiker an der Solokadenz fasziniert, liegt auf der Hand. Es ist die spannungsreiche Verbindung von Improvisation und Tra-

---

[32]   Vgl. Martin Nicol, Gottesklang und Fingersatz. Beethovens Klaviersonaten als religiöses Erlebnis, Bonn 2015, 268.

[33]   Vgl. a. a. O., 215, 267 f.

[34]   Joachim Kaiser, Kadenzen zu Mozarts Konzerten. Oder: Wie sie mit Mozart spielen (SZ vom 30. 11. 1991), in: Ders., Erlebte Musik. Eine persönliche Musikgeschichte des 18. Jahrhunderts bis zur Gegenwart, 2 Bde., München/Leipzig 1994, hier: Bd. 1, 192–198.

dition, von Individualität und Sozialität, von Freiheit und Bindung, von Kühnheit und Demut oder, homiletisch direkt, von Rede und Ritual. So ist mir die Solokadenz im Konzert zum Gleichnis geworden für die Predigt im Gottesdienst. Als Prediger mische ich mich ein in das gottesdienstliche Konzert der Kirche. Ich komme zu Wort, wo Texte der Bibel feierlich verlesen werden. Da erklingt ein Bibeltext, und mir fällt die wunderbare Aufgabe zu, Schönes und Befremdliches durch Variation zu akzentuieren. Da setze ich selbstbewusst einen Auftakt auf der Kanzel, um mich nach einer gewissen Zeit wieder in die Bank zu setzen. Da will ich als Zeitgenosse erkennbar sein und zugleich mit großem Respekt die Überlieferung zum Glänzen bringen. Da muss ich mich exponieren und gleichwohl dem Werk treu bleiben. Da spiele ich, so gut ich es vermag, mit der Bibel wie andere mit Mozart. Da bin ich Solist im Konzert der Kirche.

Ich erlaube Ihnen und mir eine kleine Verschnaufpause. Sie werden zum Ende der Vorlesung eine ganze Kadenz samt Satz-Schluss hören. Aber die Kadenz nimmt ihr Material nicht aus der Luft, sondern aus Mozarts Partitur. Das wichtigste Material stelle ich Ihnen vor. Ich habe aus Mozarts 27 Klavierkonzerten das Konzert Nr. 25 C-Dur KV 503 und daraus wieder den Kopfsatz ausgewählt. Sie hören jetzt die beiden Themen aus diesem Satz sowie den Einsatz des Soloklaviers mit einer wunderbar neugierigen zweifachen Frage.[35]

Der bereitete Schluss
Solokadenz und Konzert der Kirche

Bei Gustav Mahler hatte Adorno angemerkt, ein Schlusschoral mache nur Sinn, wenn es dann sozusagen gottesdienstlich oder kultisch weitergehe.[36] Für die Predigt gilt das weit mehr und ganz anders als für eine Mahler-Symphonie. An dieser Stelle sehe ich derzeit ein drängendes Finalproblem der Predigt. An der entscheidenden Nahtstelle, wo die Predigt zum Schluss kommen soll, drohen Rede und Ritual aneinander vorbeizugehen.

Der Kirche kommt die Aufgabe zu, die Noten zu spielen, die in der Partitur stehen. Als Prediger habe ich mit den Vorgaben zu spielen, die mir von der Kirche präsentiert werden. Dazu gehört auch die Bibel, zu der ich nicht predigen würde, wenn sie nicht kirchlich in Geltung stünde. Ich sehe den Prediger als einen Solisten, der seine Kadenz zum Ende bringen und damit den Schluss von Satz oder Konzert einleiten will. Er hat getan, was er konnte, ist auf der Dominante angekommen, trillert über dem Dominantseptakkord, um im nächsten Moment

---

[35]   1. Satz *Allegro maestoso:* TT. 1–15 u. TT. 50–58 (Themen) sowie TT. 92–94 (Einsatz Solo-Klavier). Alfred Brendel, Klavier, und das SWR Sinfonieorchester unter Hans Zender, Baden-Baden *live* am 12.02.2002.

[36]   Vgl. Adorno (Anm. 16), 182–186, hier explizit bezogen auf die VIII. Symphonie.

mit allen zusammen auf der Tonika zu landen ... Tonika? Irgendwie ist die Tonika auf einmal weg. Wie im schlimmen Traum ist das: Es wird musiziert. Aber die Musik richtet sich nicht mehr nach der Partitur, auf die man sich doch verständigt hatte.

Kirchenleitung war eigentlich immer dafür da, Sorge zu tragen, dass innerhalb einer vielfältigen Gottesdienstkultur am Sonntagmorgen die Partitur gekannt, geübt und gespielt wird. Es wäre Aufgabe der Kirchenleitung aller Ebenen, schlicht dafür zu sorgen, dass am Sonntagmorgen das Ritual steht.[37] Dass es nicht leer wird und ritualistisch erstarrt. Dass die Formeln der Tradition nicht klappern, sondern klappen. Dass am Sonntag die Gemeinden einfach Gottesdienst feiern, schlicht, verlässlich, kundig und mit Liebe zur Partitur. Dass Gemeinden davon entlastet werden, in jedem Gottesdienst irgendetwas uraufzuführen. Dass das Selbstverständliche nicht aus dem Blick gerät und das Normale nicht unter Generalverdacht.[38]

Wenn die Kirche dafür Sorge trägt, dass die Liturgie, das Ritual, dass das Normale lebendig bleibt, dann kann ich auch auf der Kanzel zum Schluss kommen. Gelassen, weil meine Rede nicht schaffen muss, was sie sagt. Weil ich eine unlösbare Spannung nicht auf den letzten Metern noch seelsorglich entschärfen muss. Weil ich nicht durch abschließend sinnstiftende Sätze zusammenzwingen muss, was einfach nicht zusammengeht. Weil ich darauf verzichten kann, mit dem christologischen Alleskleber einen Schluss anzupappen, der dann doch nicht hält. Ich kann vielmehr, wie der Solist im Konzert, auf der Dominante trillern, Blickkontakt suchen ... und mit allen Beteiligten einstimmen in das Credo der Kirche oder in ein Lied alter wie neuer Provenienz.

Man kann nicht über Kadenz reden, ohne wenigstens eine Kadenz zu Gehör zu bringen. Da ich ein harmoniesüchtiger Mensch bin, weil ich der Affirmation zuneige, an Schönheit glaube und Mozart brauche, übergebe ich für den Schluss an Alfred Brendel. Er hat stets die Partituren mit größtem Respekt behandelt, die Musik gleichwohl nicht pathetisch beschwert, sondern ihr, wo es die Partitur hergab, mit Witz und Humor eine wunderbare Leichtigkeit beschert. Ganz nebenbei: Er hat eine Schwäche für den Dadaismus.[39] Und er konnte zum Schluss

---

[37] Vgl. die klare These des Erlanger Kirchenrechtlers Heinrich de Wall, das gesamte evangelische Kirchenrecht sei aus der Kernaufgabe abzuleiten, »den Gottesdienst [...] zu ermöglichen und seine Rahmenbedingungen zu schaffen« (Heinrich de Wall u. Stefan Muckel, Kirchenrecht. Ein Studienbuch, München ³2012, 310).

[38] Vgl. Martin Nicol, Warum wir Gottesdienst feiern. Erwartungen am Sonntagmorgen, in: Nachrichten der Evangelisch-Lutherischen Kirche in Bayern 68 (2013), 201–206; ders., Thema mit Variationen. Neue Gottesdienste und liturgische Tradition, in: Liturgie und Kultur 7 (2016), 95–105 [beide Beiträge finden sich neu abgedruckt in diesem Band].

[39] Vgl. Alfred Brendel, Alles und nichts. Zum Dada-Jahr 2016, in: Ders., Die Dame aus Arezzo. Sinn, Unsinn und Musik, München 2018, 15–46.

kommen. Nach fast 60 Jahren Bühnenpräsenz spielte er zum Abschied im Rahmen eines symphonischen Konzerts der Wiener Philharmoniker lediglich das Klavierkonzert Nr. 9 Es-Dur KV 271 mit ergreifenden Kadenzen von Mozart selbst. Jetzt freilich hören Sie eine eigene Kadenz des Pianisten zu dem Konzert, aus dem ich vorhin schon Puzzlestücke präsentiert habe.[40]

Das war die Kadenz und der Schluss, in den die Kadenz mündete. Es war nicht der Schluss des Konzertes. Es war der Schluss des ersten Satzes. Und dem folgen bekanntlich weitere Sätze. Damit gewinnt ein Wort an Evidenz, das ich nicht für besonders originell halte, dessen Nüchternheit selbst von einer Technischen Fakultät kaum zu toppen wäre, mit dem mir aber nach dem Kraftakt einer Abschiedsvorlesung meine FAU geradezu seelsorglich zu Hilfe kommt: »ENDE ... – und wie es weitergeht«.[41]

---

[40]   Mozart, KV 503 (wie Anm. 35), 1. Satz *Allegro maestoso*, nach kurzem Vorlauf die Kadenz von Alfred Brendel auf T. 410 bis zum Satz-Ende mit T. 438.

[41]   Siehe Anm. 1.

Literatur

Engel im Kaffeehaus
Zur Schriftauslegung durch Lyrik
[1998]

I. Entdeckung in Siebenbürgen

Ich erinnere mich genau an jene wunderbaren Vorfrühlingstage Mitte März in Siebenbürgen. Überraschend kam der Frühling ins Land und erwärmte die oberste Galerie des Instituts so erfreulich, dass die Studierenden bereits in sommerlicher Kleidung die Mittagssonne genossen.

Um Praktische Theologie zu lehren, war ich ans Protestantisch-Theologische Institut nach Hermannstadt gekommen. Unter anderem hielt ich eine Vorlesung, in der ich versuchte, die Studierenden für eine neue Weise von Homiletischer Schriftauslegung zu begeistern. Über die geläufigen theologischen Auslegungsschritte hinaus sollte der weite Bereich der Kunst einbezogen werden: Musik, bildende Kunst, Literatur, darunter natürlich auch die Lyrik. Die Wirkungsgeschichte in der Kunst warf oft ungewöhnliches Licht auf scheinbar bekannte Geschichten des Alten und des Neuen Testaments.

Ein Bändchen mit Lyrik hatte ich von zuhause mitgenommen: deutschsprachige Gedichte aus der Bukowina[1]. Die Bukowina – das Buchenland, mit seinem kulturellen und geistigen Mittelpunkt Czernowitz, das heute zur Ukraine gehört. Aus westeuropäischer Perspektive schien das nicht so weit voneinander entfernt: die Bukowina und Siebenbürgen. Historisch und kulturell ist diese Sicht auch gar nicht abwegig, und so las ich die Gedichte, als ob sie auch für das Siebenbürgen, in dem ich gerade war, geschrieben wären.

Bei solcher Lektüre stieß ich auf das Gedicht, das ich hier vorstelle. Es war für mich der Anfang einer Spurensuche, die inzwischen viel umfangreicher geworden ist: die Suche nach biblischen Spuren in der modernen deutschsprachigen Lyrik. Sicher, es gibt Gedichte, deren biblischer Bezug nachweisbarer ist, und ganz so modern ist das hier präsentierte Gedicht auch nicht mehr. Aber es war ein Anfang; es war die Entdeckung, der Weiteres folgen sollte.

---

[1] Fäden ins Nichts gespannt. Deutschsprachige Dichtung aus der Bukowina, hg. v. Klaus Werner, Frankfurt a. M. u. Leipzig 1991.

II. Fremde zu Besuch bei Abraham und Sara (Gen 18,1–15)

Die Geschichte ist bekannt: Abraham und Sara bekommen Besuch, ungewöhnlichen Besuch. Die Geschichte ist in den Bestandteilen, die für uns wichtig sind, schnell rekapituliert:

>»Und der Herr erschien ihm (= Abraham) im Hain Mamre, während er an der Tür seines Zeltes saß, als der Tag am heißesten war.
>Und als er seine Augen aufhob und sah, siehe, da standen drei Männer vor ihm. Und als er sie sah, lief er ihnen entgegen von der Tür seines Zeltes und neigte sich zur Erde [...]«
>Den drei Männern wird dann von Abraham zum Essen vorgesetzt, was Sara bereitet hat. Doch plötzlich die Frage nach Sara. Und noch plötzlicher die Verheißung, Sara und Abraham, beide schon »alt und hochbetagt«, würden einen Sohn bekommen. Da kann Sara nur lachen.
>»Da sprach der Herr zu Abraham: Warum lacht Sara und spricht: Meinst du, dass es wahr sei, dass ich noch gebären werde, die ich doch alt bin?
>Sollte dem Herrn etwas unmöglich sein? Um diese Zeit will ich wieder kommen übers Jahr; dann soll Sara einen Sohn haben [...]
>Da brachen die Männer auf und wandten sich nach Sodom [...].«

Seltsam, diese Begebenheit! Die Seltsamkeiten[2] beginnen bei der Zahl derer, die da so unerwartet zu Besuch kommen: Sind es drei, oder ist es einer? Gott ist es, der dem Abraham erscheinen soll (V. 1). Aber dann kommen drei Männer. *Einen* redet Abraham an, aber *drei* lassen es sich schmecken. Sie lassen es sich schmecken, obwohl sie doch, so vermutet der Leser oder die Leserin zu Recht, nicht von dieser Welt sind. Und was sie sich schmecken lassen: Kuchen, zartes schönes Kalb, Sauermilch und Frischmilch! Seltsamkeiten also mehr als genug. Seltsam ist das, denn göttliche Wesen lassen es sich für gewöhnlich nicht in dieser Weise schmecken. Schon Josephus meinte im Blick auf solche Anthropomorphismen, die drei Himmlischen hätten nur zum Schein gegessen.[3]

Sicher, man könnte, um das Problem der Besucherzahl zu lösen, literarkritische Versuche anstellen. Oder man könnte sagen, hier sei eben Gott selbst mit zwei Begleitern erschienen. Oder man sagt, der bzw. die Verfasser wollten Gott eben »mit dem Schleier eines Inkognito« umgeben.[4] Wie dem auch sei, die Endredaktion jedenfalls wollte die Unstimmigkeit zwischen eins und drei nicht auflösen und nicht erklären. Das Geheimnis bleibt.

---

[2] Vgl. die Hinweise bei Karl Barth, KD III/3, 572–577.

[3] Josephus, Antiquitates I,122; vgl. dazu Gerhard von Rad, Das erste Buch Mose, ATD 3/3, Göttingen 1952, 175.

[4] A. a. O., 174.

Die gesamte altkirchliche Auslegung hat eine Lösung vertreten, die sich, wenn man auf die Dialektik von eins und drei blickt, durchaus nahelegt: Hier sei eben die Trinität selbst zu Besuch gekommen. Die gesamte neuere Auslegung hat davon nichts mehr wissen wollen. Ich freilich halte die trinitarische Deutung nach wie vor nicht für abwegig. Dogmatisch ist und bleibt es einleuchtend, dass, wenn Gott zu Besuch kommt, immer der dreieinige Gott vor der Tür steht – wer sonst?

Aber die Frage ist eigentlich nicht die, ob Gott allein oder zu dritt kommt. Man hat die Frage auch anders gestellt: ob nicht statt von Gott selbst von den Engeln geredet werden müsste. Damit wären die massiven Anthropomorphismen der Geschichte mindestens erträglicher. Wir können uns hier eine exakte Lösung des Problems, wer denn da genau zu Besuch gekommen sei, sparen. Wichtig ist: Geheimnisvolle Männer, vermutlich Engel, kommen zu Besuch. Das gehört zum Zauber dieser Geschichte. Und dieser Zauber ist zunächst ganz unabhängig vom heilsgeschichtlichen Kontext. Gerhard von Rad weist darauf hin, dass hier ein allgemeinmythisches Motiv eben auch im engeren Bereich des alttestamentlichen Gottesglaubens zum Tragen komme:

> »Tatsächlich haben wir hier eine jener in aller Welt weitverbreiteten Erzählungen vor uns, die von der Einkehr göttlicher Wesen bei Menschen berichtet.«[5]

Die Einkehr göttlicher Wesen bei Menschen: Das ist das Motiv, das auch abseits vom heilsgeschichtlichen Erzählfaden unserer Geschichte Farbe gibt.

III. Engel im Kaffeehaus

Zum Zauber der Geschichte gehört es, dass göttliche Wesen oder Engel bei Menschen einkehren. Wenn das, so spinne ich Gerhard von Rad weiter, bei den alten Griechen so war und im alten Israel auch, warum sollte das nicht auch heute so sein? Solches dachte sich offenbar auch Victor Wittner (1896–1949), Dichter aus der Bukowina, um das Jahr 1929. An einem Montag im Frühling beobachtet er im Kaffeehaus den Besuch fremder Männer:[6]

---

[5]   A. a. O., 174.

[6]   Victor Wittner, Der Mann zwischen Fenster und Spiegel. Neue Gedichte, Berlin/Wien/Leipzig 1929, 13, bzw. Fäden (Anm. 1), 25.

Bärtige Männer am Montag

Unbekannte Männer betreten unser Café,
das mit offenem Türmund Frühling schlürft.
Wer sind die Bärtigen, wer
sandte die Seltsamen her?
Wollt ihr Zeitungen, Tee?
Redet, daß ich euch versteh.
Was klebt ihr, als trätet ihr Teer?
Wer seid ihr, die ihr Montag träumen dürft?

Sie stehen zart
in diesem Raum
und wissen kaum
noch ihren Bart.
(So spürt ein Baum
nicht seinen Duft
und hält die Luft
für einen Traum.)

Sie sind erstaunt,
daß sie hier stehn,
und wohlgelaunt,
weil sie auf gutgemachten Beinen
wie alle echten Menschen gehn.

Sie wollen gar nicht weinen.

Victor Wittner

Sprachlich ist das kein besonders aufregendes Gedicht. Gleichwohl eröffnet es eine wundersame, zarte Szene. Der Dichter sitzt mit anderen im Kaffeehaus. Frühling ist es, ein Montag. Da betreten unbekannte Männer den Raum. Die Hinweise auf das Geheimnis der Männer sind dicht gesät in dem kleinen Text. Ich nenne nur vier:

- Der Dichter sieht sie als die »Seltsamen« (I,4).
- Sie »träumen«, und das am Werktag, einem schlichten Montag, der gemeinhin nicht gerade zum Träumen einlädt (I,8).
- Sie stehen »zart« im Raum (II,1) eines doch irgendwie rauhen, rauchigen Kaffeehauses, wie überhaupt die gesamte zweite Strophe vom »zarten« Geheimnis der fremden Männer handelt.
- Irgendetwas unterscheidet offenbar die Fremden von »allen echten Menschen« (III,5).

Wie kommt es zu diesem geheimnisvollen Besuch im frühlingshaften, montäg-
lichen Kaffeehaus? Meine Antwort scheint von weither zu kommen: durch metaphorische Prädikation.[7] Um diesem Vorgang auf die Spur zu kommen, muss ich
zunächst nach zwei Wirklichkeiten suchen. Folgende zwei Wirklichkeiten finde
ich in diesem Fall:

1. Da ist die Wirklichkeit des Dichters und anderer Menschen im bukowinischen[8] Kaffeehaus, an einem Montag im Frühling.
2. Da ist die Wirklichkeit der biblischen Geschichte, die vom Besuch dreier
   geheimnisvoller Männer, vermutlich Engel, bei Abraham und Sara erzählt.

Metaphorische Prädikation heißt hier, dass sich in der Imagination des Dichters
die beiden Wirklichkeiten überlagern. Sie sind dann nicht mehr säuberlich
voneinander zu trennen. Sie überlagern sich, sie verwandeln einander. Einerseits
wird der biblische Besuch auf die Szene im Kaffeehaus projiziert, andererseits
beschert die Szene im Kaffeehaus der biblischen Begebenheit eine neue Inszenierung. Auf einmal sitzt Abraham im Kaffeehaus, und das Geheimnis der
fremden Männer im Kaffeehaus erscheint als das Geheimnis von Engeln. Aus den
ursprünglich zwei völlig verschiedenen Wirklichkeiten (hier Bibel, dort Kaffeehaus) wurde durch metaphorische Prädikation etwas Neues: Geheimnisvolle
Wirklichkeit bricht ein in den Alltag eines Kaffeehauses.

Man kann natürlich fragen, ob die Geschichte vom Besuch der drei Männer
bei Abraham und Sara notwendig das Deutemuster für den Besuch im Kaffeehaus
abgibt. Ich nenne drei Argumente für diese Annahme:

- Es handelt sich bei den Besuchern im Gedicht (vgl. I,1, I,3 u. ö.) wie in der
  biblischen Geschichte (vgl. Gen 18,2) um »Männer«.
- Die Perspektive des Dichters im Kaffeehaus ist der Abrahams vergleichbar:
  Die Männer kommen zu ihm. Dabei spielt die »Tür« eine gewisse Rolle.
  Abraham erblickt die Fremden von der »Tür« seines Zeltes aus (vgl. Gen
  18,2), während die Männer am »offenen Türmund« (I,2) des Kaffeehauses
  erscheinen.
- Den Fremden im Kaffeehaus wird, mindestens in den Gedanken des Dichters,
  Nahrung angeboten (vgl. I,5), während Abraham ihnen ein reichliches Mahl
  bereitet (vgl. Gen 18,5–8).

---

[7]   Vgl. Friedrich Mildenberger, Biblische Dogmatik I, Stuttgart u. a. 1991, 200 u. ö.

[8]   Das Gedicht wurde nicht mehr in der Bukowina selbst geschrieben. Aber Wittner
stammte aus der Bukowina, und sie bestimmte seine Vorstellungswelt, vgl. Fäden (Anm. 1),
11. Man mag bei dem Kaffeehaus historisch genauer an ein Kaffeehaus in Wien denken, wo
Wittner längere Zeit lebte, oder an ein Kaffeehaus irgendwo sonst in der alten Donaumon-
archie. Ich habe mir erlaubt, das Gedicht als bukowinisches oder gar siebenbürgisches Gedicht zu lesen.

Beweise im strengen Sinn sind das nicht. Aber die Wahrscheinlichkeit ist hoch, dass dem Dichter, Sohn eines jüdischen Arztes[9], die Geschichte aus dem Alten Testament vorschwebte. Zugegeben, aus den Gedichten im unmittelbaren Umkreis unseres Gedichts springt dem Leser keine Fülle biblischer Spuren ins Auge. Es geht in dem Bändchen überhaupt und insbesondere in dem einleitenden Zyklus von sieben Gedichten (»Nachbarschaft«) um Alltägliches: das Haus, die Wohnung, das Städtchen oder eben auch das Café. Wenn Biblisches anklingt, dann kommt damit eine Transzendenz ins Spiel, die traumhaft bleibt, die sich also stets wieder auflöst in vorfindliche Realität.[10]

Mag nun die biblische Spur beweisbar sein oder nicht, jedenfalls bleiben die »Seltsamkeiten« (vgl. I,4) in unserem Gedicht der Deutung bedürftig. Mindestens aus der Sicht des Rezipienten ist die biblische Begegebenheit geeignet, das Motiv vom Besuch göttlicher Wesen bei Menschen[11] für die Deutung zu repräsentieren. Biblisches, zumal alttestamentliches Vorstellungsmaterial liegt in diesem Fall mit Sicherheit näher als etwa antike Motive, wie Gerhard von Rad sie anführt.

IV. Wirklichkeit entdecken mit der Bibel

Durch metaphorische Prädikation ist hier aus ursprünglich zwei Wirklichkeiten etwas Neues entstanden: Geheimnisvolle Wirklichkeit bricht ein in den Alltag eines Kaffeehauses. Hier passierte, was den Grundvorgang allen Verstehens der Bibel darstellt: eine »Horizontverschmelzung«[12]. Die Bibel und meine Wirklichkeit sind plötzlich nicht mehr zwei Realitäten, durch einen Graben von Jahrtausenden getrennt. Vielmehr ist meine Wirklichkeit durch das Deutemuster von Worten, Bildern und Geschichten der Bibel zu einer Wirklichkeit in der Gegenwart Gottes geworden. Dem Dichter mag es vergleichbar ergangen sein. Und

---

[9]　Vgl. zu Leben und Werk Wittners: Armin A. Wallas, Art. Wittner, Victor, in: Literaturlexikon, hg. v. Walter Killy, 15 Bde., Gütersloh 1988–1993, hier: Bd. 12, 382 f.

[10]　Besonders deutlich wird das in dem Gedicht »Hier wohnen wir«: Wittner (Anm. 6), 9 f. Ein Mietshaus wird beschrieben. Dessen Wohnungen stehen für gelebtes Leben, für Schicksale, abgelaufene Lebensgeschichten. Plötzlich die Vorstellung, »Einer« könnte kommen, eine Art Messiasgestalt, um gelebtes, überschattetes Leben zu neuartig hellem Leben zu erwecken. Diese traumhaft-religiöse Verstellung aber wird mit ebenso religiöser Symbolik sofort wieder zurückgenommen: »kein Wein wischt die Schrift aus dem Gewissen«.

[11]　In einem psychologisch weiten Sinn könnte man auch vom Motiv des »unbekannten Besuchers« sprechen; vgl. Dieter Wittmann, Philippus der Götterbote und der äthiopische Eunuch oder: Von der Individuation des verschnittenen Menschen. Tiefenpsychologische Anmerkungen zu Apostelgeschichte 8, in: PTh 72 (1983), 276–284, 277.

[12]　Hans-Georg Gadamer, Wahrheit und Methode. Grundzüge einer philosophischen Hermeneutik, Tübingen ⁶1990, 311 f. u. ö.

vielleicht ergeht mir ähnlich, wenn ich mir von dem Gedicht die Augen öffnen lasse für geheimnisvolle Einbrüche von Gottes Wirklichkeit in unsere Realitäten.

Strukturell stellt das Gedicht eine Predigt dar, wie sie sein sollte oder doch wenigstens auch einmal sein könnte: Da wird Wirklichkeit entdeckt, Gottes Wirklichkeit mitten in der unseren, und das mit Augen, die durch die Worte, Bilder und Geschichten der Bibel an Sehschärfe gewonnen haben. Das alles geschieht nicht argumentativ wie in einer Vorlesung, sondern imaginativ, nämlich mit Metaphern, die der neuartigen Wirklichkeit auf ihre Weise, sprachlich nämlich, Gestalt verleihen.

Unsere deutsche Predigttradition sieht in der Regel anders aus. Wir pflegen einen Bibel-Text zu »erklären« (Explikation) und ihn auf diese oder jene Situation des Alltags »anzuwenden« (Applikation). Gefordert ist dabei die Fähigkeit, biblisch zu reflektieren und dann das Erkannte auf einen anderen Bereich, unsere Wirklichkeit, zu übertragen. Die Arbeit, gedanklich die Jahrtausende zu überbrücken, lässt während der Predigt allzu oft keinen Raum mehr für die *Erfahrung* mit Gott, zu der Bibelworte anleiten könnten. Predigt mutiert zur Vorlesung über einen Text.

Lyrik kann dazu anleiten, dem wieder auf die Spur zu kommen, was Predigt auch sein könnte, nämlich Metaphernrede, Rede in Bildern, potenzieller Erfahrungort für Gott und sein Wort. Predigt geschähe dann nicht so, dass erst die Bibel mit ihren Bildern »erklärt« und dann auf unsere Wirklichkeit »angewendet« würde. Vielmehr wäre die Predigt selbst ein Ort metaphorischer Rede, in der Explikation und Applikation längst zu etwas Neuem verschmolzen sind. Die dichterische Imagination[13] würde schaffen, was dem Verstand kaum gelingt: Bilder von der Weltwirklichkeit Gottes zu entwerfen, die die Hörenden bis in den Affekt hinein berühren.

In der nordamerikanischen Predigt[14], insbesondere im afroamerikanischen Kontext, gibt es Beispiele dafür, wie ein solches Predigtverständnis das reale Predigtereignis prägen kann. Bibelworte werden dann nicht erklärt, sondern lebendig und unmittelbar in Szene gesetzt. An der Predigtweise Martin Luther Kings ist eine solche Predigtweise vor kurzem eindrucksvoll dargestellt worden.[15] Die Bilder vom Exodus vor allem sind es, die kaum erklärt, sondern einfach »gebraucht« werden. Mitten in dem dramatischen Geschehen der Bürger-

---

[13] Es ist kein Wunder, dass zunehmend Dichter und Pastor, das Reden von Gott und die Poesie in große Nähe gerückt werden. Vgl. etwa Albrecht Grözinger, Die Sprache des Menschen. Ein Handbuch, München 1991, 130–153; Walter Brueggemann, Finally Comes the Poet. Daring Speech for Proclamation, Minneapolis 1989, 1–11.

[14] Vgl. Martin Nicol, Preaching from Within. Homiletische Positionslichter aus Nordamerika, in: PTh 86 (1997), 295–309.

[15] Richard Lischer, The Preacher King. Martin Luther King, Jr. and The Word That Moved America, New York/Oxford 1995.

rechtsbewegung entfalteten jene alten Bilder unerwartete Kraft, indem sie unmittelbar die afroamerikanische Situation im Licht der Zukunft Gottes deuteten.

Im Grunde geschieht dabei nichts anderes, als wenn dem Dichter aus der Bukowina Bilder aus jener biblischen Geschichte dazu dienen, seine Wirklichkeit im Kaffeehaus als von einem Geheimnis umgriffen wahrzunehmen. Victor Wittners Gedicht ist in meiner Sicht nicht, wie ein Interpret meinte, eine »Kombination von sachlicher Beschreibung und grotesker Verfremdung«[16], sondern es zeugt, gleich einer guten Predigt, vom wundersamen Spiel metaphorischer Prädikation.

V. Mit lyrischer Hilfe von Gott reden

Am 14. März 1994 habe ich in Hermannstadt die sogenannte Bischofsandacht gehalten. Da versuchte ich, Wirklichkeit mit Hilfe jener bukowinisch-biblischen Metaphernrede zu deuten. Wichtig war mir die lebensfreudige Leichtigkeit, mit der die Engel im Gedicht einherkommen. Wenn der Dichter wirklich die biblische Geschichte im Hinterkopf hatte, dann gab er einer Seite der biblischen Engel Gestalt, die im heilsgeschichtlichen Duktus der Verkündigung gerne zu kurz kommt. In der Genesis heißt es, nachdem Abraham das Festmahl aufgetragen hatte, kurz und überhörbar: »und sie aßen« (Gen 18,8). Auf diesen Zug der biblischen Geschichte macht der lyrische Text aufmerksam. Die bukowinischen Engel sind »wohlgelaunt« ((III,3), sie haben Bodenhaftung (vgl. III,4 f.) und – »sie wollen gar nicht weinen« (IV,1). Damals, in der Andacht, habe ich auf diesen ungewöhnlichen Zug an Engeln aufmerksam gemacht, und zwar mit einer Reihe von rhetorischen Fragen an die Fremden: »Habt ihr noch immer nichts Menschheitsschweres, ihr Fremden? Nichts Heilsgewichtiges? Keine Botschaft? Keine Prophezeiung? Nichts, was uns trifft, tief im Herzen, dort, wo die Tränen ihren Ursprung haben?«

Nein, die geheimnisvollen Männer sind sehr normal, gutgelaunt, fröhlich – Zeichen dafür, dass, wenn von Gott die Rede ist, uns das Lachen nicht zu vergehen und nicht notwendig andächtige Stille sich auszubreiten hat. »Sie wollen gar nicht weinen« – und das Kaffeehaus muss nicht verlassen werden, nur weil Gottes Boten auf den Plan treten. Ich meine, dass Victor Wittners lyrischer Umgang mit den Engeln den heilsgeschichtlichen Ernst der Bibel aufweitet und ihm ein Stück Heiterkeit zukommen lässt.[17]

---

[16]   Wallas (Anm. 9).

[17]   Vgl. meine erneute Auseinandersetzung mit der Geschichte vom Besuch der drei Männer bei Abraham in: Martin Nicol, Mehr Gott wagen, Göttingen 2019, 157–174 (Zum Lachen fremd. Predigt und Humor).

Jene Andacht in Hermannstadt geschah am Montagmorgen. Ein wunderbarer Frühlingstag kündigte sich an, und mit Begegnungen der geheimnisvollen Art musste nicht nur im bukowinischen Kaffeehaus gerechnet werden.

Karl May als Ausleger der Bibel

Beobachtungen zur Old Surehand-Trilogie*
[1998]

I. Sprachspiele

»Old Surehand« habe ich jetzt, nach etwa drei Jahrzehnten, wiedergelesen. Damals war das freilich noch keine Trilogie. Wie alle Jugendlichen habe ich Karl May nach der Bamberger Ausgabe gelesen, und da segelte Old Surehand II noch unter der Flagge von »Kapitän Kaiman«. Aber die wesentlichen Figuren und Geschichten der einen, großen Story um Old Surehand waren doch auch in den damaligen zwei Bänden da. Ich habe jetzt, beim Wiederlesen, gestaunt, wie viel noch vorhanden war in den verborgenen Abgründen meines Gedächtnisses von den Bildern, Figuren, Ereignissen in »Old Surehand«.[1]

Wenn ich heute die Bände wiederlese, freue ich mich natürlich zunächst, wie damals auch, an der spannenden Handlung. Zugleich aber bringt es mich ins Nachdenken, wie stark Karl May offenbar die Entwicklung meiner Persönlichkeit geprägt hat. Ich weiß nicht, wie sich meine religiöse Biographie heute darstellen würde, wenn ich nicht schon früh Karl Mays Reiseerzählungen verschlungen hätte.

Als Textgrundlage für diese Untersuchung habe ich die Old Surehand-Trilogie gewählt. Zum einen gehört sie zur den vielgelesenen, klassischen Reiseerzählungen Karl Mays, bevölkert von wichtigen Figuren der Wildwest-Erzählungen, allen voran Winnetou und Old Shatterhand. Zum anderen kommt der Old Surehand-Trilogie (1894–1896), vor allem im dritten Teil, eine Schlüsselstellung zu an der Schwelle zum Spätwerk Karl Mays. In meinem Kontext bedeutet das, dass die Zeichnung der Figuren an Tiefenschärfe gewinnt und dass gleichzeitig die religiöse Fragestellung immer stärker zu einem Faktor der epischen Dramatik wird.

---

*   Vortrag beim Kongress der Karl-May-Gesellschaft in Erlangen, 19.–21. September 1997.

[1]   Die Old Surehand-Trilogie zitiere ich, wie die anderen Romane auch, nach der Fehsenfeld-Ausgabe: Karl May, Old Surehand I–III, Freiburg i. Br. 1894, 1895 u. 1896, Reprint Bamberg 1983, im laufenden Text zitiert mit Band (I–III) und Seitenzahl.

Für mein theologisches Interesse an »Old Surehand« scheinen sich zwei methodische Optionen anzubieten. Ich könnte der religiösen Prägekraft, die Karl Mays Figuren auf den Leser ausüben, entwicklungspsychologisch nachgehen. Ich könnte aber auch, wie es in der Forschung offenbar überwiegend der Fall ist, biographisch vorgehen. Das würde bedeuten, dass ich in historischer oder psychologischer Perspektive frage, wo die Religiosität der Romanfiguren in Person und Leben des Autors Karl May ihre Wurzeln hat. Beide Wege will ich hier nicht einschlagen. Vielmehr möchte ich dem Geheimnis der religiösen Prägekraft von Karl Mays Figuren näherkommen, indem ich nach den Sprachspielen frage, die der Autor, bewusst oder unbewusst, in seinen Texten veranstaltet. Genauer frage ich nach intertextuellen Bezügen zwischen biblischer Sprache und der Sprache Karl Mays. Welche Rolle kommt, so meine Leitfrage, den Fragmenten biblischer Sprache im literarischen Sprachspiel Karl Mays zu? Unter der Hand wird, wenn ich so frage, Karl May nicht nur als der religiöse Mensch in den Blick kommen, der er zweifellos war, sondern auch als ein Autor, den wir, seine Leserinnen und Leser, durchaus als wirkungsvollen Ausleger[2] biblischer Texte ernstnehmen können. Auslegung der Bibel – das heißt für mich nicht primär, sie in ihren historischen Kontext zurückzuversetzen, sondern sie ins Leben hereinzunehmen, sie fürs Leben in Gebrauch zu nehmen. Wie Karl May solche Auslegung der Bibel betreibt, will ich im Folgenden aufzeigen.

II. Sprache der Bibel als Ferment des Sprechens

Dass Karl May die Bibel besser kannte als vermutlich jeder von uns, braucht kaum eigens nachgewiesen zu werden. Seine Biographie enthält genügend Hinweise. Die Großmutter hatte mit ihren biblischen Geschichten eine frühe und tiefe Spur hinterlassen.[3] In der Grundschule stellte Bibellesen einen zentralen Unterrichtsinhalt dar;[4] darüber hinaus hatte der Vater ihn zu möglichst vollständiger Bibellektüre angehalten.[5] Auch im Lehrerseminar zu Waldenburg war Bibelkunde zu betreiben,[6] und bei den verschiedenen Aufenthalten im Gefängnis gehörten die religiösen Vollzüge zur Pflicht der Gefangenen.[7] Der Glaube des als lutherischer Christ getauften Karl May war ebenso selbstverständlich wie in-

---

[2]   Vgl. zu meinem Verständnis von Schriftauslegung durch Schriftgebrauch: Martin Nicol, Engel im Kaffeehaus [neu abgedruckt in diesem Band].

[3]   Vgl. Hermann Wohlgschaft, Große Karl-May-Biographie. Leben und Werk, Paderborn 1994, 45.

[4]   Vgl. a.a.O., 51.

[5]   Vgl. a.a.O., 55.

[6]   Vgl. a.a.O., 63.

[7]   Vgl. a.a.O., 96 u.ö.

tensiv von Sprache und Vorstellungswelt der Bibel geprägt. Es verwundert nicht, dass dann in seinen Romanen vielfach die Bibel zur Geltung kommt. Auch in der Old Surehand-Trilogie findet sich eine Fülle von biblischen Spuren. Old Shatterhand selbst, die Figur, in der Karl May sich portraitiert, erweist sich mehrfach als exzellenter Kenner der Bibel. Besonders schön ist das zu sehen an der großen Naturbetrachtung Old Shatterhands im Anblick der Rocky Mountains (III,339–342). Sie stellt geradezu ein Gewebe aus Bibelzitaten dar.

Wie sehr in »Old Surehand« die Sprache der Bibel zur Sprache des Autors May gehört, mag zunächst eine Beobachtung am Rande erhellen. Als Old Shatterhand und Old Wabble sich taktisch trennen, um Old Surehand aus der Hand feindlicher Indianer zu befreien, verabschiedet sich der Alte folgendermaßen: »Ja, vorwärts, Sir! Ihr sollt mit mir zufrieden sein. Ueber ein Kleines, so werdet Ihr mich nicht mehr sehen!« (I,104 f.). In den älteren Luther-Bibeln kündigt Jesus den Jüngern seinen Abschied mit den Worten an: »Über eine kleines, so werdet ihr mich nicht sehen« (Joh 16,16).[8] Old Wabble, die religiöse Negativfigur des Romans, präsentiert sich hier zwar eindeutig mit einem Jesuswort im Mund. Aber eine religiöse Absicht Karl Mays ist an dieser Stelle beim besten Willen nicht auszumachen. Vermutlich floss dem Autor die Sprache der Bibel unbewusst in die Feder. Dieser unspezifische Gebrauch ist die eine Seite der Bibelverwendung bei Karl May. Am anderen Ende der Skala steht das Bibelzitat, mitunter sogar ausdrücklich als solches gekennzeichnet. In einem der Gespräche mit Old Wabble, in denen es in Sachen Religion hart auf hart geht, beruft sich Old Shatterhand auf die Schrift: »Es wird Euch, wie die heilige Schrift sagt, schwer werden, gegen den Stachel zu lecken [...]« (I,403). Hier ist die Redensart »wider den Stachel löcken« explizit als Bibelzitat kenntlich gemacht (Apg 26,14).

Auf dem Spannungsbogen zwischen jenem unspezifischen und diesem expliziten Bibelgebrauch reiht sich eine Fülle weiterer Möglichkeiten. Da gibt es beispielsweise die lange Rede des Farmers Harbour (III,127 f.), der seine Sicht vom Wesen des Christentums mit vielen Bibelzitaten stützt. Oder es geschieht häufig im launigen Jargon des Freundespaares Pitt Holbers und Dick Hammerdull, dass ein Bileam oder die heiligen drei Könige (III,114), die Propheten Joel und Hosea (III,224 f.) oder der reiche Mann aus dem Gleichnis (III,235) die Bühne des Romans bevölkern. Das alles kann freilich noch als Lokalkolorit verstanden

---

[8]   Luther 1912: »Über ein kleines, so werdet ihr mich nicht sehen«; Luther 1984: »Noch eine kleine Weile, dann werdet ihr mich *mehr* sehen.« Karl May dürfte die Bibel nach dem Gedächtnis angeführt haben. Seine biblischen Spuren interessieren nicht als wörtliche Zitate. Insofern ist es angemessen, wenn ich die biblischen Spuren nach der Lutherbibel von 1984 wiedergebe. In Karl Mays Bibliothek in Radebeul befinden sich eine katholische Bibelversion und drei Übersetzungen nach Luther (1892, 1872 und o.J.). Auskünfte über die Bestände im Karl-May-Museum in Radebeul verdanke ich Herrn Dipl.-Ing. Hans Grunert, Kustos der Karl-May-Sammlung.

werden, als Schilderung von Menschen in einem bibelfrommen Amerika. Der für eine theologische Karl-May-Interpretation wirklich interessante Bibelgebrauch scheint mir erst dort vorzuliegen, wo biblische Figuren, Geschichten oder Motive als Deutehorizont für die Ereignisse im Roman aufleuchten. Was ich mit einem solchen »Deutehorizont« meine, mag ein Vergleich deutlich machen. Und zwar muss man sich den Roman und die Bibel wie zwei Folien auf dem Overhead-Projektor vorstellen. Erst wenn die Bibelfolie unter die Romanfolie geschoben wird, wenn also beide Folien auf die jeweils andere hin durchsichtig werden, dann erschließt sich der volle Sinn der Vorgänge im Roman. Und umgekehrt wird an solchen Stellen der Roman als Auslegung der Bibel wahrnehmbar. Um dieses Verfahren von lediglich theologisierender Spekulation abzuheben, ist auf die biblischen Spuren zu achten. Das Recht nämlich, die beiden Folien überhaupt aufeinander zu legen, ergibt sich daraus, dass in solchen Romanpassagen biblische Spuren deutlich auf die Hintergrundfolie Bibel verweisen.

Wenn nicht alles täuscht, dann müssen wichtige Figuren in der Trilogie auf biblischer Hintergrundfolie interpretiert werden. Drei solcher Figuren greife ich für diese Untersuchung heraus: Old Shatterhand, Old Wabble und Kolma Puschi.

III. Old Shatterhand contra Old Wabble

Für Old Shatterhand gibt es eine große Deutefigur in der Bibel: das ist Jesus selbst. Diese These ist nicht völlig neu.[9] Aber die biblische Spurensuche nach Shatterhand-Jesus mag helfen, die Konturen dieser Identifikation nachzuzeichnen.

In einem bereits erwähnten Streitgespräch mit Old Wabble reagiert Old Shatterhand erregt auf dessen Beharren auf einem »Fact«, einem Beweis also für die Realität des Glaubens:

> »Ihr sagt, daß Ihr weder Gott noch Glauben braucht; ich aber sage Euch und bitte Euch, meine Worte wohl zu merken: Es wird Euch, wie die heilige Schrift sagt, schwer werden, gegen den Stachel zu lecken, und ich sehe es kommen, daß der Herrgott Euch einen Fact entgegenschleudern wird, an welchem Ihr zerschellen müßt wie ein dünnes Kanoe am Felsenrande [...]« (I,403).

»Ich aber sage euch ...«: Das ist genau die Struktur der Rede Jesu in den sogenannten Antithesen der Bergpredigt (Mt 5,21–48). Mit den berühmten Gegenüberstellungen nach dem Muster »Ihr habt gehört, dass gesagt ist [...]. Ich aber sage euch ...« beansprucht Jesus die ihm eigene Autorität. Old Shatterhand präsentiert sich, indem er, sprachlich identisch mit Jesus, in einer Antithese

---

[9] Vgl. Gert Ueding, Die Rückkehr des Fremden. Spuren der anderen Welt in Karl Mays Werk, in: JbKMG 1982, 15–39, bes. 36 f.

redet, als der autoritative Verkünder von Wahrheit. In diesem Fall prophezeit Old Shatterhand dem alten Wabble, was noch kein Mensch wissen kann: sein furchtbares Ende samt der möglichen Umkehr zum Glauben (vgl. auch II,646 f.).

Wenn ich von der These ausgehe, Old Shatterhand sei auf dem Hintergrund der biblischen Jesus-Figur gezeichnet, dann stelle ich mir als Theologe die Frage, ob, dogmatisch gesprochen, nur die Eigenschaften der menschlichen Natur Jesu zur Geltung kommen oder auch die seiner göttlichen Natur. Natürlich gibt es Hinweise, dass der Figur des Old Shatterhand gleichsam göttliche Eigenschaften zugeschrieben werden. Karl-May-Lesern bekannt sind beispielsweise seine faktische Unverletzlichkeit, seine an Allwissenheit grenzende Umsicht oder sein wundersames Eingreifen in aussichtslos erscheinenden Situationen. Ich will diesen Zug an der Shatterhand-Figur wieder mit einigen biblischen Spuren belegen. So preist Old Wabble, als er noch zum Freundeskreis Shatterhands gehört, diesen mit den Worten:

> »Macht, was Ihr wollt; ich werde nicht wieder daran mäkeln. Und wenn Ihr Euch vornehmt, dem Monde auf die eine Backe eine Ohrfeige zu geben, so bekommt er von mir auf die andre Backe auch eine; denn was Ihr für möglich haltet, das ist auch möglich; th'is clear!« (I,294).

»Was Ihr für möglich haltet, das ist auch möglich« – da klingt die Rede Jesu mit: »Bei den Menschen ist's unmöglich; aber bei Gott sind alle Dinge möglich.«[10] Eine andere biblische Spur weist auf den Gedanken von der Sündlosigkeit Jesu. In Hebr 4,15 heißt es: »Wir haben nicht einen Hohenpriester, der nicht könnte mit leiden mit unserer Schwachheit, sondern der versucht ist in allem wie wir, *doch ohne Sünde.*« Kolma Puschi rühmt Old Shatterhand, er sei ein »ein berühmtes Bleichgesicht [...], welches noch nie eine böse That begangen hat [...]« (III,184).

Freilich, das alles sind Wahrnehmungen anderer. Zwar kann auch Old Shatterhand selbst, als er in Gefangenschaft geraten war, verkünden: »[...] ich weiß, daß meine Zeit, zu sterben, noch lange nicht gekommen ist« (III,206). Da klingt wieder die Bibel durch, die von Jesus sagt: »[...] niemand legte Hand an ihn, denn seine Stunde war noch nicht gekommen« (Joh 7,30; vgl. 8,20). Aber in der Regel ist Shatterhand selbst eher zurückhaltend. Als der Farmer Fenner die Blutsbrüder wie Berühmtheiten behandeln will, hält Old Shatterhand ihm entgegen: »Wir sind Menschen wie alle Menschen [...]« (II,640). Fast gleichlautend hatten sich Paulus und Barnabas in Lystra gewehrt, als man sie wie Halbgötter behandeln wollte: »Wir sind auch sterbliche Menschen wie ihr [...]« (Apg 14,15).

---

[10]   Mt 19,26. Denkbar wäre als biblische Spur auch Mk 9,23: »[...] alle Dinge sind möglich dem, der da glaubt«. Hier werden zwar prinzipiell alle Glaubenden durch die Aussage erfasst. Im Kontext der erzählten Heilungsgeschichte aber deutet Jesus mit dem Wort primär sein eigenes Handeln.

Und vollends da, wo sich der Autor Karl May hinter Old Shatterhand zu erkennen gibt, kommen keine göttlichen Eigenschaften ins Spiel, sondern eine ungewöhnlich starke, aber eben doch ganz und gar menschliche Frömmigkeit:

>»Nicht wahr, lieber Leser, ich bin doch ein ganz übermäßig frommer Mensch? So wirst
>du vielleicht denken; aber du wirst dich da wohl irren. Uebermäßig? Nein! Die wahre
>Frömmigkeit kennt kein Uebermaß; sie kann überhaupt gar nicht gemessen werden
>[...]« (III,342).

Wie verbindet sich nun beides an diesem Shatterhand-Jesus: die übermenschlichen Züge und die ganz menschliche Seite? Karl May legt Old Shatterhand selbst die theologische Deutung in den Mund. Dieser hat soeben dem gefangenen Schiba-bigk eine eindringliche Predigt über die Feindesliebe gehalten und ihm Winnetou als leuchtendes Vorbild präsentiert. Danach aber stellt er sich selbst, ganz im Stillen, die folgende Frage:

>»Warum hatte ich ihm nur Winnetou, einen Menschen, einen Indianer, zur Nach-
>ahmung genannt? Gab es nicht höhere Vorbilder? Warum hatte ich nicht das höchste,
>das heiligste erwähnt?« (I,370).

Mit dem »höchsten«, »heiligsten« Vorbild ist natürlich Jesus gemeint. Zwei theologische Termini fallen auf: »Nachahmung« und »Vorbild«. Christus ist demnach das »*Vorbild*«, dem der Glaube nachzufolgen hat.[11] Wir betreten mit diesem Hinweis den Bereich der »imitatio Christi« (*Nachahmung* Christi). Diese Ausprägung christlicher Spiritualität[12] sieht im irdischen Jesus das entscheidende Vorbild für die Lebensgestaltung, ohne deswegen die menschliche Existenz mit göttlichen Eigenschaften schmücken zu wollen. Was nun in dem oben angeführten Zitat über Winnetou gesagt ist, er sei ein Vorbild zur Nachahmung, kann ohne weiteres für seinen Blutsbruder gelten: Old Shatterhand ist ein Mensch, der mit seinen Worten und Taten das Beispiel Jesu verkörpert und so zum christlichen Vorbild wird, zum lebendigen Hinweis auf Christus selbst. Wir sahen, wie andere ihn als Vorbild so intensiv wahrnehmen, dass sie ihn mit nahezu göttlichen Zügen ausstatten. Und wir müssen zugeben, dass der Autor

---

[11]   In 1Petr 2,21–24 wird Christus als »Vorbild« (1Petr 2,21 Vulg.: exemplum) kenntlich, dem man nachfolgen solle.

[12]   Vgl. Martin Nicol, Meditation bei Luther, Göttingen ²1991, 120–124 u. ö. In Karl Mays Bibliothek in Radebeul befindet sich ein Exemplar der »Imitatio Christi« des Thomas von Kempen. Als Beweis für das Interesse Mays an der »Imitatio« zur Zeit der Abfassung von Old Surehand kann es aber nicht dienen. Es wurde erst im Jahr 1900 von einem Pfarrer Leusch Frau May zum Geschenk gemacht.

Karl May nicht ungern an Old Shatterhand, seiner eigenen Identifikationsfigur, diesen Zug ins Übermenschliche mit dicken Strichen nachzeichnete.

Die Lichtfigur Shatterhand-Jesus wird von einer dunklen Gegenfigur kontrastiert. Natürlich spreche ich von Old Wabble, der mit Recht als die heimliche »Hauptfigur« der Trilogie hervorgehoben wurde.[13] Hartmut Vollmer hat ihn, Mays Wort von »unserem ideals- und glaubenslosen fin de siècle« (III,151 f.) aufgreifend, als Repräsentanten eines gottlosen Zeitalters gezeichnet.[14] Vor allem hat er ihn, indem er einen tiefenpsychologischen Deutehorizont anlegte, als Personifikation dunkler Seiten des Autors Karl May verstanden. Auf unserer biblischen Hintergrundfolie freilich ergibt sich gerade für die dramaturgische Funktion des alten Wabble eine weiterführende Einsicht: Old Wabble ist zu verstehen auf dem Hintergrund des biblischen Judas. Auch diese These hat schon Gert Ueding vertreten.[15] Mit einigen biblischen Spuren will ich die These vom Wabble-Judas konkretisieren.

Zunächst gehört es zur biblischen Judas-Figur, dass er ein Apostat ist, einer also, der, bevor er sich zum Gegner wandelt, seinem Herrn und Meister bedingungslos nachfolgt. So ist das auch bei Old Wabble. Wir haben bereits gesehen, dass er zu Shatterhand-Jesus sagen konnte: »Was Ihr für möglich haltet, das ist auch möglich; th'is clear!« (I,294). Dem Ton und der Struktur nach handelt es sich bei diesem Zitat und seinem unmittelbaren Kontext um ein Bekenntnis zum Herrn und Meister (vgl. Mt 16,16).

Einen kleinen biblischen Fingerzeig auf Judas erwähne ich nur im Vorübergehen. Im Johannesevangelium hält Jesus am *Abend* das letzte Mahl mit seinen Jüngern. Dabei identifiziert er Judas als den Verräter, von dem dann berichtet wird: »Als er nun den Bissen genommen hatte, *ging er alsbald* hinaus. Und es war *Nacht*« (Joh 13,30). Und in der »*Nacht*«, im Schein von Fackeln, kommt er dann wieder, zusammen mit der Schar derer, die Jesus gefangennehmen (Joh 18,2 f.). Judas, die Figur des nächtlichen Verräters, klingt mit, wenn Winnetou, mitten in den Vorbereitungen für das *Abendessen* auf Fenners Farm, über Old Wabble sagt: »Sein Blick war Haß und Rache ... Old Wabble hat gesagt, *er gehe fort*; aber er kommt *in dieser Nacht* zurück« (II,641).

Von besonderem Gewicht für die Deutung der Figur des alten Wabble ist die Schilderung seines Todes. Ich komme auf ein besonders unerquickliches Detail zu sprechen: die Todesart. Die Indianer hatten ihn in eine gespaltene Fichte geklemmt: »[...] und nun steckte der unglückliche Alte in horizontaler Lage und

---

[13]   Walther Ilmer, Sichere Hand auf wackligen Füßen: Old Surehand, in: MKMG 29 (1976), 4–19, 14.

[14]   Hartmut Vollmer, Die Schrecken des »Alten«: Old Wabble. Betrachtungen einer literarischen Figur Karl Mays [1986], in: Dieter Sudhoff u. Hartmut Vollmer (Hg.), Karl Mays »Old Surehand«, Karl-May-Studien Bd. 3, Paderborn 1995, 210–242, 220.

[15]   Vgl. Ueding (Anm. 9), 30.

mit entsetzlich zusammengepreßtem Unterleibe, hüben die Beine und drüben den Oberleib hervorragend, in dem Spalt« (III,488). Hartmut Vollmer deutet tiefenpsychologisch und schließt nicht aus, dass sich in der Zerquetschung des Unterleibs die Angst des alten Karl May vor sexueller Impotenz symbolisiert.[16] In meinem intertextuellen Deutungshorizont eröffnet sich eine weitere Möglichkeit der Deutung. Und zwar bietet die Bibel eine legendenhafte Notiz über das Ende des Judas: »Er ist vornüber gestürzt und mitten entzwei geborsten, so daß alle seine Eingeweide hervorquollen« (Apg 1,18). Die Parallelität ist verblüffend: Bis auf den Sturz als Ursache stirbt Old Wabble im Wesentlichen den Tod des Verräters Judas.

Berechtigt die Todesart Wabbles dazu, vom Wabble-Judas zu sprechen, so ist doch gerade im Blick auf den Tod eine wichtige Differenz zwischen Judas und Wabble hervorzuheben: Old Wabble stirbt, im Gegensatz zu seiner biblischen Hintergrundfigur, im Frieden mit Gott. An dieser Stelle endet zwar die Deutekraft der Judasfigur, aber biblische Spuren können durchaus noch ein Stück weiterführen.

Der Tod Old Wabbles hat bekanntlich ein Pendant: den Tod von Dan Etters. Beide sterben qualvoll, freilich mit einem religiös bedeutsamen Unterschied: Etters stirb als Gottesleugner, Wabble dagegen als der, wie es ausdrücklich heißt, verlorene Sohn, der zum Vater zurückgekehrt war (III,498, vgl. Lk 15,11–32). Den Unterschied bringt Karl May auf eine kurze Formel: »Old Wabble war ein Engel gegen ihn« (III,565). Zwei Verbrecher also sterben zur selben Zeit einen qualvollen Tod, aber auf religiös entgegengesetzte Weise. Als biblischer Deutungshorizont bietet sich das Sterben der beiden Verbrecher an, die mit Jesus gekreuzigt worden waren. Der eine erkennt die Unschuld Jesu an; ihm verheißt Jesus: »Wahrlich, ich sage dir: Heute wirst du mit mir im Paradies sein« (Lk 23,43). Das ist, der Sache nach, die Verheißung, die Old Shatterhand dem sterbenden Wabble zuspricht: »Geht also heim in Frieden! Ihr habt im Traum das irdische Vaterhaus gesehen; es steht Euch nun die Thür des himmlischen offen« (III,500). Der andere Bösewicht des Romans, Dan Etters, wendet sich nicht zum Glauben. Er »spie« Shatterhand an (III,565), wie die Soldaten Jesus »anspien« (Mt 27,30), und noch im Sterben »lästerte« er Gott (III,565), wie der Verbrecher am Kreuz Jesus »lästerte« (Lk 23,39). Dan Etters starb, nach menschlichem Ermessen, erbärmlicher als die »allerniedrigste Kreatur« (III,565), also in Gottesferne wie der andere Verbrecher am Kreuz von Golgatha.

Ich habe die Konturen von zwei Hauptfiguren des Romans, Old Shatterhand und Old Wabble, auf dem Hintergrund der biblischen Gestalten Jesus und Judas nachgezeichnet. Shatterhand-Jesus und Wabble-Judas bestimmen in ihrem anfänglichen Miteinander und ihrem langen, heftigen Gegeneinander wesentlich die epische Dramaturgie. Der Leser nimmt, auf der Ebene des Wildwest-Aben-

---

[16]   Vgl. Vollmer (Anm. 14), 236.

teuers, teil am religiös zu begreifenden Kampf zwischen Gut und Böse einschließlich der Frage, ob denn der Böse nicht am Ende doch noch Gnade finden könne.

Nun gibt es darüber hinaus Gestalten, die das Geschehen erheblich beeinflussen, die aber, im Roman wie im wirklichen Leben, noch niemals leicht zu fassen waren: die Engel. Biblische Spuren im Roman weisen auf ihre geheimnisvolle Präsenz.

IV. *Vom Wind, von Engeln und von den Geschichten des Lebens*

Als Old Shatterhand, noch ziemlich am Anfang der Trilogie, von Indianern gefragt wird, wohin er aufbrechen werde, antwortet er:

> »Frag den Wind, wohin er geht! Er weht bald hierhin, bald dorthin. So ist's auch mit dem Jäger des Westens, der nie heut sagen kann, wo er sich morgen befinden wird« (I,174).

Das ist eine deutliche Anspielung an das Johannesevangelium, wo Jesus beim nächtlichen Besuch des Nikodemus sagt:

> »Der Wind bläst, wo er will, und du hörst sein Sausen wohl; aber du weißt nicht, woher er kommt und wohin er fährt. So ist es bei jedem, der aus dem Geist geboren ist« (Joh 3,8).

Freilich, die inhaltliche Differenz zwischen Karl May und der Bibel bei dieser »kleinen Bildrede«[17] vom Wind springt ins Auge. Während sie bei Johannes auf das Wirken des Heiligen Geistes in der Taufe hinweist, steht sie im Fall des Westmanns schlicht für die Unbestimmtheit der Zukunft. Noch könnte es sich hier wieder um den Fall handeln, dass biblische Sprache dem Autor May gleichsam unter der Hand in die Feder fließt.

Die Bibelstelle gewinnt freilich an Gewicht, wenn ich sehe, wie sie sich im Roman vor allem einer bestimmten Figur zuordnen lässt: Kolma Puschi, der Frau, die sich in die Männerrolle hinein verborgen hat. Sie kommt und geht – wie der Wind. Sie bzw. er benutzt dem neugierigen Dick Hammerdull gegenüber zweimal das Bildwort vom Wind: »Kolma Puschi kommt von daher und von dorther; er ist wie der Wind, der alle Wege hat« (III,187). Und wenig später bedeutet sie ihm freundlich, aber bestimmt: »Der dicke Mann scheint den Westen nicht genau zu kennen. Es ist da stets gut, wenn niemand weiß, woher man kommt und wohin

---

17   Siegfried Schulz, Das Evangelium nach Johannes, NTD 4, Göttingen [4]1983, 57.

man will« (III,188). In diesem Fall scheint Kolma Puschi selbst noch genau zu wissen, was ihrem Gegenüber verborgen bleiben soll, nämlich Herkunft und Ziel.

Gegen Ende der Trilogie, als die Aufklärung der komplizierten Lebensverhältnisse Old Surehands unmittelbar bevorsteht, will Kolma Puschi wieder entschwinden. Old Shatterhand sucht sie bzw. ihn zurückhalten. Aber der geheimnisvolle Indianer vergleicht sich wieder mit dem Wind: »Er ist wie der Wind: Er muß dahin gehen, wohin er soll! (III,518)«[18] Hier hebt Kolma Puschi das Bild ins Religiöse. Der Wind und Kolma Puschi – beide unterstünden einer lenkenden Macht: Er muss gehen, wohin er *soll!*

Das Bildwort vom Wind beschreibt jetzt einen Spannungsbogen, der von einer scheinbar unspezifischen Verwendung als bloßes Naturbild bis zum religiösen Gleichnis reicht. Der Autor selbst sagt klar, wie er das Bildwort versteht, nämlich dezidiert theologisch. Das wird deutlich an einer Stelle in der großen Naturbetrachtung Old Shatterhands im Anblick der Rocky Mountains:

> »Und die Winde, welche uns bei jeder Biegung des Weges entgegenwehten und die Wangen kühlten, sie säuselten uns zu: ›Du weißt nicht, von woher wir kommen und wohin wir gehen; uns leitet der Herrscher aller Dinge. So ist auch das Leben des Menschen; du kennst weder seinen Beginn noch seinen Verlauf; der Herr allein weiß es und leitet es!‹« (III,342).[19]

Jetzt ist völlig klar: Der Mensch ist wie der Wind. Gott allein kennt die Wege des Windes, die Wege des Menschen. Das Bildwort vom Wind steht bei Karl May im Dienst der Glaubensüberzeugung von der lenkenden Macht Gottes im Menschenleben (providentia Dei).

Das Bildwort vom Wind verbindet sich in der Gestalt von Kolma Puschi mit einem Motiv, das in der Bibel, aber auch darüber hinaus vielfältig begegnet: das Motiv des geheimnisvollen Besuchers.[20] Beim ersten Zusammentreffen denkt Old Shatterhand im Stillen über das Geheimnis jenes Indianers nach:

> »Er jagte bald hier und bald dort, und wo man ihn sah, da verschwand er, wie Schillers ›Mädchen aus der Fremde‹, ebenso schnell, wie er gekommen war« (III,182).

---

[18] Im Übrigen greift Old Shatterhand geschickt das Bildwort auf, um Kolma Puschi zum Bleiben zu veranlassen: »Ja, er ist wie der Wind, den man wohl kommen fühlt; wenn er aber fort ist, weiß man nicht, wohin er ging« (III,518).

[19] Vgl. insgesamt die Fülle der expliziten biblischen Spuren in dieser Naturbetrachtung (III,339–342).

[20] Vgl. Dieter Wittmann, Philippus der Götterbote und der äthiopische Eunuch oder: Von der Individuation des verschnittenen Menschen. Tiefenpsychologische Auslegung zu Apostelgeschichte 8, in: PTh 72 (1983), 276–284, bes. 276f. zum Motiv des unbekannten Besuchers.

Diese kurze Reflexion enthält einen Hinweis, wie der geheimnisvolle Indianer zu deuten sei. Mit Kolma Puschi sei es, so Karl May selbst, wie mit dem »Mädchen aus der Fremde« aus Schillers Gedicht: »Sie war nicht in dem Tal geboren, / man wußte nicht, woher sie kam, / Und schnell war ihre Spur verloren, / Sobald das Mädchen Abschied nahm.« Ein Geheimnis, rational nicht aufzulösen, ist um dieses Mädchen. Sie kommt plötzlich, um ebenso unerwartet wieder zu verschwinden.[21]

Das Motiv des geheimnisvollen Besuchers begegnet in der Mythologie, im Märchen und eben auch in der Bibel. An einer biblischen Gestalt ist es besonders gut zu beobachten: an Philippus, der dem Kämmerer aus dem fernen Äthiopien unerwartet begegnet und ebenso unerwartet wieder entschwindet (Apg 8,26–39). Ein Engel, so die Bibel, hatte ihm den Weg zu dem fremden Reisenden gewiesen, und der Heilige Geist selbst ist es, der ihn wieder entschwinden lässt: Da »entrückte der Geist des Herrn den Philippus, und der Kämmerer sah ihn nicht mehr« (Apg 8,39).

Derart geheimnisvoll verhalten sich in der Bibel Menschen, wenn der Geist sie führt, so verhält sich der Auferstandene selbst, als er den beiden Männern auf dem Weg nach Emmaus begegnet, und so verhalten sich – Engel aller Art. Sie kommen, oft kaum unterscheidbar von Menschen, und verschwinden, bevor man sie fassen kann. Muss Kolma Puschi auf biblischem Hintergrund als eine Engelsgestalt gedeutet werden?

Zunächst ist festzustellen, dass die Engel-Thematik dem Roman alles andere als fremd ist. In einem langen religiösen Gespräch mit Old Surehand verteidigt Old Shatterhand die Engel als Bestandteile seines Kinderglaubens, die er sich auch als Erwachsener nicht nehmen lassen will:

> »Ich könnte Euch viel erzählen, von höchst sonderbaren Wünschen, die ich da dem lieben Gott vorgetragen habe; er hat seine Engel, und wenn es Menschen sind, auch solche Bitten zu erfüllen« (I,407).

Wichtig ist der Zusatz »und wenn es Menschen sind«. Karl May belässt die Engel genau in jener Schwebe, die Schillers »Mädchen aus der Fremde« ebenso kennzeichnet wie beispielsweise den Philippus der Apostelgeschichte. Engel – das sind Menschen, gehüllt ins göttliche Geheimnis, oder, umgekehrt, göttliche Boten in der Gestalt von Menschen. Schön entfaltet Karl May genau diese schwebende Engelsvorstellung in einer längeren Passage des dritten Bandes, in der er ausführlich über die Schutzengel nachdenkt (III,150–157).

---

[21] Vgl. das Gedicht selbst und die schöne Interpretation von Gert Ueding in: Marcel Reich-Ranicki (Hg.), 1000 Deutsche Gedichte und ihre Interpretationen, 10 Bde., Frankfurt a. M. u. Leipzig 1994, hier: Bd. 3, 25–29. Ich habe oben die zweite Strophe zitiert.

Das Bildwort vom Wind hat uns auf die Spur des Gottes gebracht, der souverän die Lebensgeschichte der Menschen schreibt. Er lenkt sie wie den Wind, dessen Herkunft und Ziel er allein kennt. Ein hervorgehobenes Mittel der göttlichen Führung sind die Engel. Auch sie, Menschengestalten im göttlichen Geheimnis, kommen wie der Wind, um ebenso schnell, wie sie erschienen waren, wieder zu entschwinden. Mit der Vorstellung von Gott, der Lebensgeschichte schreibt und dafür, dann und wann, auch seine Engel einsetzt, steht der rote Faden der Trilogie in Rede. Es geht im Roman um göttlich gelenkte Lebensgeschichte,[22] und zwar um die zunächst undurchsichtige Lebensgeschichte Old Surehands, wie sie sich nach und nach Old Shatterhand, den Lesern und auch Surehand selbst entbirgt.

V. Karl May als Ausleger der Bibel

Ich will nun ausdrücklich tun, was der Titel ankündigte und was ich bisher eher implizit verfolgt habe: Karl May würdigen als Ausleger der Bibel. Das soll nicht in allgemeinen Sätzen geschehen, sondern am Beispiel einer bestimmten biblischen Geschichte.

Es gibt im dritten Band eine längere Erzählung des Farmers Harbour (III,132–136). Er erzählt, wie er und zwei Kameraden in einer wilden Berggegend unterwegs waren. Ein Kamerad stürzte ab, der andere kam in einem Wildwasser ums Leben. Er selber war »zum Sterben matt«:

> »Ich warf mich in das feuchte Moos nieder und hätte am liebsten weinen mögen. Wasser gab es ja, aber zu essen hatte ich nichts, denn mein Gewehrschloß war kaputt; es war mir unmöglich, ein Wild zu erlegen, und so hatte ich schon seit zwei Tagen keinen Bissen über die Lippen gebracht. Die Mattigkeit überwältigte mich, und ich schloß die Augen, um zu schlafen und vielleicht nicht wieder aufzuwachen« (III,134).

Unversehens öffnet er doch noch einmal die Augen. Dabei entdeckt er Schriftzeichen im Fels: das Grab des Padre Diterico. Was er bisher erzählt habe, so Harbour, sei »noch gar nicht verwunderlich«; »unbegreiflich« aber sei das, was ihm dann geschah. Wieder war er vor Hunger und Mattigkeit dem Sterben nahe. Lediglich ein paar Pilze aß er, um dann sofort wieder einzuschlafen. Dann geschah es:

---

[22] Vgl. Gerhard Neumann, »Ich spreche überhaupt alle Sprachen, wie Ihr von früherher wißt«. Die Kunst des Anfangs in Karl Mays Romanen, in: JbKMG 1993, 135–170, 163 f.

»Als ich abermals erwachte, war der Abend nahe; neben mir lag ein halbes, gebratenes Bighorn. Wer hatte es hingelegt? Das war gewiß eine nicht unwichtige Frage; aber ich legte sie mir nicht einmal mehr vor, sondern griff zu und aß, aß und aß, bis ich satt war und wieder ein- und bis zum nächsten Morgen schlief, wo ich gestärkt erwachte« (III,136).

Harbour suchte den freundlichen Retter, fand aber niemand und machte sich auf den gefährlichen Heimweg.

Die Struktur der Geschichte ist einfach. Ein Mensch, völlig erschöpft, droht in einsamer Bergwelt einzuschlafen und zu sterben. Zweimal erwacht er auf wundersame Weise. Beim zweiten Mal findet er neben sich gebratene Nahrung. Er kann sich ausreichend stärken, und macht sich, ohne den Retter identifiziert zu haben, auf den Heimweg.

Das ist genau die Struktur einer Geschichte aus dem Alten Testament (1 Kön 19,1–8). Hier ist es der Prophet Elia, der in der Wüste unter einem Wacholder sitzt und sterben will:

»Und er legte sich hin und schlief unter dem Wacholder. Und siehe, ein Engel rührte ihn an und sprach zu ihm: Steh auf und iß!

Und er sah sich um, und siehe, zu seinen Häupten lag ein geröstetes Brot und ein Krug mit Wasser. Und als er gegessen und getrunken hatte, legte er sich wieder schlafen.

Und der Engel des Herrn kam zum zweitenmal wieder und rührte ihn an und sprach: Steh auf und iß! Denn du hast einen weiten Weg vor dir.

Und er stand auf und aß und trank und ging durch die Kraft der Speise vierzig Tage und vierzig Nächte ...«

Die Parallelität der beiden Geschichten ist evident. Karl May hat, so meine These, das Erlebnis des Farmers Harbour nach dem Muster der alttestamentlichen Geschichte gestaltet.

Die These bestätigt sich, wenn wir sehen, dass eben jene biblische Geschichte Karl May mehrfach beschäftigt hat.[23] Besonders aufschlussreich ist eine Stelle aus dem dritten Band von »Im Reiche des silbernen Löwen«.[24] Hier legt der Kontext keineswegs die Bezugnahme auf Elia und sein Schicksal nahe. Im Rahmen einer Naturschilderung erwähnt Kara Ben Nemsi den Duft eines Strauches. Der sei identisch mit dem Wacholder des Alten Testaments. Zum Stichwort »Wacholder« führt Karl May dann, nahe am biblischen Wortlaut, eine

---

[23]   Vgl. etwa Karl May, Geographische Predigten, Sonderausgabe Bamberg 1958, 51; ders., Im Reiche des silbernen Löwen I, Freiburg 1898, 614 f. An diesen Stellen geht es um 1 Kön 19, aber nicht exakt um unsere Episode (vv. 1–8), sondern um die unmittelbare Fortsetzung mit der Gottesbegegnung Elias im »stillen, sanften Sausen« des Windes (vv. 9–13a).

[24]   Karl May, Im Reiche des silbernen Löwen III, Freiburg 1902, 159 f.

Kurzfassung genau der Episode an, die uns hier beschäftigt. So wichtig war ihm diese Geschichte, dass er sie den Lesern weitergeben wollte, obwohl er im Duktus einer reinen Naturschilderung keinerlei Anlass dafür gehabt hätte.

Karl May dürfte also die Harbour-Episode parallel zur biblischen Geschichte von Elia gestaltet haben. Das bedeutet für mich, den Leser des Romans: Nur wenn ich Karl May und die Bibel sozusagen gleichzeitig lese, wird die Episode aus dem Leben des Farmers Harbour durchsichtig für göttliche Regie in einem Menschenleben. Es könnte sein, dass dann, durch die Nach-Erzählung Karl Mays hindurch, die alte biblische Geschichte dazu einlädt, eigene Lebensgeschichte zu entdecken als eine Geschichte, in der Gott seine Hand im Spiel hat. So wird Nacherzählung zur Auslegung.

Welchen Rang nun der Schriftsteller Karl May als Ausleger der Bibel einnimmt, möchte ich aufzeigen, indem ich seine Nach-Erzählung der Elia-Geschichte vergleiche mit der Kanzelrede zeitgenössischer Prediger.

Der geheimnisvolle Engel der Elia-Geschichte hatte auf den Kanzeln in der zweiten Hälfte des 19. Jahrhunderts einen schweren Stand zwischen der Skylla von Kitsch und der Charybdis rationalistischer Erklärung. Für den Kitsch führe ich Friedrich Wilhelm Krummacher (1796–1868) an, ab 1853 Hofprediger in Potsdam, dessen Predigtsammlung zur Elia-Gestalt von 1828 bis 1874 sechs Auflagen erlebte und damit zu einer Art Erbauungsbuch wurde:

>»Zu dem schlummernden Propheten unter sein grünes Dächlein tritt leise und unvermerkt eine leuchtende Gestalt mit holdseliger Gebehrde. – Ein himmlischer Bote ist's. – Schweigend, mit einer Miene, als wäre es Liebe und Ehrerbietung zugleich, steht er eine Weile da vor dem Mann in der rauhen Haut, und sieht ihm freundlich in's bleiche, abgehärmte, schlummernde Antlitz. – Dann neigt er sich freundlich zu ihm nieder, rührt ihn an mit leiser Hand und spricht: ›Stehe auf, und iß.‹«[25]

Frommer Kitsch – das war die eine Option, den Engel zur Sprache zu bringen. Die andere Option klingt erbaulich, ist aber im Kern rationalistisch. Sie löst das Geheimnis des Engels auf, indem sie es erklärt. Das Wirken des Engels wird auf die Ebene kleiner Alltagsfreundlichkeiten heruntertransponiert und dergestalt zur Nachahmung präsentiert. Ich führe Leopold Witte an mit einer Predigt von 1888:

>»O Dank allen den treuen Gottesboten, welche die müden Hände stärken und die strauchelnden Knie erquicken. Hier ein scheues, leises Wort der Zustimmung [...]. Dort ein Händedruck, ein freundlicher Blick, oder ein Brief aus weiten Fernen [...].«[26]

---

[25] Friedrich Wilhelm Krummacher, Elias der Thisbiter, Elberfeld ⁴1851, 177 f.

[26] Leopold Witte, Der rechte Gott zu Zion. Predigten aus dem Alten Testament, Leipzig 1891, 26.

So löst sich das Geheimnis des Engels auf in frommen Kitsch oder erbauliche Erklärung. Umgekehrtes passiert mit Speise und Trank. Sie bleiben nicht einfach Nahrung, sondern sie werden kräftig spiritualisiert. Ich lasse wieder Friedrich Wilhelm Krummacher zu Wort kommen:

> »Das Brod und Wasser, womit Gott Seelen nährt in der Wüste, ist sein Wort. Aber auch dieses Brod muß Er selbst erst uns zubereiten und schmackhaft machen durch den Geist, geröstet muß es sein [...].«[27]

Ähnlich kann sich dann auch der Wacholderstrauch in geistliche Realität verwandeln:

> »Flüchtet auch ihr euch in das Schweigen der Einsamkeit, und ich will euch einen Wacholderstrauch zeigen, da werfet euch d'runter. Es ist das Kreuz. Ja, ein Wacholder, mit Dornen übersäet und Stacheln [...].«[28]

Konkretes, Welthaftes wird aufwendig spiritualisiert, Geheimnisvolles rationalistisch eingeebnet. Ich will es bei diesen Hinweisen belassen und auf den Bibelausleger Karl May zurückkommen. Er ist, wie alle seine Bewunderer wissen, den Versuchungen der Moralpredigt keineswegs immer entgangen. Aber die Geschichte von Elia verwendet er mit künstlerischem Takt. Karl May hat die Bildwelt der biblischen Geschichte nicht durch kitschiges Detail, durch Erklärung oder fromme Anwendung zerredet. Er hat sich von eben jener Bildwelt anregen lassen zum Erzählen einer Geschichte, und zwar einer Geschichte aus dem wirklichen Leben: Todesverzweiflung bleibt Todesverzweiflung, Essen bleibt Essen, Lebensrettung bleibt Lebensrettung. Und letztlich bleibt auch der Engel ein Engel. Sicher, Karl May schloss, wie wir gesehen haben, in seinen grundsätzlichen Ausführungen zum Problem der Engel nicht aus, dass auch Menschen einander zu Engeln werden (vgl. I,407). Dementsprechend werden wir später erfahren (III,526), dass es Kolma Puschi, jene geheimnisvolle Indianer-Gestalt, gewesen ist, der oder die den Farmer Harbour in der Bergeinsamkeit vor dem Tode errettet hat. Aber wir haben an der Figur von Kolma Puschi auch gesehen, wie diese Gestalt literarisch in der Schwebe bleibt zwischen Mensch und Engelwesen, zwischen Mann und Frau: eine Gestalt, gleichsam ins Geheimnis gehüllt mit jenem biblischen Bildwort vom Wind.

Ich fasse in drei Punkten zusammen, wie sich mir nach dem genauen Studium der Old Surehand-Trilogie Karl May als Ausleger der Bibel darstellt:

---

[27]   Krummacher (Anm. 25), 181.
[28]   A. a. O., 169.

1. Karl May interpretiert die Bibel *narrativ*. Seine Reiseerzählungen können in wichtigen Passagen gelesen werden als ein Stück »erzählender Theologie«.[29] An solchen Stellen reduziert Karl May die Wirklichkeit des Glaubens nicht auf abstrakte oder moralisierende Sätze, sondern er erzählt Geschichten des Lebens, Lebensgeschichten. Indem sich Karl May in unaufdringlicher Weise der Sprechhilfe durch biblische Worte, Bilder und Geschichten bedient, bleiben diese Lebensgeschichten nicht eindimensional. Sie werden lesbar als Geschichten, in denen, wie auch immer, Gott Regie führt.

2. Karl May bringt im Fall der Elia-Harbour-Geschichte keine »Anwendung«, die dem Leser vorschreiben würde, welche Moral er aus der Geschichte zu ziehen hätte. Karl Mays Erzählkunst eröffnet den Lesenden vielmehr einen weiten Raum. Er lässt ihnen mit seinen behutsamen Fingerzeigen die *Freiheit*, in der erzählten Geschichte wie in der eigenen Lebensgeschichte etwas vom Wirken Gottes zu entdecken.

3. Solche Erzählkunst zieht die Lesenden durch *Identifikation* in den erzählten Raum hinein. Man durfte sich mit dem Helden Old Shatterhand identifizieren, man musste Old Wabble verachten und am Ende mit ihm fühlen. Nicht zuletzt lädt die Nebenfigur des Farmers Harbour zur Identifikation ein. Er gibt ein Beispiel, wie auch der Leser oder die Leserin die eigene Lebensgeschichte so erzählen könnte, dass Spuren Gottes kenntlich werden. Durch solche Identifikationen bei der Lektüre Karl Mays dürften vielfach, keineswegs nur bei mir, religiöse Prägungen abseits der Kanzel entstanden sein.

Ich meine, so mein Fazit, Karl May dürfe mit gutem Gewissen als Ausleger der Bibel gewürdigt werden. Manchmal geht es auch bei ihm einigermaßen massiv zu; der erhobene Zeigefinger und die laute, direkte Rede mancher Kanzelrede ist dann nicht fern. Aber oft genug gestaltet Karl May mit literarischer Kunst ein Stück erzählender Theologie. Das mag dann auch Predigt sein, aber von der feinen und seltenen Art.

---

[29] Vgl. Wohlgschaft (Anm. 3), 273.

Mit dem verborgenen Gott leben

Der einzelne Mensch und sein Leid
in Texten moderner Lyrik
[2004]

I. Verborgener Gott und Wechselspiel der Texte

»Theodizee« versucht eine Antwort auf die Frage, wie ein Gott im Himmel und das Übel auf Erden zusammengehen. Die Theodizeefrage ist sicherlich ein Grundmotiv für Religion überhaupt. Aber selbst da, wo mit der Existenz eines Gottes nicht mehr gerechnet wird, lassen sich Sprechversuche im Spannungsfeld der offenen Frage wahrnehmen.

Die Literatur ist ein herausragendes Gebiet für Sprechversuche im Spannungsfeld der offenen Theodizeefrage. Erstaunlicherweise spielen Sprache und Sprachformen aus dem Bereich von Religion auch nach dem »Tode Gottes« eine Rolle. Insbesondere sind es Sprachfragmente der Bibel, die unabhängig von Glauben oder Unglauben des Autors in literarischen Texten einen religiösen Kontext evozieren. Biblischen Spuren in der modernen Literatur gilt mein besonderes Interesse.[1]

Auf die Literatur ist die Theologie schon seit längerer Zeit aufmerksam geworden.[2] Im Bereich der Theodizee beherrscht ein Vorzeichen alle Debatten zwischen Literatur und Theologie: Auschwitz. Theodor W. Adorno hat einst mit der Frage provoziert, ob man nach Auschwitz überhaupt noch ein Gedicht schreiben könne.[3] In unmittelbarer Nachbarschaft liegt die Frage, ob es nach Auschwitz noch möglich sei, von Gott zu reden, geschweige denn, ihn und sein Handeln zu rechtfertigen angesichts des Übels in der Welt. Beides war offenbar

---

[1] Vgl. grundsätzlich zum Phänomen der »biblischen Spuren«: Tanja Gojny, Biblische Spuren in der Lyrik Erich Frieds. Zum intertextuellen Wechselspiel von Bibel und Literatur, Theologie und Literatur 17, Mainz 2004.

[2] Vgl. Erich Garhammer, Literatur und Praktische Theologie. Von der Produktivität eines Spannungsverhältnisses, in: Brückenschläge. Akademische Theologie und Theologie der Akademien, hg. v. Erich Garhammer u. Wolfgang Weiß, Würzburg 2002, 137–156.

[3] Theodor W. Adorno, Kulturkritik und Gesellschaft [1949/1951], in: Ders., Prismen. Kulturkritik und Gesellschaft, Frankfurt a. M. 1976, 7–31, 7.

möglich. Gedichte wurden geschrieben, von Gott wurde geredet. Die spezifischen Schwierigkeiten solcher Sprechversuche im Schatten von Auschwitz werden, gerade in jüngerer Zeit, ausführlich reflektiert.[4]

Was insgesamt weniger Beachtung fand, ist das Leiden des einzelnen Menschen: körperliche Krankheit, psychische Bedrängnisse, weltanschauliche Verzweiflung, Betroffenheit angesichts des Leids anderer.[5] In der Literatur war diese Dimension von Leiden auch neben und abseits von Auschwitz immer präsent. Mit biblischen Textfragmenten und Redeweisen kommt, wie auch immer, der Deutehorizont der Religion ins Spiel. Es lohnt sich, literarische Texte daraufhin wahrzunehmen, wie sie den Umgang des einzelnen Menschen mit seinem Leid unter Verwendung biblischer Textfragmente gestalten. Was freilich obsolet erscheint, ist die Frage, wie bei den einzelnen Schriftstellern die Existenz Gottes zur Sprache komme. Die theologischen Debatten zur Literatur kaprizieren sich, meist etwas verschämt, oft am Ende doch noch auf die Frage, ob und gegebenenfalls, wie es für den betreffenden Autor oder die Autorin einen Gott gebe.

Demgegenüber bewege ich mich im Interpretationshorizont von Intertextualität.[6] Ich stelle fest: Ein Gedicht benutzt Fragmente biblischer Sprache. Damit kommt Religion ins Spiel. Ich beobachte, wie sich in ein und demselben Gedicht die biblische Sprache mit anderen Sprachen ins Verhältnis setzt. Vor den Augen und Ohren des Lesers entsteht ein Wechselspiel der Texte und Kontexte. Die Frage nach der Existenz Gottes verorte ich nicht mehr auf der Ebene des Autors. Es bleibt die Entscheidung des Lesers, ob und wie er in solchem Wechselspiel der Texte und Kontexte Gotteswirklichkeit wahrnimmt. Auch in dieser Hinsicht schafft die moderne Rezeptionsästhetik eine Klarheit, die dem traditionell nicht eben spannungsfreien Verhältnis von Literatur und Theologie förderlich sein könnte.

In der Überschrift habe ich vom »verborgenen Gott« gesprochen. In der theologischen Tradition ist damit gemeint, dass Gott selbst sich in menschlicher

---

[4] Vgl. etwa Paul Konrad Kurz, Gott in der modernen Literatur, München 1996, 83–114; Karl-Josef Kuschel, Im Spiegel der Dichter. Mensch, Gott und Jesus in der Literatur des 20. Jahrhunderts, Düsseldorf 1997, pass.; Regina Ammicht Quinn, »… hinter dornverschlossenem Mund«. Theodizeemotive, in: Heinrich Schmidinger (Hg.), Die Bibel in der deutschsprachigen Literatur des 20. Jahrhunderts, 2 Bde., Mainz 1999, Bd. 1, 592–613.

[5] Kirchlich ist es vor allem das Gebiet der Seelsorge, auf dem die Frage nach Gott im Leiden einzelner Menschen unabweisbar zur Geltung kommt. Vgl. Hans-Christoph Piper, Die Frage nach der Gerechtigkeit Gottes in der Seelsorge [1986], in: Ders., Einladung zum Gespräch. Themen der Seelsorge, Göttingen 1998, 98–108.

[6] Vgl. Tanja Gojny, Alexander Deeg, Martin Nicol, Vernetzte Texte. Bibel und moderne Lyrik im Wechselspiel, in: PrTh 37 (2002), 298–311.

Erfahrung von Leid bis zur Unkenntlichkeit verbirgt.[7] Gott erscheint verborgen unter seinem Gegenteil (sub contrario). Die spezifische Bedeutung der theologischen Rede vom verborgenen Gott darf mitschwingen, wenn ich sage, Gott sei verborgen im Wechselspiel von Texten. Wo biblische Texte ins Spiel kommen, entwickelt sich eine eigentümliche Dynamik des Lesens, die sich der Regie des Autors entzieht. Mag sein, dass Leserinnen und Leser einen Gott entdecken, der sich ins Wechselspiel der Texte und Kontexte hinein verborgen hat. Mag sein, dass sie es nicht tun. Ich werde im Folgenden auf solche Wechselspiele hinweisen, ohne mein eigenes Engagement als Leser zu verbergen. Fünf Beispiele moderner Lyrik habe ich ausgewählt. Sie mögen angesichts der Schwere des Theodizeeproblems unspektakulär sein. Für so etwas wie eine Theodizee im Alltag halte ich sie gleichwohl für aufschlussreich. Ich verfolge die Gedichte zeitlich zurück, von Robert Gernhardt in den 1990er Jahren bis zu Christine Lavant in den 1950er Jahren.

II. Gegen Gott klagen

Robert Gernhardt (1937–2006) hat in seinen »Lichten Gedichten« von 1997 eigene Erfahrungen während einer schweren Herzerkrankung zur Sprache gebracht. Das folgende Gedicht[8] markiert schon mit der Überschrift eine kräftige biblische Spur:

HIOB IM DIAKONISSENKRANKENHAUS

Ihr habt mir tags von Gott erzählt,
nachts hat mich euer Gott gequält.

Ihr habt laut eures Gotts gedacht,
mich hat er stumm zur Sau gemacht.

Ihr habt gesagt, daß Gott mich braucht –
braucht Gott wen, den er nächtens schlaucht?

Ihr habt erklärt, daß Gott mich liebt –
liebt Gott den, dem er Saures gibt?

---

[7]   Vgl. den Topos vom verborgenen Gott im Kontext der Theodizeefrage etwa bei Wilfried Joest, Dogmatik, 2 Bde., Göttingen 1984/86, hier: Bd. 1, ³1989, 178–185.

[8]   Robert Gernhardt, Hiob im Diakonissenkrankenhaus, in: Ders., Lichte Gedichte, Zürich 1997, 57.

Gernhardt-Ton, unverkennbar. Und das, obwohl schon mit der Überschrift der biblische Hiob gegen Gott ins Spiel gebracht wird. Die Theodizeefrage ist unabweisbar gestellt. Leichter kann der Tonfall, schwerer das Problem kaum sein.

Mit dem Bezug auf Hiob steht Gernhardt in einer langen literarischen Tradition.[9] Nach Jesus ist Hiob die biblische Figur, die die Schriftsteller des 20. Jahrhunderts am nachhaltigsten herausgefordert hat. Im Spannungsfeld von Demut und Rebellion wird Hiob unter anderem zur Symbolfigur jüdischer Existenz. Eine dezidiert atheistische Spielart der Hiob-Rezeption begegnet in der Philosophie Ernst Blochs:[10] Hiob, der sich aus der überlieferten Religion verabschiedet und gerade darin »fromm« ist, dass er nicht glaubt. Alle diese Deutungen, mögen sie im Einzelnen auch einander widerstreitend erscheinen, können sich mit guten Gründen auf die biblische Überlieferung berufen. Das Buch Hiob selbst ist so uneinheitlich, so voller Brüche und Spannungen, dass die Vielfalt der Deutungen geradezu programmiert erscheint.

Hiob ist der einzelne Mensch, der, mit Krankheit und anderem Unglück geschlagen, geläufige Modelle von Theodizee ablehnt. Es sind seine Freunde, die ihm die Weisheiten der Religion präsentieren. Hiob rebelliert gegen die Freunde, erklärt sich Gott gegenüber für unschuldig und steigert seine Klage bis zur Anschuldigung Gottes: »Ich schreie zu dir, aber du antwortest mir nicht; ich stehe da, aber du achtest nicht auf mich« (Hi 30,20).

Gernhardts Hiob wendet sich nicht direkt an Gott, kommt der biblischen Figur aber doch recht nahe. Es ist die Auseinandersetzung Hiobs mit seinen Freunden, die sich in den Vorwürfen des kranken Dichters an die Diakonissen, die ihn pflegen, spiegelt. Nicht die Pflege steht zur Debatte, sondern die Frage, wie man Gottes Handeln rechtfertigen könne angesichts gegenläufiger Erfahrung. Gernhardts Gedicht wird zum bitteren Spottgedicht auf die Theodizee-Modelle der Tradition und ihre Entsprechungen in formelhaft erstarrter religiöser Praxis. Die Eigenlogik unmittelbarer Erfahrung kommt zur Geltung. Dadurch dass der biblische Hiob zur Deutung herangezogen wird, ist zugleich die »Eigenlogik des Religiösen«[11] virulent. Man kann das Gedicht lesen als Rückgriff auf die rebellische Linie der Hiob-Rezeption. Damit wäre man in einiger Nähe zu Ernst Blochs atheistischem Gottesglauben.

---

[9]   Vgl. zum Folgenden: Georg Langenhorst, Ijob – Vorbild in Demut und Rebellion, in: Die Bibel in der deutschsprachigen Literatur des 20. Jahrhunderts (Anm. 4), Bd. 2, 259–280. Vgl. ausführlich ders., Hiob unser Zeitgenosse. Die literarische Hiob-Rezeption im 20. Jahrhundert als theologische Herausforderung, Mainz ²1995.

[10]   Vgl. Ernst Bloch, Atheismus im Christentum. Zur Religion des Exodus und des Reichs [1968], Reinbek 1972, 104–118.

[11]   Joachim Kunstmann, Theodizee. Vom theologischen Sinn einer unabschließbaren Frage, in: EvTh 59 (1999), 92–108, 104.

III. Gottes blutige Spur

In der Literatur der Gegenwart ist Günter Kunert (1929–2019) sicher »einer der schärfsten Analytiker und kompromißlosesten Diagnostiker des ›Rätsels Mensch‹«[12]. Viele seiner Gedichte, die aus jüngerer Zeit zumal, zeugen von seinem Leiden an der »strukturellen Ambivalenz der conditio humana«[13]. In einem Gedicht von 1996 verknüpft er die Gottesfrage mit dem Leiden an der Realität:[14]

Der Reisebegleiter

Wie es dazu kam
daß er uns verlorenging: Keine Ahnung.
Beim Treck durch die Zeiten
ergeben sich allerwegen Verluste
dauerndes Hadern
über Straßenverhältnisse und Witterungseinflüsse.
Immerzu neu portioniert
als Wegzehrung als Mundvorrat die
Ursachen ohne Nährwert. Jede Suchmeldung
bleibt erfolglos weil
aus dem Sinn aus den Augen
bedeutet Oh Gott.
Aber da gegen Abend
neulich finde ich
die Spur Deiner Krallen
blutig im Schnee.

Die biblischen Spuren sind dicht in diesem Text. Zunächst evoziert der »Treck durch die Zeiten« ganz generell die Wüstenwanderung Israels unter Moses Führung. Das bestätigt sich durch folgende Beobachtungen im Detail:

- »Hadern« ist in der Lutherbibel[15] der Terminus für ein Aufbegehren des Volkes Israel gegen Gott oder auch gegen Mose in der Wüstenzeit (vgl. Ex 17,2; Num 20,3 u. ö.).
- »Wegzehrung und Mundvorrat« deutet auf die wunderbare Wüstenspeisung mit Manna und Wachteln (vgl. Ex 16).

---

[12] Kuschel (Anm. 4), 48.
[13] A. a. O., 58.
[14] Günter Kunert, Der Reisebegleiter, in: Ders., Mein Golem. Gedichte, München/Wien 1996, 38.
[15] Ich benutze die Lutherbibel in der revidierten Fassung von 1984.

- »Schnee« kann ein Hinweis darauf sein, dass das himmlische Manna »wie Reif auf der Erde« lag (Ex 16,14). Noch deutlicher: Es war »wie weißer Koriandersamen« (Ex 16,31).

- Dass es sich bei dem »Reisebegleiter« um Gott handelt, wird gegen Ende des Gedichts evident. In der Exodusüberlieferung manifestiert sich solche »Reisebegleitung« in einer Wolkensäule des Tags und in einer Feuersäule des Nachts (vgl. Ex 13,21).

- Mit »Oh Gott« wechselt das Gedicht in die direkte Anrede an Gott. Um das zu unterstreichen, ist das diesbezügliche Pronomen großgeschrieben: »Deine[r] Krallen«.

Darüber hinaus scheinen mir noch weitere Elemente der biblischen Exodustradition in das Gedicht verwoben. Wenn man sie mitliest, eröffnet sich ein extremes Spannungsfeld.

In einer geheimnisvollen Szene will Mose Gott schauen: »Lass mich deine Herrlichkeit sehen!« (Ex 33,18). Das ist ein Wunsch von grober Direktheit. Gott verwehrt es ihm mit der geläufigen Begründung, dass, wer Gott sieht, sterben muss (V. 20). Aber er macht einen Gegenvorschlag. Gott will Mose in eine Felskluft stellen, seine Hand über ihn halten und in seiner Herrlichkeit an ihm vorübergehen: »Dann will ich meine Hand von dir tun, und du darfst hinter mir her sehen ...« (V. 23). Hinterhersehen darf oder muss auch der Dichter. Er findet nur die »Spur« jenes Reisebegleiters, der abhandengekommen war.

War Ex 33 eine geradezu zarte Szene und das, was Mose zu sehen bekam, immerhin eine Spur von Gottes Herrlichkeit, so geht es bei Kunert um eine grauenvolle Entdeckung: die blutige Spur seiner Krallen. Damit kommt, so lese ich, »der schockierendste Fall von Jahwes Ambivalenz in der hebräischen Bibel«[16] ins Spiel, verborgen in einer lapidaren Notiz und von der predigenden Kirche peinlich gemieden[17]: »Und als Mose unterwegs in der Herberge war, kam ihm der HERR entgegen und wollte ihn töten« (Ex 4,24). Hier hat, so Harold Bloom, »das Unheimliche der Originalität alle Grenzen überschritten«[18]. Im Wechselspiel der Texte, wie ich es hier wahrnehme, hätte der, der nach dem verschwundenen Reisebegleiter sucht, noch immer Herrliches erwartet, aber Grauenvolles entdeckt. Auf dem Hintergrund einer illusionslos gezeichneten Realität hat sich Gott noch im Nachhinein, selbst nach seinem Verschwinden, nicht als der liebende, gar schöne (»Herrlichkeit«) Gott, sondern als das grausame, todbringende Ungeheuer erwiesen.

---

[16] Harold Bloom, Der Bruch der Gefäße [am. 1982], Basel/Frankfurt a. M. 1995, 59.

[17] In der Ordnung der Predigttexte der lutherischen Kirchen für den Gottesdienst kommt diese Notiz nicht vor; vgl. Perikopenbuch mit Lektionar, hg. v. der Lutherischen Liturgischen Konferenz Deutschlands, Hannover 1985 u. ö. Dies gilt auch für die 2018 eingeführte neue Ordnung der Lese- und Predigttexte.

[18] Bloom (Anm. 16), 59.

IV. Bilder vom gekreuzigten Gott

Reiner Kunze (geb. 1933) hat 1982 ein Gedicht geschrieben, in dem er ein tragisches Menschenleben mit Bildern vom gekreuzigten Gott zur Sprache bringt.[19] Der geschichtliche Hintergrund für das Gedicht kann skizziert werden.[20] Im November 1951 führten in Prag antisemitische Tendenzen zu Prozessen, in denen elf Angeklagte zum Tod verurteilt und vier davon auch ermordet wurden. Ideologische Kampagnen gegen missliebige Künstler waren vorausgegangen. Der Dichter Konstantin Biebl wurde offenbar durch dieses Klima der Gewalt in den Selbstmord getrieben. Kunze zitiert zunächst aus einem Text des tschechischen Dichters, um dann die eigene metaphorische Rede anzuschließen:

DER TOD DES
DICHTERS KONSTANTIN BIEBL, 1951

> An die heimat denk ich und bohre den blick in die erde
> Wäre die erde aus glas
> allen frauen Europas könnte ich unter die röcke schauen
>
> Hin und wieder wirbeln beine in der weißen wäsche
> als tanzten in Paris
> balletteusen auf blitzenden spiegeln ...
>
> Tief unter mir leuchtet eine himmlische schlucht
> ich gehe wie Christus, auf den schultern das Kreuz des südens ...
> Auf der anderen seite der welt ist Böhmen
> ein schönes und exotisches land
> *Konstantin Biebl, Java 1927*

Immer bleibt ein abdruck wenn einer
ein kreuz trägt

Und immer entsteht dann ähnlichkeit
mit dem könig der juden

Er hätte widerrufen können was geschrieben steht

Doch vielleicht erkannte er an jenem morgen, als er das fenster
öffnete, am stirnschmerz
die dornenkrone

---

[19]   Reiner Kunze, der tod des dichters Konstantin Biebl [1982], in: Ders., eines jeden einziges leben. gedichte, Frankfurt a. M. 1986, 97 f.
[20]   Vgl. a. a. O., 119.

Und Golgatha lag mitten in der stadt

Er schlug auf
vor den füßen
der jüngsten balletteuse von Prag

Da ist der Dichter Konstantin Biebl: lebenslustig und seiner Heimat Böhmen auch im fernen Java von ganzem Herzen zugetan. Und da ist das schreckliche Ende dieses Mannes, der in den Selbstmord getrieben wurde. Reiner Kunze, der Dichter, blickt auf jenes Leben und entdeckt die Signatur der Passion. In Kunzes Gedicht sind die Hinweise auf die Passion zahlreich:

- Konstantin Biebl »trägt ein Kreuz« (Mt 27,32; Lk 14,27 u. ö.).
- »König der Juden« (bzw. »der Juden König«, vgl. Mt 27,11.29.37 u. ö.) wird zur Signatur von Lebensläufen.
- In der Bibel ist »was geschrieben steht« eine geläufige Wendung für den heiligen Text der fünf Bücher Mose. In der Vita Christi gewinnt die Versuchungsgeschichte (Mt 4,1–11) besondere Bedeutung. Dort bedrängt der Satan Jesus vergeblich, das, »was geschrieben steht«, in seinem Sinn zu verstehen. Im Kontext der Passion kommt aber auch Pilatus in den Blick. Als man ihm nahelegte, er möge doch die Inschrift über dem Kreuz (»Jesus von Nazareth, der König der Juden«) verändern, weigerte er sich: »Was ich geschrieben habe, das habe ich geschrieben« (Joh 19,22).
- »Stirnschmerz« ist die Reaktion auf eine imaginäre »Dornenkrone« (Mt 27,29 u. ö.).
- Den Ort, an dem der Dichter zu Tode kommt, nennt Kunze »Golgatha« (Mt 27,33 u. ö.).

In dem tragischen Schicksal des Dichters bildet sich also das Schicksal Jesu Christi ab. Damit reagiert Kunze zunächst auf das Signal des Konstantin Biebl selbst, der das Sternbild im Sinne der Passion metaphorisiert: »ich gehe wie Christus, auf den schultern das Kreuz des südens«. Daneben kommt, beabsichtigt oder nicht, spirituelle Tradition des Christentums ins Spiel. Martin Luther spricht von *conformitas* mit Christus, der Gleichgestaltung eines Menschenlebens mit der Passion Jesu.[21] Luther hat seine Lehre in Absetzung von der mittelalterlichen *imitatio Christi* entwickelt. In der Spiritualität der Orden ging es darum, durch geistliche Übung das eigene Leben immer stärker nach dem Vorbild der Vita Christi zu gestalten. Luther dagegen meint, im Grunde könne die conformitas nur von der Passivform des Verbs her verstanden werden: conformari, d. h. von Christus selbst nach seinem Bilde geformt werden. Leiden, das ein Mensch nicht von sich aus sucht, kann im Leiden Christi seine Deutung finden. Conformitas

---

[21] Vgl. Martin Nicol, Meditation bei Luther, Göttingen ²1991, 139 f.

ereignet sich an dem Ort, an dem ein Mensch steht, mitten im Leben also. Mitten im Leben und Leiden widerfährt ihm, ob er es will oder nicht, von Christus her jenes conformari, jene Gleichgestaltung mit dem Bild des Gekreuzigten. Als Leser des Gedichts mag man die Passion mit der Erlösung verbinden und die Signatur Christi in diesem tragisch geendeten Leben als Hoffnungszeichen deuten. Oder eben nicht. In jedem Fall wird das Leiden des Dichters Konstantin Biebl von Kunze in den Bildern des paradigmatischen Leidens Christi zur Sprache gebracht.

V. Mit Gott sprechen

Das folgende Gedicht wäre am deutlichsten von allen Beispielen einer, wie ich es nenne, Theodizee im Alltag zuzuordnen. Der Dichter lässt sehen und hören, wie es ihm ums Herz ist: alltäglicher Widerstreit der Gefühle, Sehnsucht nach Beziehung, Verlust an Hoffnung. Der Dichter ist alles andere, nur nicht im Lot mit sich, mit Gott und der Welt – eine Situation, wie sie für viele Psalmen der Bibel so oder so ähnlich vorausgesetzt werden kann. Das Gedicht von Erich Fried (1921 – 1988) trägt »Psalm« nicht im Titel, fällt aber nach Wortwahl und Form unter die Gattung Psalm.[22] Ich notiere die Anklänge an Sprache und Vorstellungswelt der Psalmen neben dem Text des Gedichts:

Zuflucht	Anklänge an Psalmensprache
Manchmal suche ich Zuflucht bei dir vor dir und vor mir	Ps 34,5.11 / Ps 90,1; 143,9
vor dem Zorn auf dich vor der Ungeduld vor der Ermüdung	Ps 6,2 Ps 6,7 (»müde«)
vor meinem Leben das Hoffnungen abstreift wie der Tod	Ps 31,11; 88,4 Ps 62,6; 71,5
Ich suche Schutz bei dir vor der zu ruhigen Ruhe	Ps 59,10 Ps 55,19

---

[22] Erich Fried, Zuflucht, in: Ders., Gesammelte Werke, hg. v. Volker Kaukoreit u. Klaus Wagenbach, 4 Bde., Berlin 1993, hier: Bd. 2, 432 [erstmals in: Ders., Liebesgedichte, Berlin 1979]; vgl. auf Tonträger (CD): Ders., Liebesgedichte. Gelesen vom Autor, Berlin 1998, Nr. 2.

Ich suche bei dir	
meine Schwäche	Ps 6,3; 71,9 (»schwach«)
Die soll mir zu Hilfe kommen	Ps 14,7; 80,3; 121,1
gegen die Kraft	Ps 27,1
die ich	
nicht haben will	

Dass es sich um die Gattung Psalm[23] handelt, wird schon in der ersten Zeile manifest:»Manchmal suche ich Zuflucht bei dir«. Es dürfte sich um eine direkte Aufnahme des ersten Satzes von Ps 90 handeln:»Herr, du bist unsre Zuflucht für und für.« Auch die Form der Anrede rückt das Gedicht in die Nähe eines Psalms oder Gebets. An den Psalmstellen neben dem Gedicht zeigt sich, wie vielfältig die Bezugnahmen auf das Vokabular der Psalmen sind: Zuflucht, Zorn, Müdigkeit, Leben, Hoffnung, Tod, Schutz, Ruhe, Hilfe, Kraft. Auffällig ist freilich, dass diese Vokabeln nicht durchweg in ihrer ursprünglichen Ausrichtung verwendet werden. Zuflucht sucht der Psalmbeter »bei dir«. Hier sucht der Dichter auch Zuflucht »vor dir«. Ähnliches begegnet durchgängig: Zorn – auf dich, Schutz – vor der Ruhe, Suche – nach der Schwäche, Hilfe – gegen die Kraft. Kein Psalm also, sondern, das freilich einigermaßen unrebellisch, ein Antipsalm? Aber warum sollte es in einer Zeit, in der Authentizität ein hoher Wert ist, nicht auch möglich sein, schwach sein zu wollen? Warum Schwäche nicht auch Gott gegenüber? Es mutet ganz apart an, dass Gott einmal nicht um Kraft und Stärke gebeten wird, sondern um Schwäche. Ein sympathischer Beter und, möglicherweise nach kurzer Gewöhnung, doch auch ein sympathischer Gott?

Es gibt nur ein Problem. Bei diesem Gedicht handelt sich nicht um ein Gebet, sondern um ein Liebesgedicht. In dem berühmten Band »Liebesgedichte« wurde es erstmals publiziert. Wen Erich Fried da anredet, das ist seine Partnerin. Bei ihr sucht er Zuflucht und Schutz, bei ihr will er schwach sein dürfen. Mit einem Psalm sich an die Freundin oder Frau wenden? Der Psalm ist seit Jahrtausenden die maßgebliche Form, wie jüdisch und christlich zu Gott geredet wird. Macht Erich Fried seine Partnerin zum Gott bzw. zur Göttin?

Die Sprache der Liebe hatte immer eine religiöse Dimension. Im intimen Miteinander wurde Göttliches erlebt, in Gedichten davon gesungen. In der Romantik erreichte diese Weise, Liebe zu erleben, einen Höhepunkt. Umgekehrt hat auch die Sprache der Liebe bis hin zur erotischen Sprache das Reden zu Gott beeinflusst. Ich denke an die Mystik, die das Verhältnis der Seele zu Christus erlebte und besang wie das Verhältnis einer Frau zu einem Mann. Das Hohe Lied,

---

[23] Zum Psalm als Gattung moderner Lyrik vgl. Bernhard Kytzler, Moderne Psalmen, in: Jürgen Ebach u. Richard Faber [Hg.], Bibel und Literatur, München 1995, 157–181; Cornelius Hell u. Wolfgang Wiesmüller, Die Psalmen – Rezeption biblischer Lyrik in Gedichten, in: Die Bibel in der deutschsprachigen Literatur des 20. Jahrhunderts (Anm. 4), Bd. 1, 158–204.

eindeutig eine Sammlung von Liebesliedern, wurde christlich die längste Zeit auf das Verhältnis der Seele zu Gott bzw. Christus bezogen. Die Sprache der Liebe und die Sprache der Frömmigkeit stehen immer schon im wechselseitigen Austausch.

Erich Frieds »Zuflucht« geht den Weg aus der Religion in die Zweierbeziehung. Jeder Gedanke daran, dass Gott für das innere Gleichgewicht eines Menschen zuständig sein könnte, gehört der Vergangenheit an. Die Partnerin rückt an die Stelle Gottes, der, wohl weil er seiner Zuständigkeit nicht gerecht wurde, aus ihr entlassen ist. Aus der Vergangenheit der Religion nimmt der Dichter die Sprache der Psalmen mit in die neue Zeit. Ich spekuliere nicht, warum er das tut. Als Leser jedenfalls erlaube ich mir, Frieds »Zuflucht« zugleich als Liebesgedicht und als Gebet zu verstehen. Dann wird der kleine, beiläufige Text zum Hinweis auf den uralten Zusammenhang von Sprache des Glaubens und Sprache der Liebe.

VI. Mit Gott streiten

Christine Lavant (1915–1973) kämpfte ein Leben lang mit den Gebrechen ihres Körpers, mit depressiven Zuständen und mit einer Spielart von Religion, die ihr das Leben zusätzlich schwer machte. Wie der folgende Text von 1956 zeigt[24], ist es aber auch Gott selber, mit dem sie den Kampf aufnimmt. Dreiheiten spielen in dem Gedicht eine Rolle, darunter die Trinität selbst und die Trias Glaube-Hoffnung-Liebe aus 1Kor 13,13:

> Dreifach so groß wie sonst an Erdentagen
> schaut deine Sonne aus der Allmacht her
> und dreimal kleiner, als er gestern war,
> kniet heut mein Mut aus seiner Ohnmacht auf.
>
> Er will nicht streiten, glost nur vor sich hin.
> Dreifaltigkeit und Glaube, Hoffnung, Liebe
> sind hohe Vögel, die vom Gnadenbaum
> die leeren Hülsen über mich verstreuen.
>
> Gib mir ein Drittel nur von einem Korn!
> Ich will auch das noch mit den armen Seelen
> und allen Traurigen auf Erden teilen,
> gib mir die Liebe, Herr, mein täglich Brot.

---

[24] Christine Lavant, Dreifach so groß wie sonst an Erdentagen, in: Dies., Die Bettlerschale, Salzburg 1956, 80.

Dreimal so stark wie diese deine Sonne
wird dann mein Mut mit aller Schwermut streiten
und wird die Taube der Dreifaltigkeit
durch das Gewässer dieser Ohnmacht tragen.

Der kleine Menschen- und Glaubensmut kniet vor dem allmächtigen Gott. Der erscheint hier nicht als tröstend, nicht als dem Menschen zugewandt. Mensch und Gott reden aneinander vorbei. Der Mensch, hier die Dichterin, will nur überleben. Von Gottes Seite dagegen prasseln die Großworte des Glaubens wie von einer kosmischen Kanzel aufs Menschenherz. Dreifaltigkeit, Glaube-Hoffnung-Liebe: nichts als »leere Hülsen« (II/4). Kein »Korn« (III/1) ist das, keine Nahrung für die Seele.

Die Dichterin ist nicht die fromme Katholikin aus dem Lavant-Tal, die man erwarten könnte. Nicht demütig ergibt sie sich in ihr Schicksal. Sie fordert Gott heraus. Und sie behaftet ihn bei seinen eigenen Worten. Von den Großworten des Glaubens greift sie das größte heraus, die Liebe (III/4): »Nun aber bleiben Glaube, Hoffnung, Liebe, diese drei; aber die Liebe ist die größte unter ihnen« (1Kor 13,13). Um Liebe bittet die Frau wie um das »täglich Brot« des Vaterunsers (vgl. Mt 6,11): »gib mir die Liebe, Herr, mein täglich Brot« (III/4).

Mit der dritten Strophe kommt ein weiterer biblischer Kontext ins Spiel. Jedenfalls lese ich das Gedicht auch auf dem Hintergrund der Geschichte von der kanaanäischen Frau (Mt 15,21–28). Bei der insgesamt dichten Bezugnahme auf biblische Prätexte wäre es nicht verwunderlich, wenn auch der Gesamtgestus des Gedichts sich biblischer Vorgabe verdanken würde.

In der Bibel will eine heidnische Frau von Jesus die Heilung ihrer psychisch kranken Tochter erreichen. Er und seine Jünger weisen sie in beleidigender Weise ab. Aber sie, eine Frau[25], zwingt den Gottessohn zur Umkehr. Sie greift einfach sein böses Wort von den Hunden auf und wendet es geschickt zu ihren Gunsten: »Ja, Herr; aber doch fressen die Hunde von den Brosamen, die vom Tisch ihrer Herren fallen« (Mt 15,27). Er akzeptiert den Mut der Frau und kann es, erstaunlich genug, geschehen lassen, dass sich in dieser Begegnung seine eigene religiös begrenzte Welt erweitert. Dogmatische Suchbewegungen[26] schärfen noch einmal den Blick für das Besondere dieser Geschichte. Sie werfen Licht auf den unerhörten Vorgang einer Bekehrung Gottes und zugleich auf ein herausragendes Sprachspiel zwischen einer Frau und einem Mann, zwischen einer Frau und dem Gottessohn. Ein Sprachspiel zwischen Himmel und Erde. Eine Ge-

---

[25] Feministische Sichtweisen haben die anstößigen Konturen dieser Geschichte erst eigentlich erkennen lassen; vgl. Elisabeth Moltmann-Wendel, Wenn Gott und Körper sich begegnen. Feministische Perspektiven zur Leiblichkeit, Gütersloh 1989, 153 f.

[26] Vgl. Friedrich Mildenberger, Biblische Dogmatik, 3 Bde., Stuttgart u. a. 1991–93, hier: Bd. 3, 172 f.

schichte von der Bekehrung Gottes. Nur so ist sie einmalig. Und nur so ist sie spannend.

Auf diese Frau und die mit ihr verbundene subversive Tradition im Neuen Testament scheint sich die Katholikin aus dem Lavant-Tal zu berufen. Da fallen auf sie herab die leeren Hülsen der Gottesworte wie Brosamen von der Herren Tisch (vgl. Mt 15,27). Aber sie lässt sich nicht abweisen, verliert den Mut nicht. Um ein Drittel nur von dem, was da von des Herrn Tisch fällt, bittet sie: um »ein Drittel nur von einem Korn« (III/1). Demütig. So scheint es. Zugleich mit dem Drittel Korn bittet sie, auch das scheinbar unverfänglich, um die Liebe. Wenigstens die wird ihr doch der Herr nicht versagen! Geschickt wie die kanaanäische Frau die Worte Jesu, greift sie die etablierten Sprachspiele der Religion auf und wendet sie zu ihren Gunsten.

Die letzte Strophe zeigt, wie sehr die Dichterin um die subversive Kraft der Liebe weiß. Wenn ihr die Liebe gewährt wird, dann wird ihr Mut stärker sein als der allmächtige Gott selbst. Das sind ungeheuerliche Sätze. Eine Frau, durch Krankheit an ihr Tal gebunden und auch religiös an eine rückständige Bergwelt gefesselt, bäumt sich auf gegen die geforderte Demut. Wenn Gott einem Menschen die Liebe gibt, dann schafft er sich damit nicht nur ein Ebenbild, sondern einen Widerpart. Die Taube der Dreifaltigkeit, die vordem nur leere Hülsen fallen ließ von den Großworten des Glaubens, wird nun durch einen liebesstark gewordenen Glauben davor bewahrt, in den Gewässern depressiver Ohnmacht unterzugehen.

Christine Lavant nahm, in den 1950er Jahren, den Kampf mit Gott selbst auf und mit einer Sprache von Gott, die sie zu ersticken drohte. Der Kampf wird als intertextuelles Geschehen gestaltet. Religiöse Sprachkonvention wird mit Sprachtraditionen einer subversiv gelesenen Bibel konfrontiert. In späteren Jahrzehnten hätte ein solcher Prozess wohl zum Auszug aus der Gottesvorstellung selbst geführt. Innerhalb eines religiös verstandenen Sprachspiels würde für Christine Lavant gelten, was jener heidnischen Frau gesagt war: »Frau, dein Glaube ist groß. Dir geschehe, wie du willst!« (Mt 15,28).

VII. Sprachspiele gegen Denkmodelle

Ich habe fünf Sprachspiele in den Blick genommen. »Spiel« – das meint in diesem Fall gewiss nicht heitere Entspannung, sondern ein bisweilen atemberaubendes Wechselspiel der Texte und Kontexte. Biblische Texte waren im Spiel und evozierten, wie auch immer, einen religiösen Kontext. Faszinierend ist solches Wechselspiel allemal. Dass freilich im Spannungsfeld der offenen Theodizeefrage ausgerechnet Sprachspiele etwas ausrichten sollen, versteht sich nicht von selbst. Mit meinen Überlegungen stehen Sprachspiele moderner Lyrik gegen die Denkmodelle der theologischen Tradition.

Im christlichen Deutehorizont bildete die Theodizee stets auf zwei Ebenen eine Herausforderung. Auf der Ebene der Reflexion wurde nach Modellen eines vernünftigen Ausgleichs zwischen dem Gottesgedanken und der Existenz des Übels in der Welt gesucht. Auf der Ebene existentieller Erfahrung suchte man der durch die Theodizeefrage verursachten Anfechtung des Glaubens in religiöser Praxis zu begegnen. Beide Ebenen waren keineswegs immer ausreichend aufeinander bezogen. Die Antworten des Denkens minderten nicht die Schwere der Leiderfahrung, und die Anfechtungen des Glaubens forderten die Theologie nur selten zu grundsätzlich veränderten Denkbewegungen heraus.

Diskursive Modelle zur Lösung der Theodizeefrage sind wohl passé; die traditionellen Theodizee-Entwürfe erscheinen »bestenfalls noch als zynisch«[27]. Theologisch wird die »Eigenlogik des Religiösen«[28] beschworen. Klage und Gebet werden weit eher als Antwort auf die Theodizeefrage gewertet als Modelle rationalen Verstehens.[29] Biblische Deutemuster kommen auf oft überraschende Weise in den Blick.[30] Insgesamt scheint ein »induktives, wahrnehmendes Denken« dem Theodizeeproblem angemessener als ein »an Offenbarung und vorausliegender Gewißheit orientierter deduktiver Denkgestus«.[31] Ein zeitgemäßes Theodizee-Denken sollte, so meine ich, religiösem Handeln und Sprechen nachdenkend die Eigenlogik des Religiösen ernst nehmen. Der religiösen Praxis kommt dann eigene und vorgängige Würde zu gegenüber den Denkbemühungen der Theologie.[32]

In der Eigenlogik des Religiösen spielen die biblischen Texte eine wichtige Rolle. Mit ihrer Vielfalt von Redeweisen[33] bewegen sie sich überwiegend auf den Ebenen narrativen, konfessorischen und metaphorischen Sprechens, während die Theologie diskursive Strategien verfolgt. Es macht Sinn, »die biblischen Texte gegen die philosophisch-abstrakte Form der Theodizeefrage kritisch ins Spiel [zu] bringen«[34].

---

[27] Ammicht Quinn (Anm. 4), 610.

[28] Kunstmann (Anm. 11), 104.

[29] Vgl. a. a. O., 104–107.

[30] Vgl. Ulrich H.J. Körtner, Diesseits von Gut und Böse. Zum Umgang mit dem Bösen [1996], in: Ders., Wie lange noch, wie lange? Über das Böse, Leid und Tod, Neukirchen-Vluyn 1998, 7–30, 26.

[31] Kunstmann (Anm. 11), 107.

[32] Vgl. auch Dorothee Sölle, Theologie und Literatur auf der Suche nach einer neuen Sprache [1993], in: Dies., Das Eis der Seele spalten. Theologie und Literatur in sprachloser Zeit (Theologie und Literatur 5), Mainz 1996, 75–85.

[33] Vgl. Amos N. Wilder, The Language of the Gospel. Early Christian Rhetoric, New York/ Evanston 1964.

[34] Körtner (Anm. 30), 26.

Ich habe in diesen Überlegungen freilich nicht einfach biblische Texte gegen diskursives Denken ins Spiel gebracht. Vielmehr habe ich besonderen Sprachspielen in der Literatur nach-gedacht. Ohne Anspruch auf Vollständigkeit ergaben sich mit den fünf Texten fünf Weisen, wie angesichts von Leiden Gott zur Sprache gebracht wird. Die Autorin und die Autoren positionieren sich unterschiedlich in Nähe und Distanz zur gelebten Religion. Gemeinsam ist ihren Sprechversuchen, dass sie sich in deutlicher Entfernung von der Institution Kirche ereignen:

- Robert Gernhard formulierte in prophetischem Gestus eine *Anklage* institutioneller Gottzufriedenheit.
- Günter Kunert brachte im Rückgriff auf biblische Tradition die *dunklen Seiten Gottes* zur Sprache.
- Reiner Kunze griff zum Mittel *kreuzestheologischer Deutung*.
- Erich Fried bediente sich bei verändertem Adressaten der *Sprache des Gebets*.
- Christine Lavant wagte den *Streit mit Gott*.

Es ist evident, dass religiöse Praxis auch dezidiert ins Säkulare gewendete Sprechversuche der Literatur prägt. Das geschieht nicht beiläufig, sondern gehört zur literarischen Dramaturgie der Autoren. In jedem der fünf Beispiele kam es zu einem interessanten Wechselspiel der Texte und Kontexte. Die Theodizeefrage blieb offen. Der Sprachgewinn aber ist bemerkenswert.

In zwei Sprachen zu Haus

Der Professor als Poet*
[2018]

Mehr als zwei
Vielfalt der Sprachen

Richard Riess kann, ganz klar, mehr: mehr nämlich als zwei Sprachen. Hebräisch, Griechisch und Latein sind für ihn als Theologen selbstverständlich. Dass er die amerikanische Poimenik erkundete und in Deutschland dafür warb, war damals nicht nur praktisch-theologisch, sondern auch sprachlich eine Pioniertat. An der Kenntnis alter und neuer Sprachen orientiert sich die Zweisprachigkeit also nicht, die ich Richard Riess attestiere.

Ein ganz eigenes Thema ist die Liebe von Richard Riess zur Literatur. Gemeint ist die, wie es verharmlosend heißt, »schöne« Literatur oder Belletristik. Diese Liebe schmälert die Seriosität, mit der er ein akademisches Leben lang die wissenschaftliche Literatur aufarbeitete und mit eigenen Beiträgen bereicherte, in keiner Weise. Im Gegenteil, Richard Riess ist in beiden Literaturen zu Haus. Dass er seiner Liebe zur »schönen« Literatur nicht heimlich frönte, sondern sich schon frühzeitig mit Gedanken zur Poesie im theologischen Diskurs zu Wort meldete, verdient Aufmerksamkeit. Dass er aber selbst Gedichte schreibt, publiziert und präsentiert, ist ein Phänomen, das wahrzunehmen sich lohnt.[1]

---

* Richard Riess zum 80. Geburtstag, Augustana Hochschule Neuendettelsau, 7. Januar 2018.

[1] Von den Gedichtbänden wurden zitiert (jeweils mit Kurztitel): Richard Riess, Wie ein Gesang des Regenbogens. Gedichte. Mit Bildwerken von Georg Ammann, Oberhausen 2007; ders., Unter so viel Sternen. Gedichte. Mit Bildwerken von Oskar Koller, Oberhausen 2009; ders., An den Rändern des Lichts. Gedichte. Mit Bildwerken von Monika Hanselmann, Oberhausen 2010; Das leise Rauschen der Zeit. Religiöse Texte. Mit Bildwerken von Alfred Darda, Oberhausen 2012. Diese Gedichtbände sind alle in der *edition exemplum* im Athena-Verlag Oberhausen erschienen. Das biografische Datum blieb *Terminus ad quem* für die Berücksichtigung der Lyrik von Richard Riess. Seitdem erschienen: Ders., Im Rhythmus des Lebens. Gedichte. Mit Bildwerken von Reinhard Springer, Oberhausen 2018.

Ich öffne versuchsweise einige Schubladen, um dieses Phänomen zu begreifen. Beispielsweise die Schublade mit der Aufschrift »Hobbydichter«. Darin finden sich Kolleginnen und Kollegen, die hin und wieder ihrem Drang zu gereimter Sprache auch öffentlich nachgeben. Oder die Schublade mit der Aufschrift »Leben«. Darin finden sich Kolleginnen und Kollegen, die, zur Sicherheit auch unter Pseudonym, in erzählender Prosa das pralle Leben beschreiben, das man im asketischen Dienst an der Wissenschaft streckenweise vermissen mag. In der Schublade »Doppelbegabung« finden sich Persönlichkeiten, die theologisch und literarisch einen Namen haben wie Kurt Marti oder Christian Lehnert. Ich könnte noch diese oder jene Schublade öffnen, breche aber hier ab und frage: Wohin gehört Richard Riess?

Wenn ich den Kollegen überhaupt in eine Schublade stecken wollte, dann müsste auf dem Etikett stehen: Professor als Poet. Mich interessiert, wie Poet und Professor miteinander zurechtkommen, wenn sie, wie im Falle Riess, in Personalunion verbunden sind.

Poetisch geht anders
Beispiel 1

Die Sprache des Poeten ist deutlich anders als die Sprache des Professors. Beispiel: *Interpunktion.* Im Kontext von Wissenschaft stört ein Satzzeichen, das fehlt, die Logik der Argumentation. Während der Professor Riess die Interpunktionen setzt, wo sie hingehören, verzichtet der gleichnamige Poet komplett auf Satzzeichen. Ein Beispiel:[2]

> Unaufhörlich tickt
> eine Zeitbombe
> in dir
> eine Rache die schwelt
> eine Haut die wuchert
> ein Wort das vergilbt

Die Ausgangssituation ist klar: Es gibt gefährliche Zustände im Menschen, die, einer »Zeitbombe« gleich, auf eine Explosion zulaufen. Sie betreffen das Beziehungsgefüge (»Rache«), die Gesundheit (»Haut«) und die Sprache (»Wort«). Die Zustände, bei denen es am Ende zum Crash kommt, werden aufgezählt und jeweils mit einem Relativsatz versehen. Einfach so. Ohne Punkt und Komma.

Wenn Bezüge nicht eindeutig fixiert sind, dann stellt der Leser oder die Leserin Bezüge her. Ich bin jetzt ein exemplarischer Leser und sage, die Pointe liegt beim »Wort«. Es handelt sich um schriftlich fixiertes Wort. Die Worte vergilben mit dem Papier, auf dem sie stehen. Das wäre traurig, aber kein Grund für eine Explosion. Seine Brisanz erhält »das Wort das vergilbt« erst im Kontext. Die interpunktionsfrei vorangehenden Aussagen qualifizieren auch das Wort. Erst im Kontext erscheint die Alterung des Wortes als Krebsgeschwür (Haut) und Krisenszenario innerhalb einer

---

[2]   Richard Riess, Die Schwierigkeit, Frieden zu finden, in: Regenbogen (Anm. 1), 26.

Beziehungsgeschichte (Rache). Wissenschaftlich müsste man sagen, die drei Bestimmungen liegen nicht auf derselben Ebene und der Autor solle doch, bitteschön, die Zuordnungen klären. Poetisch freilich ist gerade das, was durch die Überlappung der Zustände entsteht, der Fokus der Aussage: Wenn du dich aktuell nicht mehr verständlich machen kannst, kommt das einer schweren Krankheit nahe und zerstört das menschliche Umfeld. Das aber ist irgendwann nicht mehr auszuhalten; der Crash ist programmiert.

Professor und Poet
Zweisprachige Theologie

Homiletik ist nicht Predigt, Poimenik nicht Seelsorge. Wie Theologie überhaupt auf einer anderen Ebene stattfindet als die Handlungen und Phänomene, die sie bedenkt. Es geht bei der Zweisprachigkeit im Titel meines Textes um zwei elementare Sprechweisen, besser: Sprechebenen, kurz und praktikabel: Sprachen. Zweisprachig ist, wem die Sprache der wissenschaftlichen Theologie ebenso zu Gebote steht wie die Sprache derjenigen Vollzüge, auf die sich die wissenschaftliche Reflexion richtet. Auf einen einfachen Nenner gebracht: Wissenschaftlich *über* Seelsorge zu reden ist deutlich anders, als wenn ich *in* der Seelsorge selbst nach Worten suche.

In der Theologie des 20. Jahrhunderts begegnet solche Zweisprachigkeit mit fundamentaltheologischer Bestimmtheit. Ich verweise etwa auf Gerhard Ebeling und seine »Theologischen Sprachlehre« (1971). Er schlug vor, eine »Sprache des Glaubens« und eine »Sprache der Theologie« zu unterscheiden.[3] Ganz ähnlich postulierte Friedrich Mildenberger eine »einfache Gottesrede«, die der Theologie als einer wissenschaftlichen Denkbemühung zugleich vor- und aufgegeben sei.[4]

Nun ist die »Sprache des Glaubens« nicht selbstredend auch die Sprache des Poeten. Viele Poeten sprechen eine Sprache, die alles ist, nur nicht Sprache des Glaubens. Nach Ebeling wie auch nach Mildenberger zeichnet sich die Sprache des Glaubens dadurch aus, dass sie mit Hilfe von biblischen Texten oder Textfragmenten Leben zur Sprache bringt. Wo das Bibelwort in konkreten Situationen »in besonderer Weise zum Klingen« kommt (Ebeling)[5], werde Sprache des Glaubens greifbar.

Biblische Referenzen oder Hinweise auf die christliche Glaubenstradition finden sich in den Gedichten von Richard Riess so häufig und so pointiert, dass

---

[3] Vgl. Gerhard Ebeling, Einführung in theologische Sprachlehre, Tübingen 1971, bes. 219–233. Vgl. zur Zweisprachigkeit Martin Nicol, Mehr Gott wagen. Predigten und Reden zur Dramaturgischen Homiletik, Göttingen 2019, 123–139.

[4] Friedrich Mildenberger, Biblische Dogmatik, 3 Bde., Stuttgart 1991–1993; ders., Kleine Predigtlehre, Stuttgart 1984.

[5] Ebeling (Anm. 3), 229.

ich die Sprache dieser Poesie als eine besondere, eigentümliche Spielart im weiten Feld einer Sprache des Glaubens charakterisiere. Die Zweisprachigkeit von Richard Riess stellt sich dann so dar, dass er als Professor die Sprache der Theologie, als Poet aber die Sprache des Glaubens spricht.

Beide Sprachen unterscheiden sich. Joachim Scharfenberg ordnete der Theologie die Definition zu, dem Glauben aber das Symbol. Hans Weder unterschied eine definitorische und eine bildhafte, Christian Link eine begriffliche und eine erfahrungsbezogene Sprache. Vielleicht ist Paul Watzlawick unserer modernen Wahrnehmung am nächsten, wenn er eine digitale von einer analogen Kommunikation unterscheidet. Die Sprache des Poeten Riess wäre damit eine bibelnahe, bildhafte, erfahrungshaltige Sprache, die sich als analoge Sprechbemühung von der Digitalsprachlichkeit der theologischen Wissenschaft abhebt.

Poetisch geht anders
Beispiel 2

Die Sprache des Poeten ist deutlich anders als die Sprache des Professors. Beispiel: *Referenz von Pronomina*. Unschärfen erlaubt sich der Poet Riess auch dort, wo der Professor Tadel einstecken müsste: wenn nämlich beim Personalpronomen der Bezug nicht klar ist. Ein Riess-Text handelt vom »Zeichen«, das als »Kainsmal« in die Sprache einging:[6]

> Kain trägt es
> auf der Stirn
> und Jakob
> dem die Hüfte
> verrenkt wird
> und jener auch
> der an ihm hängt
> mit seinem ganzen
> Leben

»Es« ist das Zeichen; soviel ist klar. Wer oder was aber ist »ihm«: »und jener auch / der an *ihm* hängt / mit seinem ganzen / Leben?«

Verweist »ihm« auf das biblische Zeichen, das Schutzeichen auf Kains Stirn, das in der Frömmigkeit gerne als Kreuz-Zeichen vorgestellt wurde? Oder auf Jakob, die Person also, von dem zuvor die Rede war? Ich vermute, dass beides im Spiel ist: das Zeichen, in diesem Fall das Kreuz, an dem Jesus hängt, und Jakob, an dem Christus »hängt / mit seinem ganzen Leben«. Das Gedicht spielt hier mit der Doppelbedeutung von »hängen« und der doppelten Referenz von »ihm«. Man hört sozusagen polyphon, mehrstimmig. Was der Professor sorgfältig nacheinander benennen müsste, lässt der Poet gleichzeitig erklingen.

---

[6] Richard Riess, Das Zeichen, in: Regenbogen (Anm. 1), 23.

Als Professor spricht Riess selbstverständlich auch die Sprache der Wissenschaft. Ein zufällig herausgegriffenes Stück Text aus seiner Dissertation mit dem Titel »Seelsorge«, 1972 bei Kurt Frör in Erlangen, zeigt, wie sich Riess selbst in der damaligen Wissenschaftssprache zu bewegen wusste. Und das will etwas heißen. Die Praktische Theologie orientierte sich damals an den Humanwissenschaften. Um zu zeigen, wie sicher man sich als Theologe auf fremdwissenschaftlichem Terrain bewegen konnte, klotzte man mit dem tatsächlichen oder vermeintlichen Jargon der Anderen. Auch Richard Riess tat das. Aber er tat es, wie nicht anders zu erwarten, auf seriöse Weise. Er klotzte nicht, er protzte nicht, er wollte, damals nicht unbedingt selbstverständlich, verstanden werden. Aber kompliziert blieb solche Sprache dann eben doch. Ich gebe eine kurze Sprachprobe aus vergangener Zeit:

> »Hermeneutik und Kommunikationsforschung korrespondieren in dieser ganzheitlichen Sicht: Ihre Intentionen richten sich letztlich nicht auf die Interpretation partieller Phänomene am Menschen, sondern zielen auf verstehende Interpretation des personalen Phänomens ›Mensch‹. Auf Grund der Ausweitung des hermeneutischen Ansatzes – über die Auslegung von Text und Tradition zur Auslegung von Wirklichkeit überhaupt – erscheint es berechtigt, Analogien von Hermeneutik und Kommunikationstheorie zu bezeichnen.«[7]

Das ist sozusagen Riess von Gestern. Die Kennzeichen damaliger Wissenschaftssprache lassen sich an dem Stückchen Text ablesen: eine nominal verfasste Sprache mit hohem Fremdwortanteil. Die Sprache der Wissenschaft durfte auf der nach oben offenen Komplexitätsskala jeden Rekord brechen; nur eines durfte sie nicht: auch einmal ganz einfach sein.

Der Professor Riess jedenfalls hat sich den Anforderungen wissenschaftlichen Sprechens nicht entzogen. Er konnte und kann das. Aber nicht erst nach der Emeritierung hat sich Richard Riess immer wieder Bücher und Texte geleistet, die, so vermute ich, dem Seelsorgelehrer und sprachsensiblen Menschen ein wenig auch Balsam für die eigene Seele bedeuteten.

---

[7] Richard Riess, Seelsorge, Göttingen 1973, 136.

Poetisch geht anders
Beispiel 3

Die Sprache des Poeten ist deutlich anders als die Sprache des Professors. Beispiel: *unvollständige Sätze.* In der Poesie ist erlaubt oder mitunter sogar geboten, dass Sätze unvollständig sein dürfen. In der Wissenschaft darf ich das nicht. Manchmal täte es der Theologie gut, wenn der Professor beim Poeten in die Schule ginge und offen ließe, worüber sich keine gesicherte Aussage treffen lässt:[8]

> Manche Menschen
> sind mutig
> sind mutig genug
> alles wirklich alles
> auf eine Karte zu setzen
>
> dass es in einer
> anderen Welt
> einmal

Der Gedanke geht ins Eschatologische, sagt aber nichts, was man nicht mit Sicherheit sagen könnte. Der Professor müsste den Diesseitsmoment und den Jenseitsglauben präzise in Beziehung setzen. Der Poet hingegen lässt dem Leser Lücken, in dieser sich mit seinen Vorstellungen begeben kann; er sagt einfach den Satz, den er begonnen hat, nicht zu Ende.

Alles für mich
Zur Bibelhermeneutik des Poeten

Die Bibelhermeneutik des Professors Riess steckt natürlich implizit in seinen poetischen Texten, in denen so häufig die Bibel zu Wort kommt. Für sein »Ostergebet«[9] bietet er so viele biblische Referenzen auf, dass man fast schon suchen muss nach Sprache, die nicht auf Bibel rekurriert:

---

[8] Richard Riess, Es könnte ja sein, in: Sterne (Anm. 1), 77 f.
[9] Richard Riess, Ostergebet, in: Regenbogen (Anm. 1), 123 f.

OSTERGEBET

Im Dornbusch
bist du erschienen
und im Wolkenschiff
über dem Weg
im Todeskampf
des Dornengekrönten
und im Wort
deines Engels

Mehr als zu ahnen
ist oft deine Gegenwart
und dennoch
bleibst du
der ganz Andere
der Mauern durchbricht
und Grenzen sprengt
der den Morgen weckt
und den Gesang
der Sterne liebt

Lass doch
noch einmal geschehen
was damals geschah
und wälze den Stein
mir vom Grab

Wirf mich ans Ufer
aus dem Bauch
deines Fisches
hinüber aufs Land
wo ich von ferne
nur ahne
was der Dornbusch
verbirgt

In diesem Text geht es scheinbar wild durcheinander: vom Dornbusch aus der Mose-Geschichte zur Dornenkrone Jesu, vom Schöpfer des Himmels zum Fisch des Jona, vom Schöpferlob der Psalmen zur Bitte um das ewige Leben, vom Grab

Jesu unmittelbar zu mir.[10] Wie überhaupt ich es bin, für den die gesamte Heilsgeschichte aufgeboten scheint. Ob Altes oder Neues Testament – für den Glauben macht das keinen Unterschied, zwischen dem Gott Israels und dem trinitarischen Gott im Credo wird nicht unterschieden. Das ist eine Bibelhermeneutik, mit der sich eine Sprache des Glaubens finden und sprechen lässt. Die Sprache der Theologie wird ihre kritischen Fragen stellen. Aber solche Fragen werden dieses »Ostergebet« nicht außer Kraft setzen, denn der Poet kann sich gegen die Fragen des Professors jederzeit auf das Bekenntnis der Kirche berufen. Aus Motiven der ganzen Bibel hat Riess ein »Ostergebet« geschaffen, das sich theologisch sehen und persönlich beten lassen kann.[11]

Sehnsucht nach Sprache
Gottes Wort und die Wörter des Poeten

Die Sehnsucht des Professors streckte sich schon früh aus nach der Sprache des Poeten. Wenn ihm die Sprache über die Nacht »schwach und schweigsam / und schwer« geworden war, dann hoffte er auf eine erneuerte Sprache bei Anbruch des Tages:[12]

> Aber ich weiß doch
> dass sie blühen kann
> in bunten Farben
> und funkeln im Glanz der Sonne
> sobald es
> Tag wird

Oder mit der biblischen Metaphorik der Wüstenwanderung:[13]

---

[10] Biblische Referenzen, die nicht ganz so evident sein mögen wie Karfreitag und Ostern: der Dornbusch (Ex 3,1–5), das Wolkenschiff (Ex 13,21), den Morgen wecken (Ps 57,9), der Gesang der Sterne (Ps 19,2).
[11] Vgl. Richard Riess, Ostergebet, in: Rauschen (Anm. 1), 52 f. Warum der Autor in dieser späteren Fassung den Schluss modifizierte, kann ich nicht recht einsehen. In der letzten Strophe hat Riess die Wendung »wo ich von ferne / nur ahne / was der Dornbusch / verbirgt« ausgewechselt durch die Wendung »wo ich von ferne / nur ahne / was Leben / wirklich Leben / bedeutet«.
[12] Richard Riess, Bodenschwere, in: Regenbogen (Anm. 1), 20.
[13] Richard Riess, Gegensätze, in: Regenbogen (Anm. 1), 34.

In der Wüste
wächst
die Sehnsucht
nach dem
Wort

Am schönsten, wie ich finde, beschreibt Riess seine Sehnsucht nach dem Wort als Sehnsucht nach dem verlorenen Paradies.[14] »Von Kindesbeinen an« suche er »allenthalben« nach dem verlorenen Paradies ...

[...]
und nach jener Sprache auch
die es fast flüsternd und zart
in Worte fasst und es
mit Sorgfalt
hütet

Das ist die Manie eines Menschen, der ein Leben lang nach den Worten sucht, mit denen die Welt Sprache findet und in denen sich mitunter das Wort, das im Anfang war, zur Sprache bringt. Richard Riess beruft sich auf Eduard Thurneysen ohne die übliche Beteuerung, der erwarte das Wort senkrecht von oben, schlage es dem Menschen auf den Kopf und um die Ohren, provoziere mutwillig Brüche und werfe mit Bibelsprüchen nur so um sich. Richard Riess hat Thurneysen früh herbeizitiert, weil er bei ihm eine ähnliche Sehnsucht nach dem »Wort im Worte« vermutete. Zu Recht, wie Klaus Raschzok mit seinem Plädoyer für den geschmähten Thurneysen bestätigte. Obwohl die Seelsorgebewegung Thurneysen weithin als Negativfolie missbrauchte, hat Richard Riess in ihm einen Verwandten in der Sehnsucht nach dem Wort gesehen. Das macht die Poesie von Richard Riess so sympathisch, dass sie unideologisch und ohne theologische Scheuklappen der ihr eigenen Sehnsucht folgt.

Mit kleiner Brechung
Zum Umgang mit Tradition

Literatur kennt, so schrieb Riess 1981, das Stilmittel der Verfremdung: »Durch Umstellung und durch Herausrücken aus der vertrauten Umgebung erhalten die

---

[14] Richard Riess, Das verlorene Paradies, in: Rauschen (Anm. 1), 161 f. Vgl. zum Folgenden: Klaus Raschzok, Eduard Thurneysen (1888–1974). Seelsorge und Verkündigung, in: Ders./ Karl-Heinz Röhlin (Hg.), Kleine Geschichte der Seelsorge im 20. Jahrhundert, FS Richard Riess, Leipzig 2018, 339–344.

Dinge etwas von ihrer Ursprünglichkeit zurück, gewinnen sie etwas Neues, Schwebendes, sozusagen Poetisches hinzu.«[15] Solche Verfremdungen oder wenigstens kleine Brechungen liebt Riess, baut sie immer wieder in seine Texte ein und erfreut damit Leserinnen und Leser. Das funktioniert freilich nur, wenn der Leser oder die Leserin das Original kennt. Ich bringe ein Gedicht, das in die Epiphaniaszeit gehört.[16] Für die Epiphaniaszeit prägend geworden ist das Lied »Wie schön leuchtet der Morgenstern« (EG 70). Darauf spielt Riess an:

> [...]
> Bleib mein Engel
> bleib bei mir
>
> Bleibst du auch
> nur eine Sternenreise
> lang
> so lodern die Feuer
> im Herzen
> aufs Neue
>
> Wie schön leuchtet
> da der Morgenstern
> am Himmel
> für immer
> und der Abend geht über
> in den unendlichen
> Traum aus Blüten und
> Licht

Da wird unmissverständlich das Lied ins Gedicht eingespielt, freilich mit leichter Brechung durch das Miniwörtchen »da«, das den Morgenstern wirkkräftig von jedem Gesangbuchpathos befreit: »Wie schön leuchtet / da der Morgenstern / am Himmel«.

Aber da klingt nicht nur eindeutig das Kirchenlied mit:

> [...]
> und der Abend geht über
> in den unendlichen
> Traum aus Blüten und
> Licht

---

[15] Richard Riess, Der Gott der Lilien. Studien zu biblischen Texten und Themen, Göttingen 1981, 85.

[16] Richard Riess, Bleib mein Engel, in: Regenbogen (Anm. 1), 55 f.

Ich behaupte, Riess rufe auch Friedrich Hölderlin herbei, und zwar mit seiner »Abendphantasie«[17]:

> Am Abendhimmel blühet ein Frühling auf;
> Unzählig blühn die Rosen und ruhig scheint
> Die goldne Welt; o dorthin nimmt mich,
> Purpurne Wolken! und möge droben
> In Licht und Luft zerrinnen mir Lieb' und Leid!

Ich kenne kein anderes deutsches Gedicht, in dem Himmel und Erde sich dadurch berühren, dass sich der Himmel in einen blühenden Garten verwandelt. Freilich weiß ich, dass ich mich mit der Hölderlin-Spur geradezu eines Sündenfalls der Rezeptionsästhetik schuldig mache. Ich habe gefragt, was der Autor gewollt und gemacht haben könnte, anstatt als Leser selbstbewusst meinen Hölderlin einfach mitzuhören.

Da aber eine Sünde allein mehr bedrückt und beschwert mehr als deren zwei, setze ich gleich noch eine These hinterher. »Heimwärts« heißt das Gedicht. Im Duktus der Poesie von Riess erwartet man am Ende eines Gedichts, das vom Tod handelt, eigentlich eine biblische Pointe, zumindest einen Satz vom seelsorglicher Qualität.[18] Aber, was für eine Überraschung, nach dem Tod, wenn die Freunde trauern, sei ihnen folgende Botschaft zu übermitteln:

> [...]
> Aber diesen Trost
> nimmt er mir nicht
> diesen Trost nicht
> Oft genug war das Leben
> ein buntes Treiben und
> manches Mal sogar
> ein einziger Tanz
> Und doch bleibt es
> zum Schluss ein
> halb beschriebenes Blatt
> So sagt meinen Freunden
> aller Trauer zum Trotz
> Ich bereue nichts
> nicht einen
> einzigen
> Tag

---

[17]   Friedrich Hölderlin, Abendphantasie, in: Ders., Werke und Briefe, 3 Bde., hg. von Friedrich Beißner und Jochen Schmidt, hier: Bd. 1, 47 f.

[18]   Richard Riess, Heimwärts, in: Sterne (Anm. 1), 62 f.

»Ich bereue nichts«. Zwei Möglichkeiten sehe ich, was der Autor hier gemacht und gewollt haben könnte:

(1) Es könnte die Kirchensprache der Beichte anklingen. In dem klassischen Beichtgebet heißt es in Bezug auf »alle meine Sünden und Missetat«: »Sie sind mir aber alle herzlich leid *und reuen mich sehr* ...« (EG 707.2). »Ich bereue nichts« wäre die trotzige Reaktion des Poeten.

(2) Es könnte aber auch sein, dass da eine sehr weltliche Stimme die Pointe in die Poesie von Richard Riess einbringen darf. »Ich bereue nichts« – man kann da Édith Piaf hören mit ihrem berühmtesten Chanson, 1960 veröffentlicht. Da war der Jubilar gerade mal 23 Jahre alt und für Trotz à la Piaf möglicherweise nicht unempfänglich: »Non, je ne regrette rien«.[19]

Ob nun der Autor eine der beiden Optionen bewusst verfolgt hat oder nicht, ist letztlich nicht so wichtig. In jedem Fall erhellt meine Spurensuche mögliche Wege der Rezeption.

Gerne parodiert Riess Gesangbuchlieder. »Das himmlische Kind« heißt ein Gedicht.[20] Es rekurriert kirchenjahreszeitlich auf Advent und Weihnachten:

Von da oben
wird es kommen
das himmlische Kind
sagen sie
Mit dem Schiff wird
es kommen
wie voriges Jahr
und all die Jahre
zuvor
sagen sie

Von den Bergen
wird es kommen
und wir werden
es sehen
an der Biegung des
schäumenden Flusses
voll beladen
bis an sein höchsten Bord
mit den Gütern des Lebens
Frieden für die Völker
und ein Wohlgefallen
den Menschen
[...]

---

[19] Édith Piaf, L'Hymne à l'amour. Les chansons de toute une vie, Paris 1994, 287 f.
[20] Richard Riess, Das himmlische Kind, in: Ränder (Anm. 1), 131 f.

Da klingt gleich zu Beginn »Vom Himmel hoch« (EG 24) mit, freilich skeptisch gebrochen. Denn »das himmlische Kind« singt nicht mehr in der ersten Person: »da komm ich her«, sondern man sagt, es werde von dort kommen. Ernüchternd auch die Formulierung »Mit dem Schiff wird es kommen«; das Schiff wird vom mystischen Gefährt zum Verkehrsmittel. Es kommt auch nicht »geladen« wie im Lied (EG 8: »Es komm ein Schiff geladen«), sondern »voll beladen / bis an sein höchsten Bord«. Im Lied ist der Sohn selbst die Last, die das Schiff zu tragen hat, während es im Gedicht eine Mischfracht aus geistlichen Gütern an Bord hat, beladen »mit den Gütern des Lebens«, Frieden für die Völker und … Als drittes Frachtgut würde das »Wohlgefallen« zählen. Es müsste korrekt, aber sperrig heißen: und mit einem Wohlgefallen für die Menschen. Das »Wohlgefallen« aber sperrt sich grammatikalisch gegen die Verfrachtung und behält den biblischen Kasus bei: den Menschen ein Wohlgefallen. Wie auch immer, mit der Fracht im Laderaum des Schiffes passt einiges nicht. Am Ende wundert es dann nicht, dass die Skepsis, ob denn das Schiff jemals ankommen werde, zwar nicht das letzte Wort, aber doch reichlich Raum hat. Die Sprache des Glaubens, die der Poet Riess spricht, ist keine Glaubenssprache mit der vermeintlichen Sicherheit vergangener Zeiten. Hier spricht sich ein Glaube aus, der die Skepsis kennt und den Zweifel, die Fragen ohne Antwort und die Klage über das Schweigen dessen, bei dem »im Anfang« das Wort war.

Sprachhilfe für den Glauben
Wie der Poet dem Professor Arbeit macht

Der Poet macht dem Professor Arbeit. Das klingt, als wären sie einander lästig. Klingt aber nur so. Erstens freut sich der Professor über Arbeit. Und wenn die Unterscheidung in Sprache des Glaubens und Sprache der Theologie stimmt, dann ist die Sprache des Glaubens der Gegenstand, auf den sich die Theologie mit ihrem Nachdenken bezieht. Die wissenschaftliche Theologie steht immer in der Gefahr, die Sprache des Glaubens aus dem Blick zu verlieren. Die Beobachtung eines katholischen Kollegen stützt meine Diagnose.[21] Es gebe, so Johannes Först, in der deutschen Universitätstheologie eine Tendenz, Gott lediglich »als semantische Größe« behandeln. Das würde bedeuten, dass die als unwissenschaftlich geltende »Metafrage« nach »Gott als Gott« von Seiten der Theologie gar nicht mehr zu stellen wäre. Einen »methodologischen Agnostizismus« nennt Johannes Först ein solches Verfahren und macht klar, dass das eigentlich keine Option sein kann.

---

[21] Johannes Först, Zwischen Gottesfrage und »kosmologischem Fiasko« (Th. Luckmann). Plädoyer für eine neue »kosmologische Solidarität« und Kirchlichkeit, in: BiLi 89 (2016), H. 1, 4–21, 8.

Wenn ein Professor der Theologie gleichzeitig Poet ist, dann ist das ein Glücksfall. Der Poet nämlich kann seinen Studierenden helfen, dass sie zu einer eigenen, persönlichen Sprache des Glaubens finden. Und der Professor zeigt ihnen, wie sie ihre persönliche Glaubenssprache in öffentliche Rede wandeln und theologisch verantworten können. Richard Riess hat den Link zwischen der öffentlichen und der individuellen Sprache des Glaubens schon früh gesetzt. In der Seelsorge, in der Predigt, in der Poesie gehe es, schrieb er 1981, um das Wort: »Wer predigt, ist ganz nahe am Wort: am Wort, das ihn anspricht, und am Wort, das er ausspricht. Wer predigt, ist ganz nahe am Wort: am Wort, das wie Feuer, wie Felsen, wie Flaum sein kann.«[22] Und schon hat wieder der Poet den Professor in die Sprache gelockt, in dieses wundervolle Instrumentarium, mit dem der Jubilar von Kindesbeinen an auf der Suche nach dem verlorenen Paradies ist. Wenn der Professor als Poet die Leserinnen und Leser seiner Lyrik mit auf diese Suche nimmt, so ist das Seelsorge in ihrer schönsten Form.

---

[22]   Richard Riess (Anm. 15), 82.

Nomadenhaft häuslich
Kaffeehaus als Lebensform*
[2018]

Die Legende lebt
Kaffeehaus als dritter Ort

Das Kaffeehaus, wie es hier beschrieben wird, ist großenteils Geschichte und mein Text mehr Nachruf als Reportage. Beim Thema Kaffeehaus freilich haben selbst Nachrufe das Potenzial, zum Träumen anzuregen. Der Traum vom dritten Ort ist ein Motiv für mein nachhaltiges Interesse an einem für den Theologen doch eher abliegenden Thema.[1]

Der erste Ort ist, wo ich zu Hause bin und den Gast empfange. Der zweite Ort ist, wo ich zu Gast bin und vom Gastgeber empfangen werde. Am dritten Ort aber findet eine Begegnung statt. Da hat keiner von beiden eine feste Rolle. Beide sind zu Gast. Sie begegnen einander auf Augenhöhe. Der dritte Ort entlastet den Einzelnen von der Verantwortung, dass die Begegnung gelingen müsse. Man trifft sich sozusagen auf neutralem Boden; der Gang ins Kaffeehaus wird, so Milena Jesenská, zur »Suche nach einem neutralen Milieu«.[2]

Es ist ein Traum, dass sich am dritten Ort Menschen treffen. Ohne Verabredung, Verpflichtung oder Terminkalender und auf jeden Fall ohne Gastgeschenk. Man trifft sich einfach so, am dritten Ort. Dass man reden kann über dies und das, Freud und Leid, Besonderes und Alltägliches, was man eben so sieht in der Welt. Und dass man auch reden kann über das, was man nicht sieht. Über das, was der Geist erbaut mit Worten, Ideen, Texten. Was das Herz angeht und den Verstand. Über Gott und die Welt.

Es gibt Anzeichen, dass der Traum vom dritten Ort noch nicht ausgeträumt ist. Mag die Restaurierung traditionsreicher Kaffeehäuser sich auch in eine eher

---

*   Ringvorlesung »Kaffee« an der Universität Leipzig, 4. Mai 2016.

[1]   Vgl. Martin Nicol, »Holde Wurstigkeit des Augenblicks«. Theologie im Kaffeehaus, in: Forum. Magazin des Augustinum 3/2016, 6–10.

[2]   Milena Jesenská, Kino [15.01.1920], in: Dies., Alles ist Leben. Feuilletons und Reportagen 1919–1939, hg.v. Dorothea Rein, Frankfurt a. M. ³1990, 15f.

touristische Perspektive fügen, so ist mittlerweile fast in jeder größeren Stadt das Café bei Hugendubel, Thalia oder einem anderen Kaufhaus für Bücher eine feste Einrichtung.

In der Geschichte hat das Café oder Kaffeehaus unzählige Male als dritter Ort gute Dienste geleistet. Für Amouren mit Verfallsdatum. Für das initiale Rendezvous. Für Ideen, die die Welt bewegten. Dem Vernehmen nach wurde sogar die russische Revolution im Kaffeehaus geboren. Nicht in Moskau, nicht in Leipzig, sondern in Wien. Im Café Central war Lew Dawidowitsch Bronstein ein Stammgast, der Schach spielte, bevor er als Leo Trotzki in Russland die Rote Armee gründete.[3]

Dritte Orte haben eine oft übersehene, aber ausgesprochen wichtige Rolle in der Kultur- und Geistesgeschichte gespielt. Wenn man beispielsweise nach den Orten fragt, an denen Autoren zu ihren Werken inspiriert wurden, dann stößt man nicht immer, aber doch erstaunlich oft auf Orte, die ich als dritte Orte bezeichnen würde.

Friedrich Schleiermacher, romantisch bewegt, wurde im Salon der Henriette Herz zu einer Geselligkeit inspiriert, aus der 1799 die epochalen »Reden über die Religion« hervorgingen.[4] Friedrich Nietzsche pflegte, so gestand er selbst, »im Freien zu denken, gehend, springend, steigend, tanzend«.[5] Karl Barth freilich hätte seine monumentale Dogmatik nicht anders als, von Büchern umgeben, am Schreibtisch verfassen können. Und ein Peter Altenberg schließlich präsentierte sich mit der Adresse, die irgendwo in der Mitte liegt zwischen Salon, Natur und Schreibtisch: »Wien I, Herrengasse, Café Central«.[6]

Dadurch, dass Altenberg um 1900 das Café Central offiziell als seine Adresse benannte, markierte er das Kaffeehaus als einen Ort, an dem Literatur geschrieben, gedacht, diskutiert, kurz: Literaturgeschichte gemacht wurde.

---

[3]   Vgl. René Zey (Hg.), Im Café. Vom Wiener Charme zum Münchner Neon, Dortmund 1987, 46, 81; vgl. auch Leo Trotzki, Erstaunen im Café Central [aus: Ders., Mein Leben, 1929], in: Hans Veigl (Hg.), Lokale Legenden. Wiener Kaffeehausliteratur, München 1991, 163 f.

[4]   Vgl. Martin Nicol, Gespräch als Seelsorge. Theologische Fragmente zu einer Kultur des Gesprächs, Göttingen 1990, 23–44; ders., Art. Geselligkeit II. Praktisch-theologisch, in: RGG[4] 3, 824 f. [2000].

[5]   Friedrich Nietzsche, Die fröhliche Wissenschaft, Fünftes Buch, Nr. 366; zit. nach ders., Werke in zwei Bänden, Darmstadt 1973, Bd. II, 517.

[6]   Peter Altenberg gab als seine Privatadresse »Wien I, Herrengasse, Café Central« an. Das Café Central hatte, als das Café Griensteidl 1897 abgerissen worden war, gewissermaßen dessen Nachfolge angetreten. Vgl. Andrea Portenkirchner, Die Einsamkeit am »Fensterplatz« zur Welt. Das literarische Kaffeehaus in Wien 1890–1950, in: Michael Rössner (Hg.), Literarische Kaffeehäuser, Kaffeehausliteraten, Wien/Köln/Weimar 1999, 31–65, 38.

Die Bedeutung des Ortes für die Literatur sortierte Michael Rössner nach drei Richtungen[7]:

(1) Das Kaffeehaus war für Literaten, die in sozial schwachen Verhältnissen lebten, gewissermaßen die »Wärmestube«. Das hatte zwar keinen direkten Einfluss auf die Textproduktion, diente aber dem Überleben von Autoren und solchen, die es gerne geworden wären.

(2) Das Kaffeehaus diente als »Literaturbörse«, wo die Texte angeboten, verkauft und vermarktet wurden.

(3) Das Kaffeehaus wurde mehr und mehr zum Ort einer neuen, dezidiert urbanen Öffentlichkeit.

Die Aufstellung ist sachgemäß, sofern sie Ort und Literatur zusammen sieht. Zudem wurde sie in einem Band publiziert, der schon mit der Wahl des Titels kundtut, dass er nicht die ganze Breite der Kaffeehauskultur in den Blick nimmt, sondern sich auf »Literarische Kaffeehäuser« konzentriert.

Ich thematisiere hier das Kaffeehaus nicht so sehr als Ort der Literaturgeschichte, sondern als Lebensort. Natürlich ist, zumal in Wien, Literatur immer irgendwie im Spiel. Aber auch der Nichtliterat ging ins Kaffeehaus. Man fühlte sich dort mit bestimmten Funktionen und Bedürfnissen des Lebens einfach besser aufgehoben als etwa zu Hause. Das Kaffeehaus war ein Ort, der das Leben prägte. Umgekehrt veränderte die Art und Weise, wie man den Ort für das Leben in Anspruch nahm, auch den Ort selbst. Um die Interdependenz von Kaffeehaus und Leben zu markieren, spreche ich vom »Kaffeehaus als Lebensform«. Ein Zusammenhang ist das, den der Wiener Literat Hans Weigel gleichsam kaffeehäuslich thematisierte:

> »Die Leser dieser Zeilen werden höflich gebeten, das Wort ›Kaffee‹ auf der zweiten Silbe zu betonen, auch beim Lesen. Denn der Unterschied zwischen Kaffe und Kaffee geht ins Abnorme.
>
> Auf der ersten Silbe betont, bezeichnet Kaffee ein Getränk, auf der zweiten betont, bedeuten Café und Kaffeehaus in Wien und Österreich eine Lebensform.«[8]

In meinen Ausführungen wird es immer einmal nach »Kaffe« duften, aber mein Interesse gilt dem »Kaffee« und dem Kaffeehaus als Lebensform.

---

[7]   Vgl. Michael Rössner, Einleitung, in: Ders. (Anm. 6), 13–28, 16–21.

[8]   Hans Weigel, Das Kaffeehaus als Wille und Vorstellung [1978], in: Kurt-Jürgen Heering (Hg.), Das Wiener Kaffeehaus, Frankfurt a. M. u. Leipzig 1993, 279–307.

Kaffeehaus ist überall
Zur Geschichte einer Institution

Wenn ich mich auf das Wiener Kaffeehaus konzentriere, so heißt das nicht, dass es nicht auch anderswo Kaffeehäuser von kulturgeschichtlicher Bedeutung gegeben hätte. In Europa wie in Lateinamerika etablierten sich in der Zeit zwischen 1890 und 1950 Kaffeehäuser als Orte literarischer Produktion und Rezeption.[9] In einem breit angelegten Forschungsprojekt wurden für den genannten Zeitraum Kaffeehäuser in 18 Städten untersucht und als Orte literarischen Lebens präsentiert.

Die dort versammelten Beobachtungen beleuchten eine Etappe, keineswegs die ganze Geschichte, die zu erzählen wäre. Die Entwicklung von den Anfängen bis heute hat Etienne François zu skizzieren versucht.[10] Dass die Türken 1683 Wien belagert und beim Rückzug den Kaffee dagelassen hätten, ist, wenn es denn so war, nicht der Anfang des »Türkentranks« in Europa gewesen. Über den Handel mit der islamischen Welt war der Kaffee schon früher in Europa bekannt geworden. Wahrscheinlich wurde um 1646 in Venedig, der alten Handels- und Hafenstadt, das erste Café gegründet.

In der Folge entwickelte sich in den Städten das Kaffeehaus zum herausragenden »Ort der kulturellen und gesellschaftlichen Neuerungen«. Die wichtigste Funktion ist, so Etienne François, »seine Funktion als Ort der Freiheit und der freien Begegnung«. Diesen Ort nahm ab Ende des 18. Jahrhunderts die im Entstehen begriffene bürgerliche Gesellschaft zielsicher in Anspruch und formte ihn für ihre Ziele.[11] Hier wurde frei diskutiert, hier konnte man sein Allgemeinwissen mit Hilfe von Konversationslexika debattensicher machen. Über die Geschehnisse im Land und in der Welt informierten Zeitungen in beeindruckender Vielfalt.[12] Stefan Zweig rühmte diese Vielfalt und konkretisierte sie:

> »In einem besseren Wiener Kaffeehaus lagen alle Wiener Zeitungen auf und nicht nur die Wiener, sondern die des ganzen Deutschen Reiches und die französischen und englischen und italienischen und amerikanischen, dazu sämtliche wichtigen literarischen und künstlerischen Revuen der Welt, der ›Mercure de France‹ nicht minder als die ›Neue Rundschau‹, der ›Studi‹ und das ›Burlington Magazine‹.«[13]

---

[9]   Vgl. Rössner, Einleitung, in: Ders. (Anm. 6), pass.
[10] Vgl. Etienne François, Das Kaffeehaus, in: Heinz-Gerhard Haupt (Hg.), Orte des Alltags. Miniaturen aus der europäischen Kulturgeschichte, München 1994, 111–118.
[11] Vgl. François (Anm. 10), 113.
[12] Vgl. François (Anm. 10), 114: Zeitungsliste eines Wiener Kaffeehauses vom 23.01.1783.
[13] Stefan Zweig, Die Welt von Gestern. Erinnerungen eines Europäers [1944], Frankfurt a. M. 1970, 56.

Wer freilich denkt, das Kaffeehaus sei so etwas wie eine Akademie gewesen, in der man eben auch Kaffee trinken konnte, irrt. Neben die Bilder von Gespräch und Bildung treten, sobald man einen Blick auf die ausliegenden Brett- und Kartenspiele wirft, die ganz anderen Bilder von Muße und Zerstreuung. Auch das Billard, wegen seiner Tische nicht zu übersehen, gehört zum Kaffeehaus. Unterhaltung, Muße, Bildung, Gespräch bilden eine eigentümliche Mischung von Geselligkeit. Mit dieser Mischung trat das Kaffeehaus gewissermaßen das Erbe der Salons des 18. Jahrhunderts an, nun freilich mit deutlich demokratischer Ausrichtung.[14] Eine vielgestaltige Sozialität gehört zu dem, was das Kaffeehaus auszeichnete. Seit dem 19. Jahrhundert kam zunehmend auch das Individuum mit seinem Bedürfnis nach Abgrenzung zum Recht. Etienne François spricht treffend von einer Art »öffentlicher Intimität«[15], die im Kaffeehaus idealtypisch gelebt und die ihm durch die entsprechende Literatur bleibend eingeschrieben wurde.

Am Ende des 19. Jahrhundert ist »der Höhepunkt des Cafés als Ort europäischer Identität«[16] erreicht. Die Entwicklung im 20. Jahrhundert wird von Autoren, die dem Kaffeehaus eng verbunden waren, vielfach mit Anzeichen von Trauer beschrieben. Jedenfalls gilt das im Blick auf Wien.[17] In der Tat fielen seit den 1950er Jahren auch traditionsreiche Wiener Kaffeehäuser der neuen Zeit zum Opfer. Gleichwohl gab es, ebenfalls in Wien, immer auch Zeichen, die in die umgekehrte Richtung wiesen. Beispielsweise sitzt heute Peter Altenberg, bewegungslos als lebensgroße Figur, wieder an seinem Stammplatz im restaurierten »Central«. Aber auch neue Kaffeehäuser gibt es zu verzeichnen. Hans Weigel könnte, wenn er noch lebte, das Telefonbuch von Wien bei K wie »Kaffeehaus« aufschlagen und nachsehen, ob er 1978 mit seiner Vermutung richtig lag: »Mir will scheinen, als würde das Wiener Telephonbuch zwischen Käferböck und Kafka bald weiteren Zuwachs bekommen.«[18]

---

[14]   Vgl. Verena von der Heyden-Rynsch, Europäische Salons. Höhepunkte einer versunkenen weiblichen Kultur, München 1992, 11–19 u. ö.

[15]   François (Anm. 10), 115.

[16]   A. a. O., 118.

[17]   Vgl. zu der deutlich anders verlaufenen Geschichte des Cafés in Paris: Sarah Bakewell, Das Café der Existenzialisten. Freiheit, Sein und Aprikosencocktails mit Jean-Paul Sartre, Simone de Beauvoir, Albert Camus, Martin Heidegger, Edmund Husserl, Karl Jaspers, Maurice Merleau-Ponty und anderen [engl. 2016], München ⁵2017.

[18]   Weigel (Anm. 8), 307.

Nomadenhaft und häuslich
Kaffeehaus als Zwischen-Ort

Der dritte Ort erweist sich im Fall des Kaffeehauses auch als Zwischen-Ort. Biografien, die ihren Lebensschwerpunkt im Kaffeehaus hatten, lassen sich, bei aller Verschiedenheit, in ein Spannungsfeld zwischen »nomadenhaft« und »häuslich« einzeichnen. Der geborene Nomade sehnt sich nach Häuslichkeit und geht ins Kaffeehaus, während der geborene Hausvater an ebendiesem Ort das Abenteuer des Nomaden sucht. Im Grunde aber bewegt sich der Stammgast, ohne je ganz das eine oder das andere zu sein, zwischen den Polen. Warum geht man ins Kaffeehaus? Insider antworten stets mit Verweis auf einen Zwischenzustand. So erklärt denn auch Hans Weigel die »nomadenhafte Häuslichkeit«[19] des Karl Kraus dadurch, dass er ein Zwischen zu fixieren sucht: »Nicht zuhause, aber doch nicht an der frischen Luft!«[20]

Ich präsentiere zunächst zwei Biografien, die sich in vielem sehr ähnlich sind, aber vor allem in einem Punkt sich auch grundlegend unterscheiden. Beide Lebensläufe zeichnen sich durch ein leicht zu überschauendes Schrifttum aus, sind also, positiv gesprochen, eher der *oraliture* als der *littérature* zuzurechnen.[21] Dennoch muss man die beiden Persönlichkeiten angesichts der Wirkung, die sie ausübten, als durch und durch literarische Existenzen beschreiben.

Von Bildern und Beschreibungen steht uns zunächst *Anton Kuh* (1890–1941) vor Augen: »ein sehr schlanker junger Mann, mit fahrigen Handbewegungen und mit sehr langen, dunklen, lockigen Haaren«, im einen Auge das unvermeidliche Monokel.[22] Kuh war, so Kurt Tucholsky, weit mehr »Sprechsteller« als Schriftsteller.[23] »Er schrieb ja nichts, er redete nur«, bemerkte Geza von Cziffra.[24] Im Reden freilich war er genial. Seine Stegreifreden, spontan oder anberaumt, waren ebenso gefürchtet wie legendär. Und im »Herrenhof«, erinnert sich Milan Dubrovic, kam es im Umfeld von Anton Kuh »manchmal zu einem pointensprü-

---

[19] Karl Kraus, Literatur oder Man wird doch da sehn. Magische Operette, Wien/Leipzig 1921, zit. in: Christian Brandstätter u. Werner J. Schweiger (Hg.), Das Wiener Kaffeehaus, Wien 1986, 65.

[20] Weigel (Anm. 8), 289.

[21] Vgl. zu der einprägsamen Unterscheidung: Bernard Reymond, De vive voix. Oraliture et prédication, Genève 1998, 9 f., 89–97 u. ö.

[22] Géza von Cziffra, Der Kuh im Kaffeehaus. Die Goldenen Zwanziger in Anekdoten, München/Berlin 1981, 11–27 (zu Anton Kuh), zit. nach: Heering (Hg.) (Anm. 8), 173–188, 180.

[23] Vgl. Klaus Podak, Der Zerrissene. Anton Kuh 1890–1941, in: Hans-Jürgen Jakobs u. Wolfgang R. Langenbucher (Hg.), Das Gewissen ihrer Zeit. Fünfzig Vorbilder des Journalismus, Wien 2004, 154–158, 156.

[24] Cziffra (Anm. 22), 174.

henden Wettbewerb der Einfälle und Meinungen, die wie Bälle im Ping-Pong-Spiel gewechselt wurden, und zwar so rasant, als ginge es um die Erringung einer Weltmeisterschaft.«[25] Anton Kuh lebte vom Geld seiner Gönner und war bekannt als »Weltmeister im Erlangen von Vorschüssen für Essays oder Glossen, die er nie schrieb«.[26] Ihn eher dem nomadenhaften Pol zuzuordnen, liegt nahe.

Einen ganz anderen Typus verkörperte *Ernst Polak* (1886–1947). Er war kurze Zeit mit Milena Jesenská, bekannt als Kafkas Briefpartnerin, verheiratet. In den Kaffeehäusern des europäischen Auslands war er zu Hause, in seinen Prager Jahren im »Arco« oder »Continental«, dazwischen im Pariser »Dôme« oder im »Deux Magots«. Vor allem aber verkörperte er den Geist des »Herrenhof« wie kaum ein anderer; dieses Kaffeehaus war in Wien seine »Haupt- und Dauerdomäne«. Viele, die in der Literaturszene Rang und Namen hatten, verkehrten in der Polak-Loge. Man schätzte, obwohl er als »Literat ohne Werk« bekannt war, sein Wissen und sein Urteil. Was ihn von Anton Kuh massiv unterscheidet, ist die gesicherte Lebensgrundlage. Deshalb (und nur deshalb) seine Nähe zum »häuslichen« Pol. Polak führte bereits in Prag, dann in Wien eine bürgerliche Existenz als Prokurist eines Bankhauses. Einer, der ihn vom »Herrenhof« her bestens kannte, Milan Dubrovic, sieht sich freilich zu der Bemerkung veranlasst, der Schwerpunkt von Polaks Wirken habe »im gesellschaftlichen und geistigen Bereich des Literaturcafés« gelegen.[27] An anderer Stelle wurde Dubrovic deutlicher. Im »Herrenhof« habe man Polak, weil anders sein Erfolg bei Frauen nicht zu erklären war, dämonische Kräfte zugeschrieben. Seinem Ruf als Don Juan jedenfalls schien er in jeder Weise gerecht geworden zu sein. Er habe, so Dubrovic, seine bürgerliche Banklaufbahn neben »dem parallellaufenden ungezügelten Bohèmeleben« geführt. Dabei stand sein »souveränes Gesprächstalent« unvermittelt neben einer »schwer überwindbaren Ohnmacht, zum geschriebenen Wort zu finden«. Aus ironischer Selbstdistanz konnte Polak sich selbst mit einer bis dahin unbekannten Komparation charakterisieren: »gescheit, gescheiter, gescheitert«.

Milena Jesenská charakterisierte diesen Typus von Kaffeehausbesucher zu einer Zeit, als sie noch mit Polak verheiratet war und sehr genau wusste, wovon sie schrieb. Der Beschreibung fügte sie eine Deutung hinzu. Es sei der Versuch, sich das Leben durch Verzicht auf ein eigenständiges Privatleben zu erleichtern:

> »Ich kenne Leute, die täglich von mittags bis nachts im Kaffeehaus sitzen. Nicht etwa, weil sie keine warme Wohnung besäßen, dort nichts zu essen hätten, nicht kochen könnten oder keinen ruhigen Platz fänden. All diese Ausreden der heutigen Zeit

---

[25] Milan Dubrovic, Veruntreute Geschichte. Die Wiener Salons und Literatencafés, Wien/ Hamburg 1985, 95.

[26] Cziffra (Anm. 22), 181.

[27] Zu Polak s. Dubrovic (Anm. 25), 49–69.

gelten nicht für die Menschen, die ich meine. Sie saßen vor dem Krieg im Kaffeehaus (mit dem Unterschied, daß sie länger dort saßen, weil länger geöffnet war), sie sitzen auch nach dem Kriege dort. [...] Viele Kaffeehausgäste sind hervorragende Künstler, die täglich Ideen und Einfälle mit ihren Mitteln gestalten. Viele gehen ihrer bürgerlichen Arbeit nach, und den Rest des Tages verbringen sie im Kaffeehaus. Das ist kein unordentliches Leben. Es ist die Suche nach einem neutralen Milieu. Die Möglichkeit zu vergessen – nicht an sich zu denken. Die Notwendigkeit, möglichst wenig als privates Ich zu existieren. Eine Lebenserleichterung.«[28]

Blickt man auf die genannten und noch viele andere Biografien, die zeitweise oder dauerhaft im Kaffeehaus ihren Ort hatten, so mag man tragische Schicksale bedauern. Aber man wird auch bewundernd zur Kenntnis nehmen, wie das Kaffeehaus ganz verschiedene Lebensläufe und Lebenseinstellungen unter einem Dach versammelte. Milan Dubrovic formuliert prägnant, was er und andere erlebten, genossen und, wenn es wegfiel oder sich wandelte, auch heftig bedauerten:

»Es war, wollte man es soziologisch definieren, ein Milieu der fließenden Übergänge, der existenziellen Mischformen und relativierenden Individualitäten, demnach ein besonders geeignetes Forum für das freie Gespräch, die impulsive Auseinandersetzung, die systematische Pflege von Querverbindungen zwischen politisch divergierenden Gruppen und Clans.«[29]

So erlebt und beschrieben, war das Kaffeehaus für seine Besucher nicht selten ein Ort, an dem man das »Denkhandwerk« erlernen konnte.[30] Prominent beschrieb Stefan Zweig, wie er als Wiener Gymnasiast zum Ende des 19. Jahrhunderts im Kaffeehaus weit mehr an literarischer Bildung und kultureller Weite mitbekam als in der Schule:

»Aber unsere beste Bildungsstätte für alles Neue blieb das Kaffeehaus.

Um das zu verstehen, muß man wissen, daß das Wiener Kaffeehaus eine Institution besonderer Art darstellt, die mit keiner ähnlichen der Welt zu vergleichen ist. Es ist eigentlich eine Art demokratischer, jedem für eine billige Schale Kaffee zugänglicher Klub, wo jeder Gast für diesen kleinen Obolus stundenlang sitzen, diskutieren, schreiben, Karten spielen, seine Post empfangen und vor allem eine unbegrenzte Zahl von Zeitungen und Zeitschriften konsumieren kann. [...] So wußten wir alles, was in der Welt vorging, aus erster Hand, wir erfuhren von jedem Buch, das erschien, von

---

[28] Jesenská (Anm. 2), 15 f. Vgl. zu Milena Jesenská auch Heike Herrberg u. Heidi Wagner, Wiener Melange. Frauen zwischen Salon und Kaffeehaus, Berlin 2014, 91–95.

[29] Dubrovic (Anm. 25), 30 f.

[30] A. a. O., 33.

jeder Aufführung, wo immer sie stattfand, und verglichen in allen Zeitungen die Kritiken; nichts hat vielleicht so viel zur intellektuellen Beweglichkeit und internationalen Beweglichkeit des Österreichers beigetragen, als daß er im Kaffeehaus sich über alle Vorgänge der Welt so umfassend orientieren und sie zugleich im freundschaftlichen Kreise diskutieren konnte. Täglich saßen wir dort stundenlang und nichts entging uns.«[31]

Auch soziologisch war das Kaffeehaus ein Zwischen-Ort, an dem sich Menschen begegneten, die sonst nicht – oder jedenfalls nicht selbstverständlich und öffentlich – in Kontakt gekommen wären. Das ließe sich aus vielen Texten zum Kaffeehaus als abstrakte Einsicht herausdestillieren. Einen besseren Zugang zum Phänomen gewährt jedoch die Erzählung.

Als einen Zwischen-Ort der besonderen Art hat Friedrich Torberg das »Café de l'Europe« geschildert. Das erste Merkmal jenes Zwischen-Ortes ist die Geografie:

> »Die Stammkundschaft des Café de l'Europe war ziemlich genau das, was man ›gemischt‹ nennt. Seine günstige Lage in der Stephansplatz-Nähe, zwischen dem Nobelstrich auf der Kärntnerstraße und dem weniger noblen auf der Rotenturmstraße, machte das Lokal zum natürlichen Sammelplatz der hüben und drüben amtierenden Damen [...]«.

Sodann erwies sich dieses Café als ein Zwischen-Ort für zwei höchst unterschiedliche Segmente der Gesellschaft, die Damen vom Gewerbe und die Herren vom Literaturcafé:

> »Da waren die Damen, »die sich hier von den Strapazen ihres Berufs erholen konnten, mit ihren Betreuern zusammentrafen, wohl auch einen kleinen Imbiß oder einen belebenden Kaffee zu sich nahmen (Alkoholkonsum während der Dienststunden war streng verboten), in illustrierten Zeitschriften blätterten und, wenn ihnen danach zumute war, mit den Angehörigen der gänzlich anderen Besucherschicht, die aus uns und unsresgleichen bestand, ein wenig plauderten, ohne berufliche Hintergedanken, manchmal heiter und manchmal traurig, wie's eben kam, manchmal Rat und Hilfe erbittend (aber niemals Geld), manchmal Rat und Hilfe spendend, auch das kam vor [...]«.

Unerwartet und zugleich anrührend ist eine moralische Einschätzung der nächtlichen Gästegruppen im »Café de l'Europe«:

---

[31] Zweig (Anm. 13), 56 f.

»[...] und wer da geringschätzig oder gar verächtlich von Huren spricht, lasse sich gesagt sein, daß ich in diesem Hurencafé zwischen Mitternacht und 4 Uhr früh auf mehr Beweise von Herzenstakt und menschlicher Sauberkeit gestoßen bin als in sämtlichen je von mir frequentierten Kaffeehäusern, und das will etwas heißen.«

Es folgt eine Art Resümee, das diesen Zwischen-Ort auch und gerade in der Zeit von Mitternacht bis in den frühen Morgen geradezu modellhaft als Ort erscheinen lässt, an dem die Grenzen von Milieu und sozialer Schichtung an Bedeutung verloren:

»Es war eine unvergleichliche Atmosphäre, die im Café de l'Europe zwei wahrlich diskrepante Lager miteinander verband, eine Atmosphäre gelassenen Einverständnisses und wechselseitigen Respekts, wie er den beiden Lagern nirgends sonst zuteil geworden wäre.«[32]

Die Darstellung ist sprachlich meisterhaft und menschlich anrührend, in der Sache aber heftig beschönigend. Über die Abgründe in den Biografien beider Seiten lesen wir nichts. Aber vielleicht gehört, in Wien zumal, selbst das noch zu den Eigentümlichkeiten des Kaffeehauses: dass man sich den Ort so lange »zurechterzählte«, bis er tatsächlich als der Ort erlebt wurde, zu dem ihn Friedrich Torberg und andere stilisierten.

Theorien und Traktate
Wortmeldungen aus dem Innern der Legende

Das Phänomen wird zur Legende. So pflegt das zu sein: erst die Wirklichkeit, dann die Verklärung. Umgekehrt funktioniere das, so Friedrich Torberg, nur in Wien. Während anderswo Wirklichkeit zur Legende werde, würden in Wien Legenden wirklich.[33] In Wien stehen also die Chancen nicht schlecht, dem zu begegnen, was Torberg eine »funktionierende Legende« nennt.

Akademisch wäre es jetzt höchste Zeit, analytisch zu trennen, was phänomenal zusammengehört. Man würde anfangen, die realen und die legendären Anteile am »Kaffeehaus« fein säuberlich zu sortieren. Wobei freilich die Gefahr bestünde, dass man schon mit der Fragestellung das Phänomen verfehlt hätte. Denn das ist es ja gerade, was einen Kaffeeausschank zum Kaffeehaus macht: dass im Phänomen die Legende lebt.

---

[32]   Friedrich Torberg, Kaffeehaus ist überall, in: Ders., Die Tante Jolesch oder: Der Untergang des Abendlandes in Anekdoten [1975], München 1977, 136–153, 148.

[33]   Vgl. Friedrich Torberg, Traktat über das Wiener Kaffeehaus [1959], in: Heering (Hg.) (Anm. 8), 18–32, 18 f.

Um dem Kaffeehaus als »funktionierender Legende« halbwegs gerecht zu werden, frage ich zunächst nach Texten, die intime Kenntnis der Legende erkennen lassen und sich ihrerseits schon wieder an der Legendenbildung beteiligen.

Eine »Theorie des ›Café Central‹« erschien 1927.[34] Schon der erste Satz zeigt, was der Verfasser kann und was »Kaffeehausliteratur« zu einem eigenen literarischen Genus macht:

> »Das Café Central ist nämlich kein Caféhaus wie andere Caféhäuser, sondern eine Weltanschauung, und zwar eine, deren innerster Inhalt es ist, die Welt nicht anzuschauen.«

Alfred Polgar (1873–1955) beginnt mit einer Wendung, welche die Definition, die man in einer »Theorie« erwarten darf, zu bieten scheint: »Das Café Central ist …« Die erste Verwunderung stellt sich ein, als zuerst einmal gesagt wird, was der Gegenstand der »Theorie« nicht ist: »kein Caféhaus wie andere Caféhäuser«. Mit gesteigerter Aufmerksamkeit erfährt man sodann, was sie positiv ist: »eine Weltanschauung«. Man beginnt erleichtert aufzuatmen. Um dann, mit der letzten Negation, jäh abzustürzen: Ja, das »Central« sei zwar eine Weltanschauung, aber eine, »deren innerster Inhalt es ist, die Welt nicht anzuschauen«. Nimmt man diese Logik ernst und den Autor beim Wort, dann tut man gut daran, von der weiteren Abhandlung nichts, aber auch gar nichts zu erwarten. Denn die Gefahr, dass im Sog der Negation weiterhin eine Erwartung nach der andern zuerst geschickt geweckt und dann zielsicher enttäuscht wird, lauert nun hinter jeder Ecke. Wer allerdings Freude hat an beißender Ironie, witzigen Pointen und sprichwortverdächtigen Formulierungen, wird diese »Theorie« nicht ohne Gewinn in die Hand nehmen.

Wer hätte beispielsweise präziser die ambivalente Gefühlslage der Kaffeehaus-Besucher oder, besser, der Kaffeehaus-Bewohner in Worte gefasst als Alfred Polgar? Seine Formel für die Seelenlage von »Centralisten« und anderen Kaffeehaus-Existenzen fehlt in keinem Text über das Kaffeehaus: Ins »Central« gehen, so schreibt er, »Menschen, die allein sein wollen, aber dazu Gesellschaft brauchen.«[35] Und niemand hat die psychosoziale Geographie jenes Cafés, in dem Altenberg als lebensgroße Figur heute wieder sitzt, kürzer und besser bestimmt als Alfred Polgar: »Das Café Central liegt unterm wienerischen Breitengrad am Meridian der Einsamkeit.«[36]

---

[34] Alfred Polgar, Theorie des »Café Central« [1927], in: Heering (Hg.) (Anm. 8), 149–154.

[35] A. a. O., 149 f.

[36] A. a. O., 149.

Ein so genannter »Traktat über das Wiener Kaffeehaus« erschien 1959.[37] Dabei signalisiert »Traktat« eine Abhandlung, das aber ohne wissenschaftlichen Anspruch. Traktate wollen einen Sachverhalt auf allgemein verständliche Weise und in werbender Absicht darstellen. Friedrich Torberg (1908–1979) weiß um die Schwierigkeit seines Unterfangens. Denn es geht letztlich nicht um einen historisch oder empirisch zu verifizierenden Sachverhalt. Vielmehr geht es um eine, so Torberg, »funktionierende Legende«, und zwar um »die weitaus komplizierteste dieser Legenden«, das Wiener Kaffeehaus.

Der Traktat folgt einer impliziten, aber erkennbaren Logik. Grundlegend ist, was vom Verfasser im letzten Abschnitt seines Traktats als »Geist« des Wiener Kaffeehauses beschworen wird: »der schlampige, korrupte, unbezwingliche und unvergleichliche Geist des Wiener Kaffeehauses.«[38] Vor dem beschwörenden Schluss freilich wird mit konkreten Parametern doch wenigstens angedeutet, worum es geht: Das Kaffeehaus sei eine Institution »mit unverrückbaren Stammtischen und Stammgästen, jahrzehntelang vom selben Ober betreut, mit Tarock- und Schach- und Billardpartien wie eh und je, mit Zeitungen für viele Stunden und immer neu herangetragenen Gläsern voll frischen Wassers, mit Abgeschiedenheit oder Gesprächen, mit Stille oder Geselligkeit ganz nach Wunsch«.[39] Wobei sich der nicht eingeweihte Leser schon fragen mag, wo denn in dieser Aufstellung von Gegebenheiten, die das Kaffeehaus ausmachen, das bleibt, was dem Ort mindestens die eine Hälfte des Namens leiht: der Kaffee. Dazu treffend ein anderer intimer Kenner dieses Orts, Hans Weigel:

> »Im Weinhaus dominiert der Wein, im Bierhaus das Bier [...]. Das Warenhaus sucht man der Waren wegen auf, im Schutzhaus sucht man Schutz, das Freudenhaus lockt durch die Aussicht auf Freuden, [...] das Konzerthaus ist für die Konzerte da, aber im Kaffeehaus ist das Haus tausendmal wichtiger als der Kaffee.«[40]

Doch zurück zu Torberg. Schon viele Entwicklungen in jüngerer Zeit hätten das Kaffeehaus bedroht. Torberg führt an, dass bis zum »Anschluss« durch Hitler, als die Judenverfolgung auch in Österreich einsetzte, ein großer Teil des Stammpublikums jüdisch gewesen sei. Selbst diese Bedrohung habe das Kaffeehaus überlebt. In seiner Existenz aber bedroht wie nie sei die Kaffeehauskultur, wenn ihr entzogen werde, was sie braucht wie ein Mensch die Luft zum Atmen. Nach wie vor brächten die Besucher »alle Erfordernisse eines Stammgastes mit«. Nur

---

[37] Torberg (Anm. 33).
[38] A. a. O., 32.
[39] A. a. O., 30 u. 32.
[40] Weigel (Anm. 8), 285.

sich selber ließen sie außen vor. Denn, und jetzt kommt der entscheidende Satz: »Sie haben keine Zeit.«[41]

Zeit ist nach Torbergs Überzeugung »die unerlässliche Voraussetzung jeglicher Kaffeehauskultur (ja am Ende wohl jeglicher Kultur)«.[42] Der Diskurs über die Kaffeehauskultur berührt sich an dieser Stelle mit einem Diskurs, der hier nur genannt werden kann, der aber kulturgeschichtlich und kulturphänomenologisch unbedingt in diesen Zusammenhang gehört: der Diskurs über die Bedeutung der Muße für die abendländische Kultur.[43]

Bei allem Kulturpessimismus, der in Torbergs Traktat an vielen Stellen durchklingt, überrascht er im Finale mit einer schönen Pointe. Sie markiert zugleich die Ambivalenz der Entwicklung gegen Ende der 1950er Jahre. Einerseits schienen Lokale, die sich »Espresso« nannten und mit dem kleinen Kaffee für eilige Gäste (»express«) lockten, das schnelle Ende der traditionellen Kaffeehauskultur einzuläuten. Bald aber machten sich auch im modischen »Espresso« wieder unübersehbar die Kennzeichen des traditionellen Kaffeehauses bemerkbar: Zeitungen. Es gab also noch immer Leute, die Zeit hatten. Und komplementär fanden sich unter den Betreibern Leute, die Zeit gewährten. Torberg fand für diese Entwicklung in den Espresso-Lokalen den schönen Satz: »Aber schon bald begann es dort minder expreß herzugehen.«[44] Eine »funktionierende Legende« ist offenbar durch Modernismen aller Art nicht totzukriegen.

Die letzte Wortmeldung stammt von Hans Weigel (1908–1991). Er hat 1978 unter dem Titel »Das Kaffeehaus als Wille und Vorstellung«[45] einen vergleichsweise informativen Text veröffentlicht. Arthur Schopenhauer mit seinem Hauptwerk »Die Welt als Wille und Vorstellung« dient als Folie. An die Stelle von Schopenhauers »Welt« trat bei Weigel das Kaffeehaus. Wie Schopenhauers Welt bedeutet auch Weigels Kaffeehaus eine mächtige, irrationale Wirklichkeit (Wille), deren Sog man sich nicht entziehen kann. Der Intellekt müht sich um Erkenntnis, die befreien soll (Vorstellung), die letztlich aber gegen den Sog des Willens nichts auszurichten vermag. Weigels Ausführungen über das Kaffeehaus versuchen, so deute ich den Titel, von einem Phänomen, das mächtig ist wie das Leben selbst, eine gedankliche Vorstellung zu geben.

Das wäre eine Sisyphusarbeit, mithin eine Konstellation von einiger Tragik, wenn sich Hans Weigel nicht mit spürbarer Lust und überbordender Laune der unmöglichen Aufgabe stellen würde. Dabei benennt und beschreibt er Merkmale des Kaffeehauses, die wir bereits aus den anderen Texten kennen. So werden als

---

[41] Torberg (Anm. 33), 27.

[42] Ebd.

[43] Vgl. Joseph Tewes (Hg.), Nichts Besseres zu tun. Über Muße und Müßiggang, Oelde 1989; Ulrich Schnabel, Muße. Vom Glück des Nichtstuns, München 2010.

[44] Torberg (Anm. 33), 32.

[45] Weigel (Anm. 8).

wichtige »Attribute der Tradition«[46] selbstverständlich die Zeitungen angeführt, ihre Bedeutung am Beispiel von Karl Kraus exemplifiziert und dieser zugleich als typische Kaffeehausexistenz präsentiert:

> »Karl Kraus ist zeitlebens ins Kaffeehaus gegangen. Weil er ein Einsamer war, wollte er nicht angesprochen, nicht gegrüßt werden. Aber weil er ein Wiener war, ist er ins Kaffeehaus gegangen, ins Imperial, ins Parzifal [...]. Man sollte an ihren Fassaden Gedenktafeln anbringen: Hier las Karl Kraus die Zeitungen, die er haßte.«[47]

Eindringlich bringt Weigel die Freiheit zur Geltung, die diesen Ort auszeichnet:

> »Wo gibt es das sonst? Im Club, im Vereinslokal muß man gesellige Pflichten erfüllen, im Restaurant muß man essen, im Park ist man von Wind und Wetter abhängig. Was muß man im Café? Nur sein. Man kann fast alles, aber man muß fast nichts. Das Café ist ein Freiheitsraum.«[48]

»Man kann fast alles, aber man muß fast nichts.« Der Satz lässt etwas ahnen von den Möglichkeiten, die einem wendigen und neugierigen Geist im Kaffeehaus offenstanden. Und das, wohlgemerkt, inmitten einer Gesellschaft, die solche Freiheit allenfalls sehr zaghaft wagte.

Reserviert für einen Einsamen
Reinhold Schneider und sein Winter in Wien

Einen Winter lang war es ihm der Ort, an dem er schrieb. Dahin trug er seine existenziellen Bedrängnisse. Hier, im Kaffeehaus, fand Reinhold Schneider (1903–1958) jenseits von Sakralität und Profanität das neutrale Territorium, das er brauchte. Über den Winter 1957/58 war im Zentrum von Wien die stattliche Erscheinung dieses Mannes nicht zu übersehen, der, schlank und fast zwei Meter groß, den Kopf mit einem schwarzen, breitkrempigen Hut bedeckt hielt und die hohe Gestalt leicht gebückt auf einen Stock stützte.[49] In Österreichs Hauptstadt verbrachte er den Winter, der sein letzter sein sollte. Seine Aufzeichnungen sind

---

[46] A. a. O., 306.

[47] A. a. O., 284.

[48] Ebd.

[49] Vgl. Hubert Gaisbauer, »Kraft in Ohnmacht – Macht und Gnade« – Reinhold Schneider und sein Freund Erich Przywara in der Zeit des Nationalsozialismus, in: Petrus Bsteh u. Brigitte Proksch (Hg.), Spiritualität im Gespräch der Religionen II, Berlin/Wien 2010, 212–231, 212.

unter dem Titel »Winter in Wien« als Buch erschienen.[50] Es wurde bis heute zu einer Art Kultbuch für Menschen, die der Gottesglaube ebenso einsam macht wie der Gotteszweifel.

Das Kaffeehaus wird in jenen Aufzeichnungen nicht eigens thematisiert. Aber es kehrt verlässlich wieder und gönnt dem Leser die Atempausen, die er braucht, während der Literat an seinem Kaffeehaustisch schreibend nachsinnt über Gott, Europa, die Welt und das eigene Leben. Reinhold Schneider war alles andere als ein Kaffeehausliterat. Gleichwohl schrieb er sich mit einem ganz eigenen, einsamen Kapitel in die Kulturgeschichte des Kaffeehauses ein.

Sein Kaffeehaus war das »Prückel«, mit Blick auf den Stadtpark und das Denkmal des Wiener Bürgermeisters Lueger.[51] Schneider führt es mit beiläufiger Selbstverständlichkeit ein: »Advent. Die Platane vor dem Café, wo der Ober mir meinen Arbeitsplatz freihält, ist entlaubt [...].«[52] Für den Literaten und Europäer Reinhold Schneider bedarf der Arbeitsplatz im Kaffeehaus oder gar das Privileg der Dauerreservierung keiner Begründung. Wo sonst hätte er schreiben sollen? Als ob es das Normalste von der Welt wäre, definiert Schneider das Kaffeehaus als seinen Ort auf Zeit. Er arbeite, so heißt es lapidar, »ungestört am letzten Platz im Café«. Doch damit nicht genug. Wieder erstaunt die Normalität, mit der Reinhold Schneider gleich zwei Plätze beansprucht, und zwar in »konkurrierenden Unternehmungen«. Er gehe um die Mittagszeit »an Karl Lueger vorbei, über den Platz in das gegenüberliegende Café am Stadtpark, durch dessen Fenster der Ober meinen Aufbruch schon erspäht hat.«[53]

Wie überhaupt der Ober im Kaffeehaus wesentlich zu dem Lebensgefühl des Dichters beitrug. Schneider würdigt »die Freundschaft stummen Einvernehmens mit dem immer aufmerksamen Ober«.[54] Geradezu »väterlich« steht er wortlos als Garant für das Leben. Sein Urlaub bedeutet auch für den Gast eine Zäsur:

> »[...] der Ober, der stets meinen Platz hielt und mich väterlich betreute, immer in freundlicher Schweigsamkeit, verabschiedet sich: er geht auf Urlaub [...]. Es tut mir weh. Ich fühle mich unter seiner taktvollen Obhut beschützt. Seine kleinen Vergeßlichkeiten haben unser stummes Einvernehmen eher bestärkt als gestört.«[55]

---

[50] Reinhold Schneider, Winter in Wien. Aus meinen Notizbüchern 1957/58 [1958], Freiburg u.a. [12]1978.

[51] Stubenring 24, nur wenige Schritte entfernt von der Hotel-Pension Arenberg, wo er wohnte (Stubenring 2).

[52] Schneider (Anm. 50), 27.

[53] A.a.O., 35. Zum Café Stadtpark, das heute nicht mehr existiert, vgl. Bartel F. Sinhuber, Zu Gast im alten Wien, Erinnerungen an Hotels, Wirtschaften und Kaffeehäuser, an Bierkeller, Weinschenken und Ausflugslokale, München 1989, 57.

[54] Schneider (Anm. 50), 115 f.

[55] A.a.O., 233.

Und wie sah man den schweigsamen Gast auf der anderen Seite? Karl Pohl, zu jener Zeit Ober im Café Prückel, erinnert sich:

> »Er war einer der ersten Gäste. Gewöhnlich kam er schon um 8 Uhr morgens. Seiner ganzen Art nach bedachten wir ihn mit dem Titel ›Professor‹; er ließ sich ihn gefallen, wahrscheinlich in dem Wissen, daß in Wien jedermann irgendeinen Titel trägt. Wir wußten damals nicht, um wen es sich handelte.«[56]

Da bediente, Tag für Tag, der Ober den »Professor«. Und der baute innerlich und einseitig an einer Beziehung zwischen gefühlter Nähe und verlässlicher Distanz. Genau das brauchte er. Der Ober war auf solche Beziehungen eingestellt. Mehr als viele Worte wogen die wenigen Zeichen, die dem Dichter signalisierten, dass er sich hier vorübergehend zu Hause fühlen konnte. Als Reinhold Schneider einmal krank ist und das Bett hüten muss, denkt er sehnsüchtig an die Normalität, mit der er an gesunden Tagen seiner geregelten Arbeit im Kaffeehaus nachgeht:

> »[...] mein Tisch im Café wird leerstehen, beschützt vom angelehnten Stuhl und dem bunten Schildchen mit der Aufschrift ›Reserviert‹; ›Le Monde‹ liegt an meinem Platz. Ich kann nicht aufstehen.«[57]

»Reserviert« der Platz, die Zeitung liegt bereit und garantiert dem einsamen Gast den Weltbezug. Er sei, so schreibt er an anderer Stelle, »des Nachmittags in einem melancholisch-stillen Café strenggläubiger Zeitungsleser in einer dunklen Straße am Aspernplatz« gewesen.[58] Schweigend konnte sich der einsame Zeitungsleser in einer Gemeinschaft ähnlich Einsamer aufgehoben fühlen.

In die Biographie von Reinhold Schneider haben sich zwei Weltkriege eingebrannt. Im katholischen Widerstand gegen die braune Ideologie war Schneider zu einer Leitfigur geworden. Sein Name verbindet sich mit einem Gedicht. Im Jahr 1936 brachte es in lebensgefährlicher Hellsichtigkeit die apokalyptische Bedrohung zur Sprache: »Allein den Betern kann es noch gelingen / Das Schwert ob unsern Häuptern aufzuhalten [...].« Und den Verantwortlichen wird, klassisch getarnt als Sonett, prophezeit, was tatsächlich eintrat: »Denn Täter werden nie den Himmel zwingen: / Was sie vereinen, wird sich wieder spalten, / Was sie erneuern, über Nacht veralten, / Und was sie stiften, Not und Unheil bringen.«[59]

Hatte Schneider damals aus der Religion noch Stärke gewonnen und andere im Glauben gestärkt, so heißt es jetzt, im »Winter in Wien«, schnörkellos und

---

[56] Zit. in: Sinhuber (Anm. 53), 57.

[57] Schneider (Anm. 50), 221.

[58] A. a. O., 115 f.

[59] Reinhold Schneider, Gesammelte Werke, hg. v. Edwin Maria Landau, Frankfurt a. M. 1981, Bd. 5, 54.

nüchtern: »Der Zweifel ernährt den Glauben; der Glaube den Zweifel.«[60] War damals das Gebet noch gläubige Bitte an die Adresse Gottes gewesen, so ist jetzt der Konnex zwischen Beten und Glauben nicht mehr zwingend:

> »Beten über den Glauben hinaus, gegen den Glauben, gegen den Unglauben, gegen sich selbst [...]; es gibt einen Unglauben, der in der Gnadenordnung steht.«[61]

Der Winter in Wien bedeutete dem Dichter eine Erosion des Gottesglaubens. Der einst glaubensmutig dem katholischen Widerstand gegen die braune Diktatur Sprache gegeben hatte, notierte nun nicht minder mutig die Zweifel, die seinem Glauben zusetzten. Das Kaffeehaus gewährte ihm in prinzipieller Sozialität die Einsamkeit, die er brauchte, um dem Zweifel Raum zu geben und das zu notieren, was dann als Buch eine Leserschaft bis heute bewegen oder auch verstören sollte.

Centralin als Antimetaphysicum
Religiosität in der Kaffeehauskultur

Reinhold Schneider ist ein Beispiel, wie Glaube in Zweifel umschlagen kann. Das Kaffeehaus war dafür nicht die Ursache. Aber es gehörte zu dem Szenario jenes Winters in Wien. Das Café war immer ein Element urbaner Kultur. Damit partizipiert es an der Ambivalenz, mit der traditionell die Stadt erlebt wurde. In der Frömmigkeitsgeschichte des Christentums gibt es eine lange, biblisch vorgeprägte und noch immer wirksame Verachtung der großen Stadt als Hort der Sünde. Babylon wurde zur »Mutter der Hurerei« (Offb 17,5) und zum sprichwörtlichen »Sündenbabel«. An Orten wie dem Café verdichteten sich Vorurteile und moralische Verwerfungen, die generell der großen Stadt galten.[62]

Wie selbst in einer positiven Äußerung zum Café die moralischen Zerrbilder der Tradition durchschlagen, kann man bei einer der Gründerfiguren der Dialektischen Theologie beobachten. Eduard Thurneysen (1888–1977) gilt vielen bis heute als Hardliner einer binnenkirchlich abgeschotteten, weltfern konzipierten Seelsorge. Aber in seiner »Lehre von der Seelsorge« hält Thurneysen das Café, anders als viele seiner so dezidiert weltoffenen Gegner, durchaus für einen möglichen Ort für das seelsorgliche Gespräch:

---

[60] Schneider (Anm. 50), 242.

[61] A. a. O., 261.

[62] Vgl. Michael Kohtes, Nachtleben. Topographie des Lasters, Frankfurt a. M. u. Leipzig 1994; Hansjörg Günther, Umwege in eine achtsame Moderne. Die Großstadt im Fokus von Soziologie, Stadtkritik und deutschem Katholizismus, Paderborn 2015, bes. 129–164: Die Großstadt zwischen Laboratorium der Moderne und Sündenbabel.

»Äußerlich gesehen ist es freilich keinesfalls der Kirchenraum, in dem dieses Gespräch sich abspielt. Der äußere Ort ist vielleicht der Wohnraum, der Spaziergang, die
Straße, oder – warum nicht auch das? – sogar das Café.«[63]

Das ist im Duktus eindeutig positiv. Doch noch die positive Äußerung lässt, wenn
dem Café als einzigem der genannten Alltagsorte ein distanzierendes »sogar«
vorgeschaltet wird, das geläufige Vorurteil mitklingen. Und als ob das Wörtchen
»sogar« nicht Vorbehalt genug wäre, setzt Thurneysen vor das potenzielle Unwort
»Café« in Parenthese noch ein rhetorisches Fragezeichen aus vier Wörtern: »oder
– warum nicht auch das? – sogar das Café«.

Dem stelle ich eine Äußerung gegenüber, die das Café religiös geradezu adelt,
indem sie es zum Ort göttlicher Epiphanie erhebt.[64] Zur Kaffeehausrunde im
»Herrenhof« gehörte auch Victor Wittner (1896–1949).[65] Der Lyriker veröffentlichte 1929 das Gedicht »Bärtige Männer am Montag«.[66] Ich halte es für sehr
wahrscheinlich, dass das Gedicht auf dem Hintergrund einer Geschichte aus der
Bibel zu lesen ist. Als Sohn eines jüdischen Arztes hat Wittner sie mit Sicherheit
gekannt.[67] Es die Geschichte von Abraham und Sara, die unerwartet Besuch
bekommen: Drei Männer stehen plötzlich am Eingang ihres Nomadenzeltes und
werden mit allen Attributen orientalischer Gastfreundschaft bewirtet. Dass sie
dem alten Ehepaar den ersehnten, aber schon lange nicht mehr erwarteten Sohn
verheißen, ist in unserem Kontext unwichtig. Dem Leser jedenfalls ist klar, dass
in Gestalt der drei Männer der Himmel zu Besuch kam: Gott selbst oder seine
Engel oder auch, wie die christliche Auslegung breit vermutete, die Trinität (Gen
18,1–15). Wenn man das Gedicht auf der Folie jener biblischen Geschichte liest,
dann ist die Deutung, bei dem Gedicht gehe es um »Engel im Kaffeehaus«, nicht
ohne Plausibilität. Jedenfalls erscheinen die unbekannten Besucher nur »wie«
echte Menschen. Das legt den Rückschluss nahe, es habe sich um eine andere Art
von Wesen gehandelt:

---

[63] Eduard Thurneysen. Die Lehre von der Seelsorge, München 1948, 94.

[64] Vgl. Martin Nicol, Engel im Kaffeehaus. Zur Schriftauslegung durch Lyrik [in diesem
Band neu abgedruckt]; dort auch Einzelnachweise zur Intertextualität von Gedicht und Bibeltext.

[65] Vgl. Dubrovic (Anm. 25), 57, 98.

[66] Victor Wittner, Der Mann zwischen Fenster und Spiegel. Neue Gedichte, Berlin/Wien/
Leipzig 1929, 13; abgedruckt auch in: Klaus Werner (Hg.), Fäden ins Nichts gespannt.
Deutschsprachige Dichtung aus der Bukowina, Frankfurt a. M. u. Leipzig 1991, 25.

[67] Vgl. zum Leben Wittners: Armin A. Wallas, Art. Wittner, Victor, in: Literaturlexikon,
hg. v. Walther Killy, 15 Bde., Gütersloh 1988–1993, hier: Bd. 12, 382 f.

Unbekannte Männer betreten unser Café,
das mit offenem Türmund Frühling schlürft.
[...]
Sie sind erstaunt,
daß sie hier stehn,
und wohlgelaunt,
weil sie auf gutgemachten Beinen
wie alle echten Menschen gehn.

Wenn die Überlegungen zutreffen, dann würde dieses Gedicht das Kaffeehaus für einen Moment in den Gotteshorizont der Religion rücken.

Zwischen religiös motiviertem Vorbehalt gegenüber dem Café einerseits und seiner religiösen Überhöhung andererseits steht das Kaffeehaus als eine Lebensform, in der die Religion vermutlich eine recht nachgeordnete Rolle spielte. Einer, der es wissen musste, Alfred Polgar, meldete aus dem Innern der Legende eine Befindlichkeit, die, hätte sie in den Wiener Kaffeehausrunden zur Abstimmung gestanden, wahrscheinlich mehrheitsfähig gewesen wäre. Oder jedenfalls im Café Central. Denn wer dort als Stammgast, genauer: »Centralist« gelten kann, benötigt täglich seine Dosis »Centralin«. In seiner »Theorie des Café Central« notierte Polgar eine Beobachtung, die so oder so ähnlich auch für andere Kaffeehäuser gegolten haben dürfte:

> »Diese rätselvolle Caféhaus beschwichtigt in den friedlosen Menschen, die es besuchen, etwas, das ich: das kosmische Unbehagen nennen möchte. An dieser Stätte der lockeren Beziehungen lockert sich auch die Beziehung zu Gott und den Sternen, die Kreatur entschlüpft ihrem Zwangsverhältnis zum All in ein pflichtloses, sinnliches Gelegenheits-Verhältnis zum Nichts, die Drohungen der Ewigkeit dringen nicht durch die Wände des Café Central, und zwischen diesen genießest du der holden Wurschtigkeit des Augenblicks.«[68]

Das ist noch einmal eine kaffeehausliterarisch geniale Pointe. Die Wendung »*genießest* du« lässt Goethe mitklingen: »Über allen Gipfeln / ist Ruh, / In allen Wipfeln / *Spürest* du / Kaum einen Hauch [...].« Goethe. Über allen Gipfeln. Höchste Weihestufe. Und dann der Absturz. Blitzartig. Dann, wenn Polgar die »Drohungen der Ewigkeit« parodiert mit der »holden Wurschtigkeit des Augenblicks«. Alfred Polgar hat zwar kein neues Antibioticum entdeckt. Aber das Kaffeehaus hat er als verlässlich wirksames Antimetaphysicum in die Kulturgeschichte eingebracht.

---

[68] Polgar (Anm. 34), 153 f.

Nicht ausgeträumt
Die Legende lebt

Zum Schluss lasse ich einen zu Wort kommen, der unübersehbar, aber regungslos und stumm an seinem Tisch im Central sitzt. Er kann wie sonst kaum einer aus dem Innern der Legende sprechen: Peter Altenberg. In allen Lebenslagen, meint er, sei das Kaffeehaus der richtige Ort:

> »Du hast Sorgen, sei es diese, sei es jene - - - ins *Kaffeehaus!*
>
> Sie kann, aus irgend einem, wenn auch noch so plausiblen Grund, nicht zu dir kommen - - - ins *Kaffeehaus!*
>
> Du hast zerrissene Stiefel - - - *Kaffeehaus!*
>
> Du hast 400 Kronen Gehalt und gibst 500 aus - - - *Kaffeehaus!*
>
> Du bist Beamter und wärest gern Arzt geworden - - - *Kaffeehaus!*
>
> Du findest keine, die dir paßt - - - *Kaffeehaus!*
>
> Du stehst *innerlich* vor dem Selbstmord - - - *Kaffeehaus!*
>
> Du haßt und verachtest die Menschen und kannst sie *dennoch* nicht missen - - - *Kaffeehaus!*
>
> Man kreditiert dir nirgends mehr - - - *Kaffeehaus!*«[69]

Und während Peter Altenberg 1918 das Kaffeehaus für alle Fälle als dritten, als Zufluchtsort empfiehlt, hält knapp hundert Jahre später ein anderer Literat, Hermann Kesten, unbeweglich Wacht im Garten eines Kaffeehauses. Und das nicht in Wien, sondern in Nürnberg.[70] Sollten sich also Zweifel melden, ob unbedingt und vielleicht und ob überhaupt, dann nichts wie - - - ins Kaffeehaus!

---

[69]   P. Altenberg, Kaffeehaus [1918], in: Veigl (Hg.) (Anm. 3), 145.

[70]   Gemeint ist das Zeitungs-Café in der Stadtbibliothek, Gewerbemuseumsplatz 4, 90403 Nürnberg.

Musik

Ich stehe fertig und bereit

Klangrede als Seelsorge
[2000]

I. Sprache ohne Umweg

Die Passionen von Johann Sebastian Bach inszenieren das Weltendrama des
Gottessohnes und füllen damit Kirchen und Konzertsäle. Bachs Kirchenkantaten
dagegen greifen überwiegend einzelne, eher kleine Momente des Glaubens
heraus. Die Texte, nimmt man sie ohne die Töne, stellen oft nichts anderes dar als
schwülstige Erbauungstexte einer vergangenen Zeit. Wie kommt es, dass ausgerechnet die Kantaten eine treue, keineswegs immer kirchennahe Hörerschar
finden? Das gilt für Aufführungen in Kirchen, oft im Rahmen von Kantatengot-
tesdiensten. Das gilt in besonderer Weise, Sonntag für Sonntag im Kirchenjahr,
für die Wiedergabe im Rundfunk.

Die Dichterin *Sarah Kirsch* notierte im Winter 1990/91: »Treckerlärm,
Hundegequietsche und die Kantate jeweiligen Sonntags aus unserem Fenster«.[1]
Da fügen sich die Töne Bachs aus dem Rundfunk mit alltäglichen Geräuschen des
Lebens offenbar zu einem Element der Biographie. Der Liedermacher *Wolf Biermann*, nach Gründen befragt für seine Liebe zur Kantate »Ich hatte viel Bekümmernis« (BWV 21), wird geradezu ärgerlich, wie man ihn so »dämlich« nach
diesem Musikstück fragen kann: »Warum ich es so sehr liebe? Warum warum!
Dämliche Frage! Seit wann braucht Liebe Gründe?«[2] Auch *Helmut Schmidt*, der
ehemalige Bundeskanzler, macht kein Hehl aus seiner Liebe zu Bachs Kantaten.
Ein Vortrag, dem die Kantate »O ewiges Feuer, o Ursprung der Liebe« (BWV 34)
folgen sollte, schloss so: »Es wird Zeit für jene Sprache, die unsere Seele ohne

---

[1] Sarah Kirsch, Das simple Leben, Stuttgart 1994, 7. Im Verlauf der Aufzeichnungen (30)
kommt die Dichterin auch auf eine bestimmte Kantate (BWV 140 »Wachet auf, ruft uns die
Stimme«) zu sprechen, die sie im Rundfunk hörte.

[2] Wolf Biermann, Ich hatte viel Bekümmernis. Meditation zur Kantate Nr. 21 von J. S. Bach
(BWV 21, Ausschnitte), Zürich 1991, 13.

Umweg erreicht, die keinen Irrtum kennt und keine Lüge. Es wird Zeit für Bachs Musik ...«[3]

An dem Schlusssatz von Helmut Schmidt ist eine Bestimmung besonders interessant: Bachs Kantatenmusik stelle eine »Sprache« dar, und diese Sprache erreiche die Seele »ohne Umweg«. Bachkantaten – eine Sprache ohne Umweg? Für manche Bachkantate wird man die Behauptung solcher Unmittelbarkeit, wenn überhaupt, nur wagen können im Hören auf die Töne, die den fremden Text in den Hintergrund verweisen. Für die Kreuzstabkantate (BWV 56) gilt dies gerade nicht. Die Kommentatoren sind sich einig, der unbekannte Textdichter habe mit seinem Libretto einen, so Alfred Dürr, »sprachlich besonders schön gelungenen Text«[4] zustandegebracht. Es handelt sich insgesamt um »sprechende Musik« im Sinne einer »Klangrede«[5], existentiell unmittelbar wirksam wie wenig andere Kantaten.

Am Beispiel der Kreuzstabkantate bin ich dem Phänomen solcher Unmittelbarkeit nachgegangen. Meine Einsichten möchte ich zunächst auf der Ebene der Musik, auf der Ebene des Kantatentextes und auf der Ebene aktueller Erfahrungen mit dem Sterben explizieren, bevor ich dann meine These zusammenfassend thematisiere. Meine These einer »Klangrede als Seelsorge« lässt sich in drei Teilthesen aufteilen: Die Klangrede der Kreuzstabkantate

- inszeniert mit biblisch und anthropologisch gleicherweise elementaren Metaphern den Sterbeweg eines Christenmenschen;
- sie wirkt im Sinne allgemeiner Seelsorge (cura animarum generalis) als Sterbe-Kunst (ars moriendi)
- und stellt in ihrer spezifischen metaphorischen Mixtur ein Modell seelsorglichen Sprechens dar.

II. Kreuzstabkantate als Klangrede

Ein Aufsatz kann die Kantate natürlich nicht zum Klingen bringen. Die Aufmerksamkeit gilt hier mehr dem Text als den Tönen. Dennoch will ich wenigstens mit ein paar Hinweisen zeigen, wie Bach seine Textvorgabe zur Klangrede gestaltet.

Wenn man auf die Details sieht, ist der Inhalt der Kantate einigermaßen komplex. Eine Fülle von Anspielungen und Bezugnahmen auf die Bibel müsste

---

[3] Helmut Schmidt, Bekenntnisse eines Musikfreundes, in: Ders., Von deutschem Stolz. Bekenntnisse zur Erfahrung von Kunst, Berlin 1986, 43–55, 55.

[4] Alfred Dürr, Die Kantaten von Johann Sebastian Bach, München/Kassel ⁵1985, 646.

[5] Zu dem Terminus »Klangrede« vgl. Nikolaus Harnoncourt, Musik als Klangrede. Wege zu einem neuen Musikverständnis, Salzburg/Wien 1982.

erst entschlüsselt werden, bevor wir im Einzelnen verstehen könnten.[6] Wenn man freilich auf die Dramaturgie der Bilder sieht, die dieses Kantatenlibretto kennzeichnet, dann ergibt sich eine überraschend einfache Struktur[7]:

Leitmetapher der ganzen Kantate   **(Weg)**

1. Aria: Ich will den Kreuzstab gerne tragen

Leitmetapher	**Kreuzstab**
semantisches Feld	(Wanderstab), führen, gelobtes Land, (Auszug), (Heimat)

2. Rezitativo: Mein Wandel auf der Welt

Leitmetapher	**Schiffahrt**
semantisches Feld	Wellen, Anker, wütenvolles Schäumen, Schiff, (Hafen), Stadt, (Heimat)

3. Aria: Endlich, endlich wird mein Joch

Leitmetapher	**(Befreiung vom) Joch**
semantisches Feld	weichen, Kraft, Adler, auffahren, laufen, geschehen

4. Rezitativo: Ich stehe fertig und bereit

Leitmetapher	**Port der Ruhe**
semantisches Feld	bereitstehen, Sehnen und Verlangen, wohl, (Hafen), sehen, (Heimat)

5. Choral: Komm, o Tod, du Schlafes Bruder

Leitmetapher	**Tod (als Steuermann)**
semantisches Feld	fortführen, Schifflein, Ruder lösen, Port, erfreuen, hereinkommen

---

[6]   Ausgesprochen hilfreich: Ulrich Meyer, Biblical Quotation and Allusion in the Cantata Libretti of Johann Sebastian Bach (Studies in Liturgical Musicology No. 5), Lanham, Md./ London 1997. Wo ich biblische Bezüge expliziere, folge ich in der Regel der aktuell gebräuchlichen Lutherbibel von 1984. Wenn ich die Lutherbibel von 1912 heranziehe, ist das ausdrücklich vermerkt. Da es mir nicht um eine historische Rekonstruktion der Textgeschichte geht, habe ich auf die Hinzuziehung von Lutherbibeln der Bachzeit verzichtet.

[7]   Nicht wörtlich repräsentierte, aber sachlogisch naheliegende Begriffe setze ich in Klammern.

Einfacher kann der Aufbau eines Librettos nicht sein. Als Leitmetapher haben wir das Bild vom Weg. Zwar taucht das Wort »Weg« selbst nicht auf, aber sachlogisch stellt das Bild vom Weg die Mitte des Bildprogramms der Kantate dar. Im ersten Satz handelt es sich um einen Weg zu Lande; der Wüstenweg des Volkes Israel aus der Unterdrückung ins gelobte Land klingt an. Im zweiten Satz handelt es sich um einen Weg zu Wasser. Im dritten Satz wird die Befreiung vom Joch beschrieben als Weg des Adlers in der Luft. Die beiden letzten Sätze lassen sich wieder leiten vom Bild eines Weges zu Wasser.

Der Charakter der Kantate ist durchweg tröstlich. Das gute Ziel des Wegs kommt nicht erst gegen Ende des Werkes in den Blick. Denkbar wäre gewesen, dass, wie in schlechten Predigten, zu Beginn tränenreich das Jammertal beschrieben wird, um gegen Ende der Kantate das Glaubensziel besonders leuchtend hervortreten zu lassen. Aber so ist es nicht. Kein Teil der Kantate verliert das Ziel aus den Augen. Schon der erste Satz enthält einen Ausblick ins gelobte Land. Beschrieben wird das gelobte Land mit dem herrlichen Satz nach Apk 21: »Da leg ich den Kummer auf einmal ins Grab, / Da wischt mir die Tränen mein Heiland selbst ab.« Der zweite Satz eröffnet den Blick in die nach allen Stürmen der Seefahrt bergende Stadt. Der dritte Satz ist beherrscht von der Freude über die Befreiung vom Joch, während in Satz 3 und 4 der bergende Hafen (»Port der Ruhe«) zum dominierenden Bild wird. Insgesamt könnte man sagen, dass auch die stürmischste See bereits mit dem Ausblick auf den rettenden Hafen geschildert wird.

Die Musik gestaltet mit den ihr eigenen Mitteln das Bildprogramm, das im Libretto angelegt ist. Wie so oft gestaltet Bach in Aufnahme seiner Vorlage Klangbilder von eigenem Reiz. Ich kann an dieser Stelle nur ein paar Hinweise zum Hören geben.[8]

Unmittelbar evident ist die Bildsprache Bachscher Musik im zweiten Satz. Dort ahmen die Violoncello-Begleitfiguren die Wellenbewegung des Meeres so lange nach, bis, so der Text, »das wütenvolle Schäumen sein Ende hat«. Deutlich wahrnehmbar ist solche Lautmalerei auch an vielen anderen Stellen. Ich verweise auf die ersten Takte, die der Solist im ersten Satz zu singen hat. An dem aufsteigenden Motiv, das über dem Wort »Kreuzstab« erklingt, fällt besonders der übermäßige Sekundschritt (b → cis') auf. Er symbolisiert das Mühsame, das zum Tragen des Kreuzes gehört. Die Langwierigkeit des Tragens kommt durch die achttaktigen Melismen über dem Wort »tragen« zum Ausdruck. Im dritten Satz wird durch das beschwingte Konzertieren von Solo-Oboe und Solo-Bass die Befreiung vom Joch unmittelbar sinnenfällig.

Auf einen theologisch besonders wichtigen, freilich nicht sofort hörbaren Kunstgriff des Komponisten verweist Alfred Dürr. Der Text des vierten Satzes nimmt wörtlich Bezug auf den Anfang der Kantate: »Da leg ich den Kummer auf

---

[8] Vgl. Dürr (Anm. 4), 646 ff.

einmal ins Grab, / Da wischt mir die Tränen mein Heiland selbst ab.« Wo diese Worte wiederkehren, da taucht auch unser Kreuzstabmotiv wieder auf, rhythmisch verändert und unauffällig in die instrumentale Begleitung verwoben. Auf einmal hören wir nicht mehr nur den mühsamen Sekundschritt, sondern wir nehmen vor allem die aufsteigende Bewegung wahr: Das Kreuz führt in die Höhe, der himmlischen Heimat zu. Was zu Beginn mit dem übermäßigen Sekundschritt mühsam klang, wird nun zum Ausdruck des Trostes. Das Kreuzsymbol verdeutlicht sich durch Bachs Kunstgriff in seiner Doppelfunktion: Ausdruck für das Mühsame, Peinvolle und zugleich Ausdruck für das Tröstliche der christlichen Existenz.

Bachs kompositorische Kunst macht aus einem dramaturgisch geschickt arrangierten Libretto die geniale Klangrede, mit der die Kreuzstabkantate ihren Platz in den Herzen vieler Menschen erobert hat.

III. Zum Bildprogramm der Kreuzstabkantate

Die Kantatentexte des Barock dienten vielfach nicht nur als Libretti für die Musik, sondern standen als Andachts- oder Erbauungstexte auch ohne Töne in Gebrauch. Es handelte sich um poetisch verdichtete Predigt. Renate Steiger hat dem Text der Kreuzstabkantate einen Aufsatz gewidmet.[9] Sie zeigt, wie dieses Libretto als poetische Verdichtung zeitgenössischer Predigt erklärt werden kann und wie jene Predigt ihrerseits Bildprogrammen zeitgenössischer Frömmigkeit folgt. Einige Beobachtungen, die auf dieser Spur zu machen sind, will ich im Folgenden mitteilen.

Die Kreuzstabkantate wurde für den 27. Oktober 1726 komponiert. Das war der 19. Sonntag nach Trinitatis.[10] Der Sonntag erhielt sein Gepräge vor allem durch das Sonntagsevangelium, die Geschichte von der Heilung des Gichtbrüchigen (Mt 9,1–8). In der Regel nimmt Bach auf das Sonntagsevangelium deutlich Bezug. Bei unserer Kantate freilich fällt auf, dass von der Heilung, die das Evangelium ausmacht, überhaupt nicht die Rede ist. Zwar verleiht die Kantate insgesamt dem zentralen Satz des Evangeliums Ausdruck: »Sei *getrost*, mein Sohn, deine Sünden sind dir vergeben« (Mt 9,2); die Kantate tut, was eine gute Predigt tun sollte: Sie redet nicht *über* das Trösten, sondern sie tröstet, macht »getrost«. Aber sie tut das auffälligerweise nicht mit dem Sprach- und Bildma-

[9] Renate Steiger, Eine emblematische Predigt. Die Sinnbilder der Kantate »Ich will den Kreuzstab gerne tragen« (BWV 56) von Johann Sebastian Bach, in: Jürgen Seim u. Lothar Steiger (Hg.), Lobet Gott. Beiträge zur theologischen Ästhetik (FS Rudolf Bohren), München 1990, 144–161.
[10] Vgl. insgesamt die Informationen bei Dürr (Anm. 4), 445–448.

terial des Sonntagsevangeliums, sondern mit anderen Bildern oder solchen, die im Evangelium allenfalls anklingen.

Es ist lediglich ein Rahmensatz des Sonntagsevangeliums, der im zweiten Satz der Kantate aufgenommen wird, da allerdings fast wörtlich: »Da trat er in das Schiff und fuhr wieder hinüber und kam in seine Stadt« (Mt 9,1 Lutherbibel 1912). Heinrich Müller, ein zeitgenössischer Prediger, sagte auf der Kanzel in Auslegung der Geschichte von der Heilung des Gichtbrüchigen: »Da trat er in das Schiff/ in dasselbe Schiff/ in welchem er herüber kommen war«.[11] Wir werden also aufgefordert, am Erzählfaden des Matthäusevangeliums ein wenig zurück-zugehen. Unversehens sind wir bei der Geschichte von der Stillung des Sturms, die Matthäus kurz zuvor erzählt hatte (Mt 8,23–27). Die Bildwelt der Sturm-stillungsgeschichte führt dann sofort hinüber zu einer anderen Sturm-und-Meer-Geschichte, zur Geschichte vom sinkenden Petrus (Mt 14,22–33).

Uns, die wir historisch zu denken gewohnt sind, erscheint ein solches Vor-gehen rein assoziativ, und zwar in einem negativen Sinn. Man fühlt sich in eine Predigt versetzt, in welcher der Prediger von seinem vorgegebenen und unge-liebten Text abschweift, um über eine schnelle Eselsbrücke zu einem seiner Lieblingstexte zu gelangen. Renate Steiger verweist demgegenüber auf die spe-zifische Bibelhermeneutik der Zeit, in der »verschiedene Bilder zusammen-schießen und einander besprechen«.[12] Bilder aus ganz verschiedenen Kontexten lagern sich aneinander an und ergeben neue Bilder oder Bildmischungen. Es entsteht eine eigentümliche Sprache der Bilder, die zwar historisch-biblische Kontexte nicht achtet, dafür aber einer bibelorientierten Frömmigkeit reichlich Nahrung zu geben vermag.

Das Kantatenlibretto folgt also, wie die erbauliche Predigt der Zeit, weniger einer diskursiven Logik der Bibeltexte als der spezifischen Logik der biblischen Bilder. Damit stehen beide, Libretto und Predigt, in der Tradition erbaulicher Bildprogramme. Renate Steiger bietet Illustrationen aus einem zeitgenössischen Erbauungsbuch, die genau die Tradition repräsentieren, in der auch die Kreuz-stabkantate steht.[13]

Uns interessiert hier vor allem eine Darstellung, die das Sterben als Schiffahrt deutet.[14] Im Vordergrund links sieht man eine Sterbeszene. Der Sterbende wird von Hunden und Teufeln bedrängt. Jesus steht am Sterbebett, den tröstenden Stab in der Hand. Der Mittelteil des Bildes wird bestimmt vom Meer, aufgepeitscht unter Sturm, Regen und Gewitter. Ein Seeungeheuer stößt furchterregend Wasserfontänen in die Luft, ein Schiff ist in Seenot geraten, Menschen suchen

---

[11]   Zit. Steiger (Anm. 9), 147.

[12]   A.a.O., 151.

[13]   Henricus Müller, Himmlischer Liebes-Kuß. Oder Übung des wahren Christenthums / fliessend aus der Erfahrung göttlicher Liebe, Frankfurt/Leipzig/Rostock ³1669.

[14]   Abbildung bei Steiger (Anm. 9), 149.

sich schwimmend ans andere Ufer zu retten. Auf dieses andere Ufer zielt die Komposition des Bildes. Neben einer Hütte, die Schutz verheißt vor dem Toben der Naturgewalten, wartet Jesus, die Hände Stille gebietend über die wütenden Wasser ausgestreckt.

Wir haben es bei der Kantatendichtung selbst wie bei den Bildern aus zeitgenössischen Andachtsbüchern mit frommer Gebrauchskunst zu tun. Ihre Sprache ist eine Bildsprache für Ohr und Auge. Im Fall der Kreuzstabkantate wurde ein einfaches Bildprogramm nach dem Leitbild des Weges in Szene gesetzt: Leben und Sterben eines Christenmenschen als Weg ins gelobte Land – zu Wasser, zu Lande und in der Luft.

IV. Bildsprache von Sterbenden

Seit dem Bestseller von Elisabeth Kübler-Ross »Interviews mit Sterbenden«[15] wurde Sterben zunehmend wahrgenommen als ein Stück Leben, als die letzte wichtige Wegstrecke des Lebens, in der sich noch einmal neue und eigentümliche Erfahrungen einstellen. Im Umgang mit Sterbenden machen, insbesondere im Rahmen der Hospizbewegung[16], die betreuenden Menschen eine eigentümliche Beobachtung: Sterbende reden anders. Sie gebrauchen eine Sprache, die nicht einfach die Sprache ist, die wir im Alltag des Lebens zu sprechen gewohnt sind. Es ist die Sprache der Bilder, Symbole oder Metaphern.[17] Ich bin selbst einst auf diese Sprache gestoßen, als ich einen alten Mann, der im Sterben lag, besuchte. An einem Ostermontag besuchte ich ihn im Krankenhaus. Er war sehr schwach. Er wusste ebenso gut wie ich, dass es mit ihm zu Ende ging. Dennoch erzählte er mir von der bevorstehenden Heimkehr. In der Tat sollte er heimgebracht werden. Das Krankenhaus konnte ihm nicht mehr helfen. Offenbar freute er sich darauf, aus der Geschäftigkeit des Krankenhauses in seine gewohnte, ruhige Umgebung heimzukommen. Zum Abschied meinte er: »Ich freue mich, wenn ich bald Ruhe habe.« Ich verstand wörtlich und deutete den Satz auf die bevorstehende Heimkehr in die Wohnung. Da lächelte er, als ob so viel Unverständnis ihn erheiterte, und sagte: »Nein, diese Ruhe meine ich nicht. Ich meine die ewige Ruhe.« Da hatte mir der Sterbende selbst geholfen, seine Sprache zu verstehen. In diesem Fall war das nicht schwer, und eigentlich hätte ich verstehen müssen.

In anderen Fällen ist das Verstehen ausgesprochen schwer. Die eigentümliche Sprache von Sterbenden kann Konflikte mit den Menschen provozieren, die am Krankenbett ausharren. Eine wichtige Rolle spielt das Motiv des Reisens.

---

[15]   Elisabeth Kübler-Ross, Interviews mit Sterbenden [1969], Stuttgart 1971

[16]   Vgl. Johann-Christoph Student (Hg.), Das Hospiz-Buch, Freiburg i. Br. ²1991.

[17]   Ich verwende die Begriffe Symbol, Bild und Metapher im Folgenden ohne wesentlichen Bedeutungsunterschied.

Menschen, die durchaus wissen, dass sie nicht mehr lange zu leben haben, beginnen plötzlich mit Planungen für eine Reise. Es kann sein, dass sie sich Reiseprospekte kommen lassen, dass sie die Menschen in ihrer Nähe auffordern, ihnen die Koffer zu packen oder zur Abreise die Schuhe anzuziehen.[18] Die Menschen in der Umgebung von Sterbenden verstehen oft nicht, es kann Ärger geben, man hält den sterbenden Menschen für verwirrt. Dabei meint der Sterbende mit seinen Hinweisen die Reise in den Bereich jenseits der Todesgrenze, während die Umstehenden an eine Reise nach Mallorca denken. Die Sprache der Metaphern, der Bilder wird von denen nicht verstanden, die nur die Sprache der Tatsachen sprechen.

Sterbende sprechen die metaphorische Sprache oft ganz selbstverständlich. Sterbende sind Wanderer zwischen zwei Welten. Metaphern sind Sprachgebilde, die zwei oder gar mehr Welten zu einer einzigen neuen Welt zusammenschließen[19]. So gesehen verwundert es nicht, dass Sterbende zur Metapher greifen, um das, was sie bewegt, zum Ausdruck zu bringen. Ich führe im Folgenden eine Reihe von Metaphern auf, die von Sterbenden häufig benutzt werden.[20] Ich konzentriere mich auf die beiden großen Bereiche, die auch in unserer Kantate eine Rolle spielen: Reise und Heimat.

Bildbereich	Sprachbilder (Metaphern)
Reise	• Wanderstiefel
	• Bahnhof
	• »Die Koffer sind gepackt.«
	• Gebirgswanderungen
	• »Gut, daß Sie kommen, gleich fährt das Schiff ab.«
	• »Nur ein Platz im Flugzeug und dann auf und davon.«
	• »Ruf am Flughafen an und frag, ob die Startbahn frei ist!«
Heimat	• »Ja, den großen Schlüssel. Wie kriege ich denn sonst das Tor auf?«
	• »Ach ja, mein Haus hergeben, wissen Sie, das ist schwer.«
	• »Das Haus muß von Grund auf renoviert werden.«

Auf der Sachebene ist die Sprache Medium von Information. Auf dieser Ebene sind die angeführten Äußerungen schlicht unsinnig; an eine Flugreise ist nicht zu denken, und für eine Renovierung des Hauses besteht nicht der geringste Grund. Auf der metaphorischen Ebene ist Sprache etwas anderes: Medium einer neuen,

---

[18] Vgl. die Beschreibungen bei Hans-Christoph Piper, Die Sprache der Sterbenden [1989], in: Ders., Einladung zum Gespräch. Themen der Seelsorge, Göttingen 1998, 145–160, 155 f.

[19] Vgl. Nicol, Engel im Kaffeehaus. Zur Schriftauslegung durch Lyrik [neu abgedruckt in diesem Band].

[20] Nach Inger Hermann, »Die Koffer sind gepackt!« Die symbolische Sprache sterbender Menschen, in: Lis Bickel u. Daniela Tausch-Flammer (Hg.), Spiritualität der Sterbebegleitung. Wege und Erfahrungen, Freiburg/Basel/Wien 1997, 95–106.

jenseits der Fakten angesiedelten Wirklichkeit. Von Gott, vom Reich Gottes, von der Wirklichkeit des ewigen Lebens, aber auch von der Liebe oder der Zukunft – von vielen Wirklichkeiten lässt sich letztlich nur in der Sprache der Bilder, Metaphern oder Symbole reden. Die Bibel ist voll davon; die Dichtkunst lebt wesentlich von dieser Sprache. Sterbende, Wanderer zwischen zwei Welten, sprechen und verstehen die Sprache der Bilder offenbar leichter und selbstverständlicher als Menschen, die mitten im Leben stehen. Damit werden Sterbende zu Verbündeten der Dichter, auch wenn ihr Leben niemals etwas mit der Dichtkunst zu tun hatte. Zur Dichtung gehört wesentlich das Reden in Metaphern. Insbesondere in lyrischen Texten zeigt sich in kunstvoll verdichteter Weise nichts anderes als eben jene urmenschliche Fähigkeit, sich in Bildern verständlich zu machen.

Mario Wirz (1956–2014) war Dichter. Zugleich stand er über längere Zeit an der Schwelle zwischen Leben und Tod. Er wusste, dass er mit Aids infiziert war. Ausgebrochen freilich war eine andere Krankheit: Krebs. 1997 erschien sein Gedichtband »Das Herz dieser Stunde«.[21] Die Gedichte dieses Bandes sprechen von den Erfahrungen mit der tödlichen Krankheit. Mario Wirz drückt sich als Dichter in der Sprache der Metaphern aus. Er tut dies zugleich als ein Sterbender, als Wanderer zwischen zwei Welten. Genau für diese Zwischen-Erfahrung, für die Wirklichkeit zwischen den Welten, brauchte er die Metapher, um überhaupt von dem reden zu können, was ihn bewegt. Viele Gedichte in dem genannten Band könnte ich in unserem Zusammenhang anführen. Mario Wirz war kein dezidiert christlicher Dichter. Aber immer wieder mischte er biblische Sprachfragmente behutsam in seine poetische Sprache der Bilder.

Ich bringe ein Gedicht, das literarisch vielleicht nicht zu den stärksten gehört. Aber es ist wohltuend einfach, es ist kurz und es bewegt sich im Bildbereich der Reise, der uns im Zusammenhang der Kreuzstabkantate beschäftigt. Das Boot, das Segel, das offene Meer – alle diese Metaphern gestalten das Bild einer Reise übers Meer. Mit dem »Gebet« verweist der Dichter vorsichtig auf eine religiöse Dimension seiner Rede in Bildern:

---

[21] Mario Wirz, Das Herz dieser Stunde, Berlin 1997.

REISE

Das Bett wird zum Boot,
das Laken zum Segel,
ich bin allein
mit meinem Gebet,
schon treibe ich auf offenem Meer,
schwankendes Hoffnungszeichen …

Mario Wirz

Sterbende benutzen gerne Metaphern der Reise, um über die Wirklichkeit zu reden, auf die sie zugehen. Auch Mario Wirz tut das. Er tut das so, dass der Leser weiß: Hier wird metaphorisch gesprochen. Wir, die Leserinnen und Leser, werden gleichsam beteiligt an dem Prozess, in dem poetische Metaphern entstehen. Metaphern verbinden einander fern liegende Wirklichkeiten zu einer neuen Wirklichkeit. Da ist die eine Wirklichkeit, die des Krankenhauses mit Betten und Laken, und da ist die Wirklichkeit der Seefahrt mit Schiffen und Segeln. Beide Wirklichkeiten haben zunächst nichts miteinander zu tun. Der Dichter verbindet sie zu einer neuen Wirklichkeit, zur Wirklichkeit des Bett-Bootes mit dem Laken-Segel. In diesem Boot treibt er übers Meer, einem Ziel zu, das er noch nicht kennt. Er kennt es noch nicht, aber es deutet sich an in der eigentümlichen Bildsprache der Sterbenden und der Dichter.

V. Kreuzstabkantate als Seelsorge

Mit »Sterbekunst« (lat. ars moriendi) bezeichnet man seit dem Mittelalter geistliche Übungen, mit dem sich Menschen auf ein Sterben im christlichen Glauben vorbereiteten.[22] In Worten und Bildern bringt das Schrifttum für die geistlichen Übungen zur Sprache, was Menschen im Angesicht des Todes bewegt. Ars moriendi, Kunst des Sterbens heißt: sich mit einem Vorrat an Sprache versehen, der nicht im Stich lässt auf der Reise von einer Welt in die andere. Wenn die Reise bereits begonnen hat, ist es zu spät für die Beschaffung von Vorräten. Ars moriendi ist Vorbereitung auf das Sterben mitten im Leben. Bachs Kreuzstabkantate stellt ein herausragendes Beispiel christlicher Ars moriendi dar. Als solche ist sie zugleich Seelsorge, und zwar Seelsorge mit den Mitteln der Kunst. Wo Bachs Kantate aufgeführt wird, geschieht Seelsorge. Die traditionelle Poi-

---

[22] Vgl. Hans-Christoph Piper, Ars moriendi im Mittelalter, bei Luther und heute [1996], in: Ders., Einladung (Anm. 18), 161–173.

menik spricht in diesem Fall von allgemeiner Seelsorge (cura animarum generalis).

Die Sprache, die seelsorglich tröstet und die auch Bachs Töne inspiriert, ist die metaphorische Sprache. Metaphern verbinden fernliegende Wirklichkeiten zu einer neuen Wirklichkeit. In diesem Fall sind in der Sprache der Metaphern sogar drei Wirklichkeiten zu neuer Ganzheit vermischt: Alltagswelt, Sterbeerfahrung und Glaubenstrost. Genau in solcher Mischung der Wirklichkeiten liegt die Kunst, die Ars moriendi, die Sterbe-Kunst für das eigene und für das Sterben des Anderen. Für sich allein genommen, wäre keine der drei Wirklichkeiten hilfreich. Reine Alltagssprache wirkt oberflächlich angesichts der Gegenwart des Todes, nackte Thematisierung des Sterbens kann grausam ausfallen und untröstlich, während pastorales Reden über die Jenseitshoffnung sich leicht in Leerformeln des Glaubens erschöpft. Seelsorge als metaphorisches Sprechen ist die Kunst, die Wirklichkeiten zu mischen. Ich will das an der Metapher von der Schiffahrt deutlich machen. Diese Metapher hat Anteil an drei Wirklichkeiten:

- *Alltagswelt:* Schiffahrt ist ein Phänomen des normalen Lebens. Sie ist, wenn man am Wasser wohnt, ein alltägliches Phänomen; auch wenn man nur im Urlaub mit dem Schiff fährt, gehört die Schiffahrt zum Leben. Die Schiffahrt, die Wellen, der Anker, der Hafen – das gibt es, das kann man sehen und erleben. Mit dem Symbol der Schiffahrt hat Bachs Kantatensprache Anhalt an der *Wirklichkeit des Alltags.*
- *Sterbeerfahrung:* Wir haben gesehen, dass die Schiffahrt zu den Symbolen gehört, die Sterbende benutzen, wenn sie von ihrer Reise zwischen den Welten sprechen: »Gut, dass Sie kommen, gleich fährt das Schiff ab.« Mit dem Schiff übers große Wasser setzen – dieses Bild gehört zu den anthropologischen Urbildern für die *Wirklichkeit des Sterbens.*
- *Glaubenstrost:* Mitten in die Alltags- und die Sterbebilder mischen sich die Bilder des Glaubens. Mit großer Selbstverständlichkeit werden biblische Bilder von der Schiffahrt aufgegriffen. Da sehe ich auf einmal mich selbst, wie die Jünger voller Angst auf stürmischer See, und da ist Christus, der mir übers Wasser entgegenkommt: »Der rufet so zu mir: / Ich bin bei dir, / ich will dich nicht verlassen noch versäumen.« Die biblischen Bilder des Glaubens repräsentieren die *Wirklichkeit des ewigen Lebens.*

Alltagswelt, Sterbeerfahrung und Glaubenstrost vermischen sich in der Kreuzstabkantate zu einer Sprache, die keine Wirklichkeit übergeht und die genau so die Hörenden in eine neue Wirklichkeit hineinzieht. Der Musiker Johann Sebastian Bach, dessen unbekannter Librettist, der Dichter Mario Wirz, Künstler aller Art – mitten im Leben können sie uns das Sprechen lehren, das Sprechen in Bildern, ein Sprechen, das nicht im Stich lässt auf der Reise zwischen den Welten.

Es mag so aussehen, als sei über all den Hinweisen auf Sprache und Bilder die Musik zu kurz gekommen. Sicher, das Kantatenlibretto ist, verglichen mit anderen Kantatentexten, ein ungewöhnlich geglückter Text. Dennoch würde er allenfalls ein frömmigkeitsgeschichtliches Fußnotendasein führen, wenn Bachs Töne ihm nicht zu genialer Klanggestalt verholfen hätten. Ähnlich ist es mit den Illustrationen im zeitgenössischen Erbauungsbuch. Sie lassen mich eher milde lächeln, als dass sie meinem Glauben die Sprache geben, die er braucht. Erst Bachs Klangrede verwandelt ein erbauliches Bildprogramm des Barock in existentielle Sprache, eine damals wie heute wichtige, eine seelsorgliche, eine unmittelbar anrührende Sprache, eine »Sprache ohne Umweg«.

Anhang[23]

1. Aria
Ich will den Kreuzstab gerne tragen,
Er kömmt von Gottes lieber Hand,
Der führet mich nach meinen Plagen
Zu Gott in das gelobte Land.
Da leg ich den Kummer auf einmal ins Grab,
Da wischt mir die Tränen mein Heiland selbst ab.

2. Rezitativo
Mein Wandel auf der Welt
Ist einer Schiffahrt gleich:
Betrübnis, Kreuz und Not
Sind Wellen, welche mich bedecken
Und auf den Tod
Mich täglich schrecken;
Mein Anker aber, der mich hält,
Ist die Barmherzigkeit,
Womit mein Gott mich oft erfreut.
Der rufet so zu mir:
Ich bin bei dir,
Ich will dich nicht verlassen noch versäumen!
Und wenn das wütenvolle Schäumen
Sein Ende hat,
So tret ich aus dem Schiff in meine Stadt,
Die ist das Himmelreich,
Wohin ich mit den Frommen
Aus vielem Trübsal werde kommen.

3. Aria
Endlich, endlich wird mein Joch
Wieder von mir weichen müssen.

---

[23] Dürr (Anm. 4), 645 f.

Da krieg ich in dem Herren Kraft,
Da hab ich Adlers Eigenschaft,
Da fahr ich auf von dieser Erden
Und laufe sonder matt zu werden.
O gescheh es heute noch!

4. Rezitativo
Ich stehe fertig und bereit,
Das Erbe meiner Seligkeit
Mit Sehnen und Verlangen
Von Jesus' Händen zu empfangen.
Wie wohl wird mir geschehn,
Wenn ich den Port der Ruhe werde sehn.
Da leg ich den Kummer auf einmal ins Grab,
Da wischt mir die Tränen mein Heiland selbst ab.

5. Choral
Komm, o Tod, du Schlafes Bruder,
Komm und führe mich nur fort;
Löse meines Schiffleins Ruder,
Bringe mich an sichern Port!
Es mag, wer da will, dich scheuen,
Du kannst mich vielmehr erfreuen;
Denn durch dich komm ich herein
Zu dem schönsten Jesulein.

Himmelfahrt

Von einem gestaltlosen Fest und seiner Gestalt in der Kunst
[2003]

I. Spiritualität und Kunst

Auch in Tönen und Bildern, in Bauwerken oder literarischen Texten gewinnt der christliche Glaube Gestalt. Die Künste in allen ihren Spielarten gehören zu christlicher Spiritualität als der Gestaltseite des Glaubens.[1] Dieser Zusammenhang scheint evident. Umso verwunderlicher ist es, dass in zahlreichen Publikationen zum Thema Spiritualität die Künste nicht oder allenfalls am Rand auftauchen.[2] Ein Grund mag sein, dass die Kunst spätestens seit der Moderne eine Autonomie für sich beansprucht, die es Theologie und Kirche nicht leicht macht, die Künste so ohne Weiteres als Ausdrucksgestalten des Glaubens für sich zu reklamieren. Es gibt eine spezifische Widerständigkeit von Kunst, die einer vorschnellen Integration unter dem Label »Christliche Spiritualität« entgegensteht.[3]

Kunst und Spiritualität gehen nur so zusammen, dass Kunst und Glauben die ihnen je eigene Freiheit behaupten. Unter dieser Voraussetzung gibt es erfreuliche Ansätze zu einer Wahrnehmung von Kunst als Element von Spiritualität.

---

[1]   Vgl. zur Konzeption von christlicher Spiritualität als der Gestaltseite des Glaubens: Manfred Seitz, Evangelische Spiritualität – den Glauben leben, in: Verhandlungen der Landessynode der Evang.-Luth. Kirche in Bayern, Tagung in Rothenburg o.d.T., 17.–22. April 1994, 22–28. Hier findet sich folgende Definition: Spiritualität als »der erkennbare und je und je unter den Bedingungen des Lebens gestaltete Glaube einzelner und ganzer Gemeinschaften« (23).

[2]   Das gilt etwa auch für die Einführung aus dem angelsächsischen Bereich: Alister McGrath, Christian Spirituality. An Introduction, Oxford/Malden 1999, 19–24.

[3]   Vgl. etwa Gustav A. Krieg, Grundprobleme theologischer Musikbetrachtung, in: PTh 77 (1988), 240–253; auch Klaus Raschzok, Kreuze in der Kunst der Moderne, in: Kreuze, hg. v. Internationalen Künstlerhaus Villa Concordia (Katalog zur Ausstellung im Bamberger Dom), Edition Villa Concordia Bd. 7 und Veröffentlichungen der HA Kunst und Kultur des Erzbischöflichen Ordinariates Bamberg Bd. 11, Bamberg 2002, 12–14.

Einige Beispiele greife ich heraus. Im akademischen Kontext spricht etwa Horst Georg Pöhlmann unbefangen vom (externen) »Geistzeugnis« der Dichtung.[4] Musik, so Peter Bubmann, kann weit über den engeren Bereich von Kirchenmusik hinaus wahrgenommen werden als Gestalt der »pluriformen Wirkungen des Heiligen Geistes«.[5] Und im Feuilleton der Wochenzeitung weiß Claus Spahn Bachs Matthäuspassion als spirituelles Ferment im säkularen Kontext zu würdigen: »Und doch geschehen zu Ostern bisweilen noch Wunder, wenn aus dem großen Wehklagen der Passions-Musik metaphysische Bewegtheit aufsteigt – sei es auch nur eine musikalische. Vielen deutschen Kanzeltheologen ist die offenbar nicht mehr gegeben«.[6]

Aus der Zeitungspassage wird deutlich, was Kunst neben einem Gestaltelement des Glaubens auch sein kann: Fremdprophetie.[7] Die Welt der Kunst mit ihrem Reichtum weist Kirche und Theologie auf Defizite und Versäumnisse. Das ist mit »Fremdprophetie« gemeint. Am Beispiel der Himmelfahrt Christi will ich zeigen, wie sich durch Hinweise aus Musik und Literatur für ein weitgehend gestaltlos gewordenes Fest Gestalt andeutet.

II. Fest ohne Gestalt

Das Himmelfahrtsfest, eingeklemmt zwischen Ostern und Pfingsten, hat liturgisch-spirituell keinen leichten Stand. Ostern ist mit reichem Brauchtum und erstem Frühling verbunden. Pfingsten kann zu den Birkenzweigen die eindrückliche Symbolik des Feuers aufweisen. Für Himmelfahrt hat sich Brauchtum praktisch nicht entwickelt. Wenn im Spätmittelalter zwei Kleriker Rauchfass schwingend die Engel der biblischen Himmelfahrtsüberlieferung spielten oder wenn in mancher Kirche eine Christusfigur hochgezogen wurde, dann ist es nur gut, dass sich davon nichts erhalten hat.[8]

Himmelfahrt spielt im gottesdienstlichen Leben der Gemeinden kaum noch eine Rolle. Wenn das Fest überhaupt wahrgenommen wird, dann deswegen, weil an diesem Tag die Gottesdienste gerne ins Grüne verlagert werden. Der Grund

---

[4]   Horst Georg Pöhlmann, Heiliger Geist – Gottesgeist, Zeitgeist oder Weltgeist? Anstöße zu einer neuen Spiritualität, Neukirchen-Vluyn 1998, 135.

[5]   Peter Bubmann, Von Mystik bis Ekstase. Religiöse Dimensionen der Musik, in: Ders., Von Mystik bis Ekstase. Herausforderungen und Perspektiven für die Musik in der Kirche, München 1997, 9–21, 19.

[6]   Claus Spahn, Der fünfte Evangelist (DIE ZEIT Nr. 16 vom 11.04.2001).

[7]   Vgl. zu Paul Tillichs Begriff: Joachim Scharfenberg, Sigmund Freud und seine Religionskritik als Herausforderung für den christlichen Glauben, Göttingen [4]1974, 34.

[8]   Vgl. Karl-Heinrich Bieritz, Das Kirchenjahr. Feste, Gedenk- und Feiertage in Geschichte und Gegenwart, München [2]1988, 135.

leuchtet sofort ein: arbeitsfreier Donnerstag, frühsommerliche Temperaturen in frischer, grüner Natur, Ausflugstag. Aus der theologischen Verlegenheit mit Himmelfahrt machen viele Gemeinden eine Tugend. Der Gottesdienst wird zum Happening der Gemeinde im Grünen.[9]

Das scheint zufällig, eine Konzession an das erhoffte schöne Wetter. Es gibt Traditionen, die den Gottesdienst im Grünen, mindestens an der Oberfläche, auch theologisch begründen. Gottfried Adam erinnert sich, dass es in seiner Jugendzeit »für einen größeren Einzugsbereich einen Jugendgottesdienst auf einem Berg gegeben hat«.[10] Man hätte demnach das biblische Szenario gottesdienstlich neu inszeniert. Aber von diesem biblischen Impuls ist bei den stadt- und landläufigen Gottesdiensten zur Himmelfahrt im Grünen nicht mehr viel zu bemerken.

Theologisch hat Himmelfahrt mit der Vertikale zu tun: mit der Bewegung von unten nach oben ebenso wie mit der Bewegung von oben nach unten. Man kann *nach oben* deuten und sagen: Christus, der spürbare, erfahrbare Herr, ist weg. Die Himmelfahrt, so Hans Joachim Iwand, »ist ein aufgerichtetes Zeichen der Umkehr und der Buße gegenüber aller Direktheit und Anschaulichkeit«.[11] Himmelfahrt steht hier für eine gewisse Entzogenheit des Heils. Das ist theologisch nicht falsch. Wo man aber den Blick gar nicht mehr auf die Erde bekommt, geraten Wort und religiöse Erfahrung in ein unsachgemäßes Gegeneinander. Man kann auch *nach unten* sehen und wie die Predigerin Gertrud Knauss versuchen, »ein Stückchen Himmel auf die Erde [zu] holen, indem wir z. B. einen Menschen anlächeln«.[12] Beide Blickrichtungen sind, wo sie einlinig geschehen, nicht angemessen. Im einen Fall verschwindet die Weltwirklichkeit Gottes gen Himmel, während sie sich im anderen Fall zu einem angestrengt-christlichen Lächeln auf Erden verflüchtigt. Wie, so frage ich, ist von Gott und der Welt so zu reden, dass die spezifische Oben-Unten-Polarität der Himmelfahrt gewahrt bleibt?

Gerhard Ebeling versuchte eine dogmatische Beschreibung jener Polarität. Einerseits sei *Christus oben* recht aktiv; er wurde nicht »in den wohlverdienten Ruhestand versetzt«[13], sondern regiert das Weltgeschehen. Andererseits lässt sich Christus nicht einfach im Himmel lokalisieren, sondern als *Christus unten* wahrnehmen: »Nicht da, wo der Himmel ist, ist Gott, sondern da, wo Gott ist, ist der Himmel«.[14] Der Bewegung *nach oben* muss, so verstehe ich den Dogmatiker,

---

[9] Vgl. zur Himmelfahrt im aktuellen kirchlichen Kontext: Karl-Heinrich Bieritz, Himmelfahrt, in: Evangelischer Taschenkatechismus, hg. v. Winrich C.-W. Clasen u. a., Rheinbach 2001, 233–236.

[10] Gottfried Adam, in: GPM 53 (1998/99), 246–255, 249.

[11] Hans Joachim Iwand, Predigt-Meditationen, Bd. I, Göttingen ⁴1984, 496.

[12] Gertrud Knauss, in: PBl 131 (1991), 266–270, 270.

[13] Gerhard Ebeling, Dogmatik des christlichen Glaubens, 3 Bde., Tübingen, hier: Bd. II, ²1982, 312.

[14] A. a. O., 323.

stets eine Bewegung *nach unten* entsprechen. Andernfalls wäre die spezifische Polarität der Himmelfahrt nicht gewahrt.

Das Wechselspiel der biblischen Texte, welche die kirchliche Tradition zu Christi Himmelfahrt[15] vorsieht, entfaltet die Grundpolarität nach verschiedenen Aspekten:

- Zunächst ist diese Grundpolarität in den *Bildelementen der Himmelfahrt* gottesdienstlich präsent. Als Epistel und Evangelium verzeichnet das aktuelle lutherische Proprium die Himmelfahrtsberichte im lukanischen Doppelwerk (Apg 1 / Lk 24): Jesus führt die Jünger auf einen Berg nahe bei Jerusalem. Eine Wolke nimmt ihn weg vor ihren Augen. Zwei Männer in weißen Gewändern sind plötzlich da und wenden den Blick der Jünger wieder zur Erde:»Ihr Männer von Galiläa, was steht ihr da und seht zum Himmel?« (Apg 1,11).

- Die alttestamentliche Lesung verweist mit der Passage zum Tempelbau Salomos (1Kön 8) auf die *Transzendenz Gottes*. Im sogenannten Tempelweihgebet bringt der König prinzipielle Bedenken gegen einen Tempel als Haus Gottes zum Ausdruck:»Siehe, der Himmel und aller Himmel Himmel können dich nicht fassen – wie sollte es denn dies Haus tun, das ich gebaut habe?« (1Kön 8,27). In irdischen Häusern wohnt Gott nicht. Gleichwohl ist er da. Er ist mitten in der Welt transzendent.

- Der Wochenspruch lässt das *Sterben des Menschen* anklingen:»Christus spricht: Wenn ich erhöht werde von der Erde, so will ich alle zu mir ziehen« (Joh 12,32). Im Sterben kehrt der Mensch zurück zur Erde in der Hoffnung, dem Herrn folgend in den Himmel zu kommen.

- Die *Erhöhung Christi* in die Machtstellung über alle Mächte im Himmel und auf Erden kommt sowohl im Halleluja-Vers (Ps 110,1; Ps 118,16) und im Wochenlied (EG 121) zum Ausdruck wie auch in einer Reihe von Predigttexten (Offb 1,4–8; Eph 1,20b–23 oder, wenn auch nur marginal, Dan 7,1a.c.9–14). Der irdisch in Verborgenheit anwesende Herr ist zugleich der Herr im Himmel.

In allen diesen Aspekten manifestiert sich die spezifische Oben-Unten-Polarität der Himmelfahrt. Angesichts des reichen gottesdienstlichen Szenarios verwundert es, dass Himmelfahrt kirchlich zu einem Fest ohne Gestalt geworden ist. Christi Himmelfahrt präsentiert theologisch wichtige Topoi. Zugleich liefert dieses Fest einen unverzichtbaren Beitrag zur Bildwelt des Glaubens. Ohne das Bild der Himmelfahrt würde christlicher Spiritualität eine wesentliche Ausdrucksgestalt fehlen. Dieses Bildpotential findet in der Kunst größere Auf-

---

[15] Vgl. Evangelisches Gottesdienstbuch. Agende für die Evangelische Kirche der Union und für die Vereinigte Evangelisch-Lutherische Kirche Deutschlands, Berlin 2000, 336 f.

merksamkeit als gemeinhin in der Kirche. Das will ich an einer Bach-Kantate zeigen und an drei Gedichten neuerer Provenienz.

III. Johann Sebastian Bach: Spürbar auf Erden

Am 19. Mai 1735, dem Fest Christi Himmelfahrt, führte Johann Sebastian Bach in der Thomaskirche zu Leipzig die Kantate »Lobet Gott in seinen Reichen« (BWV 11) auf. Sie wird auch »Himmelfahrtsoratorium« genannt. Damals bestimmten zwei Lesungen den Wortraum der Liturgie: Apg 1,1–11 (Epistel) und Mk 16,14–20 (Evangelium). Die Texte bieten einiges an Geschehnissen und Worten im Umfeld der Himmelfahrt. Darüber hinaus bezieht die Kantate mit Lk 24,50–52 einen weiteren biblischen Text ein. Aus diesen biblischen Vorgaben ist ein Textgewebe zu Himmelfahrt entstanden, das keines der wenigen Details, welche die Bibel überhaupt von jenem Geschehen erzählt, auslässt. Die im Vergleich etwa zur Weihnachts- oder gar Passionsgeschichte karge Story von der Himmelfahrt sollte für die Komposition möglichst vollständig vorliegen. Die Evangelienharmonie bot sozusagen die Bühnenfassung der Himmelfahrt. Genau das war es, was für eine dramatische Inszenierung in Tönen benötigt wurde.[16]

Im harmonistischen Evangelienbericht, wie Bach ihn benutzt, steckt die Oben-Unten-Polarität der Himmelfahrt als dramatisches Potential. Die *Bewegung nach oben:* »Und ward aufgehoben zusehends und fuhr auf gen Himmel, eine Wolke nahm ihn weg vor ihren Augen, und er sitzet zur rechten Hand Gottes« (Satz 5). Die Bewegung kehrt sich um in der Rede der beiden Männer in weißen Kleidern: »Ihr Männer von Galiläa, was stehet ihr und sehet gen Himmel?« (Satz 7a). Und dann die *Bewegung nach unten:* »Sie aber ... wandten sich um gen Jerusalem von dem Berge ... Und sie kehreten wieder gen Jerusalem mit großer Freude« (Satz 7c).

Die Polarität von Oben und Unten bestimmt das gesamte Werk. Schon der Eingangschor richtet den Blick nach oben. Hier ergreift einer nicht zaghaft das Wort, sondern Bach eröffnet das Fest mit Pauken und Trompeten: Gott, der im Regiment sitzt, wird gelobt. Dann aber wendet der Evangelist (Satz 2) sehr schnell den Blick nach unten auf die irdischen Geschehnisse um die Himmelfahrt. Der Bass (Satz 3) intoniert eine erste emotionale Reaktion auf die Ereignisse: Abschiedsschmerz, verbunden mit der Bitte, doch noch ein wenig zu bleiben. In

---

[16] In diesem Fall ist die Quelle bekannt: die Evangelienharmonie des Wittenberger Stadtpfarrers und Luther-Freundes Johannes Bugenhagen. 1530 erstmals erschienen, war sie in der Bachzeit etwa als Abdruck in Gesangbuch-Anhängen verbreitet. Vgl. Martin Petzoldt, Auswahl und Gebrauch geistlicher Texte durch Bach, dargestellt am Himmelfahrtsoratorium (BWV 11), in: Ulrich Kühn (Hg.), Kirche als Kulturfaktor (FS Johannes Hempel), Hannover 1994, 88–115, 98.

einer Alt-Arie klagt die Seele und bittet, der Herr möchte doch die Wolke noch ein wenig warten lassen: »Ach, bleibe doch, mein liebstes Leben« (Satz 4). Nun aber geht wieder der Blick nach oben, dahin also, wo wir mit dem Eingangschor schon einmal waren: bei Gott, dem Herrscher im Himmel und auf Erden. Der Evangelist erzählt das Geschehen der Himmelfahrt (Satz 5); der Chor besingt die Wirklichkeit des Himmels mit den Worten eines Chorals (Satz 6).

Der Blick nach unten wird wieder vom Evangelisten eingeleitet (Satz 7a). Im Einklang mit der Bibel befreien die beiden Engel das Christsein von jeder Hansguck-in-die-Luft-Attitüde: »Ihr Männer von Galiläa, was steht ihr und sehet gen Himmel?« Bass und Tenor singen das in einem originellen Arioso. Die unverrückbare Entschlossenheit, mit der die beiden Himmlischen den Blick der Jünger wieder zur Erde richten, wird besonders sinnenfällig, wenn Peter Schreier und Dietrich Fischer-Dieskau die Engel geben wie ein Heldenpaar.[17]

Nachdem nun dergestalt entschlossen der Blick der Jünger wieder auf die Erde gerichtet ist, kommt es dem Menschen zu, im Diesseits die Verbindung zum Himmel zu suchen. Noch hängt sie, die Alt-Seele, zwischen Erde und Himmel, zwischen dem Abschied der Himmelfahrt und dem verheißenen Wiedersehen in der Parusie: »Ach ja! so komme bald zurück« (Satz 7b). Dann aber gehen die Jünger und alle Gläubigen, die hörend den Weg der Jünger mitvollziehen, entschlossen den Weg ins diesseitige Leben. Die Jünger kehren zurück nach Jerusalem »mit großer Freude« (Satz 7c).

Die fromme Seele ist jetzt ganz in Jerusalem. Mit der Arie »Jesu, deine Gnadenblicke« (Satz 8) steht sie vor der Frage nach Gotteserfahrung mitten im Leben: Wie kann ich diesen entschwundenen und, wie die Erfahrung der Jahrhunderte nahelegt, so schnell auch nicht wiederkehrenden Herrn auf Schritt und Tritt, hier und dort, spüren, erleben, erfahren? Antwort: Die Liebe Jesu Christi ist spürbar mitten in der Zeit. Diese Liebe ist kein abstrakter Begriff. Das Gefühl ist daran beteiligt. Die Seele kann Jesus fassen. Sicher, es gibt bei Bach glühendere, dezidiert mystische Ausdrucksweisen für diese Weise der Gegenwart Jesu Christi. Aber die Verhaltenheit, mit der im Himmelfahrtsoratorium der Himmel auf Erden wahrgenommen wird, hat auch ihren Charme.

Ungewöhnlich ist die Besetzung der Arie »Jesu, deine Gnadenblicke«. Von den Instrumenten her handelt es sich um einen Triosatz, der sich, sobald die Sopranstimme hinzutritt, zum Quartettsatz erweitert. Zwei Querflöten bilden eine Stimme, die Oboe eine zweite, und Violinen und Bratschen zusammen bilden die tiefste Stimme in diesem Gebilde. Das ist aber, da es sich nicht um einen eigentlichen Bass handelt, nur eine relative Tiefe. Alle Stimmen dieses Trios oder Quartetts gehören der mittleren und hohen Stimmlage an. Das erweckt den

---

[17]   Karl Richter (1975), DG Archiv 439380–2, mit Edith Mathis, Sopran; Anna Reynolds, Alt; Peter Schreier, Tenor; Dietrich Fischer-Dieskau, Bass.

Eindruck eines Blicks nach oben: »alle Erdenschwere scheint aufgehoben«[18]. Wenn es stimmt, dass die Arie ursprünglich Teil einer Hochzeitskantate war[19], dann ist doch auch mystische Spiritualität herauszuhören. Sie steckt im Text des Himmelfahrtsoratoriums, der von der Liebe zwischen der Seele und Christus handelt. In der Sache ist das Christusmystik: Die reine Seele ist auf dem Weg, als Braut von Christus umfangen zu werden. Solche Mystik wird zusätzlich sinnenfällig durch das Parodieverfahren[20], das eine Hochzeitskantate für ein geistliches Geschehen adaptiert. Dieselbe Musik, die auf dem Weg zur irdischen Liebe ihren Ort hatte, kann nun die Christus-Liebe der Seele zum Ausdruck bringen. Im Moment der Trennung klingt die Musik an, die zum Fest der Gemeinschaft gehört. Dichter und auf kleinerem Raum kann die Oben-Unten-Polarität eigentlich nicht inszeniert werden.

Die Kantate schließt mit einem Choral (Satz 9). Das Himmelfahrtslied »Gott fähret auf gen Himmel« war im alten Gesangbuch noch enthalten (EKG 421). Bach vertont die 7. Strophe. Es mag zunächst so klingen, als stünde die Parusie in Rede: »Wann soll es doch geschehen, wenn kömmt die liebe Zeit?« Wahrscheinlicher ist, dass es in diesem Kontext um die Begegnung mit Jesus Christus nach dem Tod geht.[21] In der Überlagerung beider Zeiten kommt die traditionelle Eschatologie zur Geltung, die den Jüngsten Tag eine »öffentliche und feierliche Bestätigung«[22] dessen sein lässt, was nach dem Tod mit der gottgemäßen Seele geschieht. Das Szenario ist einfach: Die Seele kommt in den Himmel, und Christus geht ihr entgegen.[23]

Ich versuche die Kantate zu überschauen. Dann muss ich zunächst ein Defizit an Spiritualität bei Bach selbst feststellen: Die Gotteserfahrung hat ihren Ort ausschließlich in der Seele, im Inneren des Menschen. Die Welt erscheint lediglich als das, was überwunden werden muss. Zugleich aber bringt Bach auch

---

[18]   Alfred Dürr, Die Kantaten von Johann Sebastian Bach, München/Kassel [5]1985, Bd. 1, 385.

[19]   Vgl. a. a. O., 382–386.

[20]   Gemeint ist die damals geläufige Praxis, Gesangskompositionen mit einem anderen Text zu versehen und auf diese Weise in anderem Kontext wieder zu verwenden.

[21]   Vgl. EKG 421,4: »Wir sollen himmlisch werden, / der Herre macht uns Platz. / Wir gehen von der Erden / dorthin, wo unser Schatz. / Ihr Herzen, macht euch auf! / Wo Jesus hingegangen, / dahin sein das Verlangen, / dahin sei euer Lauf.«

[22]   Friedrich Mildenberger u. Heinrich Assel, Grundwissen der Dogmatik, Stuttgart u. a. [4]1995, 292.

[23]   Zu entsprechenden Vorstellungen von Tod und Sterben in Bachs Kreuzstabkantate (BWV 56) vgl. Martin Nicol, Ich stehe fertig und bereit. Klangrede als Seelsorge, in: Manfred Josuttis, Heinz Schmidt u. Stefan Scholpp (Hg.), Auf dem Weg zu einer seelsorglichen Kirche. Theologische Bausteine (FS Christian Möller), Göttingen 2000, 72–84.

Züge am Himmelfahrtsfest zum Leuchten, die einer modernen Inszenierung der Himmelfahrt im Gottesdienst gut anstünden. Ich nenne zwei:

- Über den erhöhten Herrn, der da sitzt zur Rechten Gottes, wird nicht klug geredet. Nicht *über* ihn wird geredet, sondern er wird gelobt. Im Eingangschor wird er gelobt als der, der er ist: der gegenwärtige Herr. Über einen, der da ist, reden, als wäre er nicht da – so etwas tut ein Bach nicht. Christus ist als der Erhöhte irdisch präsent. Dem gibt die Musik Ausdruck.

- Die Polarität von Oben und Unten kennzeichnet das Himmelfahrtsfest. Bach gestaltet sie auf anrührende Weise mit Tönen. Er versteht sie zunächst als Polarität von Ferne und Nähe der Christenseele zu ihrem Herrn. Er verleiht ihr Erfahrungsqualität, indem er sie in die emotionale Polarität von Abschiedsschmerz und Freude der Nähe transponiert.

Bach lässt die Himmelfahrt im Medium von Gefühlen nachvollziehbar werden. Die Frage, ob nun Christus wirklich so und nicht anders gen Himmel gefahren sei, wird unwichtig. Wichtig wird die emotionale Polarität von Freude und Schmerz. An Schmerz und Freude einer Menschenseele angesichts von Distanz und Nähe zu Christus lässt Bach mich teilhaben.

Bach holt das Himmelfahrtsfest aus der Ferne dogmatischer Abstraktion zurück in die Nähe erfahrenen und erfahrbaren Glaubens. Die Polarität von Oben und Unten wird zur Polarität von Freude und Schmerz. Damit gewinnt ein gestaltloses Fest Gestalt. Das ist eine Spur, der zu folgen sich lohnt.

IV. Reiner Kunze: Spielend nach oben

Angesichts der minderen Bedeutung von Himmelfahrt im kirchlichen Bewusstsein mag es erstaunen, dass es überhaupt Spuren von Himmelfahrt gibt in der zeitgenössischen Literatur. Diese Spuren erweisen sich als ausgesprochen interessant. Mit Sprache geben sie der Transzendenz Gottes Gestalt. Und sie tun das mit genau der Symbolik, die der Kanzelrede oft solche Schwierigkeiten macht: mit Wolke und Auffahrt gen Himmel. Das Bild der Himmelfahrt wird zum Bild des Überschreitens, Transzendierens, Übertragens – Himmelfahrt als »Metapher«, als »Über-tragung« in einem ursprünglichen Sinn des Wortes.

Reiner Kunze[24] verwendet die Metapher von der Himmelfahrt kritisch und kreativ zugleich. Bei ihm mischt sich der Rauch der Rostbratwürste über dem offenen Grill mit der Wolke, die Jesus aufnahm von der Erde:

---

[24] Reiner Kunze, Jugend in den Pfarrgarten [1968], in: Ders., gespräch mit der amsel, Frankfurt a. M. 1984, 152.

JUGEND IN DEN PFARRGARTEN

Christus fährt nicht gen himmel
im rauch der rostbratwürste die
der pfarrer brät (der rauch aber zeigt
den weg)

Reiner Kunze
1968

Zeitgeschichtlicher Kontext ist die DDR, als noch niemand an ihr Ende dachte. Die Kirche bot Leuten, die mit dem System nicht zurechtkamen, ein Dach. Hier gab es Raum für das freie Wort. Reiner Kunze wusste Pfarrhäuser zu schätzen als einen Ort der Freiheit, bevor er, selbst unter Druck, 1977 in den Westen übersiedelte.

Das Gedicht bestätigt zunächst den geläufigen Einwand, der Himmel sei nicht oben und folglich könne Christus nicht, wie biblisch berichtet, gen Himmel gefahren sein. Diese Aussage macht den größten Teil des Gedichts aus. Darin scheint sich das Gedicht zu erschöpfen. Wenn ich aber auf den Anfang blicke und auf den Schluss, dann stellt sich die Aussage differenzierter dar. Die Überschrift macht eine Richtungsangabe: »Jugend in den Pfarrgarten«. Das klingt, als rufe hier der Pfarrer, die Jugend solle kommen. Und es scheint, als bejahe, in freundlicher Distanz zur Kirche, der Dichter diese Einladung. Die Klammer am Ende des Gedichts gibt den Grund an, warum der Dichter die scheinbar harmlosen Wurstbratereien im Pfarrgarten begrüßt: weil der Rauch der Rostbratwürste den Weg anzeige. In jenem Pfarrgarten, so verstehe ich Kunze, passiert mehr als nur eine Wurstbraterei. Er sagt nicht, was genau das Mehr sei. Aber irgendwie muss es mit dem Himmel oder jedenfalls der Himmelsrichtung zu tun haben.

Kunzes Gedicht ist ein kunstvolles kleines Sprachgebilde. Der Rauch der Rostbratwürste wird zur Metapher. Metaphorisch überlagern sich Bratwurstrauch und Himmelfahrtswolke, Alltag und Religion, Immanenz und Transzendenz. Das alles geschieht unaufdringlich, gleichsam spielerisch. Reiner Kunze spielt mit Analogie und Differenz von Himmelfahrtswolke und Bratwurstrauch. Die Massivität der Himmelfahrtsmetaphorik wird abgelehnt, während die Richtung, für die der Himmel steht, bleibt. Im Spannungsfeld der Himmelfahrt von Oben und Unten geht der Blick spielend nach oben. Aber die Metapher macht, dass niemand wirklich den Boden unter den Füßen verliert. Die Rostbratwürste garantieren Erdenschwere.

V. Peter Härtling: Kunstvoll gen Himmel

Das folgende Gedicht von Peter Härtling entnehme ich seinem Band »Horizonttheater«. Das sind späte Gedichte, Gedichte nach der Lebenswende der großen
Herzoperation[25].

GLÜCK

Nichts mehr,
was dich treibt,
nichts mehr,
was dich hält.
Auf den Hügel hinauf
und so lange
nach Innen singen,
bis die Stimme
dich aufhebt
und mitnimmt.

Peter Härtling
1997

Ein wunderbar verhaltenes Gedicht ist das. Die Bezüge zur Himmelfahrt sind
nicht vordringlich, aber evident:

- Der »Hügel« gibt genau die Topographie der Himmelfahrt wieder: »Da kehrten
  sie nach Jerusalem um von dem Berg ...« (Apg 1,12). In der christlichen
  Tradition der Evangelienharmonie[26] werden, dem Markus-Schluss folgend,
  der matthäische Missionsbefehl auf dem Berg und die Himmelfahrt ohnehin
  als ein und derselbe Geschehenszusammenhang gesehen. So gesehen leitet
  auch Mt 28,16 die Himmelfahrtsereignisse ein: »Aber die elf Jünger gingen
  nach Galiläa auf den Berg, wohin Jesus sie beschieden hatte.«
- »bis die Stimme dich aufhebt«: Die Stimme Jesu und die Auffahrt gen Himmel
  stehen in engstem Zusammenhang. Lk 24,51: »Und es geschah, als er sie
  segnete, schied er von ihnen und fuhr auf gen Himmel.« Ähnlich Apg 1,9:
  »Und als er das gesagt hatte, wurde er zusehends aufgehoben ...«
- »bis die Stimme dich aufhebt und mitnimmt«: In dieser Formulierung kommt
  bis in die Wortwahl die Bibel zur Geltung. Apg 1,9: »Und als er das gesagt
  hatte, wurde er zusehends aufgehoben, und eine Wolke nahm ihn vor ihren
  Augen weg.«

---

[25]   Peter Härtling, Glück, in: Ders., Horizonttheater. Neue Gedichte, Köln 1997, 44.
[26]   Zur Evangelienharmonie der Himmelfahrt bei Johann Sebastian Bach vgl. Anm. 16.

Die Spur der Himmelfahrt Jesu zeichnet sich deutlich ab im lyrischen Text. Anderes aber klingt mit. Zum einen wurde auch Henoch entrückt (Gen 5,24), Elia ebenso (2Kön 2,11). Entrückung ist biblischer Topos für einen leichten Tod, einen Tod, den Gott mit leichter Hand gewährt als Übergang ins andere Leben. Zum anderen spielt der Berg bzw. der Aufstieg auf die Höhe als biblisches Motiv mystisch geprägter Spiritualität eine bedeutende Rolle.[27] Beides wird mitklingen in Härtlings Adaption der Himmelfahrt Jesu: Entrückung als Bild für leichtes Sterben und Entrückung als Bild für entrückte Momente im Leben.

Entrückt wird, wer lange genug »nach Innen singt«. Es handelt sich, so dürfen wir annehmen, um einen kunstvollen Gesang, sei es der poetische Gesang des Dichters, sei es der Liedgesang des Musikers. Peter Härtling als Schubert-Kenner dürfte an Poesie in Tönen nach Art der Schubert-Lieder gedacht haben. Kunst, so lese ich, hat die Kraft, Irdisches bis zur Entrückung zu transzendieren. Die Kunst wird zur Wolke, die nach oben trägt. Entrückte Momente der Kunst präludieren einen leichten, gleichsam harmonischen Tod. Der Dichter wagt es, an Himmelfahrt den Blick nach oben gerichtet zu lassen.

VI. Erich Fried: Brutal auf Erden

War bisher im Spiel der Metaphern der Blick nach oben gerichtet, so wendet Erich Fried ihn unsanft nach unten. Mit Blick auf einen Vorfall im arabisch-israelischen Konflikt hat er den Topos der Himmelfahrt aufgegriffen.[28] Auf den historischen Kontext weist Fried selbst in einer Fußnote, die Bestandteil des Gedichts ist, hin.[29] Am 14. Mai 1974 hatten in der galiläischen Stadt Maalot palästinensische Terroristen mehr als hundert Menschen, Kinder vor allem, in einer Schule als Geiseln genommen. Die israelische Regierung ging zunächst scheinbar auf die Forderung der Geiselnehmer nach Freilassung palästinensischer Gefangener ein. Aber noch vor Ablauf des Ultimatums stürmten Spezialeinheiten die Schule. Mindestens 25 Menschen kamen ums Leben, darunter 20 Kinder. Zur Vergeltung flogen die Israelis schwere Luftangriffe auf Palästinenserlager im Libanon.

Dem Gedicht zugrunde liegen die Ausführungsbestimmungen der Psalmen im hebräischen Urtext. Ps 131,1 beispielsweise beginnt so: »Von David. Ein Wallfahrtslied«. Im Hebräischen enthält diese Überschrift das Wort »maalot«. Daran knüpft Erich Fried an:

---

[27] Vgl. McGrath (Anm. 2), 103 f.

[28] Erich Fried, Ein Ma-alot-Lied, in: Ders., Höre, Israel! Gedichte und Fußnoten, Hamburg 1974 = ders., Gesammelte Werke, Gedichte 2, Berlin 1993, 177.

[29] Die historischen Anmerkungen und wertvolle Hinweise zur Interpretation verdanke ich Tanja Gojny, Biblische Spuren in der Lyrik Erich Frieds. Zum intertextuellen Wechselspiel von Bibel und Literatur, Mainz 2004, 342–349 u.ö.

EIN MA-ALOT-LIED

Was heißt Ma-alot?
Aufstieg oder Treubruch
Tonleiter Eskalation oder Himmelfahrt?
Zu welcher Weise singt man
das Lied von Ma'alot?
zur Weise Davids
oder zur Weise Dayans

der seine Gefangenen
nicht freigeben wollte
der das Halten eines Versprechens verhindert hat
und der so
das Weiterleben verhindern half
von Kindern und Frauen
von Männern auf beiden Seiten?

»Maalot-Lied«, Untertitel mehrerer Psalmen. Das hebräische Wort besitzt alle im 1.
Vers angesprochenen Bedeutungen. Hier auch Anspielung auf den Ortsnamen. Geschrieben nach dem Massaker von Maalot, Frühling 1974.

Erich Fried
1974

Ein unpoetisches Gedicht, nüchterne Notiz schrecklicher Ereignisse. Das Massaker im Ort Maalot, verantwortet von Moshe Dayan, israelischer Verteidi-
gungsminister bis 1974, brachte dem Dichter die alten Ausführungsbestimmungen der Psalmen in Erinnerung. Man streitet unter den Auslegern, was das
heißt: maalot (Pl.) bzw. maalah (Sg.). Erich Fried notiert penibel die verschiedenen Möglichkeiten. Was er bietet, ist zunächst nichts anderes als der Auszug
aus einem Hebräischlexikon: Aufstieg, Treubruch, Tonleiter, Eskalation, Himmelfahrt. Erst der Kontext lässt die lexikalische Aufzählung brisant werden. Wer
vom Massaker von Maalot gehört hat, erschrickt schon bei der bloßen Aufzählung
der Bedeutungen. Manifest wird Frieds politische Absicht, als er David und Dayan
gegenüberstellt. Man kann einen Maalot-Psalm, Ps 131 beispielsweise, »zur
Weise Davids« singen. Solcher Gesang scheint unpolitisch, auch wenn mit der
Nennung des Psalmisten David die stolze und glanzvolle Vergangenheit des
Königtums anklingt. Man kann einen Maalot-Psalm, so Fried, aber auch »zur
Weise Dayans« singen. Dann sterben Männer, Frauen und Kinder auf brutale
Weise. Der Gegenüberstellung von David und Dayan korrespondiert eine gene-
relle Doppelheit im Gedicht: Formal handelt es sich um einen Psalm, während es
sich inhaltlich als scharfer Antipsalm erweist. Mit solcher Gegenüberstellung
brandmarkt Fried zunächst jeden religiösen Gesang, der von den politischen
Verhältnissen auf Erden absieht. Zugleich problematisiert er, indem David und

Dayan kontextualisiert werden, im Grunde jede nationalistische Verquickung von Religion und Politik. David gilt als Held der Vorzeit, Dayan als Held israelisch-arabischer Kriege. Dayan war für ein fürchterliches Massaker verantwortlich. Auf einmal wird auch der traditionell verklärende Blick auf David realistisch: »Treubruch«, hier wie dort.[30]

»Himmelfahrt« bekommt in diesem politischen Kontext den Klang, den es auch im deutschen Wort »Himmelfahrtskommando« hat. Das Wort gehört in den Bereich des Militärs. Wer zu einem »Himmelfahrtskommando« eingeteilt wird, hat von vornherein kaum eine Chance zum Überleben. »Himmelfahrt«, gemeinhin assoziiert mit Wolke und Entrückung, wird zur euphemistischen Metapher für »gewaltsam sein Leben verlieren«. Bei Erich Fried dreht sich der Gebrauch noch einmal um. Nicht diejenigen, die das Kommando ausführen, lassen ihr Leben, sondern diejenigen, denen das Kommando gilt. Der fromme, scheinbar völlig ungefährliche Topos von der Himmelfahrt wird zur Chiffre für ein todbringendes Unternehmen. Dieselben Leute, die fromme Lieder singen, werden beschuldigt, Mord und Totschlag im Namen der Nation zu begehen oder jedenfalls zu billigen.

Erich Fried bringt in unsere Spurensuche den massiven Impuls, an Himmelfahrt nicht wie gebannt nach oben zu schauen, sondern konsequent nach unten, auf die Orte, an denen es um Tod und Leben geht. Wie das im Übrigen schon biblisch die beiden Männer in weißen Kleidern für sinnvoll erachteten (Apg 1,11): »Ihr Männer von Galiläa, was steht ihr da und seht zum Himmel?« Die Metapher von der Himmelfahrt, oft für ein Überschreiten und Transzendieren gebraucht, dient bei Erich Fried dazu, die Perversität eines Transzendierens zu brandmarken, das die Realitäten auf Erden ausblendet.

Die spezifisch theologische Frage stellt Fried nicht. Uns aber stellt sie sich mit Frieds Hinweis massiv: die Frage nach der Macht über alle Mächte im Himmel und auf Erden. Wer sitzt denn wirklich »im Regimente« (EG 361,7) an den Krisenherden der Welt? An Christi Himmelfahrt ist die Machtfrage gestellt. Himmelfahrtsgottesdienste müssten von daher selbstverständlich politisch sein. Wie jeder Gottesdienst. Nur massiver, expliziter. Davon bewahren die freundlichen Gottesdienste im Grünen in der Regel nicht einmal eine ferne Erinnerung.

VII. Von der Notwendigkeit der Himmelfahrt

Wir haben exemplarische Streifzüge unternommen, Erkundungen in der Tradition evangelischer Kirchenmusik und Erkundungen im Bereich keineswegs kirchennaher Lyrik unserer Zeit. Johann Sebastian Bach präsentierte die Himmelfahrt Christi in der emotionalen Polarität von Freude und Schmerz. Bei Reiner

---

[30]   Vgl. nur die Geschichte von Davids Ehebruch und der Ermordung des Uria (2Sam 11).

Kunze leistet das Bild der Himmelfahrt einen unaufdringlichen Alltagsverweis auf Transzendenz. Für Peter Härtling wandelt sich die Wolke zum Medium sanfter Entrückung. Erich Fried benutzt den Topos der Himmelfahrt zum massiven Hinweis auf politisches Unrecht. Erfahrungsorientiert waren diese Adaptionen der Himmelfahrt allesamt. Und in allen Fällen waren, mehr oder weniger kräftig, die Bilder von Himmelfahrt und Wolke notwendige Elemente der künstlerischen Gestaltung. Mit der scheinbar erschöpften Symbolik von Himmelfahrt kamen Stimmungen und Phänomene zwischen Himmel und Erde auf überraschende Weise zur Sprache. Kein anderes Bildmaterial könnte dafür in gleicher Weise einstehen. Es waren Gestaltungen im Bereich der Künste, die darauf aufmerksam machten. Das verwundert kaum bei der Kirchenmusik eines Johann Sebastian Bach, die zur spirituellen Tradition des Christentums gehört. Das mag verwundern bei den lyrischen Texten. Hier ist es eher deren fremdprophetische Wirkung, die den Konnex von Spiritualität und Kunst ausmacht.

Warum eigentlich können wir kirchlich so wenig mit dem Fest Christi Himmelfahrt anfangen? Nach der Erkundung nur einiger weniger Spuren, die die Himmelfahrt in Musik und Poesie zog, hat sich meine Überzeugung gefestigt: Wenn es noch nicht existierte, müsste das Fest Christi Himmelfahrt spätestens zu Beginn des dritten Jahrtausends erfunden werden.

Sinnlichkeit und Gottverlangen

Mystische Erfahrung zwischen Kämmerlein und
Konzertsaal*
[2010]

Ob die Sinne Sinn machen

Sinnlichkeit und Gottverlangen[1] – die beiden Titelbegriffe signalisieren eine
elementare Spannung christlicher Frömmigkeit: Kann sich der Mensch im Bereich religiöser Erfahrung auf seine fünf Sinne verlassen? Oder muss er an den
Sinnen vorbei, über sie hinaus oder gar gegen sie den Weg zu Gott suchen?

Ich erörtere das Verhältnis von Sinnlichkeit und Gottverlangen an Phänomenen mystischer oder mystisch inspirierter Erfahrung. Hier sucht der einzelne
Mensch in Gebet, Meditation und anderen geistlichen Übungen die äußere Welt
hinter sich zu lassen, um tief innerlich Erfahrungen mit Gott zu machen. Eigentlich wäre zu erwarten, dass hier die Sinnlichkeit, die die Seele an die Gegebenheiten der äußeren Welt bindet, außen vor bleibt. Gerade hier aber bleiben
Sinnlichkeit und Gottverlangen einander spannungsreich zugeordnet.

Das gilt auch für mystische Frömmigkeit im Protestantismus. Ich gehe dieser
insgesamt nicht allzu häufig thematisierten Spur nach und konturiere von Martin
Luther bis Dietrich Bonhoeffer Modelle einer Zuordnung von Sinnlichkeit und
Gottverlangen. Wie ich am Beispiel bürgerlichen Musik-Erlebens versuchsweise

---

*   Der Aufsatz ist die erweiterte Form eines Vortrages, den ich im Rahmen der Ringvorlesung »Sinn, Sinne, Sinnlichkeit« der Friedrich-Alexander-Universität im Sommersemester
2009 in Erlangen gehalten habe.
[1]   Der Titel »Sinnlichkeit und Gottverlangen« variiert die Titelformulierung von Jean Leclercq, L'amour des lettres et le désir de Dieu, Paris 1957; deutsch: Wissenschaft und Gottverlangen. Zur Mönchstheologie des Mittelalters, Düsseldorf 1963. Zu den fünf Sinnen vgl.
die entsprechenden Beiträge in: Peter Bubmann u. Bernhard Sill (Hg.), Christliche Lebens-
kunst, Regensburg 2008, 23–63. Vgl. auch die kulturell weit ausgreifenden Erkundungen bei
Klaus Röhring, Vernunft und alle Sinne. Eine theologisch-ästhetische Betrachtung der fünf
Sinne, München 2008.

zeigen werde, hat protestantisch-mystische Frömmigkeit[2] auch über den binnenkirchlichen Bereich hinaus kulturgeschichtlich Spuren gezogen.

Mystische Tradition und geistliche Sinne

Protestantische Mystik ist in ihrer Eigenart nur auf dem Hintergrund einer langen und reichen Vorgeschichte christlicher Mystik zu erfassen. Das Sinnesvermögen des Menschen spielte von Anfang an eine wichtige Rolle, wenn die Mystik ihre Gotteserfahrung in massiv sinnlicher Metaphorik zur Sprache brachte. Zugleich aber war unbestritten, dass Gott eben gerade nicht sinnlich zu erfahren sei wie ein Phänomen der Welt. Mystik kann geradezu als der Versuch verstanden werden, gleichsam mit geschlossenen Augen (»Mystik«) und unter methodischer Ausblendung weltlicher Reize Gott zu erfahren. Die Spannung zwischen Sinnlichkeit und Gottverlangen ist der Mystik von Anfang an eingeschrieben.

Bereits die Bibel gibt Anlass, ein spezielles sinnliches Vermögen des Menschen für die Wahrnehmung der Gotteswirklichkeit zu konstatieren:

- Gott sehen? »Schmecket und *sehet*, wie freundlich der HERR ist!« (Ps 34,9).
- Gott hören? Der Prophet Jesaja, in den himmlischen Thronsaal versetzt, hört Gott selbst reden: »Und ich *hörte* die Stimme des Herrn, wie er sprach: Wen soll ich senden?« (Jes 6,8).
- Gott schmecken? »Jesus aber sprach zu ihnen: Ich bin das *Brot des Lebens*. Wer zu mir kommt, den wird nicht hungern« (Joh 6,35).
- Gott riechen? »Gott aber sei gedankt, der [...] offenbart den *Wohlgeruch seiner Erkenntnis* durch uns an allen Orten!« (2Kor 2,14).
- Gott tasten? »Was von Anfang an war, was wir gehört haben, was wir gesehen haben mit unsern Augen, was wir betrachtet haben und unsre Hände *betastet* haben ...« (1Joh 1,1).

Aus diesen und einer Fülle ähnlicher Hinweise in der Bibel bildete sich bereits bei *Origenes* eine Lehre von den geistlichen Sinnen.[3] Eine Art von geistlichem Sinnesvermögen erwies sich in der Folgezeit als unerlässlich für die *cognitio experimentalis de Deo,* die Erkenntnis Gottes auf dem Weg der Erfahrung.[4] Gottes-

---

[2]   Vgl. neuerdings Klaus Hägele, Deiner wart ich mit Verlangen. Mystische Spiritualität entdecken mit dem Evangelischen Gesangbuch, hg. v. Ökumenisch-Missionarischen Institut des Ökumenischen Rates Berlin-Brandenburg, Berlin 2006; Werner Thiede, Mystik im Christentum. 30 Beispiele, wie Menschen Gott begegnen, Frankfurt/M. 2009.

[3]   Vgl. Karl Rahner, Die »geistlichen Sinne« nach Origenes [franz. 1932], in: Ders., Schriften zur Theologie XII, Zürich u. a. 1975, 111–136.

[4]   Vgl. dazu Martin Nicol, Meditation bei Luther [1984], Göttingen ²1991, 81 f.

erfahrung geschieht, wie alle Erfahrung, nicht ohne Beteiligung der Sinne. Dazu freilich bedarf es einer Umpolung des menschlichen Wahrnehmungsvermögens. Die Sinne, die von Natur aus an der Welt hängen, müssen, bevor sie zur Erfahrung Gottes taugen, in sorgsam gestuften geistlichen Übungen auf Gott hin ausgerichtet werden. Dabei markieren die kanonisch gewordenen Sequenzen des mystischen Wegs auch die wesentlichen Stationen solcher Umpolung: In der *purificatio* (Reinigung) muss das Sinnesvermögen von seiner Weltverhaftung befreit und in der *illuminatio* (Erleuchtung) gleichsam himmelseitig neu ausgerichtet werden, bevor es in der Lage ist, in der *unio* (Einung) Gott zu erfahren. Immer wieder wird in Abhandlungen zum Thema auch auf eine Umkehr in der Rangordnung der Sinne verwiesen: Während bei den natürlichen Sinnen Sehsinn und Gehör den höchsten Rang einnehmen, sind es bei den geistlichen Sinnen Geruch, Geschmack und Tastsinn.

Jean Gerson (1363–1429), der »Kirchenvater der geistlichen Schriftsteller des 15. Jahrhunderts«[5], rekurriert, wenn er die Grundzüge mystischer Theologie entwirft, selbstverständlich auf die traditionelle Anschauung von den geistlichen Sinnen. Zwar kennt er auch eine geistige Erkenntnis Gottes, *cognitio intellectualis de Deo*. Sie tritt aber deutlich zurück hinter der *cognitio experimentalis*, der erfahrungsmäßigen Erkenntnis. Am Ziel des mystischen Erfahrungsweges könne der menschliche Geist

> »schmecken, wie süß Gott ist. Aus diesem Geschmack folgt eine bei weitem andere Erkenntnis, als es die lediglich geistige Schau oder auch das Hören im Glauben und im Medium der Heiligen Schrift war.«[6]

Nur eine ins Geistliche gewendete Sinnlichkeit bringt das Gottverlangen in Gottesnähe. Ich spreche deshalb vom *Modell der Vergeistlichung*. In der ihm eigenen Logik und Schönheit hat es die Geschichte der christlichen Frömmigkeit nachhaltig geprägt. Auch im Protestantismus finden sich eindrucksvolle Spuren. Nicht als geistliche Übung monastischen Formats, aber als Betrachtung im hermeneutischen Horizont allegorischen Schriftgebrauchs lässt sich das Modell der Vergeistlichung etwa auch bei *Paul Gerhardt* identifizieren. Die Sinne sollen sich, so sein berühmtes Abendlied, von der natürlichen Welt abkehren und den geistlichen Realitäten zuwenden. Dem geistlichen Sehsinn geht, wenn die natürliche Sonne am Horizont verschwindet, Christus als die wahre Sonne[7] auf:

---

[5]   Bernd Moeller, Frömmigkeit in Deutschland um 1500, in: ARG 56 (1965), 5–30, 19.

[6]   Johannes Gerson, De meditatione cordis, c. 13, ed. Glorieux VIII,81 (Übers. MN); Text auch bei Nicol (Anm. 4), 82.

[7]   Vgl. Mal 3,20.

Nun ruhen alle Wälder,
Vieh, Menschen, Städt und Felder,
es schläft die ganze Welt;
ihr aber, meine Sinnen,
auf, auf, ihr sollt beginnen,
was eurem Schöpfer wohlgefällt.

Wo bist du, Sonne, blieben?
Die Nacht hat dich vertrieben,
die Nacht, des Tages Feind.
Fahr hin; ein andre Sonne,
mein Jesus, meine Wonne,
gar hell in meinem Herzen scheint.[8]

Welthafte Gotteserfahrung bei Martin Luther

Die Gotteserfahrung *Martin Luthers* trug lebenslang die Spuren einer unter dem Einfluss der Devotio moderna abgemilderten mystischen Tradition. Noch der Reformator lebte seine Frömmigkeit in den Bahnen methodischer Meditation, die er als Mönch im Erfurter Kloster der Augustinereremiten kennen und schätzen gelernt hatte.[9]

Luthers Frömmigkeit beruht wesentlich auf Erfahrung. Demgemäß spielt der menschliche Affekt eine wesentliche Rolle.[10] Gebet und Meditation, meint Luther, kämen erst richtig in Gang, wenn das Herz »recht erwarmet und zu beten lüstig ist«.[11] Oder er rät mit Blick auf die Passion Christi, der Mensch solle dadurch im Herzen »gereitzt« werden, dass er die entsprechenden Texte »kawe [...], auff das es bey im erwarmme und krafft und sussikeit dem menschen eyngebe«.[12] Hinter solchen Anweisungen steht die monastische Tradition der *ruminatio*, des Wiederkäuens. Nach ihr solle der Mensch Bibeltexte in das Gedächtnis wie in einen Magen versenken, sie von dort bei Bedarf hervorholen, wiederkäuen und sich gleichsam körperlich aneignen. »Süßigkeit« gehört zu dem, was der Mensch im religiösen Erleben schmeckt. Demgemäß ist Affektivität grundsätzlich auch für Luthers geistliche Übungen unverzichtbar.[13]

---

[8] Paul Gerhardt, 1647 (EG 477,1.2).

[9] Vgl. Nicol (Anm. 4), pass.

[10] Vgl. a.a.O., 82–86 u.ö.

[11] WA 38,363,4f. (1535, im Kontext der Katechismusmeditation).

[12] WA 9,146,35f. (1517/18, im Kontext von Passionsmeditation).

[13] Zu Luthers »exercitia spiritualia passiva« (so die treffende Benennung von Erich Sander) vgl. Nicol (Anm. 4), 96.

Die verstreuten Äußerungen fügen sich zum Bild, wenn man sie auf dem Hintergrund mittelalterlicher Meditation betrachtet. Deren geradezu kanonisch gewordene Abfolge bestand aus vier Schritten: *lectio – meditatio – oratio – contemplatio*. In der *lectio* nimmt der Mensch den Wortlaut von Texten der Heiligen Schrift intensiv memorierend in sich auf, in der *meditatio* kommt es zur geistigen und geistlichen Durchdringung der angeeigneten biblischen Sachverhalte, in der *oratio* wird, was man zuvor erkannt hat, in der Anredeform des Gebets und mit intensiver Beteiligung des Affekts vor Gott gebracht, um endlich dem Raum zu geben, was zwar den Höhepunkt mystischer Erfahrung ausmacht, aber selten genug von Gott gewährt wird: die *contemplatio* als Vorgeschmack der ewigen Seligkeit.

Die geistliche Übung Luthers entwickelte sich aus dem Vierschritt der monastischen Tradition. Er übernahm ihn jedoch nicht ungebrochen, sondern in charakteristischer Umprägung. In einer späten Vorrede findet sich die berühmte Trias »Oratio, Meditatio, Tentatio« (Gebet – Meditation – Anfechtung).[14] Luther präsentiert sie innerhalb eines ansonsten deutschen Textes in lateinischer Sprache. Das werte ich als deutliches Zeichen dafür, dass er sich auf Tradition beruft.

Ich halte die Trias für eine reformatorische Adaption des kanonisch gewordenen Vierschritts. *Lectio* und *meditatio* der Tradition verbanden sich bei Luther zur »Meditatio«, während die »Oratio« als vorgängige Bitte um Erleuchtung durch den Heiligen Geist an den Anfang der Beschäftigung mit biblischen Texten rückte. Die eigentlich revolutionäre Umprägung aber erfolgte bei der *contemplatio* als dem Höhepunkt des mystischen Weges. Wo der mittelalterliche Mystiker mit seinen geistlich gewendeten Sinnen weltentrückt Gotteswirklichkeit wahrnahm, erfährt Luther Gott in Situationen des gelebten Lebens. An die Stelle mystischer *contemplatio* setzte Luther die »Tentatio« (Anfechtung). »Anfechtung« meint, modern formuliert, den im Glaubenshorizont gelebten Alltag. Auf Schritt und Tritt ergeben sich im Leben Situationen, die dem Lebensmut wie dem Gottesglauben hart zusetzen. Wenn in solchen Situationen der »Anfechtung« Gott dem Beter tröstlich begegnet, werden sie zu Ereignissen der Gotteserfahrung.

Auffällig ist, wie Luther den Höhepunkt der Gotteserfahrung in der »Tentatio« mit dem gleichen Vokabular der Affektivität zur Sprache bringt, mit dem die mystische Tradition ihre Höhenerlebnisse andeutete:

---

[14] WA 50,659,4; Vorrede zum ersten Band der Wittenberger Ausgabe seiner deutschen Schriften von 1539.

»Zum dritten ist da die Anfechtung. Die ist der Prüfstein, der dich nicht allein wissen und verstehen lehrt, sondern auch erfahren, wie recht, wie wahrhaftig, wie süß, wie lieblich, wie mächtig, wie tröstlich Gottes Wort sei, Weisheit über alle Weisheit.«[15]

Die landläufig negativ konnotierte »Anfechtung« kommt bei Luther als Grundsituation erfüllten Gottverlangens zur Geltung. Ich schließe daraus, dass für ihn das mystische Ziel einer *cognitio experimentalis de Deo* in seiner Erlebnisqualität bleibt, dass es aber inhaltlich anders bestimmt wird. Nicht mehr weltentrückte Innerlichkeit prägt die Gotteserfahrung, sondern eine im Gotteshorizont gelebte Weltlichkeit. Die Sinne bleiben die Sinne, die zur Geschöpflichkeit des Menschen gehören. Die Existenz muss nicht mehr in sorgsam gestuften Übungen transzendiert werden, damit sich das Gottverlangen erfüllen kann. Vielmehr begegnet jetzt die transzendente Gotteswirklichkeit mitten im gelebten Leben, in der konkreten Existenz. Ich spreche daher von einem *Modell der Existenzialisierung*.

Klangerotik bei Johann Sebastian Bach

Luthers persönliche Frömmigkeit mit ihrer stark affektiven Komponente trat im öffentlichen Erscheinungsbild des Protestantismus hinter massiv lehrhaften Elementen zurück. Dennoch bieten sich dem von der mittelalterlichen Tradition her geschärften Blick auch in der protestantischen Folgezeit reiche Spuren mystischer Frömmigkeit.[16] Das gilt naturgemäß fürs sprichwörtliche »stille Kämmerlein«. Aber auch in der öffentlichen Darstellung von Religion hat die Spannung von Sinnlichkeit und Gottverlangen zu eindrucksvollen Gestaltungen gefunden.

Auf der protestantischen Skala der Sinne belegt konkurrenzlos der Hörsinn den obersten Rang. Der Locus classicus findet sich bei *Paulus* (Röm 10,17): »Also entspringt der Glaube aus dem Hören der Botschaft«, so Ulrich Wilckens[17]; die Vulgata fand an dieser Stelle zum berühmten »fides ex auditu«. Beide Übersetzungen entsprechen zwar der griechischen Vorgabe, nicht aber der protestantischen Hochschätzung des Kanzelaktes, weshalb die Lutherbibel den Glauben lieber gleich »aus der Predigt« kommen lässt.[18]

---

[15] Martin Luther, Vorrede zum ersten Band seiner deutschen Schriften, 1539, in: LD ²1983, Bd. 1, 13–18, 16.

[16] Vgl. Martin Nicol, Art. Meditation II. Historisch/Praktisch-theologisch, in: TRE 22 (1992), 337–353.

[17] Das Neue Testament, übers. u. komm. v. Ulrich Wilckens, Hamburg 1970, z.St.

[18] Lutherbibel 1984: »So kommt der Glaube aus der Predigt ...«

Es gibt aber erfreulicherweise im Protestantismus auch anderes zu hören als Predigt. Zum Glauben, der aus dem Hören kommt, gehört vor allem in der lutherischen Reformation die Musik. Am Beispiel der Kantate »Erschallet, ihr Lieder« (BWV 172) von *Johann Sebastian Bach* möchte ich zeigen, wie sich die mystische Tradition im Klangraum von Kirchenmusik zurückmeldet.[19]

Was da im Mittelteil zwischen dem Heiligen Geist und der Seele geschieht, ist Liebe auf den ersten Blick. In der Mystik ist die Vorstellung beheimatet, Gott komme zur gläubigen Seele wie ein Liebhaber zu seiner Geliebten. Poetischer kann man von der Liebe kaum sprechen, als es das biblische »Hohelied der Liebe« tut. Das gilt, auch wenn in der kirchlichen Tradition das Hohelied kaum je als das gewürdigt wurde, was es ist: Liebeslyrik aus dem Orient. Sublimiert wird auch bei Johann Sebastian Bach und *Salomon Franck*, seinem Textdichter. Aber es bleiben noch immer genug Elemente, die es nahelegen, von Klangerotik zu sprechen.

Wenn es um Gott und die Seele geht, spricht die Theologie von einer Glaubensbeziehung. Das Hohelied der Bibel erzählt mit selbstverständlicher Erotik von der Liebe zwischen einer jungen Frau und einem jungen Mann. Und Johann Sebastian Bach und Salomon Franck gestalten im fünften Satz der Kantate einen Dialog voll geistlicher Erotik zwischen Sopran und Alt[20]:

Seele	Komm, laß mich nicht länger warten,
	Komm, du sanfter Himmelswind,
	Wehe durch den Herzensgarten![21]
Hl. Geist	Ich erquicke dich[22], mein Kind.
Seele	Liebste Liebe, die so süße,
	Aller Wollust Überfluß!
	Ich vergeh, wenn ich dich misse.[23]
Hl. Geist	Nimm von mir den Gnadenkuß.[24]
Seele	Sei im Glauben mir willkommen,
	Höchste Liebe, komm herein![25]
	Du hast mir das Herz genommen.
Hl. Geist	Ich bin dein, und du bist mein!

---

[19]   Zu Bach und seiner Kirchenmusik als starkes Element evangelischer Spiritualität vgl. Peter Zimmerling, Evangelische Spiritualität. Wurzeln und Zugänge, Göttingen 2003, 242–257.

[20]   Zum Text s. Alfred Dürr, Die Kantaten von Johann Sebastian Bach mit ihren Texten, München / Kassel ⁵1985, Bd. 1, 392 f.

[21]   Vgl. Cant 4,16 »Steh auf, Nordwind, und komm, Südwind, und wehe durch meinen Garten«.

[22]   Vgl. Cant 2,5 »Er erquickt mich ...«

[23]   Vgl. Cant 2,5 »... ich bin krank vor Liebe«.

[24]   Vgl. Cant 1,2 »Er küsse mich mit dem Kusse seines Mundes«.

[25]   Vgl. Cant 2,13 »komm, meine Schöne, komm her«.

Hier liefert, wie die Fußnoten zum Kantatentext zeigen, das Hohelied mit seinen Bildern wesentlich das Sprachmaterial für die Schilderung dessen, was geschieht, wenn Gott Wohnung nimmt in einer Menschenseele. Das sind wunderbar freie Bilder von Liebe. Zwar wird der Kuss zum »Gnadenkuss« spiritualisiert. Aber ansonsten gibt es keinen Grund, die erotischen Bilder des Hohenlieds etwa nicht mitzuhören, wenn die Seele dem Heiligen Geist begegnet.

In Bachs Kantate wird mit einer gewagten Inszenierung zum Miterleben dessen eingeladen, was im Zentrum der Kantate steht: die Einwohnung Gottes im Herzen. Der Affekt ist maßgeblich beteiligt. Von »Lust« spricht der Text, Lust macht es, der Musik zuzuhören, und Lust soll diese Klangrede durchaus machen. In ihrer Perspektive liegt, um es modern und missverständlich zu sagen, »Lust auf Gott«. Und wenn in dem Wort »Lust« welthafte Lust mitklingt, dann liegt das im Verfahren. Wer erotische Bilder verwendet, kann nicht damit rechnen, dass jede Erotik aus ihnen weicht, wenn sie in der Kirche laut werden. Das war schon in der mystischen Tradition trotz aller Sublimierung der Fall.

Insgesamt bleibt das sensible Wechselspiel zwischen erotisch gefärbter Sinnlichkeit und geistvollem Gottverlangen in Bachs Kantate in der Balance. Die Sinnlichkeit vergeistigt sich, und der Geist wird sinnenfällig. Sinnlichkeit und Gottverlangen gehen noch nicht ihre je eigenen Wege. Angesichts des Modells der Vergeistigung, das uns gleich begegnen wird, bezeichne ich die Bachsche Klangerotik, stark pointiert, als *Modell der Versinnlichung*.

Mystisches Musikerleben in der bürgerlichen Konzertkultur

Schon bei der Bach-Kantate ging es nicht mehr um mystisches Erleben im stillen Kämmerlein, sondern in der gottesdienstlichen Kultur der Kirche. Ich bleibe bei der Musik und verfolge nun eine Spur, die in eine weitere kulturelle Öffentlichkeit führt. Die Spur ist deutlich erkennbar, wurde aber auf ihre Verwandtschaft mit mystischer Frömmigkeit meines Wissens noch nicht untersucht. Es geht um die bürgerliche Konzertkultur und die Frage, ob und wie sich in Rezeption und Interpretation von klassischer Musik nicht nur mystische, sondern möglicherweise sogar protestantisch-mystische Religiosität zu Wort meldet.

Im Umgang mit Person und Werk *Ludwig van Beethovens* ist die religiöse Komponente mit Händen zu greifen. Als eines der wirkungsmächtigsten Zeugnisse gilt ein Brief der *Bettina von Arnim* an *Goethe* vom 28. Mai 1810. Hier beschreibt sie eine Begegnung mit dem tauben Meister als Erlebnis mit religiösen Konnotationen[26]:

---

[26] Bettina von Arnim, Eine Begegnung mit Beethoven [Brief an Goethe vom 28.05.1810], in: Blätter für die Freunde von Reclams Universal-Bibliothek VIII Nr. 7 (Nov. 1920).

»[...] möge er nur leben, bis das gewaltige und erhabene Rätsel, was in seinem Geiste liegt, zu seiner höchsten Vollendung herangereift ist, ja, möge er sein höchstes Ziel erreichen, gewiß, dann läßt er den Schlüssel zu einer himmlischen Erkenntnis in unseren Händen, die uns der wahren Seligkeit um eine Stufe näherrückt.

Und dann referiert sie die berühmten Worte, die Beethoven zu ihr gesagt habe: »daß Musik höhere Offenbarung ist als alle Weisheit und Philosophie«.

Die Beethovenrezeption bewegte sich vielfach in Bahnen, die durch dieses Diktum markiert sind: Musik als Offenbarung, der Komponist als Offenbarer, der Musiker gewissermaßen als Priester, der die einmal ergangene und kodifizierte Offenbarung jeweils neu zur Aufführung bringt, und die Hörerschaft als Gemeinde. In seiner Studie über das romantische Beethovenbild konstatierte *Arnold Schmitz*, »daß spätere Generationen seine Musik als Ersatz für den christlichen Gottesdienst erlebten.«[27]

Die Pianisten *Wilhelm Kempff* und *Edwin Fischer* manifestieren solche Religiosität in einer für unseren Zusammenhang überraschenden Relevanz. Sicher, da dürfte romantische Kunst-Religion nachwirken.[28] Ich schließe aber nicht aus, dass sich auch eine ins Kulturelle transformierte Frömmigkeit mystischen Zuschnitts bemerkbar macht. Manches spricht dafür, die markante Verhältnisbestimmung von Gottverlangen und Sinnlichkeit, die uns hier begegnet, auch auf die protestantische Herkunft der beiden Gewährsleute zurückzuführen.

Wilhelm Kempff (1895–1991) hat bis in die 1950er und 1960er Jahre hinein die Beethoven-Rezeption maßgeblich mitgeprägt. Auf seine Herkunft aus einem protestantischen Kantorenhaus war er zeitlebens stolz. Kempffs musikbezogene Religiosität macht sich besonders an Beethovens langsamen Sonatensätzen fest. Mit einigem Pathos beschreibt er, wie Beethoven neue Räume des Musikerlebens erschlossen habe:

»Aber hat je ein Großer vor ihm in den langsamen Sätzen der Sonate oder der Sinfonie es unternommen, allein, ohne Vorbild, in die Tiefen der menschlichen Seele zu steigen, nach dorthin, wo die Macht der Worte längst aufgehört hat, eine Macht zu sein, ja, wo selbst die Töne vor der Erschütterung der Seele zu stocken beginnen, und

---

[27]   Arnold Schmitz, Das romantische Beethovenbild. Darstellung und Kritik, Berlin/Bonn 1927, 76. Vgl. insges. zur Beethoven-Rezeption: Martin Nicol, Gottesklang und Fingersatz. Beethovens Klaviersonaten als religiöses Erlebnis, Bonn 2015. Dort finden sich auch detailliertere Ausführungen zu Kempff, Fischer und Bonhoeffer.

[28]   Vgl. Christian Filips, »Die Sprache der Engel«. Die Kunstreligion der Sing-Akademie zu Berlin um 1800 und ihre Wirkung auf Wackenroder und E.T.A. Hoffmann, in: Bärbel Holtz u. Wolfgang Neugebauer (Hg.), Kennen Sie Preußen – wirklich? Das Zentrum »Preußen – Berlin« stellt sich vor, Berlin 2009, 91–110.

wo nun die Pausen einsetzen, jene Pausen, die wir nur als Beethovensche Pausen bezeichnen können, in denen unser Herzschlag auszusetzen scheint, und die die Musik der Stummen, der Ertaubten ist.«[29]

In der metaphorischen Wendung »in die Tiefen ... zu steigen« dürfte die traditionelle »Höllenfahrt Christi« aus dem Glaubensbekenntnis mitklingen[30]. Gleichwohl schildert Kempff an dieser Stelle noch innerseelisches Geschehen: Beethoven sei »in die Tiefen der menschlichen Seele« hinabgestiegen. An anderer Stelle kommt er auf die Hörerrezeption zu sprechen, nunmehr in explizit theologischer Gedankenführung:

»Denn Beethoven ist wirklich Geist, da ist kein Intellekt, da ist auch kein Eros in diesen Dingen. Je mehr wir in seine letzten Werke eindringen, desto beherrschender wird das Geistige, die neue geistige Welt. Und das ist natürlich das Schwierige: Das Gefühl der Ehrfurcht vor dem Geist, von dem schon in der Bibel gesprochen wird, muß vorhanden sein. Das Pneuma ist für mich der Heilige Geist, der durch die Welt tönt, und das können wir in der Musik am schönsten, am reinsten erleben, ohne das Wort. Wir wissen, daß es still wird in uns, wenn wir ein Adagio von Beethoven spielen. [...] Man muß einmal erlebt haben, was mit den Menschen und dem Werk geschieht, wenn man in der Ruhe der Nacht ein Adagio von Beethoven spielt. Ich wünsche meinen jungen Zeitgenossen, daß sie das fühlen. So etwas läßt sich wirklich nicht studieren, das kann nur erlebt werden.«[31]

Die Rezeption eines Adagios von Beethoven führt, so der Pianist, aus der Welt hinweg und in ein Erleben jenseits der Worte. Das erinnert an Beschreibungen des mystischen Weges. Was freilich anders ist als in der genuinen Mystik: Die Sinnlichkeit des Menschen spielt keine Rolle mehr, weder als natürlicher Affekt wie bei Luther oder Bach noch als geistlicher Affekt wie im Mittelalter. Im Gegenteil, man kommt dem göttlichen Geist umso näher, je mehr man sich von seinen Sinneswahrnehmungen löst. Denn dieser sei, so Kempff, »ein körperloser Geist«[32].

---

[29] Wilhelm Kempff, Gedanken über Beethovens Klaviersonaten. Ansprache im japanischen Rundfunk [30.10.1954], in: Werner Grünzweig u.a. (Hg.), »Ich bin kein Romantiker.« Der Pianist Wilhelm Kempff 1895–1991. Dokumente zu Leben und Werk, im Auftrag der Akademie der Künste, Hofheim 2008, 38–42, 39 f.

[30] Vgl. 1Petr 3,19 und die entsprechende Formulierung im Apostolischen Glaubensbekenntnis (damals noch: »niedergefahren zur Hölle«).

[31] Wilhelm Kempff, Anmerkungen zu Komponisten und Werken [zu verschiedenen Zeiten und Anlässen], in: Grünzweig (Hg.) (Anm. 29), 30–37, 34.

[32] A.a.O., 41.

Wilhelm Kempff äußerte sich auch über seinen Kollegen am Piano: den Schweizer *Edwin Fischer* (1886–1960), ebenfalls protestantischer Herkunft. Er erinnert an ein nächtliches Gespräch mit *Albert Schweitzer*, in dem dieser Edwin Fischer als prophetische Persönlichkeit würdigte: »Hört euch Edwin Fischer an, wenn er Bach spielt, flammt da nicht abermals der Dornbusch auf?«[33] Der Rekurs auf den brennenden Dornbusch von Ex 3 rückt den Pianisten in die Nähe des Mose und qualifiziert entsprechende Hörerlebnisse religiös. Edwin Fischer, dem Propheten am Klavier, spricht Kempff explizit eine mystische Begabung zu:

> »Geheimnis umwittert diese Persönlichkeit, die in ihrer elementaren Kraft, ihrer fast mittelalterlich anmutenden Begabung zu mystischer Versenkung wie ein zeitloser erratischer Block in die Gegenwart ragte.«[34]

Solcher Wahrnehmung kommt Edwin Fischer mit eigenen Äußerungen entgegen:

> »Der Mensch ist so wunderbar gebaut, daß seine feinsten Empfangsgeräte für diese Geheimnisse sorgsam versteckt und meist außer Gebrauch sind. Nur in seltenen Fällen ist in uns der Empfänger jener unendlich abgestuften Skala auf diejenige Welle eingestellt, die ins Wesentliche der Dinge führt. Da heißt es fein stille sein, die Welt, die laute, von sich abtun.«[35]

Nur in der Stille, in Abkehr von der Welt und ihren Reizen, erreicht die Musik ihre eigentliche Bestimmung, den Menschen in eine schwer zugängliche Region der »Geheimnisse« zu führen. Dieser Weise weltentrückten Musikerlebens komme, so Fischer, Beethoven mit seinen letzten Klaviersonaten exemplarisch entgegen. Jeder pianistische Appell an die Sinnlichkeit sei abgetan, die reine Form ziehe den entsprechend disponierten Rezipienten in ein Erleben, das nach 1 Kor 13,12 sogar das Wort hinter sich lasse und in die Schau des göttlichen Geheimnisses führe:

> »[...] bis endlich in den letzten Werken die Form, gereinigt von allem Nurpianistischen, ein Spiegel wird für letzte Erkenntnisse, geistig geschautes Höchstes.
>
> Der Prozeß in Beethovens Entwicklung entspricht den Worten des Apostels Paulus an die Korinther: ›Wir sehen jetzt durch einen Spiegel in einem dunklen Worte, dann

---

[33]   Wilhelm Kempff, Nachruf auf Edwin Fischer, in: Hugo Haid (Hg.), Dank an Edwin Fischer [1961], Wiesbaden ³1963, 128–130, 129.

[34]   A. a. O., 128 f.

[35]   Edwin Fischer, Kunst und Leben [1932], in: Ders., Musikalische Betrachtungen [1949], Stuttgart 1984, 13–19, 14. Zu »fein stille sein« vgl. EG 370,7 (Paul Gerhardt, Warum sollt ich mich denn grämen).

aber von Angesicht zu Angesicht. Jetzt erkenne ich es stückweise, dann aber werde ich es erkennen, gleichwie ich erkannt bin.«[36]

Bei beiden Pianisten führt die Musik umso intensiver in ein Erleben göttlicher Gegebenheiten, je mehr sie sich von der Sinneswahrnehmung entfernt. Es geht nicht mehr ums Hören von Klängen, sondern um ein »geistig geschautes Höchstes« (Fischer) oder »die neue geistige Welt« (Kempff). Das verwundert angesichts einer Kunst, die übers Ohr geht, die mit den Händen und dem ganzen Körper am Instrument erzeugt wird und die den Flügel auch als Resonanzraum braucht.

Der offenkundige Widerspruch wird verständlicher, wenn man einen analogen Vorgang in den Blick nimmt. Schon in der Reformationszeit brachte der Protestantismus gegen katholische Sinnlichkeit, die man im Bildergebrauch manifestiert sah, emphatisch »das Wort« als Inbegriff von Geistigkeit in Stellung. Man sah sich damit auf der humanistischen Höhe der Zeit und übersah, dass man »das Wort« seiner Materialität als Buch und seiner Sinnlichkeit als Laut beraubt hatte. Von kulturwissenschaftlicher Seite hat *Hans Belting* den Vorgang, bei dem am Ende ein rein geistiges Wort gegen ein nur sinnliches Bild stand, eindrucksvoll thematisiert.[37]

Die Polemik, aus der sich diese Entgegensetzung motiviert, hatte Konsequenzen etwa auf dem Gebiet der Liturgie.[38] Weniger evident sind die Konsequenzen auf dem Gebiet individueller Frömmigkeit. Wenn meine Beobachtungen zutreffen, dann meldet sich in der von mir skizzierten Richtung des Musik-Erlebens eine protestantisch-mystische Spiritualität zu Wort, die aus dem Gegensatz von Geist und Sinnlichkeit ihr Selbstbewusstsein bezieht. Es ist eine Mystik jenseits der geistlichen und erst recht der natürlichen Sinne. Hier werden die Sinne nicht mehr vergeistlicht wie im Mittelalter, sondern in neuzeitlichem Horizont vergeistigt. Ich spreche deshalb von einem *Modell der Vergeistigung.*

---

[36]   Edwin Fischer, Ludwig van Beethovens Klaviersonaten. Ein Begleiter für Studierende und Liebhaber, Wiesbaden 1956, 11.

[37]   Vgl. Hans Belting, Das echte Bild. Bildfragen als Glaubensfragen, München 2005. Heute versucht man der Diastase von Geist und Sinnen entgegenzuwirken. Vgl. etwa auch Ulrich H.J. Körtner und sein Projekt einer »theologischen Hermeneutik des Buches« (Theologie des Wortes Gottes, Göttingen 2001, 308). Eine ästhetisch erfahrene Praktische Theologie trägt dazu bei, dass Sinn und Sinnlichkeit hermeneutisch wieder zueinanderkommen, vgl. etwa Alexander Deeg, Lesen & auslegen, in: Bubmann u. Sill (Hg.) (Anm. 1), 323–330.

[38]   Vgl. Martin Nicol, Weg im Geheimnis. Plädoyer für den Evangelischen Gottesdienst, Göttingen ³2011, 155–158.

Inneres Ohr und künftiger Leib
bei Dietrich Bonhoeffer

Wir kehren aus dem Konzertsaal zurück ins Kämmerlein, genauer: in die Ge-
fängniszelle zu *Dietrich Bonhoeffer.*[39] Wir stoßen in diesem Zusammenhang nicht
auf geistliche Übungen im Sinne der Tradition. Die gab es bei Bonhoeffer auch.[40]
Aber an dieser Stelle interessiert sein religiöses Musik-Erleben. Darin wird die
Spur geistig-mystischen Erlebens, wie ich sie bei Wilhelm Kempff und Edwin
Fischer identifiziert habe, noch einmal greifbar. Zugleich erscheint sie in einem
theologischen Deutehorizont, der zum Weiterdenken lockt.

Dietrich Bonhoeffer war ein Kenner klassischer Musik und selbst ein be-
achtlicher Klavierspieler. Musikhören konnte für ihn zum religiös bedeutsamen
Vollzug werden. Am 27. März 1944 schrieb er aus dem Gefängnis an *Eberhard
Bethge:*[41]

> »Seit einem Jahr habe ich keinen Choral mehr singen hören. Aber es ist merkwürdig,
> wie die nur mit dem inneren Ohr gehörte Musik, wenn man sich ihr gesammelt
> hingibt, fast schöner sein kann als die physisch gehörte; sie hat eine größere Reinheit,
> alle Schlacken fallen ab; sie gewinnt gewissermaßen einen ›neuen Leib‹! Es sind nur
> einige wenige Stücke, die ich so kenne, daß ich sie von innen her hören kann; aber
> gerade bei den Osterliedern gelingt es besonders gut. Die Musik des tauben Beethoven
> wird mir existenziell verständlicher, besonders gehört für mich dahin der große
> Variationssatz aus Opus 111, den wir mal zusammen von Gieseking hörten [...].«

Zunächst scheint sich die Linie, die ich bei Wilhelm Kempff und Edwin Fischer
aufgezeigt habe, bei Bonhoeffer fortzusetzen: Die natürlichen Sinne seien für
tiefgreifendes Musik-Erleben nicht nur unzureichend, sondern sogar hinderlich.
Auf diesem Hintergrund hat es seine Logik, dass ausgerechnet der taube Beethoven zum Leitbild eines vergeistigten Musikerlebens stilisiert wird. Man könne,
so pointiere ich Bonhoeffers Bemerkung, mit tauben Ohren besser hören.

Freilich ist Bonhoeffer zu sehr Theologe, als dass er den Heiligen Geist wie
Wilhelm Kempff einfach zum »körperlosen Geist« entsinnlichen würde. Vielmehr
wird ihm das »innere Ohr« zum Wahrnehmungsorgan einer eigentümlich leiblichen Musik. Die Musik selbst gewinnt, so Bonhoeffer, »gewissermaßen einen
›neuen Leib‹!«

---

[39] Vgl. Andreas Pangritz, Polyphonie des Lebens. Zu Dietrich Bonhoeffers »Theologie der
Musik« [1994], Berlin ²2000.

[40] Vgl. Sabine Bobert-Stützel, Dietrich Bonhoeffers Pastoraltheologie, Gütersloh 1995, 140–
179; Peter Zimmerling, Bonhoeffer als Praktischer Theologe, Göttingen 2006, 57–76.

[41] Dietrich Bonhoeffer, Widerstand und Ergebung. Briefe und Aufzeichnungen aus der Haft,
hg. v. Christian Gremmels u. a., DBW 8, Gütersloh 1998, 367 f.

Diese Bemerkung ist im Licht von Ostern zu verstehen. Denn wenig später schon wendet sich Bonhoeffer gegen die landläufige Fixierung auf das Sterben, richtet den Blick nach vorne und zeigt auf das Neue, das mit der österlichen Überwindung des Todes in den Blick komme:

> »Ostern? Unser Blick fällt mehr auf das Sterben als auf den Tod. Wie wir mit dem Sterben fertig werden, ist uns wichtiger, als wie wir den Tod besiegen. Sokrates überwand das Sterben, Christus überwand den Tod [...].«[42]

Im österlichen Kontext zeichnet sich ab, was Bonhoeffer mit dem »inneren Ohr« meint: ein Organ des neuen Leibes, der dem Menschen mit der Auferstehung von den Toten verheißen ist. Paulus schreibt sehr klar: »Es wird gesät ein natürlicher Leib und wird auferstehen ein geistlicher Leib« (1Kor 15,44). Je tauber also die irdischen Ohren werden, desto deutlicher tritt das innere Ohr des künftigen Auferstehungsleibes an seine Stelle. Im Hören von Musik taucht der Mensch ahnungsvoll in seine Auferstehungsexistenz ein. Eine neue Sinnlichkeit des »inneren Ohres« lässt die Zukunft Gottes, das Eschaton, antizipatorisch erleben. Ich spreche deshalb von einem *Modell der Eschatologisierung.*

Sinnenfälliger Glaube und weltläufiger Gott

Der Protestantismus hat auf dem Gebiet mystisch inspirierten Glaubens Erfahrungen in erstaunlicher Vielfalt gemacht. Im Spannungsfeld von Sinnlichkeit und Gottverlangen ergaben sich vom Kämmerlein bis in den Konzertsaal höchst unterschiedliche Modelle der Zuordnung. Sie reihten sich zu einem Spannungsbogen, der von einer Vergeistlichung der Sinne bis zu einer Entsinnlichung des Geistes reichte, von existenzieller Weltverhaftung bis zu weltferner Entrückung. Auf dem Hintergrund der traditionellen Lehre von den *geistlichen Sinnen* konturierte ich bei Martin Luther das Modell einer *Existenzialisierung* der Sinne. Im Kontrast zur *Versinnlichung* in der Kirchenmusik eines Johann Sebastian Bach präsentierte ich eine *Vergeistigung* des Musikerlebens in der bürgerlichen Konzertkultur. In seiner Skizze einer *Eschatologisierung* des Sinnesvermögens liefen bei Dietrich Bonhoeffer die beiden divergenten Linien wieder zusammen. Auf solche Vielfalt hinzuweisen und sie übersichtlich darzustellen, war die primäre Absicht meiner Ausführungen.

Die Frage, die mir als die theologische Kernfrage von Frömmigkeit oder Spiritualität erscheint, will ich zum Schluss wenigstens anmerken. Bei dem Verhältnis von Sinnlichkeit und Gottverlangen geht es sicher auch um das, was man einst die »Ganzheitlichkeit« des Glaubens nannte. Der Terminus ist aus der

---

[42] Ebd.

Mode gekommen, zeigt aber noch immer ein wichtiges Kriterium christlicher Spiritualität an: Wie kann der Mensch den Glauben mit Herz, Verstand und allen Sinnen leben? Das ist zunächst eine anthropologische Frage. Sie bleibt aber einseitig und unvollständig, solange sie nicht durch die spezifisch theologische Frage nach der Gotteswirklichkeit ausbalanciert wird.

»Es muss doch ein Geheimnis der Welt und der Dinge geben!«, schreibt geradezu beschwörend *Fulbert Steffensky*.[43] Als ehemaliger Katholik weiß er besser als andere, wie schwer sich gerade Protestanten tun, die sinnlich erfassbare Welt als Wirklichkeit und Wirkbereich Gottes wahrzunehmen. Solche Medialität des Glaubens ist ein neuzeitliches Problem, das aber protestantische Spiritualität in besonderer Weise betrifft: Wie medialisiert und materialisiert sich der unanschauliche Glaube in welthaften Gegebenheiten wie Orten, Zeiten, Dingen, Gesten oder Handlungen? Seit der Reformation wird »das Wort« beschworen als der geistige und damit wahre Glaubensweg gegenüber einem verdinglichten und sinnenfreudigen Heilsweg der römischen Kirche. Wir haben gesehen, wie sich eine solche Haltung bis in die Modalitäten mystisch inspirierter Frömmigkeit auswirken konnte. Aber, so Steffensky, nicht jenseits der sinnlich wahrnehmbaren Welt sei Gott zu suchen, sondern geradezu als »Geheimnis der Welt und der Dinge«.

Die protestantische Verweltlichung der Welt ist nicht einfach rückgängig zu machen. Aber vielleicht kann sie aufgehoben werden in eine für die Gottesdifferenz sensible Heiligung der Welt.[44] Das gilt für die Liturgie, in der die evangelischen Kirchen ihren Glauben öffentlich darstellen. Das gilt aber auch für den Binnenbereich individueller Frömmigkeit in Gebet und Meditation. Ohne eine mutige Theologie der Weltwirklichkeit Gottes bliebe die Frage nach dem Verhältnis von Sinnlichkeit und Gottverlangen lediglich quantitativ: Wie viel Sinnlichkeit braucht der Glaube? Die Frage sollte aber immer zugleich auch in ihrer theologischen Qualität gestellt werden: Wie lässt sich die Welt als Gottes Welt glauben und denken? Nur wenn sich der Glaube auf einen weltläufigen Gott richtet, gehört Sinnlichkeit selbstverständlich zum Gottverlangen.

---

[43] Fulbert Steffensky, Schwarzbrot-Spiritualität, Stuttgart 2005, 95.

[44] Vgl. Nicol (Anm. 38), 38–40 und insges. 215–243.

Bibel

Fremde Botschaft Bibel

Homiletisches Plädoyer
für eine hermeneutische Schubumkehr[1]
[2004]

Auf dem Boden der Texte landen

Schubumkehr bei Flugzeugen ist nötig, damit sie bei der Landung am vorgesehenen Ort zum Stehen kommen. Angenehm ist das für die Passagiere nicht. Man wird nach vorne gedrückt, fühlt sich der Technik ausgeliefert, ist froh, wenn endlich die Position erreicht und der Gurt gelöst ist. Zu früh oder zu spät darf die Schubumkehr nicht einsetzten. Sonst kommt es zum Crash. Nötig aber ist sie, wenn nach dem Höhenflug die Maschine wieder sicher auf dem Boden landen soll.

Das ist die Lage, in der sich Homiletik und Bibelhermeneutik befinden. Sie sind lange gemeinsam geflogen und müssen nun wieder zur Landung ansetzen. Der Boden, auf dem sie ankommen sollen, sind die biblischen Texte. Als Homiletiker bin ich überzeugt, dass eine erneuerte Predigt angewiesen ist auf einen erneuerten Umgang mit den Worten, Bildern und Geschichten der Bibel.[2] Eine hermeneutische Schubumkehr steht an. Mit dieser Meinung bin ich nicht allein. Die Signale häufen sich, dass dies auch in anderen Disziplinen ganz ähnlich gesehen wird.[3]

---

[1]   Vorgetragen am 29.09.2003 beim Dies academicus des Predigerseminars Braunschweig in Verbindung mit dem Atelier Sprache e.V.

[2]   Vgl. meine Programmschrift für eine erneuerte Homiletik: Martin Nicol, Einander ins Bild setzen. Dramaturgische Homiletik, Göttingen 2002, bes. 56–63.

[3]   Als Homiletiker bin ich beispielsweise auf folgende Beiträge aufmerksam geworden. Die Aufzählung ist alles andere als repräsentativ und kann beliebig erweitert werden: Ulrich H.J. Körtner, Der inspirierte Leser. Zentrale Aspekte biblischer Hermeneutik, Göttingen 1994; Georg Steins, Die ›Bindung Isaaks‹ im Kanon (Gen 22). Grundlagen und Programm einer kanonisch-intertextuellen Lektüre, Freiburg u. a. 1999; Daniel Marguerat u. Adrian Curtis (Hg.), Intertextualités. La Bible en échos, Genève 2000; Helmut Utzschneider, Die »Theologische Ästhetik« als Herausforderung an die Exegese. Anstiftung zum interdisziplinären Gespräch, in: BThZ 20 (2003), 69–84.

Die Landung ist nur gemeinsam zu bestehen. Bewirken kann ich als einzelner Homiletiker die notwendige Schubumkehr nicht. Ich kann nur dafür plädieren. Wie sie genau ausfällt, weiß ich nicht. Noch fliegen wir. Aber die Landung wird turbulent sein und der Boden, soviel weiß ich, rau. Abstraktion hilft nur in der Luft. Die Texte sind, wenn man in ihnen landen will, widerständig. Verstehen im herkömmlichen Sinn werden wir sie nicht. Die hermeneutische Schubumkehr ist ein Abenteuer.

Ein Abenteuer lässt sich nicht im Voraus exakt beschreiben. Deshalb verstehen sich die folgenden Überlegungen als vorsichtige Skizze, als punktuelle und sicherlich überpointierte Prognose dessen, was eintreten könnte. Als Homiletiker entwerfe ich versuchsweise ein Szenario zur Diskussion für alle, die von den Worten, Bildern und Geschichten der Bibel Gott und die Welt erwarten.

Woody Allen, der Film und das Fremde

Woody Allen hat 1985 ein modernes Gleichnis auf die Leinwand gezaubert: *The Purple Rose of Cairo*.[4] Ein Film über den Film. Ein Film über die Grundspannung des Kinos: Fiktion und Realität. Ein Film als Gleichnis. Biblisch würde das Gleichnis so beginnen: *Mit dem Himmelreich verhält es sich wie ...* Im Film leitet Fred Astaire es ein mit seinem Song: *Heaven, I'm in heaven ...*

Zwei Welten treffen aufeinander.[5] Da ist die Welt des Films im Film, *The Purple Rose of Cairo*, repräsentiert durch schwarzweiße Bilder. Und da ist die wirkliche Welt, nicht unbedingt schön, aber in Farbe. Zu Beginn sind beide Welten nur durch die Fantasie von Cecilia, der Hauptfigur der realen Welt, verbunden. Ihre Ehe mit einem brutalen Mann und ihre hilflosen Versuche, mitten in der Great Depression der 30er Jahre beruflich Fuß zu fassen, geben dem Leben keine Chance. Deshalb geht sie ins Kino, Abend für Abend, um durch Illusion der Depression zu entgehen. So auch in den Film, um den sich alles dreht, in den Film im Film: *The Purple Rose of Cairo* mit Tom Baxter als Hauptfigur. Solange die Welten getrennt bleiben, geht das Leben seinen Gang. Im Film wie in der wirklichen Welt laufen die Skripte ab wie gewohnt: Tom Baxter bekommt seine

---

[4]   USA 1985, Buch und Regie: Woody Allen. Ich zitiere nach der Buchversion des Drehbuchs: Three Films of Woody Allen: Zelig, Broadway Danny Rose, The Purple Rose of Cairo, London/Boston 1990, 317–473 (Übersetzungen: M.N.).

[5]   Woody Allens Film ist vielschichtig. Schon in den schwarzweißen Filmsequenzen treffen zwei Welten aufeinander: Ägypten und New York mit Tom Baxter als Wanderer zwischen beiden Welten. Das Spiel mit dem Film im Film trägt zur Komplexität bei. Aber für meinen Kontext erlaube ich mir, das Wechselspiel von schwarzweißer und farbiger Welt zu vereinfachen.

Sängerin, Abend für Abend, und Cecilia wird von ihrem betrunkenen Mann geschlagen.

Alles ändert sich, als Tom Baxter eines Abends beschließt, aus dem Film auszusteigen. Abend für Abend hat er Cecilia gesehen, von der Leinwand aus. Jetzt kommt er auf sie zu:

> »Er setzt an, die schwarzweiße Leinwand zu verlassen. Das Publikum ringt um Fassung. Cecilia, reglos in ihrem Sitz, ist schockiert. Als die anderen Zuschauer im Hintergrund zu schreien anfangen, schwenkt der Film rasch zurück zu Tom. Er kommt tatsächlich heraus aus der schwarzweißen Kinoleinwand und betritt, sich in Farbe verwandelnd, den Saal.«[6]

Von diesem Moment an ändert sich alles. Eine bezaubernde Geschichte kommt in Gang. Tom Baxter aus dem Film und die wirkliche Cecilia verlieben sich. Fiktion und Realität gehen ineinander. Cecilia kann nicht verstehen, was da geschieht. Erklärungen versucht sie erst gar nicht. Sie lässt sich ein auf die wundersamen Begebenheiten, die da plötzlich ihr tristes Leben durcheinanderwirbeln. Die übrige Welt freilich reagiert anders. Das Wundersame wird als störend wahrgenommen. Eine Dame im Kino, angesichts eines Films, der aus den Fugen geraten ist: »Ich möchte, dass diese Woche im Film passiert, was letzte Woche auch passiert ist.«[7] Und die Filmagenten, in Sorge ums Geschäft, setzen alle Hebel in Bewegung, den entlaufenen Tom Baxter wieder in die Leinwandwelt zu bannen. Cecilia wundert sich. Sie lebt mit dem Wunder. Sie bewegt sich mehr oder weniger geschickt im Zwischenreich von Fiktion und Realität. Ihrem Mann begegnet sie entschlossen wie nie zuvor: »Ich habe genug von deinen Befehlen.«[8] Auch der entlaufene Leinwandheld wundert sich. Einigermaßen hilflos müht er sich um eine Formel, die nicht in seinem Filmskript stand: »Ich will nicht mehr darüber reden, was Realität ist und was Illusion. Das Leben ist zu kurz. Lass uns nicht Zeit darauf verschwenden, über das Leben nachzudenken. Lass es uns leben!«[9] Frommer Wunsch. Die Sache platzt. Tom Baxter kehrt in den Film zurück. Cecilia bleibt in der Realität. Wieder sitzt sie im Kino. Es bleibt offen, ob sie in ihr bisheriges Leben zurückkehren oder einen Neuanfang wagen wird. Was der Film am Ende zeigt, ist nur dies: Cecilia ist vollkommen in den Film versunken, Fred Astaire singt wieder *Heaven, I'm in heaven* – und sie lächelt.[10]

Woody Allen inszeniert nicht Glauben oder gar Theologie. *The Purple Rose of Cairo* ist ein säkularer Film, ein Film über den Zauber des Kinos. Die Szene, in der

---

[6] Three Films (Anm. 4), 351.

[7] A. a. O., 373.

[8] A. a. O., 413.

[9] A. a. O., 440.

[10] A. a. O., 467.

Filmheld Tom Baxter in eine Kirche kommt und nach Gott fragt, gehört zu den schwächsten Szenen. Aber ob Film und Predigt nicht doch mehr miteinander zu tun haben, als pastorale Gralshüter es wahrhaben wollen? Ich jedenfalls sehe diesen Film auch als ein Gleichnis über den Einbruch der Gotteswirklichkeit in unsere Realität. Unglaubliches geschieht. Mit Bildern aus der vertrauten Welt kommt Unvertrautes zur Sprache. Das Fremde wird Ereignis. Mit einer bezaubernden Story und viel Humor deutet der Filmemacher an, wie das zugehen könnte: wenn Schwarzweiß und Farbe sich mischen, wenn das Fremde plötzlich da ist im Vertrauten und das Himmelreich mitten unter uns. Einen herrlichen Nebeneffekt für Leute, die akademisch Theologie treiben, will ich nicht verschweigen: Nichts bleibt graue Theorie. Die Begegnung mit dem Fremden wird spannend wie für Cecilia und die Reflexion darüber unterhaltsam wie ein Film von Woody Allen.

Thesen für eine andere Hermeneutik

Aber ich bin ja angetreten, homiletisch für eine Schubumkehr der Hermeneutik zu plädieren. So unterhaltsam wie Woody Allens Film wird mein Plädoyer nicht. Ich verlasse für eine Weile das Kino und stelle drei Thesen in den Raum, die mein Plädoyer im Kern ausmachen.

These 1 plädiert für eine *Hermeneutik des Fremden*. Die Worte, Bilder und Geschichten der Bibel sind lesbare Zeichen im Geheimnis Gottes. Solche Texte werden nicht verstanden; sie sind fremd und bleiben fremd. Schriftauslegung will nicht verstehen, sondern das Fremde im Text entdecken.

These 2 plädiert für eine genuin *religiöse Hermeneutik*. Die Worte, Bilder und Geschichten der Bibel sind lesbare Zeichen im Geheimnis Gottes. Dieses Geheimnis ist ein gegenwärtiges Geheimnis. Schriftauslegung rekonstruiert nicht primär vergangene Kontexte, sondern wagt es, ihre Texte in der Gottesgegenwart zu lesen.

These 3 plädiert für eine *ästhetische Hermeneutik*. Die Worte, Bilder und Geschichten der Bibel sind lesbare Zeichen im Geheimnis Gottes. Dieses Geheimnis lässt sich nicht erklären, wohl aber in vielfältigen Gestaltungen aufsuchen. Schriftauslegung erklärt nicht Texte, sondern entdeckt den fremden Text im Wechselspiel[11] mit Texten und Kontexten.

---

[11] Mit dem Begriff des Wechselspiels verweise ich auf das Phänomen der Intertextualität, das meine Überlegungen durchgehend bestimmt. Zusammen konturieren die Thesen das, was ich mit Tanja Gojny, den englisch-deutschen Doppelsinn des Wortes »art« aufgreifend, auch »eine andere *art* der Auslegung« nenne. Die Formulierung stellt den Bezug zur Ästhetik her. Und sie lässt, da die Rabbinen ihre vielfältigen und einander nicht selten widersprechenden Auslegungen gerne mit der Formel »eine andere Auslegung« aneinander reihten, die

Die drei Thesen zu einer anderen Hermeneutik will ich im Folgenden erläutern, indem ich sie in aktuellen Debatten verorte.

Spuren des Fremden suchen (These 1)

Einen herrlich polemischen Traktat hat 1988 der Germanist Jochen Hörisch publiziert.[12] Ein Generalangriff ist das auf die landläufig übliche Hermeneutik. Der frühe Schleiermacher steht Pate. In seinen »Reden über die Religion« habe er hellsichtig die Mehrheitshermeneutik als »Wut des Verstehens« in Grund und Boden kritisiert – um dann freilich selbst zu ihrem modernen Ahnherrn zu werden.

Was an Hörischs antihermeneutischer Linie von Schleiermachers »Reden« bis zur »Dekonstruktion« eines Derrida fasziniert: wie eine Frage, die bisher untrennbar zur theologischen Existenz zu gehören schien, ihrerseits fraglich wird. Die Frage lautet: »Wie kann ich verstehen?« Landläufig versucht Hermeneutik auf diese Frage zu antworten. Die griechische Wurzel erhellt »Hermeneutik« als die Kunst des Dolmetschers, der einen fremden Text versteht, ihn ins vertraute Idiom übersetzt und so auch für andere verstehbar macht. Ausgerechnet die hermeneutische Grundfrage »Wie kann ich verstehen?« wird von Hörisch mit dem frühen Schleiermacher gebrandmarkt als »Wut des Verstehens«. Es ist von schmerzlichem Reiz, im Spiegel von Hörischs Traktat zu erkennen, wie die eigene theologische Existenz vom Umgang mit der Bibel bis zum Gespräch in der Seelsorge so gut wie restlos von solcher Wut des Verstehens bestimmt wird.

Ich resümiere Hörischs Traktat in drei Punkten, die für meinen Gedankengang wichtig sind:

- Der Sündenfall abendländischer Hermeneutik, alles verstehen zu wollen, ist keineswegs nur dem Christentum zuzuschreiben, wird aber bei Paulus in seiner vermutlich wirkmächtigsten Formulierung greifbar: »Der Buchstabe tötet, aber der Geist macht lebendig« (2Kor 3,6). Einen Text verstehen wollen heißt in der Spur dieser Formulierung: verstehen wollen, was die Buchstaben (eigentlich) meinen. Das jüdische Gegenmodell, bei Hörisch leider nur am Rande präsent, macht sofort deutlich, wogegen er sich mit seiner Pauluskritik wendet. Die Rabbinen hätten sich dem von Paulus totgesagten Buchstaben zu Recht bleibend verschrieben. Die jüdische Hermeneutik sei eine

---

jüdische Weise einer pluralen Schriftauslegung anklingen. Vgl. Tanja Gojny, Alexander Deeg, Martin Nicol, Vernetzte Texte. Bibel und moderne Lyrik im Wechselspiel, in: PrTh 37 (2002), 298–311.

12 Jochen Hörisch, Die Wut des Verstehens. Zur Kritik der Hermeneutik [1988], erw. Nachaufl., Frankfurt a. M. 1998.

»scheue Hermeneutik«.[13] Selbst mit dem Talmud legte sie keine Interpretation des mosaischen Gesetzes vor, sondern brachte lediglich den geschriebenen Text der Tora ins Wechselspiel mit neuen Texten und Kontexten. Der Talmud wäre demnach nichts weiter als eine Sammlung von Momentaufnahmen solchen Wechselspiels.

- Hörisch rehabilitiert die Buchstaben gegen den Geist. Der Plural der Buchstaben setze eine Pluralität der Leseversuche frei, während der Singular des Geistes eine »singularisierende Hermeneutik« provoziert habe.[14] Eine »imperiale« Bemächtigung von Texten[15] korrespondiere der gewaltsamen Einigung von Territorien im 19. Jahrhundert[16]. Im Zeichen des einen Geistes werde Komplexität gewaltsam reduziert.[17]

- Wer die Buchstaben im Geist zu verstehen vorgibt, verkürzt »aufwendiges und auf jeden Buchstaben gleichschwebend aufmerksames Lesen« zu einer Form »subsumierender Kenntnisnahme«.[18] Diese Kritik richtet sich gegen die Dominanz der Sekundärliteratur über die Primärtexte. Sie richtet sich aber auch, sehr viel grundsätzlicher, gegen die Strategien – akademisch, kirchlich und sonstwie –, Texte auf Sätze zu reduzieren. Theologinnen und Theologen ist der Sachverhalt im Kopf bekannt und in der Praxis allgegenwärtig. Komplexe Texte werden dann auf einen Satz reduziert, der so beginnt: »Dieser Text bedeutet ...« Es folgt der Satz, der den Text verstehend erklärt und seine Dynamik verlässlich zum Stillstand bringt.

Hörischs Kritik der Hermeneutik ist polemisch. Sie greift an und verwendet nicht allzu viel Mühe auf die Profilierung dessen, was an die Stelle des Angegriffenen treten könnte. Der Bochumer Philosoph Bernhard Waldenfels teilt die fundamentale Kritik an einer Hermeneutik, die verstehen will und dabei den Gegenstand des Verstehens zerstört. Vor allem aber expliziert er in seiner »Phänomenologie des Fremden«[19] konstruktiv eine Kategorie, die nötig ist, wenn der Wut des Verstehens wirksam etwas entgegengesetzt werden soll. Es ist die Kategorie des »Fremden«. Ein »radikaler Überschuß an Fremdheit« wird zur »anti-herme-

---

[13] Hörisch (Anm. 12), 30.

[14] A. a. O., 68 (mit einer Formulierung von Odo Marquard).

[15] A. a. O., 39.

[16] Vgl. a. a. O., 71.

[17] Vgl. a. a. O., 69.

[18] A. a. O., 74.

[19] Bernhard Waldenfels, Studien zur Phänomenologie des Fremden, 4 Bde., Frankfurt a. M. 1997–1999.

neutischen Gegenkraft, die sich der allgemeinen Aneignung widersetzt«, zum »Gegensog, der sich den Sinnströmungen entzieht«.[20]

Wenn ich frage, wie ein erneuerter Umgang mit Texten aussehen könnte, dann würde ich sagen: Gegenüber der Wut des Verstehens in der Mehrheitshermeneutik der Tradition sei jetzt etwas an der Zeit, was ich, Hörisch und Waldenfels kombinierend, so benennen würde: Spurensuche des Fremden.[21]

Mehr Gott wagen (These 2)

Kürzlich hat Jan Ross in der ZEIT ein vehementes Plädoyer für ein kantiges Christentum veröffentlicht.[22] Beim ökumenischen Kirchentag in Berlin hätten lediglich die Auseinandersetzungen um das gemeinsame Abendmahl einige Schärfe gebracht. Ansonsten der übliche Eindruck: ein sympathisches Christentum, eine um Akzeptanz bemühte Kirche. Dazu Jan Ross: »Aber leise wird man doch fragen dürfen, warum die Gotteshäuser so leer sind, in denen dieses sympathische Evangelium gepredigt wird.« Wenn die Gesellschaft sich nach Religion sehne, dann nicht unbedingt nach dem sympathischen Evangelium und erst recht nicht nach einem religiösen »Museum mit angeschlossenen karitativen Eigenbetrieben«. Der Journalist verweist die Kirchen auf ihr »Kerngeschäft«. Im Anklang an Willy Brandts Slogan für mehr Demokratie ruft die säkulare Wochenzeitung der Theologie und der Kirche zu: »Mehr Gott wagen«. Ich werte das auch als Aufruf zu einer genuin religiösen Hermeneutik, die das Verstehen scheut und das Fremde sucht.

Von Seiten der Praktischen Theologie mahnt Manfred Josuttis seit längerem, Kirche und Theologie sollten endlich mehr Gott wagen. Er spricht vom »Heiligen«, das in der Welt präsent sei und dem man sich auszusetzen habe.[23] Mit einer Hermeneutik des Verstehens werde man dem »Heiligen« nicht gerecht.[24] Das Heilige bleibe sperrig, widerständig und fremd, eine Wirklichkeit, die erschrocken und verwundert zu erfahren, nicht aber verstehend zu erfassen sei. Auf

---

[20]   Bernhard Waldenfels, Vielstimmigkeit der Rede. Studien zur Phänomenologie des Fremden, Bd. 4, Frankfurt a. M. 1999, 86f. (Jenseits von Sinn und Verstehen).

[21]   Zur »Spurensuche« vgl. Hörisch (Anm. 12), 71–81.

[22]   Jan Ross, Mehr Gott wagen. Kleine Handreichung zum Kirchentag: Glauben ist das Kerngeschäft (DIE ZEIT Nr. 23 vom 28.05.2003).

[23]   Josuttis' erste größere Veröffentlichung in dieser Richtung: Die Einführung in das Leben. Pastoraltheologie zwischen Phänomenologie und Spiritualität, Gütersloh 1996.

[24]   Vgl. Manfred Josuttis, Über die »Wut des Verstehens« als homiletisches Problem, in: Wilfried Engemann (Hg.), Theologie der Predigt. Grundlagen – Modelle – Konsequenzen (FS Karl-Heinrich Bieritz), Leipzig 2001, 35–50.

diesem Hintergrund werden die biblischen Texte wieder zu »heiligen« Texten.[25] Die Bibel liefert dann nicht Informationen über vergangene Kontexte, sondern ist wirksam als Orientierung »für den Grenzverkehr in die Wirklichkeit des Heiligen«, als »Landkarte(n) für die Wanderung in eine andere Welt«.[26] Das Lesen heiliger Texte ist dann etwas grundlegend anderes als ein Verstehen, welches das zu Verstehende mit dem immer schon Verstandenen zu korrelieren oder abzugleichen sucht. Ins Gerede kommt damit nicht eine wechselseitige »Korrelation«, wie sie einst Paul Tillich vorschwebte, wohl aber die alltägliche und einlinige Korrelation, die den Worten der Bibel nur das entnimmt, was in der aktuellen Situation »noch« zu gebrauchen sei.

Verstehen also im landläufigen Sinn kann und soll man nicht, wenn man denn mehr Gott wagen will. Was aber nicht zur homiletischen Untätigkeit zwingen muss: Man könne ja, so Manfred Josuttis, unter gewissen Bedingungen die »heiligen« Texte »mit der eigenen Stimme derart zum Klingen bringen, dass sie gerade in ihrer Unfasslichkeit das Geheimnis des Geistes und die Sehnsucht des Herzens vereinen.«[27]

Wechselspiele entdecken (These 3)

Die Homiletik hat sich fast immer mit einer Hermeneutik zusammengetan, zu deren Kennzeichen die »Wut des Verstehens« gehörte. Guten Gewissens konnten etwa Bibelwissenschaft und Dogmatik ihr Verstehen in Sätzen explizieren und es der Homiletik überlassen, daraus bekömmliche Applikationen für das Leben zu formulieren. Arbeitsteilig, im Zweischritt von Explikation und Applikation, reduzierte man die »heiligen« Texte auf Information über den Glauben oder Instruktion für das Leben. Verstehen um jeden Preis – man kann die Geschichte der neueren Homiletik auch einmal so lesen. Verstanden werden dann die Texte in ihrem historischen Kontext, verstanden die Hörer in ihrer jeweiligen Situation, die Predigenden in ihrer psychischen Disposition und schließlich die Kommunikation selbst mit ihren Gesetzmäßigkeiten. Nur zu verständlich, dass der Prediger, voller Verständnis für Gott und die Welt, vor allem eines will: verstanden werden.

Zugleich aber wäre es falsch zu behaupten, es habe keine Signale in eine andere Richtung gegeben. Immer wieder wurde die Homiletik auf Spuren des Fremden gestoßen. Beispiel: Der historisch begriffene Text konnte, so man denn

---

[25] Zur Ambivalenz »heiliger« Texte vgl. Stefan Alkier, Fremdes verstehen – Überlegungen auf dem Weg zu einer Ethik der Interpretation biblischer Schriften. Eine Antwort an L. L. Welborn, in: ZNT 11, 6 (2003), 48–59, 57 f.

[26] Josuttis (Anm. 23), 50.

[27] Josuttis (Anm. 24), 45.

wollte, schneller Vereinnahmung Widerpart bieten. Oder: Gott als »der ganz Andere« lenkte den Blick auf prinzipielle Grenzen des Verstehens. Oder: Bohrens Pneumatologie ließ das Lesen von Texten zum »Ereignis« werden. Und rezeptionsästhetisch darf sich jetzt sogar der Hörer pastoralem Verstehen entziehen und ein eigenständiger Partner im Predigtprozess sein.

Die Homiletik hat neuerdings darauf reagiert, dass die alte Schrittfolge von Explikation und Applikation eigentlich nicht mehr salonfähig ist. Um nur einige Beispiele zu nennen: Wilfried Engemann mit seinem Aufruf gegen den »Texttod« der Predigt[28], Michael Meyer-Blanck mit seiner »transversalen« Predigt[29], Manfred Josuttis mit seinem »offenen Geheimnis«[30] oder Albrecht Grözinger mit seiner Predigt als »Anmutung«[31] haben auf je eigene Weise den Akzent auf das gelegt, was dem Verstehen der Texte Widerstand leistet. Die ästhetische Wende in der Praktischen Theologie, konzeptionell ausgearbeitet durch Albrecht Grözinger[32] und homiletisch wirksam angestoßen durch Gerhard Marcel Martin[33], hat einen Weg aus der diskreditierten Schrittfolge von Explikation und Applikation gewiesen: den Text inszenieren[34]. Predigen hieße dann: den fremden Text inszenieren, ihn ins Wechselspiel von Texten und Kontexten zu entlassen – in der Hoffnung, dass auch andere in dieses Geschehen verwickelt werden.

Wie sollte eine Hermeneutik aussehen, die einer erneuerten Homiletik dadurch entgegenkäme, dass sie sich nicht mehr auf das Explizieren von Texten beschränkt? Die Homiletik inszeniert den biblischen Text im Wechselspiel von Texten und Kontexten. Wie wäre es, wenn die Hermeneutik der Homiletik so entgegenkäme, dass sie hilft, bereits vorfindliche Wechselspiele zu entdecken? Die Wirkungsgeschichte als konstitutives Element von Exegese käme so neu ins Spiel. Ein Text könnte dann ohne das Sinnpotenzial in späteren Wechselspielen nicht angemessen ausgelegt werden. Auch zurück oder zur Seite könnte der Blick gehen und Wechselspiele entdecken, die im biblischen Text bereits angelegt sind,

---

[28] Vgl. Wilfried Engemann, »Unser Text sagt ...« Hermeneutischer Versuch zur Interpretation und Überwindung des »Texttods« der Predigt, in: ZThK 93 (1996), 450–480.

[29] Vgl. Michael Meyer-Blanck, Übergang und Wiederkehr. Predigt als transversale Rede, in: Engemann (Hg.) (Anm. 24), 271–283.

[30] Vgl. Manfred Josuttis, Offene Geheimnisse. Ein homiletischer Essay, in: Ders., Offene Geheimnisse. Predigten, Gütersloh 1999, 7–15.

[31] Vgl. Albrecht Grözinger, Die Predigt der Gnade und die Conditio Postmoderna, in: Engemann (Hg.) (Anm. 24), 211–223.

[32] Vgl. Albrecht Grözinger, Praktische Theologie und Ästhetik. Ein Beitrag zur Grundlegung der Praktischen Theologie, München 1987.

[33] Vgl. Gerhard Marcel Martin, Predigt als »offenes Kunstwerk«? Zum Dialog zwischen Homiletik und Rezeptionsästhetik, in: EvTh 44 (1984), 46–58.

[34] Vgl. Henning Luther, Predigt als inszenierter Text. Überlegungen zur Kunst der Predigt, in: ThPr 18 (1983), 89–100.

Intertextualitäten etwa zwischen Neuem Testament und »Altem« Testament. Ein historisch ursächlicher Zusammenhang zwischen den Texten verlöre an Gewicht, während die eigentümliche »Polyphonie« von Texten, ihr Reichtum an Bezügen, neu zur Geltung käme.

In einem solchen Konzept von Intertextualität ginge es nicht mehr an, Hermeneutik und Homiletik säuberlich ins Nacheinander von Explikation und Applikation zu sortieren. Eine Homiletik der Zukunft wird hermeneutisch sein und eine Hermeneutik der Zukunft homiletisch.[35]

Was eine andere Hermeneutik nicht mehr will

Mit drei Thesen habe ich eine andere Hermeneutik skizziert. Im Interesse der Deutlichkeit will ich nun auch sagen, was eine andere Hermeneutik dezidiert nicht mehr will. Grundsätzlich wendet sie sich gegen jede Spielart von dualisierender Hermeneutik. Solche Dualisierungen sind, im wissenschaftlichen Diskurs weniger als im homiletischen Alltag, noch immer an allen Ecken und Enden gegenwärtig. Um nur einige zu nennen: Inhalt und Form, Explikation und Applikation, Vergangenheit und Gegenwart, Buchstabe und Geist, Theorie und Praxis, Text und Leben. Die folgenden Antithesen sind Einzelaspekte der einen grundlegenden Antithese gegen jedwede Dualisierung der Wirklichkeit.

These 1 plädiert für eine Hermeneutik des Fremden. Sie wendet sich *gegen* die landläufig übliche *Abstraktionshermeneutik.* Herkömmlich manifestiert sich das Verstehen von Texten in abstrakten Sätzen: »Der Text meint ...« oder »Paulus will damit sagen ...« Attackiert wird eine Hermeneutik, die nicht beim Text und seinen Fremdheiten landet, sondern bei ihren eigenen Abstraktionen.

These 2 plädiert für eine genuin religiöse Hermeneutik. Sie wendet sich *gegen* die landläufig übliche *Korrelationshermeneutik.* Herkömmlich versteht biblische Hermeneutik ihre Texte wie andere Texte auch. Sie seien nur ein bisschen älter und damit erklärungsbedürftiger. Die Frage steht im Raum, was modernen Lesern davon »noch« zuzumuten sei und wie man die Zeitgenossen so »abholen« könne, dass ihnen die alten Texte nicht mehr fremd seien. Attackiert wird eine Hermeneutik des Brückenschlags, die dem Text seine Fremdheiten nimmt und dem Leben nichts Neues bringt.

These 3 plädiert für eine ästhetische Hermeneutik. Sie wendet sich *gegen* die landläufig übliche *Explikationshermeneutik.* Eine solche Hermeneutik sieht ihre

---

[35]   Vgl. von Seiten der Homiletik etwa Ingo Reuter, Predigt verstehen. Grundlagen einer homiletischen Hermeneutik, Leipzig 2000; Jan Peter Grevel, Die Predigt und ihr Text. Grundzüge einer hermeneutischen Homiletik, Neukirchen-Vluyn 2002; Georg Lämmlin, Die Lust am Wort und der Widerstand der Schrift. Homiletische Re-Lektüre des Psalters, Münster u. a. 2002.

Aufgabe gelöst, wenn der Text erklärt ist. Damit alle verstehen, was der Ausleger längst verstanden zu haben meint, ruft er zur Applikation die Homiletik zur Hilfe: »Prediger, übernehmen Sie!« Attackiert wird eine Hermeneutik, die sich allein für einen Gehalt der Quelle zuständig weiß und die Gestalt ihrer Wirkungen anderen überlässt.

Wenn ich das alles nicht mehr will, was will ich dann? Im Folgenden zeichne ich die Umrisse einer anderen Hermeneutik, mit der eine erneuerte Homiletik gerne in derselben Maschine sitzen und zur Landung ansetzen würde.

Von Predigt, Sprache und Geheimnis

Die Rede von der Fremdheit der biblischen Texte ist nicht mehr ungewöhnlich. Das Fremde hat Konjunktur. Henning Schröer war sogar der Meinung, die Kategorie der Fremdheit sei dabei, sich schon wieder abzunutzen.[36] Das mag auf einer schmal begrenzten Diskursebene der Fall sein. Ich meine aber, dass wir homiletisch noch nicht einmal angefangen haben, nach vielen Richtungen auszuloten, was das bedeuten könnte: dass die Botschaft der Bibel eine fremde Botschaft sei. Erst recht steht das Gespräch zwischen der Homiletik und einer interdisziplinären Bibelhermeneutik noch am Anfang. Wenn beide Partner sich nicht gegeneinander, sondern miteinander erneuern wollen, darf die Diskussion an der »Fremdheit« der biblischen Texte nicht vorbei gehen.

Mir geht es zunächst darum, die Fremdheit biblischer Texte theologisch zu präzisieren.[37] Theologisch sind Texte nicht deswegen fremd, weil sie Reste von historisch oder sonstwie noch Unverstandenem enthielten. Biblische Texte sind deshalb fremd, weil sie das Geheimnis Gottes zur Sprache bringen. Die Tradition markiert diesen Sachverhalt, indem sie die Bibel als »Heilige Schrift« aus allen anderen Schriften heraushebt oder sie als eine Gestalt des »Wortes Gottes« achtet. Man könnte dafür, meine ich, auch sagen, die Worte, Bilder und Geschichten der Bibel seien »Geheimzeichen« Gottes.[38]

---

[36] Vgl. Henning Schröer, Rez. zu: Erich Garhammer / Heinz-Günther Schöttler (Hg.), Predigt als offenes Kunstwerk. Homiletik und Rezeptionsästhetik, München 1998, in: ThLZ 124 (1999), 1162 f.

[37] Alkier (Anm. 25) präzisiert zutreffend in andere Richtungen, lässt aber eine spezifisch theologische Fremdheit außer Acht.

[38] Als »Geheimzeichen« werden die Texte der Bibel auch semiotisch als Zeichen unter Zeichen gewertet. Das Geheimnis Gottes kommt in vielen Zeichensprachen zur Geltung, etwa in den vielfältigen Ausdrucksformen der Kunst. Die Worte, Bilder und Geschichten der Bibel nehmen unter allen Zeichensprachen einen besonderen Rang ein.

Wenn ich so dezidiert vom »Geheimnis« spreche, dann meine ich nicht einfach etwas Rätselhaftes.[39] Rätsel werden gelöst; Geheimnisse bleiben. Der Begriff »Geheimnis« hat längst eine theologische Spur gezogen. Eberhard Jüngel etwa braucht ihn, um die Dialektik von Verborgenheit und Offenbarung Gottes zu kennzeichnen.[40] »Geheimnis« darf keinesfalls verwechselt werden mit einem »Rätsel«. »Geheimnis« darf auch nicht als »geheimnisvoll« verstanden werden in dem Sinn, dass es letztlich nur schweigend zu verehren sei. Vielmehr ist in Übereinstimmung mit dem Neuen Testament das ein »Geheimnis« zu nennen, »was auf jeden Fall gesagt werden muß und auf keinen Fall verschwiegen werden darf«[41] – ohne dass es damit aufhören würde, ein Geheimnis zu sein. Nach 1 Tim 3,16 ist das Geheimnis Gottes gerade darin »kündlich groß«, dass es in einer weltweit-kosmischen Perspektive öffentlich ist. Im Blick auf die Predigt hat Josuttis den schönen Ausdruck vom »offenen Geheimnis« gebraucht. Das zentrale homiletische Problem bestehe in der Frage, »wie man Geheimnisse weitergibt, ohne sie zu verraten.«[42]

Woody Allen inszeniert sein Geheimnis in der Öffentlichkeit des großen Kinofilms. Wenn Tom Baxter und Cecilia im Restaurant sitzen, entwickelt sich eine schöne, zunächst keineswegs fremde Szene, die Szene eben einer Liebe. Aber als es ans Zahlen geht, ist es wieder da, das Geheimnis: Tom Baxter hat nur Filmgeld bei sich, das in der realen Welt keinen Wert hat. Eine Szene aus dem Leben wird zur Szene, in der sich unversehens das Fremde zeigt. Wir, die Zuschauer, sind dabei. Erklärt wird nichts. Das Geheimnis ist öffentlich. Und bleibt Geheimnis.

Das »Geheimnis« ist also kein Rätsel. Die Aufgabe wissenschaftlicher Exegese liegt darin, Rätsel, die sich historisch stellen, zu lösen. Das soll so bleiben. Was lösbar ist, soll gelöst werden. Zu den Sternstunden moderner Exegese freilich gehört es, wenn sie eines Rätsels Lösung suchte und auf das Geheimnis stieß. Zwei Beispiele führe ich an.[43]

William Wrede erkannte um die Wende zum 20. Jahrhundert, dass die biblischen Quellen über die Gestalt Jesu historisch nicht hergeben, was man in ihnen suchte. Schon die synoptischen Evangelien zeichnen, so die Einsicht, ein dogmatisches Bild Jesu. Wrede suchte den historischen Jesus und stieß auf das »Messiasgeheimnis«.

---

[39] Vgl. Martin Nicol, Ereignis und Kritik. Praktische Theologie als hohe Schule der Gotteskunst, in: ZThK 99 (2002), 226–238, 232–234.

[40] Eberhard Jüngel, Gott als Geheimnis der Welt, Tübingen ⁴1982.

[41] A. a. O., 341.

[42] Josuttis (Anm. 30), 7.

[43] Vgl. Jürgen Roloff, Jesusforschung am Ausgang des 20. Jahrhunderts (SBAW.PH 4), München 1998, 3–7.

Ebenfalls zu Beginn des vergangenen Jahrhunderts diagnostizierte Albert Schweitzer das Scheitern der bisherigen Leben-Jesu-Forschung. Kurzschlüssig habe man in der Perspektive der jeweiligen Gegenwart aktualisiert, was doch fremd bleiben müsse: Jesus »ging an unserer Zeit vorüber und kehrte in die seinige zurück. Das eben befremdete und erschreckte die Theologie der letzten Jahrzehnte, daß sie ihn mit allem Deuteln und aller Gewalttat in unserer Zeit nicht festhalten konnte …«[44] Schweitzer suchte historisch nach Jesus und stieß auf das Geheimnis des Eschaton.

Dass beide auf das Geheimnis stießen, es aber letztlich wieder als Rätsel behandelten, darf man aus heutiger Sicht bedauern. Schweitzer zeichnete Jesus dann doch wieder »als einen sich einem Ideal aufopfernden Willensheros«[45], und Wredes Geheimnistheorie zielt, indem sie zu erklären sucht, was verwundern sollte, »im Kern auf Geheimnislosigkeit«[46].

Die Homiletik hätte es also, wie alle andere Bibelhermeneutik auch, bleibend mit dem »offenen Geheimnis« zu tun. Dieses Geheimnis erfordert eine »Kunst der Wahrnehmung«[47], welche die biblischen Texte in ihrer Fremdheit öffentlich zur Sprache bringt.

Fremdheit der Texte und Geheimnis der Metapher

Ein Geheimnis wird sich nie vollständig ins Vertraute und Gewohnte übersetzen lassen. Etwas sperrt sich und muss als sperrig wahrgenommen werden. Die Kategorie des Fremden scheint geeignet, diese Widerständigkeit im hermeneutisch-homiletischen Diskurs zu repräsentieren.

Dabei ist Fremdheit keine Eigenschaft, die den biblischen Texten in irgendeiner Weise objektiv inhärent wäre. Fremdheit dem Text als Eigenschaft zuzuschreiben, ist unsinnig. Es ist, wie wenn man einen einzelnen Mann als erotisch bezeichnen würde. So jedenfalls sieht es Oliver Fuchs in der »Süddeutschen Zeitung«:

---

[44] Albert Schweitzer, Geschichte der Leben-Jesu-Forschung [1906], Tübingen 61951, 632.

[45] Roloff (Anm. 43), 6.

[46] Josuttis (Anm. 30), 8.

[47] Vgl. Albrecht Grözinger, Praktische Theologie als Kunst der Wahrnehmung, Gütersloh 1995.

»Erotik. Gleich denkt man an … Frauenzeitschriften-Titel wie ›Die erotischsten Hollywood-Männer 2004‹. Wundersame Geschichten sind das oft, man fragt sich, wie ein einzelner Mann das hinkriegt, ›erotisch‹ zu sein. Wir dachten immer, dass da zwei Menschen dazugehören. Ist Erotik nicht das, was entsteht, wenn zwei Menschen sich anschauen und es zu brennen beginnt?«[48]

Ähnlich ist es mit der Fremdheit biblischer Texte. Sie wird erst dort greifbar, wo die biblischen Texte mit anderen Texten und Kontexten ins Wechselspiel treten. Fremdheit steht nicht absolut. Sie wird erst da kenntlich, wo sie sich vom Vertrauten beziehungsreich absetzt. Es handelt sich um eine intertextuelle Fremdheit.

Wieder zeigt Woody Allen auf unterhaltsame Weise, wie sich Fremdheit erst im Wechselspiel der Kontexte manifestiert. Solange der Filmheld im Film agiert, ist er nicht fremd. Der Film hat sein Skript. Der Zuschauer kann sich darauf verlassen, dass, Abend für Abend, Tom Baxter seine Sängerin bekommt. Fremd wird er erst, als er die Welten wechselt. Im schwarzweißen Film hätten die Prostituierten aus dem Bordell wohl nichts auffällig an ihm gefunden. Aber als er, reiner Tor, in der farbigen Welt der Realität bei ihnen auftaucht, rührt er sie zu Tränen. In der Bibel wäre nun die Frage zu erwarten: »Was ist das für ein Mann, dass …?«[49] Eine der Frauen, Emma, benennt die Fremdheit des Filmhelden auf ihre Weise: »Dieser Typ bringt mich noch um. Gibt es da draußen noch mehr Typen wie dich?«[50]

Es geht also darum, den biblischen Text so zur Sprache zu bringen, dass er den Hörenden im Wechselspiel mit anderen Texten und Kontexten nahe kommt und fremd bleibt. Teile dessen, was in der Literaturwissenschaft als »Intertextualität« verhandelt wird, erörterte die Theologie bisher am Phänomen der Metapher.[51] Es geht bei der Metapher keineswegs, wie man landläufig meinen könnte, nur um Sprachbilder, sondern um den komplexen Vorgang der »metaphorischen Prädikation«.[52] Wo zwei Welten, die zunächst nichts miteinander zu tun haben, zusammentreffen und sich wechselseitig zur Sprache bringen, da geschieht metaphorische Prädikation. Im Film spricht man vom »Dissolve«, der

---

[48]   Oliver Fuchs, Vor Sonnenaufgang (SZ 10.01.2004).

[49]   Vgl. etwa Mt 8,27: »Was ist das für ein Mann, dass ihm Wind und Wellen gehorsam sind?«

[50]   Three Films (Anm. 4), 429.

[51]   Vgl. etwa Christian Link, Gleichnisse als bewohnte Bildwelten, in: Reinhold Bernhardt u. Ulrike Link-Wieczorek (Hg.), Metapher und Wirklichkeit. Die Logik der Bildhaftigkeit im Reden von Gott, Mensch und Natur (FS Dietrich Ritschl), Göttingen 1999, 142–152.

[52]   Friedrich Mildenberger, Biblische Dogmatik, Bd. 1, Stuttgart u. a. 1991, 195–201, bes. 200.

»Überblendung« oder »Überlappung«, in der zwei Szenen oder zwei Welten mehr oder minder gleichzeitig zur Geltung kommen.[53]

Woody Allens Film besteht im Kern aus einem Wechselspiel zweier Welten, aus einem einzigen »Dissolve«. Damit entfaltet der Regisseur in Filmlänge, was in der Sprachfigur der Metapher »kirschkernhaft kompakt«[54] greifbar wird. Umgekehrt wird in der Sprachfigur der Metapher auf kleinstem Raum greifbar, was auch für ganze Texte der Bibel gilt. Die biblischen Metaphern, Gleichnisse im Kleinen, sind nicht als Mitteilung über Gott und seine Wirklichkeit von Bedeutung. Vielmehr bringen sie durch das in ihnen angelegte Wechselspiel zweier Welten in jeweils neuen Kontexten einen Prozess religiösen Erlebens in Gang. Metaphern sind dynamische Sprachgestalten, die nicht ohne Wirkung bleiben.

Theologisch sind Metaphern auch sprachliche Antizipationen der Zukunft Gottes. Martin Luther wusste das. Letztlich war es das Geheimnis der Metapher, das seine Leidenschaft für die Texte der Bibel motivierte. Joachim Ringleben hat das vor kurzem eindrücklich herausgearbeitet.[55] Martin Luther ging es im Umgang mit der Bibel nicht darum, alte Texte verstehbar zu machen, sondern im metaphorischen Sprechen dem Geheimnis der Zukunft Gottes auf der Spur zu sein. Wobei zuzugeben ist, dass der Prediger dieser Einsicht nicht immer mit gleicher Intensität folgte wie der Schrifttheologe Martin Luther.

Zwei Welten kommen also in metaphorischen Prozessen zusammen: Text und Leben, Alt und Neu, Himmel und Erde, Fremdes ebenso wie Vertrautes. Ein aufregendes Geschehen, wundersam – und nicht eindeutig zu identifizieren. Wo die einen sagen, hier sei eben ein alter Text wieder einmal neu verstanden worden, sprechen die anderen vom »Ereignis«[56] und meinen damit, dass im Medium biblischer und niemals alter Texte[57] unsere alte Welt ins Licht der neuen Schöpfung getaucht wurde.

Woody Allen hat mit *The Purple Rose of Cairo* ein Gleichnis gegeben, wie das geht: ein Geheimnis so zu inszenieren, dass es – potenziell – zum »Ereignis« werden kann. Aus dem Wechselspiel von Schwarzweiß und Farbe, von Fiktion und Realität entsteht eine neue Wirklichkeit. Cecilia lässt sich staunend darauf ein, während andere Kinobesucher die eindeutige Wirklichkeit fordern und ihr

---

[53]   Vgl. Patrick Roth, Dissolve: Mit Joy(ce) ins Bett der Toten, in: Ders., Ins Tal der Schatten. Frankfurter Poetikvorlesungen, Frankfurt a. M. 2002, 45–76.

[54]   Eine Charakterisierung der Lyrik von Reiner Kunze, angeführt bei Kristina Maidt-Zinke, Der Koi-Karpfen. Zum 70. Geburtstag des Dichters Reiner Kunze (SZ vom 16.08.2003).

[55]   Vgl. Joachim Ringleben, Metapher und Eschatologie bei Luther, in: ZThK 100 (2003), 223–240.

[56]   Vgl. Nicol (Anm. 2), 47–55.

[57]   Vgl. zum gottesdienstlichen Gebrauch der Bibel: Benedikt Kranemann u. Thomas Sternberg (Hg.), Wie Wort Gottes feiern? Der Wortgottesdienst als theologische Herausforderung, QD 194, Freiburg i. Br. u.a. 2002.

Geld zurückwollen. Woody Allen inszeniert ohne Mystifikationen und mit viel Humor das Wechselspiel von Fiktion und Realität. Mögen die Zuschauer je für sich entscheiden, wo die Realität aufhört und die Fiktion beginnt. Jeder kann den Film sehen, aber nicht jeder wird in das Wechselspiel der Welten so verwickelt werden, dass sich daraus eine neue Erfahrung von Wirklichkeit ergibt. Es ist mutatis mutandis ein »offenes Geheimnis«, das den Zauber von *The Purple Rose of Cairo* ausmacht. Für die einen ist »nur« Fiktion, was da geschieht; sie haben es erklärt. Für die anderen wird es zum »Ereignis«; sie kommen aus dem Staunen nicht heraus.

Ich habe versucht zu skizzieren, wie das zusammenhängt: Fremdheit der Texte und Geheimnis der Metapher. Eine Hermeneutik, die sich ästhetisch versteht, wäre sicherlich weniger historisch in dem Sinn, dass sie vergangene Kontexte rekonstruiert. Dafür würde sie sich verstärkt dem Wechselspiel der Texte und Kontexte zuwenden: innerhalb der Bibel selbst, in der sogenannten Wirkungsgeschichte und in der unmittelbaren Gegenwart. Die Homiletik wäre alternativen Bemühungen um Bibelhermeneutik verbunden in dem Ziel, den fremden Text als »Geheimzeichen« Gottes wahrzunehmen.

Hilferuf eines Homiletikers

Es ist misslich, ich weiß, wenn jemand nur auf der prinzipiellen Ebene argumentiert, ohne solche Grundsatzüberlegungen in der Arbeit am biblischen Text zu bewähren. Ich habe meine Vision einer anderen Hermeneutik nur als dürftige Skizze dargelegt. Das war, so scheint mir, nötig, darf aber lediglich ein Anfang sein. Konkretionen nach der bibelhermeneutischen und der predigtpraktischen Seite sind bereits in Arbeit.[58]

Warum mir so sehr an einer Diskussion liegt, möchte ich zum Schluss noch einmal herausstellen. Dieses homiletische Plädoyer für eine hermeneutische Schubumkehr ist im Grunde ein Hilferuf. Es ist der Hilferuf eines Homiletikers, der seine Arbeit, Predigen zu lehren, kaum mehr angemessen tun kann. Was soll ich denn homiletisch ausrichten, wenn es bei denen, die zu predigen haben, keine inspirierende Vorstellung gibt, was von den Worten, Bildern und Geschichten der Bibel erwartet werden kann? Kurz: Wie soll Predigt spannend sein, wenn die Bibel nicht als spannend erlebt wird? Der »Spannungsabfall« im Umgang mit der Bibel ist massiv. Die Weise, wie wir akademisch die Bibel ins Spiel bringen, hat daran einen erheblichen Anteil. Deshalb der Hilferuf.

---

[58] In meinen Seminaren im »Atelier Sprache e.V.« in Braunschweig habe ich predigtpraktisch mit der Kategorie des Fremden gearbeitet. Vgl. neuerdings auch in: Martin Nicol, Mehr Gott wagen. Predigten und Reden zur Dramaturgischen Homiletik, Göttingen 2019, etwa 42, 71, 82, 84, 120 und das Kapitel zum Humor (»Zum Lachen fremd«), 157–174.

Es ist nicht leicht, den Worten, Bildern und Geschichten der Bibel ihre Fremdheit zu lassen und sich ihnen gleichwohl zu verschreiben. Leicht ist es nicht, spannend allemal. Als Homiletiker rufe ich alle zur Hilfe, die auch davon überzeugt sind, dass eine Schubumkehr in der Bibelhermeneutik ansteht: Wagen wir uns gemeinsam lesend ins Fremde!

Turmfrei und geistvoll

Zur Spiritualität in Luthers »Turmerlebnis«
[2020]

Luthers Turmerlebnis
Wunsch und Wirklichkeit

Über berühmte Leute gab es schon immer schöne Geschichten. Früher vermehrten sich die Geschichten mit den Jubiläen. In jüngerer Zeit erweisen sich mitunter die Jubiläen als Story-Killer.

In meinem ersten Erlanger Semester besuchte ich die geistesgeschichtliche Vorlesung von Hans-Joachim Schoeps. Große Ereignisse präsentierte er mit großer Geste. Noch heute erinnere ich mich weniger an seine Worte als an die Hammerschläge, mit denen Luther die 95 Thesen an die Türen der Schlosskirche zu Wittenberg klopfte. Eine schöne Vorstellung, sagen die Historiker, aber wirklich zugetragen hat sich das nicht.

Karlmann Beyschlag konnte die Hörerschaft so dramatisch in Luthers Sterbezimmer führen, dass man zu Tränen gerührt war. Bitte, so der Einwand, bitte nicht so viel Affekt! Von Interesse ist allein der nüchterne Blick auf das, was tatsächlich geschah.

Und dann gab es da das »Turmerlebnis«. Der Terminus bezeichnete Geburtsort und Geburtsstunde der Reformation: Luther habe in abgelegener Turmstube beim einsamen Studium der Heiligen Schrift den gnädigen Gott entdeckt. Eine schöne Vorstellung. Aber nicht nachweisbar. Das Turmerlebnis ist mittlerweile so unwahrscheinlich wie der Thesenanschlag.

Zum jüngsten Luther-Jubiläum ist ein Nachschlagewerk erschienen, das mit sorgfältig ausgewählten Artikeln Leben, Werk und Wirkung des Reformators erschließt. Herausgegeben und verfasst ist das Luther-Lexikon von Wissenschaftlerinnen und Wissenschaftlern, die in Sachen Luther und Reformation einen Namen haben. Ich schlage das Buch bei »Turmerlebnis« auf. Kein eigener Artikel, schade, aber dafür ein Verweis auf den Artikel »Reformatorische Entdeckung«. Der Leser blättert auf die entsprechende Seite und erfährt dort, dass die Erzählung von einem Turmerlebnis ebenso aufzugeben sei wie jede Vorstellung vom punktuellen Erlebnis eines Durchbruchs.[1] Man tendiere »zu einem Modell der reformatorischen Entwicklung [...], die sich in vielen kleinen Sprüngen (Hamm) oder als gleitender Prozess (Leppin) darstellen lässt.«[2] Was in dem autobiografischen Rückblick des späten Luther zu lesen ist, trage den »Charakter von typischer Konversionsliteratur«.[3] Klartext: Luther habe, durchaus in frommer Absicht, so oft von einem Durchbruchserlebnis erzählt, bis er selbst glaubte, es sei so und nicht anders gewesen. In der Tat lassen sich Texte, die von Konversionen erzählen, verdächtig oft dem Modell einer plötzlichen und totalen Wende zuordnen, die das Licht übergangslos vom Dunkel scheidet.

Die Position, die ich im Luther-Lexikon vorfand, wehrt dem unerträglichen Luther-Pathos früherer Zeiten, integriert flexibel neue Einsichten und bietet im ökumenischen Horizont unterschiedlichen Sichtweisen eine seriöse Plattform. Allein dass der spätmittelalterliche Hintergrund positiv oder zumindest unideologisch in unser Bild von der Reformation Eingang fand, ist einer Sicht zu danken, die nicht Brüche kultiviert, sondern Entwicklungen zeichnet.

Die Einladung zu einem Vortrag im Lutherjahr 2017 war der Anlass, mich im neuen Lexikon zum Thema »Turmerlebnis« umzusehen.[4] Ich hatte Luthers späten Rückblick bisher unter der Voraussetzung gelesen, dass es sehr wohl ein Erlebnis gegeben habe, das als Datum der Biografie zu behandeln ist und an das sich der alte Luther fast drei Jahrzehnte später gut erinnerte. Die deutlich andere Position im Luther-Lexikon lockte mich, der Sache noch einmal nachzugehen.

Ergebnis und Erlebnis
Warum auch der Weg wichtig ist

Gegen Ende seines Lebens entstand, in lateinischer Sprache, jener berühmte Text über die Anfänge der Reformation. An prominenter Stelle, in der Vorrede zur Ausgabe seiner lateinischen Werke, fixierte Luther im Jahr 1545 seine Erinnerung.[5] Der alte Luther habe sich, so Volker Leppin im Lexikon, an »einen reformatorischen Durchbruch« erinnert.[6] Schon der unbestimmte Artikel signalisiert,

---

[1]   Volker Leppin, Art. Reformatorische Entdeckung, in: Das Luther-Lexikon, hg. v. Volker Leppin und Gury Schneider-Ludorff, Regensburg 2014, 589–592.

[2]   A. a. O., 591. Vgl. auch ebd. die knappe Skizze zur Forschungslage.

[3]   Ebd. Vgl. auch: Ders., Die fremde Reformation. Luthers mystische Wurzeln, München 2016, 30 f.

[4]   Vortrag beim Festkommers der Christlichen Studentenverbindung Uttenruthia, Erlangen, 16. Juni 2017, als Vortrag publiziert (Uttenreuther-Blätter 86 [2017], H. 2, 18–26).

[5]   Martin Luther, Vorrede zum ersten Bande der Gesamtausgabe seiner lateinischen Schriften, Wittenberg 1545, in: WA 54,179–187.

[6]   Leppin (Anm. 1), 590.

was dann ausgeführt wird, nämlich dass es »einen« Durchbruch gegeben habe, so etwas also wie einen Durchbruch, aber kein Erlebnis und »das Turmerlebnis« schon gar nicht. Inhaltlich freilich bleibt die theologische Entdeckung, die man früher mit dem »Turmerlebnis« verbunden hatte, im Ergebnis unstrittig: Luther versteht »Gerechtigkeit Gottes« nicht mehr als die Gerechtigkeit, mit der Gott belohnt oder bestraft, sondern als die Gerechtigkeit, mit der Gott den Menschen ohne dessen Zutun gerecht macht.

Vergleicht man, was Volker Leppin aus jener Vorrede zitiert, mit dem, was Luther einst schrieb, so fällt auf, dass im Lexikon der Sachgehalt der Entdeckung zur Geltung kommt, nicht aber deren Erlebnisgestalt. Ich zitiere im Folgenden aus Luthers Vorrede das, was sich auch auf jene umstürzende Entdeckung bezieht, aber im Lexikon fast vollständig fehlt:

> »Mit außerordentlicher Leidenschaft war ich davon besessen, Paulus im Brief an die Römer kennenzulernen. Nicht die Herzenskälte, sondern ein einziges Wort [...] war mir bisher dabei im Wege [...].

> [...] Und wenn ich mich auch nicht in Lästerung gegen Gott empörte, so murrte ich doch heimlich gewaltig gegen ihn. [...] So wütete ich wild und mit verwirrtem Gewissen, jedoch klopfte ich rücksichtslos bei Paulus an dieser Stelle an; ich dürstete glühend zu wissen, was Paulus wolle.

> Da erbarmte sich Gott meiner. Tag und Nacht war ich in tiefe Gedanken versunken, bis ich endlich den Zusammenhang der Worte beachtete [...]. Da fing ich an, die Gerechtigkeit Gottes [...] zu verstehen [...]. Da fühlte ich mich wie ganz und gar neu geboren, und durch offene Tore trat ich in das Paradies selbst ein. Da zeigte mir die ganze Schrift ein völlig anderes Gesicht. [...]

> Mit so großem Hass, wie ich zuvor das Wort ›Gerechtigkeit Gottes‹ gehasst hatte, mit so großer Liebe hielt ich jetzt dies Wort als das allerliebste hoch. So ist mir diese Stelle des Paulus in der Tat die Pforte des Paradieses gewesen.«[7]

Dass sich die Sache im Turm zugetragen habe, schreibt auch der alte Luther in seiner Vorrede nicht. Die Rede vom »Turmerlebnis« resultiert vielmehr aus Bemerkungen, die Luther bei Tisch von sich gab. Mit einer Bemerkung dieser Art hat sich in früheren Zeiten die Forschung besonders hingebungsvoll beschäftigt. Man könne nämlich, so wurde geraunt, Luther so verstehen, als ob ihm jene Erleuchtung nicht nur im Turm, sondern auf der Toilette widerfahren sei. Dass

---

[7] Zitiert nach der von Kurt Aland herausgegebenen Übersetzung »Luther Deutsch«, hier: LD² 2,19 f. Lateinisches Original: WA 54,185,14 – 186,16. Diesem Textausschnitt gilt meine Relecture.

eine solche Vermutung wilde Spekulationen auslöst, versteht sich von selbst.[8] Es geht Luther aber nicht um den Ort und erst recht nicht um das Örtchen. Es geht ihm um eine theologische Entdeckung. Die aber präsentiert er noch Jahrzehnte später nicht lediglich in einer Art Ergebnis-Protokoll, sondern er erzählt, wie es in einem Schlüssel-Erlebnis zu dem Ergebnis kam.

Sehr wahrscheinlich hat Luther dieses Erlebnis im Rückblick immer wieder etwas anders akzentuiert. Es gibt gute Gründe, die Entwicklung des Mönchs zum Reformator als eine, so Berndt Hamm, »breitgefächerte Erfahrungs- und Erkenntnisgeschichte« zu beschreiben.[9] Was freilich, so mein Einwand, noch lange nicht bedeuten muss, dass das Erlebnis vollständig aus der Luther-Biografie zu streichen wäre. Aber nicht nur die Faktizität eines biografischen Datums steht in Rede. Je sorgsamer ich auf die Sprache achte, in der Luther sein Erlebnis präsentiert, desto konturierter kommt etwas von der Spiritualität reformatorischen Bibelgebrauchs in den Blick. Dafür lohnt es sich, noch einmal sehr genau auf jene Begebenheit zu blicken, die von der Nachwelt als »Turmerlebnis« narrativ überhöht und vielfach instrumentalisiert wurde.

Was die Quellen trotzdem sagen
Relecture eines späten Rückblicks

Die deutschen Übersetzungen jenes Rückblicks von 1545 sind, wie ich feststellen musste, großenteils recht ungenau. Sie lassen oft nicht erkennen, dass man sich die Frage nach der Art und Weise von Luthers Bibelgebrauch überhaupt gestellt hätte. Genau mit dieser Fragestellung aber mache ich mich an eine Relecture des lateinischen Originals.

(1) meditabundus dies et noctes
Bei der Tätigkeit, die zu dem Erlebnis führt, beschreibt Luther sich als *meditabundus dies et noctes*. In der Vulgata liest man bei Ps 1 über den exemplarischen Frommen: *in lege eius meditabitur die ac nocte*. Der Fromme, so die aktuelle Lutherbibel, »sinnt über dem Gesetz des Herrn Tag und Nacht«. Mit Luthers Formulierung in der Vorrede ist ohne Zweifel Ps 1,2 aufgerufen. Die Bedeutung dieser Bibelstelle für die Geschichte der christlichen Spiritualität kann nicht hoch genug veranschlagt werden. Sie steht am Eingang zum Psalter, dem, im monastischen Bereich zumal, Hauptgebetbuch der Kirche. Ps 1,2 bezieht sich in der

---

[8]   Vgl. Heiko A. Oberman, Luther. Mensch zwischen Gott und Teufel, Berlin 1982, 163–166. Vgl. auch Walther von Loewenich, Martin Luther. Der Mann und das Werk, München 1982, 87 f.

[9]   Berndt Hamm, Der frühe Luther. Etappen reformatorischer Neuorientierung, Tübingen 2010, 30.

Rezeption nicht nur auf das Beten der Psalmen, sondern auf den Umgang mit der Bibel überhaupt. Wahrscheinlich ist diese Psalmstelle sogar ein Grund dafür, dass man die entsprechende Tätigkeit so dezidiert mit dem Wort *meditari / meditatio* belegte.[10] Luther rief, als er jenes Schlüsselerlebnis rückblickend beschrieb, mit der Bibelstelle zielsicher die Praxis methodisch geregelter und monastisch ge-übter Meditation auf.[11] Dieser Zusammenhang kommt nicht zur Geltung, wenn man in der Aland-Ausgabe liest: »Tag und Nacht war ich in tiefe Gedanken versunken.«[12]

(2) pulsabam eo loco Paulum

Eine weitere lateinische Wendung[13] in Luthers Rückblick verdient ebenfalls genauere Wahrnehmung: *Pulsabam tamen importunus eo loco Paulum, arden-tissime sitiens scire, quid S. Paulus vellet.* Die Aland-Ausgabe übersetzt: »jedoch klopfte ich rücksichtslos bei Paulus an dieser Stelle an; ich dürstete glühend zu wissen, was Paulus wolle.«[14] Bei Heinrich Böhmer las man: »[Ich] klopfte doch immer wieder in heißem Erkenntnisdrang bei Paulus an, um herauszubringen, was er an dieser Stelle eigentlich meine.«[15] Und, einigermaßen kurios, Walther von Loewenich in seiner Luther-Biografie: »Und doch schlug ich mich an jener Stelle rücksichtslos mit Paulus herum, da ich glühend danach lechzte, zu wissen, was Paulus wolle.«[16]

Die ungenauen Übersetzungen verwundern, findet sich doch in Luthers erster Psalmenvorlesung der Jahre 1513–15 eine Definition, die seine späte Formulierung mit geradezu lexikalischer Präzision erläutert: *Meditari est pulsare cum Mose hanc petram.*[17] Die Übersetzung ist klar: »Meditieren heißt, mit Mose an diesen Felsen schlagen.« Damit ist eine Situation aus Israels Wüstenzeit aufge-rufen (vgl. Ex 17,6; Num 20,11): Das Volk, von der Wüstenwanderung ermattet, hatte Durst und murrte. Mose schlug mit seinem Stab an einen Felsen. Da sprudelte Wasser aus dem Felsen; der Durst des Volks war gelöscht. Die Wir-kungsgeschichte freilich ging weiter. Bereits die innerbiblische Allegorese ent-

---

[10]   Vgl. Martin Nicol, Meditation bei Luther [1984], Göttingen ²1991, 18.

[11]   Möglicherweise verstand Luther das Futur *meditabitur* im Psalm als eine Verpflichtung des Frommen zur Meditation. Dann könnte das Adjektiv *meditabundus* signalisieren, er komme aktuell dieser Verpflichtung nach. Wenn die Prämissen zutreffen, dann hätte das Futur der Verpflichtung einem Präsens der Erfüllung Platz gemacht.

[12]   LD² 2 (Anm. 7), 20.

[13]   In den Zwischenüberschriften kürze ich Luthers Text auf die für meine Darstellung maßgeblichen Wörter und Wendungen.

[14]   LD² 2 (Anm. 7), 20.

[15]   Heinrich Böhmer, Der junge Luther [1925], Leipzig ³1939, 99 f.

[16]   Loewenich (Anm. 8), 80. Vgl. Heinrich Fausel, D. Martin Luther, Stuttgart 1955, 42.

[17]   WA 55 II,1,15,10 f. Vgl. Nicol (Anm.10), 48 f.

deckte in dem Fels Christus und in dem Wasser, das aus dem Felsen kam, den entsprechenden geistlichen Trank (1Kor 10,3). Die monastische Tradition, angeleitet von der Bemerkung bei Paulus, sah in dem Wüstenereignis ein perfektes Bild für die Praxis der Meditation.

Wo freilich die Vulgata bei jener Mose-Begebenheit das Verbum *percutere* verzeichnet, schreibt der alte wie schon der junge Luther *pulsare*. Er erinnert damit zusätzlich an Jesu Wort zur Gebetserhörung: »Klopfet an *(pulsate)*, so wird euch aufgetan« (Mt 7,7). Diesen Zusammenhang machte der junge Professor als Ausleger der Psalmen auch explizit.[18] Meditieren und Beten sind für Luther wie für die monastische Tradition derart verwandte Tätigkeiten, dass man sich, wenn von Meditation die Rede ist, eigentlich immer ein »betendes Meditieren« vorzustellen hat.

Eine philologische Frage wirft der Ablativ *eo loco* auf. Gewöhnlich wird ein Lokativ im Sinne von »an dieser Stelle« angenommen. Gemeint ist die Bibel-Stelle Röm 1,17. In diesem Fall wäre zu übersetzen: (a) »und [ich] klopfte immer wieder an dieser Stelle auf Paulus«. Wenn man freilich die Wüstenbegebenheit aus dem Alten Testament als Matrix der Sinnführung annimmt, dann legt sich ein instrumental verstandener Ablativ nahe. Luther würde dann mit dieser Bibel-Stelle auf Paulus schlagen, so wie Mose nach Num 20,11 »mit dem Stab« (Ablativ: *virgā*) an den Felsen schlug.[19] Da das Bild des Mose aus jener Wüsten-Episode evoziert wird, darf eigentlich der wundertätige Stab nicht fehlen. Denn womit sonst sollte Luther auf Paulus klopfen wie Mose auf den Felsen? Röm 1,17 wäre dann das gottgegebene Instrument für die überwältigende Erkenntnis, der sich die theologische Neuausrichtung verdankte. Insgesamt begegnen die vielfältigen Anspielungen in Luthers Aussage derart verdichtet, dass sie in der Übersetzung kaum hörbar zu machen sind: (b) »Hartnäckig klopfte ich im Gebet immer wieder mit dieser Bibelstelle auf Paulus, weil ich brennend zu wissen dürstete, was der hl. Paulus wollen könnte.« Ob das Verständnis der Stelle Version (a) oder Version (b) folgen sollte, wage ich nicht zu entscheiden.

(3) connexionem verborum attendere

Er habe, schreibt Luther, die *connexio verborum* (Verknüpfung der Wörter und Worte) beachtet. Das ist mehr als lediglich »der Zusammenhang von Röm 1,17«.[20] Mit der reformatorischen Entdeckung hat sich, bei Paulus mit dem Habakuk-Zitat bereits angelegt, eine Intertextualität aus der theologischen Schulstarre gelöst und in das ihr eigene Wechselspiel gewandelt. Auf einmal las Luther Hab 2,4 und in der Folge auch Röm 1,17 anders. Dieses Wechselspiel der Wörter, Wendungen

---

[18]   WA 55 II,1,15,9 f.

[19]   Ex 17,6: percutiesque petram; Num 20,11: percutiens virga bis silicem.

[20]   Martin Brecht, Martin Luther. Sein Weg zur Reformation 1483–1521, Stuttgart 1981, 219.

und ganzer Texte bot sich Luther zur eigenen Überraschung an vielen Bibelstellen, als er die Heilige Schrift einem diagonalen Schnell-Check unterzog.
Auswendig sei das vor sich gegangen.[21] Im Rahmen spätmittelalterlicher Meditation muss das nicht weiter verwundern, gleicht doch der meditierende Mensch
einem wiederkäuenden Tier (animal ruminans), das die Nahrung aus dem
»Magen des Gedächtnisses« hervorholt, um sie zur besseren Aufnahme der
Nährstoffe wiederzukäuen.[22]

Für die Methode, mit der sich Luther der Schriftmeditation widmete, greife
ich zunächst auf die Beschreibung zurück, mit der einst Jean Leclercq treffende
Worte für die Art und Weise gefunden hatte, mit der man im Mittelalter Bibeltexte
meditierte:

> »Damit soll gesagt sein, daß der Mönch sich spontan und ohne jede Anstrengung an
> Zitate und Anspielungen, die sich gegenseitig hervorrufen, erinnert, einzig und allein
> durch die Ähnlichkeit der Worte. Jedes Wort ist gleichsam ein Haken. An ihm hängen
> ein oder mehrere Worte, die sich miteinander verknüpfen und so das Gewebe der
> Darstellung bilden.«

Den Begriff der »Intertextualität« verwendet Leclercq nicht. Aber er hat die
Meditation von Texten so beschrieben, dass die faktische Intertextualität mit
Händen zu greifen ist.[23]

Luther lässt in seinen *Operationes in Psalmos* (1518–1521), im Vergleich
etwa zu den früheren *Dictata,* deutlich humanistische Einflüsse erkennen. Die
Erkenntnisse aus der Philologie werden selbstverständlich in die Auslegung
integriert[24], ohne dass sich am *meditatio*-Charakter des Schriftgebrauchs etwas
grundsätzlich ändern würde. Der initiale Psalmvers Ps 1,2 findet auch in den
Operationes ausführliche Beachtung. Zum Stichwort *meditatio / meditari* bringt
verweist Luther auf eine Methode der Meditation. Die einleitenden Worte machen
seine Hochschätzung dieser Übung deutlich: »Ich kann gar nicht genug die Kraft
und wunderbare Wirkung dieses Wortes [scil. meditari] würdigen und empfehlen
...«[25] Die Methode besteht (1) in der aufmerksamen Betrachtung der Wörter des
Textes und (2) im wechselseitigen Kombinieren und Vergleichen verschiedener

---

[21] Discurrebam deinde per scripturas, ut habebat memoria ... (WA 54,186,10 f.): »Danach
durchlief ich die biblischen Schriften, wie das Gedächtnis sie bereithielt ...«
[22] Meditation als »Wiederkäuen« in allegorischer Aufnahme von Lev 11,3 und Dtn 14,6; vgl.
dazu Nicol (Anm. 10), 55–60.
[23] Jean Leclercq, Wissenschaft und Gottverlangen. Zur Mönchstheologie des Mittelalters
[franz. 1957], Düsseldorf 1963, 86.
[24] Vgl. Nicol (Anm. 10), 52 f.
[25] Non possum satis digne huius verbi vim et gratiam commendare (AWA 2,42,6 ff. / Übers.
M.N.).

Schriftstellen. Ich gehe davon aus, dass Luther mit dieser Angabe genau die Methode lobt, auf die er in seiner Vorrede unter dem Stichwort einer *connexio verborum* zu sprechen kommt und in deren Beachtung ihm, vermutlich im Jahr 1518[26], seine biblische Entdeckung widerfuhr.

Ebenfalls im Jahr 1518 begegnet die Methode an anderer Stelle, diesmal mit Bezug auf das Wort »Buße« (poenitentia) und mit Formulierungen, die das spielerische Moment von Intertextualität schön zur Geltung bringen. Staupitz hatte für Luther, der unter schweren Anfechtungen litt, ein tröstliches Wort zur Buße gefunden. Luther dankt es ihm und schreibt, er habe Staupitz' Trostwort mit Schriftstellen verglichen, die auch von der Buße handeln: »Und siehe, was für ein überaus reizvolles Spiel! Von überall spielten sich mir Worte und Wendungen zu, stimmten ohne Abstriche deinem Trostwort zu. Lachend taten sie das und derart stürmisch, dass [...] jetzt nichts für mich süßer und angenehmer klingt als das Wörtchen ›Buße‹.«[27]

So wird man insgesamt sagen können, Luther habe um diese Zeit mit der eingeübten und bewährten Methode Erleuchtung erlebt beim Meditieren von Bibeltexten.

(4) *me prorsus renatum esse sensi et apertis portis in ipsam paradisum intrasse*

Luther fühlte sich wie neugeboren und in das Paradies versetzt. So könnte man beim ersten Lesen meinen. *Sensi* schrieb Luther und schob eine AcI-Konstruktion nach. Im modernen Deutsch bringt der reflexive Sprachgebrauch (»ich fühle mich«) eine Subjektivität des Empfindens zum Ausdruck: »Ich fühle mich ... gut oder schlecht oder wie auch immer.« Wenn die Art des Empfindens nicht mehr durch einen einfachen adverbialen Zusatz zu kennzeichnen ist, zieht die Wendung im Deutschen fast zwangsläufig ein »wie« nach sich: »Ich fühle mich ... wie im Urlaub, wie ein Weltmeister, wie neugeboren.« Luthers *sensi* aber hat einen niedrigeren Subjektivitätsgrad. Denn im Anschluss bringt seine Syntax (Akkusativ + Infinitiv) nicht eine subjektive Befindlichkeit in Form von Gefühlen zur Geltung, sondern Zustände, wie sie von einem Subjekt als Realität erlebt werden. Heute würde man vielleicht von »gefühlter Realität« sprechen.

---

[26]   Die Argumente sprechen m. E. für die seit geraumer Zeit mehrheitlich vertretene sog. Spätdatierung, vgl. Nicol (Anm. 10), 175–181.

[27]   Martin Luther, Resolutiones de indulgentiarum virtute, 1518. Zitat aus dem Widmungsschreiben an Staupitz vom 30. Mai 1518: »[...] coepique deinceps cum scripturis poenitentiam docentibus conferre. Et ecce iucundissimum ludum, verba undique mihi colludebant, planeque huic sententiae arridebant et assultabant, ita, ut [...] nunc nihil dulcius aut gratius mihi sonet quam ›poenitentia‹« (WA 1,525,15–21). Meine Übersetzung entfaltet explizit die Etymologie der Verben *colludere* und vor allem *arridere* und *assultare*.

In einer Tischrede vom Herbst 1533 äußerte sich Luther zur Bonaventura-Lektüre in seinen frühen Klosterjahren. Bonaventura habe ihn »schir toll gemacht«, sodass ich, sagt Luther, »die Vereinigung Gottes mit meiner Seele zu fühlen (sentire) begehrte«.[28] *Sentire* ist das Verbum, das Luther für den Höhepunkt mystischen Erlebens verwendet. In der Vorrede von 1545 geht es nicht um eine *Unio mystica* im Sinne Bonaventuras, aber doch auch um ein außerordentliches Erlebnis, nämlich um Erleuchtung beim Meditieren der Heiligen Schrift und damit um einen Höhepunkt monastischer Spiritualität.[29] Metaphern wie die Wiedergeburt oder das offene Paradies fungieren nicht lediglich als Bilder für ein irgendwie himmlisches Gefühl. In Luthers Rückblick markiert *sensi* mit den syntaktisch davon abhängigen Formulierungen einen Moment spiritueller Hochspannung. In dem Verbum *sentire* klingen noch die Sinne *(sensus)* mit: Da »fühlt man sich nicht wie ...«, sondern da »spürt man, dass ...« Dabei benennt das Perfekt *sensi* keinen anhaltenden Gefühlszustand, sondern ein punktuelles Erleben. Da wurde eine Erkenntnis, die der Intellekt wohl bemerkt, aber theologisch eingeordnet und abgelegt hatte, überraschend vom Affekt eingeholt und als Erfahrung ins Leben gezogen.[30] Ich versuche wieder eine Übertragung: »Da spürte ich, dass ich geradewegs wiedergeboren und bei geöffneten Toren direkt ins Paradies eingetreten war.«

Die Punktualität und Plötzlichkeit solchen Geschehens sei der Narrativität des Konvertiten zuzuschreiben, sagen die Kritiker; es gehöre sozusagen zur Bühnenausstattung einer Konversion, dass sie sich plötzlich ereignet. Doch zum Erfahrungsschatz klösterlicher Spiritualität gehören diese Merkmale eben auch. So notierte Luther in den *Dictata* zu Ps 1,2: »Der Erfahrene weiß, dass dem, der im Gesetz des Herrn meditiert, kurz und plötzlich (breviter et subito) ein Höchstmaß an Einsicht zuteil wird.«[31] Dass sich ein Schlüsselerlebnis »kurz und plötzlich« ereignet, muss nicht notwendig aus den Stereotypen der Konversion, sondern kann gut auch aus der monastischen Schriftmeditation erklärt werden.

Ich stehe am Ende des Durchgangs durch eine Reihe von Formulierungen in Luthers spätem Rückblick. Sie versprachen Aufschluss über die Erlebnisgestalt dessen, was als »Turmerlebnis« die Geschichte der Reformation begleitete. Die Relecture hat sich, so meine ich, gelohnt; das dürfte auch gelten, wenn ich in der Freude, einen klassisch-bekannten Text neu zu lesen, die lateinische Philologie etwas heftig strapaziert haben sollte. Mit der geläufigen Frage jedenfalls nach

---

[28] WA TR I, Nr. 144 (302,31 ff.): »cupiebam sentire unionem Dei cum anima mea«.

[29] Vom mystischen Aufstieg hat Luther den Höhepunkt durchaus beibehalten, ihn aber den Koordinaten seiner Theologie angepasst. Vgl. eine vergleichbare Umdeutung in der Trias Oratio – Meditatio – Tentatio: Nicol (Anm. 10), 91–101.

[30] Vgl. Nicol (Anm. 10), 81–91.

[31] »Expertus novit, quod, qui in lege Domini meditatur, breviter et subito plurima docetur« (WA 55 II,1,15,5–16,8 / Übers. M.N.); vgl. Nicol (Anm. 10), 49.

dem theologischen Gehalt bei jenem Durchbruch sind die Quellen noch nicht ausreichend befragt. Sie sagen auch etwas über die Erlebnisgestalt und damit einiges mehr, als man üblicherweise von ihnen wissen will.[32]

Prof. Dr. Martin Luther
Exegese und Spiritualität

Dass sich das Lutherbild wandelt, ist nicht weiter verwunderlich. Dass im hermeneutischen Zirkel das Vorverständnis der auslegenden Person stets die Auslegung mitbestimmt, ist eine Binsenweisheit. Die Massivität, mit der sich das Selbstbild derer, die forschen, immer wieder in ihren Ergebnissen abbildete, verwundert dann doch.

Im Blick sind nicht mehr die Gegebenheiten und Deutemuster dessen, was man einst »Turmerlebnis« genannt hat. Jetzt geht es um die Schriftauslegung; sie ist die zentrale Handlung in jenem Erlebnis. Da bewährte sich, angereichert durch philologische und andere neuartige Erkenntnisse, eine Weise des Umgangs mit der Bibel, die ihren genuinen Ort nicht im Hörsaal hatte, sondern in der Klosterzelle. Die reformatorische Entdeckung war das Erlebnis eines überraschenden Durchbruchs im regelmäßigen und regelgemäßen Vollzug monastischer Meditation.[33] Wir haben es, um wieder den heute geläufigen Begriff zu verwenden, mit Spiritualität zu tun, und zwar mit der klösterlichen Spiritualität, in der sich Luthers Weise der Schriftauslegung entwickelte.

Von dem spirituellen Bezugsrahmen lassen viele Übersetzungen freilich kaum etwas erkennen. Wenn beispielsweise die Aland-Ausgabe Luthers Aufnahme von Ps 1,2 übersetzt mit »Tag und Nacht war ich in tiefe Gedanken versunken«[34], dann spricht aus diesen Worten weit eher der deutsche Professor als der klösterlich Fromme. Walther von Loewenich résumierte gegen Ende eines langen Weges in der Lutherforschung mit großer Bestimmtheit: »Die reformatorische Erkenntnis erwuchs nicht aus Visionen oder irrationalen Erfahrungen,

---

[32]   Vgl. für die Forschung auf katholischer Seite etwa Karl Baier, Meditation und Moderne, 2 Bde., Würzburg 2009, hier Bd. 1, 70–74; Annegret Henkel, Geistliche Erfahrung und Geistliche Übungen bei Ignatius von Loyola und Martin Luther. Die ignatianischen Exerzitien in ökumenischer Relevanz, Frankfurt a. M. 1995. Vgl. auch die sorgsam kommentierte Ausgabe von: Martin Luther, Wie man beten soll. Für Meister Peter den Barbier, hg. v. Ulrich Köpf u. Peter Zimmerling, Göttingen 2011. Vgl. auch Matthias Mikoteit, Beten mit dem Katechismus und der Bibel nach Martin Luther, in: JBTH 32 (2017), 187–217.

[33]   Vgl. Nicol (Anm. 10), 175–181. Vgl. auch: Ders., Meditation II. Historisch/Praktisch-theologisch [1992], in: TRE 22, 337–353.

[34]   Aland (Anm. 7), 13.

sondern aus wissenschaftlicher Arbeit.«[35] Es spreche eben, so auch Martin Brecht, vieles dafür, »daß er am Schreibtisch bei der exegetischen Arbeit zu seiner Einsicht kam«.[36]

Ich bleibe skeptisch gegenüber einem Professor Luther, der in der unauffälligen Kutte des Mönchs die Bibelwissenschaft für die aufgeklärte Moderne vorbereitet habe. Mit solcher Skepsis bin ich nicht allein. Heiko A. Oberman präsentierte seinerzeit einen erstaunlich mittelalterlichen Reformator. Die Forschung aber, die Luther einseitig als Protagonisten der Moderne zeichnete, bedachte er mit feiner Ironie:

> »Selbst die Fachwelt entgeht nicht der Versuchung, sich den Wittenberger so sehr als Schreibstubengelehrten vorzustellen, daß der Eindruck entsteht, er habe zielstrebig ein Forschungsprogramm bis zum Ende verfolgt: Es galt nur einzelne exegetische Ergebnisse zu ordnen und kontrolliert die richtigen Konsequenzen zu ziehen, um zur Reformation vorzustoßen.«

Oberman kommt dann zu dem nicht mehr überraschenden, aber noch einmal ironisch pointierten Schluss, »so organisch«, wie Luthers Werdegang zuweilen geschildert werde, verlaufe nicht einmal »der Weg eines deutschen Ordinarius.«[37]

Nun war Luther Professor und als solcher für die Bibel zuständig. Die reformatorische Erkenntnis ist in erster Linie eine Erkenntnis, die aus professioneller Bibellektüre erwachsen war. Nur spielte sich professionelle Bibellektüre damals in deutlich anderen Koordinaten ab als heute. Wir denken bei »Exegese« an alte Sprachen, an Lexika und Kommentare, an Argumentationen und Debatten, an Schichten im Text und Spuren von Bearbeitung, an die Rekonstruktion von Kontexten und an wirkungsgeschichtliche Stationen. Ein Bibelgebrauch solchen oder ähnlichen Zuschnitts wird Luther tendenziell unterstellt, wenn man das Wort »Exegese« gebraucht, um die Bibelauslegung eines Mönch-Professors im frühen 16. Jahrhundert zu kennzeichnen. Reinhard Schwarz schrieb 1984, »intensives exegetisches Nachdenken« habe ihn [scil. Luther] schließlich zu der Erkenntnis gebracht, dass Gottes Gerechtigkeit nach der Bibel neu und anders zu verstehen sei.[38] Die Bemerkung findet sich pikanterweise in einem Beitrag über Luther als Mystiker. Darin bemüht sich der Autor erfolgreich, das Lutherbild nahezu von allem zu befreien, was ihn zum Mystiker machen würde. Auch das »Turmerlebnis« fällt dieser Sicht zum Opfer. In der Biografie Luthers gebe es »kein Ereignis, das wir deshalb als ein mystisches Erlebnis kennzeichnen

---

[35] Loewenich (Anm. 8), 81.
[36] Brecht (Anm. 20), 220.
[37] Oberman (Anm. 8), 167.
[38] Reinhard Schwarz, Martin Luther (1483–1546), in: Gerhard Ruhbach u. Josef Sudbrack (Hg.), Große Mystiker. Leben und Werk, München 1984, 185–202, 187.

könnten, weil es mit einer Ekstase, einer Vision oder Audition oder einer Traumerfahrung verbunden gewesen wäre«.[39] Der reformatorische Durchbruch war, kurz und bündig, »kein Erlebnis mystischer Entrückung und Erleuchtung«.[40]

Das Problem an der Darstellung von Schwarz ist, dass er die Schriftmeditation in den Koordinaten klösterlicher Spiritualität und die theologisch-professionelle Auslegung der Bibel als Handlungen auf zwei verschiedenen Ebenen sieht. Luther aber war Professor in der Tradition mittelalterlicher Klostergelehrsamkeit. Da gehöre, so der Buchtitel von Jean Leclercq, beides zusammen: Wissenschaft und Gottverlangen.[41] Ein alter Grundsatz der Schriftlektüre besagt, ein Text sei in dem Geist auszulegen, in dem er geschrieben wurde. Das ist, so sah man es, im Fall der Bibel der Heilige Geist. Folglich sind Methoden des Schriftstudiums ihrem Gegenstand angemessen, wenn sie mit dem Geist Gottes rechnen. Erleuchtungen, Durchbrüche und ekstatische Erlebnisse gehören dann ganz selbstverständlich dazu. Dass der Heilige Geist bei ekstatischen Erlebnissen redet, ist weit mehr als eine freundliche Metapher. Dahinter steht die lebenslange Erfahrung des Reformators, dass für ihn der Heilige Geist bei der Meditation der Heiligen Schrift gelegentlich klar und verständlich zu hören war. In seiner Meditationsanleitung für Meister Peter von 1535 beschreibt er wünschenswert konkret, was in solchen Momenten geschieht:

> »Und wie ich oben beim Vaterunser gesagt habe, so vermahne ich abermals: wenn bei solchen Gedanken der Heilige Geist käme und anfinge in dein Herz zu predigen mit reichen, erleuchteten Gedanken, so tue ihm die Ehre: laß diese (von dir) gefaßten Gedanken fahren, sei stille und höre dem zu, ders besser kann als du. Und was er predigt, das merke und schreibe es auf, so wirst du, wie David sagt, am Gesetz Gottes Wunder erfahren.«[42]

Dass sich der Heilige Geist explizit in die Schriftmeditation einschaltet, ist bei Luther keineswegs spät und neu, sondern eine Konstante seiner Bibelhermeneutik. Wieder sieht Heiko A. Oberman auf dem Hintergrund des späten Mittelalters den Sachverhalt hinreichend klar:

---

[39] Schwarz (Anm. 38), 185 f.

[40] A. a. O., 188.

[41] Vgl. Leclercq (Anm. 23). Noch suggestiver im französischen Originaltitel: L'amour des lettres et le désir de Dieu, Paris 1957.

[42] LD³ 6 (Anm. 7), 214, biblische Referenz: Ps 119,18.

»Wo aber der Heilige Geist den Verstand des Lesers bewegt und seinen Willen zu gewinnen sucht, wo die Schrift in diesem Sinne heilig ist, weil sie lebendig macht, da kann man ›Erbauung‹ nicht gegen ›Schriftexegese‹ ausspielen, ohne beide durch ihre Trennung zu ruinieren. Das ist geschehen.«[43]

Kürzlich hat Lothar Vogel als Kirchenhistoriker Luthers Schriftauslegung in den Blick genommen und zwei Verfahrensweisen (ital. modi) benannt, die höchst unterschiedlich seien, aber einander nicht notwendig ausschließen. Auf der einen Seite steht der geistliche Schriftgebrauch mit deutlichen Spuren aus der mystisch-monastischen Tradition. Auf der anderen Seite steht der durch den Humanismus und dessen Philologie angeregte Zugang zu den Texten.[44] Auf dem Hintergrund meiner Relecture des Selbstzeugnisses von 1545 würde ich gerne noch genauer wissen, wie es aussähe, wenn sich die beiden Modi nicht nur nicht ausschließen, sondern gemeinsam eine Weise der Schriftauslegung konstituieren.

Ich werfe einen Seitenblick auf die katholische Bibelwissenschaft. Für Ludger Schwienhorst-Schönberger, als Exeget zuständig für das Alte Testament, steht fest, dass Luther in der Tradition der *lectio divina* die Bibel meditierte; er sei klar einem »illuminativen Schriftverständnis« zuzuordnen. Eine initiale Erleuchtung im Erfahrungshorizont der christlichen Mystik, wie sie der Terminus »Turmerlebnis« markiert, wäre, wenn Luther es nicht ausdrücklich so beschrieben hätte, weit eher zu vermissen als zu bezweifeln.[45]

Luther war anders. Von dieser Prämisse gehe ich aus. Zwar integrierte er Errungenschaften humanistischer Textbehandlung, beispielsweise den Rekurs auf die Originalsprache, in seine Weise, mit der Heiligen Schrift umzugehen. Das ändert aber nichts an den Grunddaten seiner Schriftauslegung. Sie ist, wieder mit dem Buchtitel von Jean Leclercq, mindestens ebenso dem »Gottverlangen« zuzuordnen wie der »Wissenschaft«.[46] So entdeckte Martin Luther nicht nur die »Gerechtigkeit Gottes« neu, sondern die ganze Bibel, übersetzte sie genial und legte sie mit großem Widerhall wieder und wieder aus. Seine intellektuelle Neugier galt selbstverständlich auch den wissenschaftlichen Erkenntnissen seiner Zeit; aber prinzipiell war es ein »illuminatives Schriftverständnis«, das

---

[43]   Oberman (Anm. 8), 182.

[44]   Lothar Vogel, L'esegesi biblica di Martin Lutero, in: S. Peyronel Rambaldi (Hg.), Verso la Riforma: criticare la chiesa, riformare la chiesa (15.–16. secolo), Collana della Società di Studi Valdesi 42, Torino 2019, 283–294, 284 ff.

[45]   Ludger Schwienhorst-Schönberger, Sola scriptura? Luthers Schriftverständnis aus katholischer Sicht, in: Christian Danz u. Jan-Heiner Tück (Hg.), Martin Luther im Widerstreit der Konfessionen. Historische und theologische Perspektiven, Freiburg i. Br. 2017, 152–174, bes. 168 (zum »illuminativen Schriftverständnis«).

[46]   Leclercq (Anm. 23).

seine lebenslange Beschäftigung mit der Bibel motivierte und die Erwartung einschloss, jederzeit könne »aus der Schrift radikal Neues, menschlichen Erwartungen Widerstreitendes zu hören« sein.[47]

Illuminatives Schriftverständnis
Blinde Flecken und starke Fakten

Zu den Geschichten, wie man sie sich einst erzählte, will ich keinesfalls zurück. Ich wende kurz den Kopf und höre aus dem Jubiläumsjahr 1917 die Stimme des Erlanger Kirchenhistorikers Hans Preuß (1876–1951). Er lässt etwas ahnen von dem Pathos, mit dem man einst vom »Turmerlebnis« erzählte:[48]

> »Und da ließ ihm [scil. Luther] denn Gott nach den Sternen die Sonne aufgehen, ›die Sonne der Gerechtigkeit und Heil unter ihren Flügeln‹[49].
>
> Im Turmzimmer, das nach der Elbe zu lag, ist's gewesen: Dort haben ihre milden und starken Strahlen seine kranke Seele geheilt, die sich da oben mit Beten und Studieren wund gerungen hatte. Die Stätte ist längst dahin und auch das Jahr ist unsicher (1512 oder 1513). Aber was kümmert Ort und Zeit die Ewigkeit? [...]
>
> Mit brennendem Eifer und fliegendem Auge durchlief Luther die ganze hl. Schrift, eilte von Stelle zu Stelle, verglich, prüfte und, tausendmal glücklicher als der glücklichste Schatzgräber, entdeckte er: Es stimmt! Die ganze Bibel ist ein Gnadenfreibrief Gottes. [...]
>
> Luther fühlte sich wie neugeboren. Die Paradiespforten taten sich auf. Zuerst merkten es seine Studenten: All sein stilles Glück strömte in seine Vorlesungen aus. Dann aber ist es in alle Welt geflutet. [...]
>
> Mit dieser beglückenden Glaubenserkenntnis war Luther zunächst selig in sich selbst. Doch störte ihn dabei immer mehr das unbestimmte Gefühl, daß die ganze Kirchenluft seiner Zeit ungesund sei und tief unter der freien, lichten Höhe schwelte, auf der seine Seele atmete. Noch hielt ihn die Ehrfurcht vor der Mutter Kirche und vor dem hl. Vater in Rom zurück. Inzwischen aber ›wuchs er und ward stark im Geist und war in der Wüste, bis daß er sollte hervortreten vor das Volk‹[50].«

Das war einmal. Bedarf gedeckt. Mehr als heroische Geschichten zählen die Argumente aus der kirchenhistorischen Forschung. Sie hat unseren Blick auf die

---

[47]   Oberman (Anm. 8), 181.

[48]   Hans Preuß, Unser Luther. Eine Jubiläumsausgabe der Allgemeinen Evangelisch-Lutherischen Konferenz, Leipzig 1917, 18–20.

[49]   Mal 3,20.

[50]   Lk 1,80.

Reformation freier werden lassen, kritischer, gerechter. Womit sie sich aber, gerade auf evangelischer Seite, noch immer schwertut, das sind die Aspekte und Phänomene, die unter den weiten Begriff »Spiritualität« fallen. Die kirchenhistorische Forschung hat Mühe, Spiritualität in die Raster aufzunehmen, die sie über Personen und Ereignisse der Vergangenheit legt. Wo aber ein Suchraster für vieles, was unter »Spiritualität« fällt bzw. fallen könnte, erst gar nicht eingegeben wird, tauchen manche Daten auf den akademischen Bildschirmen auch nicht auf. Dass »Spiritualität« schwer zu fassen ist, entbindet nicht von der Aufgabe, nach ihr zu suchen.

Zur »Spiritualität« gehört, wie es Manfred Seitz mündlich gerne formulierte, die »Gestaltseite des Glaubens«.[51] Diese Formulierung, kurz und praktikabel, akzentuiert, was bei uns Evangelischen gerne aus dem Blick gerät: die Gestalt des Glaubens. Wir wissen in der Regel recht gut, *was* wir glauben oder nicht glauben. Die Frage aber, *wie* wir unseren Glauben gestalten und leben, lässt uns mitunter recht einsilbig werden. In jedem Fall gehören bei »Spiritualität« das Was und das Wie zusammen. Diese Zusammengehörigkeit wird nicht primär gedacht, sondern sie begegnet phänomenal. Spiritualität meint nicht die Idee, die man verwirklicht, sondern den Glauben, wie er leibt und lebt. Spiritualität meint nicht die Theologie, die sich mit Leben anreichert, sondern Leben, das mit Herz und Mund und Tat und allen Sinnen auf Gott merkt und so dem theologischen Nachdenken Vorgaben liefert. »Spiritualität« umfasst beides, Gehalt und Gestalt. Dabei geht es nicht ästhetisch-prinzipiell um das Verhältnis von Was und Wie, Inhalt und Form. Darum geht es auch. Aber indem der Glaube im Spiel ist, geht es um die Beziehung von Gott und Mensch. Trinitarischer Akteur in dieser Sache ist der Geist Gottes, *Spiritus Sanctus*, der Heilige Geist. Spiritualität ist also da zu suchen, wo, von Gottes Geist bewegt, Gehalt und Gestalt des Glaubens ineinander spielen.

Es ist ein ziemlich protestantisches Problem, dass man auf diesen Sachverhalt ausdrücklich und immer wieder hinweisen muss. Auf katholischer Seite ist das nicht im vergleichbaren Maß der Fall. Die Geschichte der Kirche war dort prinzipiell immer auch eine Geschichte der Spiritualität. Es ist kein Zufall, dass der Begriff »Spiritualität« aus der katholischen Ordenstheologie stammt.[52] Die Orden unterscheiden sich durch ihre jeweilige spirituelle Prägung und bringen dies bis heute auch wissenschaftlich zum Ausdruck. Eine Zusammenschau und vorläufige Summe von Spiritualität in katholischer Perspektive bietet das mo-

---

[51]   Zu Manfred Seitz und seinem Engagement für Begriff und Anliegen der Spiritualität vgl. die Beiträge in der Festschrift zu seinem 75. Geburtstag: Michael Herbst (Hg.), Spirituelle Aufbrüche. Perspektiven evangelischer Glaubenspraxis, Göttingen 2003.

[52]   Vgl. Evangelische Spiritualität. Überlegungen und Anstöße zur Neuorientierung, hg. v. der Kirchenkanzlei im Auftrag des Rates der EKD [1979], Gütersloh ²1980, 10 ff.

numentale, über mehr als ein halbes Jahrhundert gewachsene und 1995 fertig-
gestellte »Dictionnaire de Spiritualité«.[53]

Ein solches Jahrhundertwerk gibt es auf evangelischer Seite nicht, dafür aber,
ganz neu, ein mit drei seitenstarken Bänden fast schon monumentales »Handbuch Evangelische Spiritualität«.[54] Dass Peter Zimmerling als Herausgeber darauf verzichtete, den Autorinnen und Autoren eine Definition von »Spiritualität«
direktiv vorzugeben, war weise; hätte er anders gehandelt, würde er noch auf
Jahre hinaus um die Abgabe längst zugesagter Beiträge betteln.[55] Nun ist ein
immenses Material zusammengetragen worden. Es steht zu wünschen, dass mit
dem breit angelegten und plural gefächerten Handbuch das Thema »Evangelische
Spiritualität« in Kirche und Wissenschaft einen kräftigen Schub bekommt.

Ich habe, indem ich den Fokus auf das »Turmerlebnis« setzte, nur eine einzige, dafür aber gewichtige Stichprobe aus der Fülle dessen genommen, was zur
Spiritualität Luthers zu sagen wäre. Als »Turmerlebnis« hat sich jene Begebenheit
ins protestantische Bewusstsein eingeschrieben. Auch wenn man den Turm
wegnimmt und sogar das Erlebnis, dann ist in jener Erzählung des alten Luther
noch immer viel Erlebtes aufbewahrt. Da findet sich, in überraschend präziser
Sprache, die Erinnerung an Momente einer Schriftauslegung, die auf den
Buchstaben sieht und mit dem Geist rechnet, die maßgeblich die Geschichte der
christlichen Spiritualität bereicherte und Einsichten zeitigte, die die Welt bewegten. Ob, so frage ich mich, die bibelhermeneutische Zukunft der Kirche in
einem Bibelgebrauch liegen könnte, der beides zugleich wäre: historisch erfahren
und pneumatologisch erwartungsvoll? Wir nehmen die Bibel anders zur Hand als
seinerzeit Martin Luther. Aber interessant ist seine illuminative Schriftauslegung
allemal, anregend fremd und womöglich noch immer für eine Überraschung gut.

---

[53] Dictionnaire de Spiritualité, 24 Bde., Paris 1932–1995.
[54] Handbuch Evangelische Spiritualität, hg. v. Peter Zimmerling, 3 Bde., Göttingen 2017 ff.
[55] Zimmerling (Anm. 54), Bd. 1, 18.

Ausblick

Allegro con Dio
Liturgik als musikalische Zeitkunst*
[2020]

Allegro con brio
Die Frage nach dem Klang

Der Kopfsatz von Beethovens »Waldsteinsonate« trägt die Bezeichnung *Allegro con brio* und intendiert eine schnelle, schwungvolle Bewegung. Mitunter wäre das auch für die Dynamik in einem Gottesdienst keine schlechte Vorgabe.

Joachim Kaiser, der Kritiker, der es stets besser wusste als die, über deren Spiel er urteilen sollte, hatte in Beethovens *Allegro con brio* eine drohende Gefahr für Pianisten ausgemacht: »Ein mehr oder weniger disziplinierter Geschwindigkeitsrausch läßt unverkennbar jene Grenze hervortreten, wo bewußtloses Brio in unbewußte Brutalität umschlägt.«[1] Beide Gefahren sind auch im Blick auf einen Gottesdienst nicht völlig auszuschließen.

Ich mindere das Risiko, indem ich das Etikett auswechsle: Aus *con brio* wird *con Dio*. Denn plötzlich war mir eingefallen, wie sich in dem Film *Vaya con Dios* (D 2001) Gregorianik aus dem Kreuzgang und Pop aus dem Autoradio spannungsvoll mischen und wie im entscheidenden Moment ausgerechnet ein Choral die Jesuiten aus dem Takt bringt. Wer mir bis hierhin gefolgt ist und in den genannten Analogien etwas vom Gottesdienst der Kirche erkennen kann, für den fügen sich *Vaya con Dios* und *Allegro con brio* spielend zu einem *Allegro con Dio*. Dieser Titel signalisiert Leichtigkeit, stellt höchste Ansprüche und stimmt gerade so auf das Thema ein: Musik im Gottesdienst. Wie klingt solche Musik? Sie klingt, sage ich, ganz nach Sonntag. Und wie klingt der Sonntag? Das ist die Klangfrage, der ich heute nachgehe.

---

*   Vortrag an der Hochschule für evangelische Kirchenmusik in Bayreuth, 6. Dezember 2019.
[1]   Joachim Kaiser, Beethovens 32 Klaviersonaten und ihre Interpreten, Frankfurt a. M. 1975, 359.

Selig die Zweizeitigen
Kernkompetenz Zeitkunst

Selig sind die Zweizeitigen. Diese Seligpreisung steht nicht in der Bibel. Sie steht nicht im Thomasevangelium oder sonst irgendwo in Apokryphen. Selig sind die Zweizeitigen. Das stammt von mir. Lange Zeit hatte ich überlegt, wie ich, theologisch tragfähig und liturgisch handlungsleitend, das Kerngeschehen im evangelischen Gottesdienst benennen könnte. Da kam mir diese »Seligpreisung« in den Sinn: Selig sind die Zweizeitigen.

Als Christen leben wir zweizeitig. Ich wüsste nicht, wie man um die Glaubenseinsicht herumkommen sollte, dass unser Leben in einem Dazwischen verläuft: zwischen Diesseits und Jenseits, Immanenz und Transzendenz, noch keineswegs im Himmel und nicht ganz von dieser Erde. Ich spreche von Weltzeit und Gotteszeit. Zwischen den Zeiten bewegt sich unsere christliche Existenz.[2] Zwischen zwei Zeiten, ja, aber von Dualismus keine Spur. Die Zeiten kommen, beide, aus Gottes Hand. Es handelt sich in Wirklichkeit um eine einzige Zeit, die wir Menschen als zwei Zeiten wahrnehmen. Nicht die Verabsolutierung einer Zeit, sondern ein Wechselspiel der Zeiten ist die Vorstellung, die mich leitet. Der Sonntagsgottesdienst eliminiert nicht für eine Stunde die Weltzeit, sondern er hebt lediglich die Gotteszeit kräftiger hervor als sonst.

Beispiel: Advent.[3] Einen zweizeitigeren Sonntag als den ersten Advent kenne ich nicht. Während das alte Kalenderjahr laut und immer geschäftiger auf Weihnachten und den Jahreswechsel zueilt, fädelt sich mit dem ersten Sonntag im Advent, leise und überhörbar, ein neues Kirchenjahr in den Lauf der Welt. Ein Szenario, das genügend Potenzial bietet, um einen ganzen Gottesdienst damit zu bestreiten! Ich kann nicht verstehen, wie man landauf landab den Gottesdienst am ersten Advent mit allen möglichen Events belegt: mit der Einführung der Pfarrerin, der Präsentation des neuen Kirchenvorstands oder mit dem Start von »Brot für die Welt«. Alle diese Anlässe sind wichtig und sollen auf jeden Fall auch gottesdienstlich zur Geltung kommen. Aber wer daraus einen Kasus macht für den ersten Advent, missbraucht eine an sich sinnvolle Aktion als Aktion zur Adventsvermeidung. Gerade am ersten Sonntag im Advent, Auftakt für die Vorfreude auf Weihnachten und Beginn eines neuen Kirchenjahrs, sollte gottesdienstlich nichts anderes dran sein als eben ... Advent.

Ich versuche, dem Advent mit dem Ohr auf die Spur zu kommen. Dazu befrage ich das Kirchenjahr mit seinen Vorgaben. Für die gesamte Adventszeit gilt,

---

[2] Die Formel »zwischen den Zeiten« aus der Frühphase der Dialektischen Theologie darf mitschwingen. Zum Zwei-Zeiten-Modell vgl. Martin Nicol, Mehr Gott wagen. Predigten und Reden zur Dramaturgischen Homiletik, Göttingen 2019, 35–51.

[3] Als ich meine Überlegungen in Bayreuth vortrug, zeigte der Kalender die erste Adventswoche an.

simpel gesagt, eine Dynamik von Laut und Leise. Da höre ich »Fanfaren der Freude« und erlebe mehrfache »Ankunft im Pianissimo«.[4] Diese Dynamik prägt auch über den ersten Sonntag hinaus das adventliche Singen und Sagen. Beispielsweise beschäftigt mich die Spannung zwischen der überaus leisen Ankündigung der Geburt (Lk 1,26–38) und dem lautstarken Einzug in Jerusalem (Mt 21,1–9). Und ich höre, wie der Choral »Nun komm, der Heiden Heiland« (EG 4), fast zögerlich aus der Stille kommend, Klang annimmt, während der Aufruf »Tochter Zion, freue dich« (EG 13) sofort weithin zu hören ist.[5]

> Zu dem zweiten Lied verweise ich im Vorfeld seines 250. Geburtstags auf Ludwig van Beethoven und seine zauberhaften Variationen für Cello und Klavier.[6] Die würde ich zwar nicht in einen Gottesdienst nehmen, nenne sie aber gerne an dieser Stelle. Denn zur Aufgabe von Kirchenmusik gehört es m. E. auch, dass sie, etwa im Umgang mit Chorälen, Ereignisse der Rezeptions- oder Wirkungsgeschichte ins kirchliche und kollektive Gedächtnis einspielt, wachhält und bei passender Gelegenheit bereitstellt.

Das Zwei-Zeiten-Modell hilft, dass unsere Gottesdienste nicht an der Zeit vorbei gehen, weder an der Gottes- noch an der Weltzeit.

Ein Modell ist kein Schema. Es erfordert nicht die Beachtung starrer Regeln, sondern eine Kunst, die sich flexibel auf Situationen einstellt: die Zeit-Kunst. Hier liegt die Kernkompetenz derer, die Gottesdienst verantworten. Es gilt, die Zeiten in ihrer Differenz wahrzunehmen, ihr spannungsreiches Wechselspiel liturgisch darzustellen und die Gemeinde zu sensibilisieren für einen Zusammenklang der Zeiten. Mit unserer Zeit-Kunst sorgen wir dafür, dass in der Liturgie der Kirche das Zeiten-Spiel in seiner Schönheit und in seinem Ernst öffentlich zur Darstellung gelangt.

---

[4]   Vgl. Martin Nicol, Fanfaren der Freude und Ankunft im Pianissimo. Lk 1,26–38, in: GPM 71 (2016/17), 36–42.

[5]   Im Vortrag machte ich die Dynamik sinnenfällig, indem ich die beiden Lieder jeweils in instrumentaler Fassung anspielte: »Nun komm, der Heiden Heiland«, BWV 659, arr. Busoni, Alfred Brendel, rec. 2008. »Tochter Zion, freue dich«, Satz von Witold Dulski, hier: Bläser-Introduktion; Bläser und Chor im Dom St. Blasii in Braunschweig, Leitung Witold Dulski, rec. 2010.

[6]   Ludwig van Beethoven, 12 Variationen für Cello und Klavier über »See the conqu'ring hero comes« aus »Judas Maccabaeus« von Georg Friedrich Händel, WoO 45, Alfred und Adrian Brendel, rec. 2003.

Der Gestus für alle
Musik und Wort

Die Aufgabe einer liturgischen Zeit-Kunst stellt sich allen, die für den Gottesdienst verantwortlich sind. Das reicht vom Schmücken des Altars über die Lesungen bis zur Büroarbeit im Hintergrund. Das gilt selbstredend auch für die Hauptakteure aus Musik und Wort. Zwei Bereiche sind das, die eigentlich gut zueinander passen müssten. Sobald man jedoch an die Stelle der Begriffe Personen setzt oder Berufe, verliert sich oft der harmonische Ersteindruck: Kantor und Prediger, Pastorin und Organistin ... Hier liegt ein, wie es scheint, unerschöpfliches Konfliktpotenzial.

Mir fielen kürzlich Briefe in die Hände, in denen Repräsentanten beider Bereiche korrespondierten. Da die Briefschreiber miteinander verwandt waren, gestaltete sich der Schriftwechsel nicht ganz so offiziell und selbstverständlich harmonischer, als es das Verhältnis der repräsentierten Berufsgruppen hätte erwarten lassen. Trotzdem lassen die brieflichen Äußerungen von Ende 1961 etwas ahnen von der Konflikttemperatur, die schon damals das Miteinander von Musik und Wort kennzeichnete.

In dem Briefwechsel ging es um die »Werktagung des Landesverbands evangelischer Kirchenmusiker«, die vom 1. bis 5. Januar 1962 hier in der, wie sie damals hieß, Kirchenmusikschule stattfinden sollte. Friedrich Högner, amtierender Landeskirchenmusikdirektor, schrieb am 5. November 1961 an Kurt Frör, Professor für Praktische Theologie in Erlangen, um ihn für ein Referat zu gewinnen.[7] Högner meinte zunächst, er müsse dem Erlanger Professor seine musikalische Klientel eigens empfehlen. Die Tagung, so schreibt er dem »lieben Kurt«, werde »hauptsächlich von geistig lebendigen hauptamtlichen Kirchenmusikern besucht« – eine Formulierung, die zu manchen Spekulationen Anlass gibt. Die Thematik solle sich in dem Feld Musik – Predigt – Gottesdienst bewegen. Gerade die Bezirkskantoren hätten es »immer wieder mit kritischen Theologen zu tun«, denen, bemerkt Högner bissig, »die Dinge oft selbst nicht klar sind«.

Kurt Frör sagte dem »lieben Onkel Friedrich« umgehend zu; dabei favorisierte er das folgende Thema: »Was wissen wir heute über den urchristlichen Gottesdienst, seine Entstehung und seine ursprüngliche Gestalt?«[8] Worauf Högner das Thema akzeptierte, es aber ebenso freundlich wie bestimmt ergänzte: »Der urchristliche Gottesdienst, seine Entstehung, seine ursprüngliche Gestalt *und seine Beziehung zum heutigen Gottesdienst*«.[9] Da hatte der Musiker entschlossen den Fokus auf die aktuelle Gottesdienstkultur gesetzt, während der

---

[7]   LKMD Prof. Friedrich Högner, München, an Prof. D. Kurt Frör, Erlangen. Brief vom 05. 11.1961. Die Briefe lagern (jeweils als Durchschlag) beim Verfasser (MN).

[8]   Frör an Högner, 16.11.1961.

[9]   Högner an Frör, 17.11.1961 (kursiv: MN).

Theologe offenbar ganz gerne ein liturgiehistorisches Referat gehalten hätte. Dann setzte Högner noch einmal nach:

> »Wie ich Dir schon andeutete, lege ich Wert darauf, daß Predigt und Kirchenmusik, beide als Mittel der Verkündigung, jedoch verschieden im aktuellen Bezug, deutlich gegeneinander abgegrenzt werden. [...] Ich möchte natürlich gerne auch von Deinem Vortrag, daß die durch die Barthsche Theologie aufgerichteten unnötigen Grenzen zwar nicht verwischt, aber auch nicht künstlich gesteigert werden. Mein Bemühen bei meinen Kirchenmusikern ging von jeher darauf aus, ihnen das Bewußtsein beizubringen, daß sie in ihrer Eigenart und mit ihren Mitteln Diener am Wort sein sollen. [...] Ich brauche wohl nicht zu betonen, daß ich die Kirchenmusik nicht für einen Predigtersatz halte.«

Es geht um das Verhältnis der Berufsgruppen aus Musik und Theologie. In der kurzen Briefpassage kann man ohne Mühe zwei von den Modellen ausmachen, die Michael Meyer-Blanck einst diagnostizierte.[10]

Eine Verwechslung von Kirche und Konzert wie im *Substitutions-Modell* war in der damaligen Situation nicht das drängende Problem. Högner begnügte sich mit der knappen Bemerkung, dass er »die Kirchenmusik nicht für einen Predigtersatz halte.« Die Meinung, Musik könne als »die eigentliche, die bessere Predigt«[11] gelten, rührt aus einer breiten kunstreligiösen Tradition des 19. Jahrhunderts, in welcher die Kunst zur Religion wurde und der Konzertsaal zur Kirche.[12]

Im *Ancilla-Modell* dient die Musik dem Wort als dessen »Magd« (lat. ancilla). Karl Barth und die Wort-Gottes-Theologie bildeten dafür über lange Zeit eine mächtige Basis. Die kommunikative Schieflage des Modells ist freilich nicht bereits dann gegeben, wenn man sich auf das Wort Gottes bezieht. Sie ist vielmehr der Tatsache zuzuschreiben, dass »das Wort Gottes« in den Gottesdiensten der reformatorischen Tradition bis heute so gut wie ausschließlich mit der Predigt identifiziert wird. Das Wort Gottes trägt in der kirchlichen Praxis Talar und Beffchen und sieht dem Pastor zum Verwechseln ähnlich. Singen und Sagen ist da klar verteilt: Den Musikern bleibt das Singen, während die Person im Talar auf der ganzen Linie das Sagen hat.

---

[10] Michael Meyer-Blanck, Kirchenmusik und Predigt, in: Gotthard Fermor u. Harald Schroeter-Wittke (Hg.), Kirchenmusik als religiöse Praxis. Praktisch-theologisches Handbuch zur Kirchenmusik, Leipzig 2005, 142–147.

[11] A. a. O., 142.

[12] Vgl. Martin Nicol, Gottesklang und Fingersatz. Beethovens Klaviersonaten als religiöses Erlebnis, Bonn 2015, 85–106.

Die kommunikative Schieflage zeigt sich etwa in den Verben, die angeben, was die Musik tut und was die Theologie. Da »singt« der Knabenchor in einem Gottesdienst, den der Dekan »gestaltet«. Und noch immer werden landauf landab Gottesdienste musikalisch »ausgeschmückt«, aber, so ist sinngemäß zu ergänzen, substantiell natürlich von der Theologie verantwortet.

Friedrich Högner hob an Predigt und Kirchenmusik deren jeweilige Eigenart und Eigenständigkeit hervor. Beide, Predigt und Musik, seien »Mittel der Verkündigung«. Also keine Aufteilung nach »Wort und Antwort« im Sinne der landläufig gebrauchten Torgauer Luther-Formel, wonach die Predigt das Wort verkündigt, dem die Musik antworten darf. Oder, schärfer: Die Predigt wendet sich an den Intellekt und stiftet mit Worten verstehbar Sinn, während die Musik den Affekt anspricht, um das Wort der Predigt in den Tiefenschichten der Seele einwurzeln zu lassen.

Die jeweiligen Personen seien, so Högner, »in ihrer Eigenart und mit ihren Mitteln Diener am Wort«. Er sagt nicht: Diener *des* Wortes. Das würde in erster Linie den Prediger meinen, den Kirchenmusiker aber tendenziell zum Diener derer machen, die sich für die berufenen Wortwächter halten. Högner formuliert: »Diener *am* Wort«. Diener *am* Pastor zu sein, ist allein schon grammatikalisch unmöglich. Bei einem Dienst *am* Wort aber können sich Personen unterschiedlichster Provenienz und Haltung gemeinsam auf »das Wort« ausrichten.

Da haben wir, was ich suchte: den einen Gestus, die eine Ausrichtung, die eine Grundhaltung für alle. Der Gestus für alle besteht in der Ausrichtung auf das Wort, das keiner hat, keiner ist und keiner tut. Denn es ist eine »Kraft Gottes« (Röm 1,16) und damit eine Größe, auf die ich mich ausrichte, aber nicht einwirke. Beide, Kirchenmusik und Pastorenwort, wären einander verbunden in dem einen Gestus, der für alle gilt. Und der richtet sich auf »das Wort«, das dann keinen Talar trägt und kein Beffchen. Es bleibt die Frage, wie ein »Wort« aussieht, dem die Musik nicht untergeordnet ist und über das nicht der Pastor befindet.

Sound und Stille
Vom Klang des Wortes

Ich setze an einer scheinbar völlig anderen Stelle ein. Wieder bemühe ich eine Analogie. Es ist noch nicht lange her, da erschien im »Hörverlag« eine ebenso wunderbare wie verstörende Sammlung von zwölf CDs mit dem Titel »The Poets' Collection«, eine Zusammenstellung englischsprachiger Lyrik aus der ganzen

Welt.[13] In der Box befinden sich Tonaufnahmen, bei denen Dichterinnen und Dichter selbst ihre Texte lesen. Als Beispiel habe ich den britischen Dichter Dylan Thomas (1914–1953) ausgewählt. Er liest sein im englischsprachigen Raum bekanntestes Gedicht: »Do not Go Gentle into that Good Night«.[14] Das ist, ebenso anrührend wie manieriert, Sprache an der Grenze zum Gesang. Ich bemerke ausdrücklich, dass ein Bibeltext im Gottesdienst keinesfalls so gelesen werden sollte wie in diesem Hörbeispiel das Stück Literatur. Aber eindrücklich ist es schon, wie Dylan Thomas und andere ihre sprachlichen Kunstwerke zur »Aufführung« (performance) bringen.

Sehr schnell freilich bemerkt der soeben noch so stolze Besitzer der Box, dass ein Booklet, in dem die Texte abgedruckt wären, fehlt. Wie kann ich, frage ich bange, ohne solche Hilfe der komplexen Diktion der Lyrik verstehend folgen? Der Lyriker, Verleger und künstlerische Inspirator Michael Krüger hat der Edition eine kurze Erläuterung beigegeben. Dichtung sei »eine Komposition von Wörtern, die in Musik gesetzt sind« (Ezra Pound). Er zieht daraus den Schluss, auf dem *The Poets' Collection* aufbaut: »Alles läuft darauf hinaus, dass Gedichte im Vortrag sich der Musik annähern sollen, wenn sie nicht gar Musik sind, Wort-Musik.«[15] Unter dieser Voraussetzung stellt sich in der Tat eine Edition zum Hören als die konsequenteste Weise der Publikation dar. Auch die deutschen Übertragungen der englischen Texte sind »nur« in einer Hörfassung zugänglich.

Diese CD-Box macht evident, was man eigentlich wissen müsste: Lyrische Texte lassen sich nicht auf Bedeutung reduzieren, und zwar auf Bedeutung, die man in Sätzen, gar in einem einzigen Satz fixieren könnte. Warum, so frage ich, warum eigentlich lautet gerade bei akademisch klugen Menschen die erste und einzige Frage angesichts literarischer Texte oft nur: Was wollen uns diese Worte sagen? Und warum höre ich so selten die ganz andere Frage: Wie könnten diese Worte klingen?

> »Nun komm, der Heiden Heiland« (EG 4) gehört zu den Liedern, deren Text auch der Kundige nicht sofort versteht. In den Erläuterungen zu den neuen Predigtperikopen wird der 1. Advent liturgisch beschrieben.[16] Mit Verwunderung lese ich, dass Martin Luther mit EG 4 vom Kommen Christi in die Welt »erzählt«. Als ob ein so sperriger Text auch nur von ferne als Erzähltext durchgehen könnte! Das Lied hat seine Bedeutung als Adventslied nur mit der Melodie und deren Klang. Und den haben der Bach-Choral

---

[13] The Poets' Collection. Englischsprachige Lyrik im Originalton und in deutscher Übersetzung, hg. v. Christiane Collorio und Michael Krüger, 12 CDs, Der Hörverlag, München 2019.

[14] CD 7, Nr. 27, Übertragung ins Deutsche: Nr. 28.

[15] Michael Krüger, Vorwort im Booklet zu »The Poets' Collection« (Anm. 13), 4.

[16] Perikopenbuch, hg. v. der Liturgischen Konferenz für die Evangelische Kirche in Deutschland, Leipzig u. a. ³2019, blaues Blatt ohne Seitenzahlen, zwischen den Seiten 8 u. 9.

und seine instrumentalen Arrangements ins kollektive Gedächtnis gepflanzt. Die Bedeutung von EG 4 als Adventslied ist nur aus der integralen Gestalt als Lied und der dazugehörigen Wirkungsgeschichte zu verstehen.

Auch die Bibel ist, wenn sie im gottesdienstlichen Gebrauch steht, kein Lesebuch fürs Auge, sondern ein Hörbuch fürs Ohr. Texte der Bibel sind Texten der Lyrik darin ganz ähnlich, dass sie bedeuten, indem sie erklingen. Auch sie sind »Wort-Musik« (Michael Krüger). Und das von Anfang an. Denn Texte waren in biblischer Zeit und bis weit ins Mittelalter zunächst einmal gesprochene und gehörte Texte. Das galt in der Antike selbstverständlich auch dann, wenn man alleine las. Philippus, als der Kämmerer im Wagen an ihm vorüberfuhr, »hörte«, was der las. Hätte er es nicht, wie die Bibel ausdrücklich vermerkt, »gehört«, dann hätte er nicht fragen können: »Verstehst du auch, was du liest?« (Apg 8,30).

In meinem Buch zum Gottesdienst[17] setzte ich einen starken Akzent auf die Lesungen. Die Grundthese lautet: Im evangelischen Gottesdienst sind die Lesungen aus der Bibel wichtiger als die Predigt. Das hat Konsequenzen. Wenn die Lesungen solches Gewicht erlangen, dann verändern sich Funktion und Stellenwert der Predigt wie auch der Musik. Sie werden zu durchaus eigenständigen oder auch eigenwilligen Wegbereitern für das gelesene und gehörte Wort der Bibel. Und es hat Konsequenzen für die Lesungen selbst: Deren Ausführung bedarf nun höchster Sorgfalt. Mein Fazit nach Jahren solcher Praxis: Wenn schlecht gelesen wird, ist schon eine Lesung zu viel; wenn gut gelesen wird, freut man sich über drei Lesungen wie über die drei Sätze eines Klavierkonzerts, von denen man auch keinen missen möchte.

Im Amt des Universitätspredigers habe ich die Lesungen jeweils einen bis zwei Tage vor dem Sonntag mit der Lektorin oder dem Lektor probiert. Bei diesen Terminen in der leeren Kirche ging es auch um Lautstärke, Geschwindigkeit oder Dynamik beim Lesen. Aber das stand nie für sich allein. Mit jeder kleinen Pause, bei der wir im Sprechen innehielten, und mit jedem Akzent, den wir probeweise da oder dort setzten, war es das Bemühen, den Bibeltext in seiner Individualität zu erfassen. Und mitunter geschah, was ich nie beabsichtigt hatte: Die Sprechprobe wandelte sich zur Erbauungsstunde. An den Sonntagen wurden die Bibeltexte sehr passioniert und überhaupt nicht theatralisch gelesen.[18] Auch wer nicht oder nur ansatzweise verstand, war durchaus bereit, der Stimme und dem Duktus der Lesung zu folgen.

---

[17] Martin Nicol, Weg im Geheimnis. Plädoyer für den Evangelischen Gottesdienst [2009], Göttingen ³2011, 65–90.

[18] Wenn es nicht so missverständlich und mit mancherlei Befürchtungen behaftet wäre, würde ich in diesem Kontext gerne auch Verben verwenden, die auf eine besondere Sprechweise hindeuten: Die Lesung wäre dann »sprechgesungen« oder »singgesprochen«.

So nahe ist das gesprochene Wort der Musik, dass man problemlos die Aus-
führungszeichen der Musik auf die Lesung von Texten übertragen kann:
Sprechbögen, Tonfall, Tempo, Spannungsbögen, Satzakzent, Betonungen etc. Und
eben auch – Pausen! Es ist keine Ironie, wenn ich in einer Hochschule für Musik
sage, dass Musikerinnen und Musiker ihr Bestes ausgerechnet bei den Pausen
geben sollten. Gemeint ist die explizit als Pause gekennzeichnete Zeit. Gemeint
ist aber auch die Stille als solche sowie die Übergänge von Stille in Sound und von
Sound in Stille. Den Leuten, die Musik machen, traue ich zu, dass sie wissen, wie
man Pausen setzt, Pausen hält, Pausen beendet. Und ich traue ihnen zu, dass sie
der Versuchung tapfer widerstehen, der Pfarrerinnen und Pfarrer in mitunter
beängstigender Weise ausgesetzt sind: die Versuchung, mit Mikrofon und Mo-
deration in jede Pause zu springen. Weil Stille schwer auszuhalten ist. Und weil
die Kunst, Pausen zu gestalten, in der pastoralen Ausbildung nicht vorkommt. In
der Theologie lernt man reden, nicht schweigen. Allenfalls schweigt, wer nichts
zu sagen hat. Bei der Musik ist es anders. Zur Musik gehört die Stille wie die Luft
zum Atmen.

> Ich nutze die Chance, in Erwartung des Jubiläums etwas zu Beethoven zu sagen und
> damit noch gehört zu werden. In seiner *Appassionata* geht es bewegt zu. Der letzte
> Satz mündet in ein halsbrecherisches Finale. Was ist das Ende vom Finale? Wo und
> wie endet die Sonate? Im Konzertsaal brandet schon beim letzten Akkord Beifall auf
> und steigert sich, wenn der Pianist aufsteht, zu frenetischem Jubel. Beethoven dachte
> sich das anders. Die *Appassionata* endet mit einer Pause, einer Viertelpause nur. Aber
> die ist durch eine Fermate sozusagen ins Unendliche verlängert. Und das gleich
> zweimal, oben und unten, über jeder Notenzeile des Systems. Finaler Wahnwitz
> mündet in unendliche Stille. Beethoven selbst hat das so notiert.[19] Aber gerade hier,
> wo es besonders wichtig wäre, reichen Kraft, Disziplin und bei der Hörerschaft
> vermutlich auch das Wissen nicht mehr hin, den allerletzten Schluss im Sinne des
> Komponisten zu gestalten und vor dem Beifall erst einmal zu schweigen.

Die liturgische Zeit-Kunst von Musikerinnen und Musikern hört auf die Stille,
achtet auf alles, was von Stille bis *Sanctus* Sound macht, setzt Pausen, Ver-
schnaufpausen und Generalpausen. Die musikalische Zeit-Kunst stellt mit der ihr
eigenen Kompetenz die Frage: Was ist an der Zeit? Und zwar doppelt: von Gott her
und von der Welt. Wie werden Geräusch und Stille, Worte und Lieder, Töne, Musik
und Pausen in kluger Dramaturgie einander so zugeordnet, dass sie den Sonntag
unverwechselbar zur Geltung bringen? Da ist sie wieder, die Klangfrage: Wie wird
der Sonntag klingen?

---

[19] Vgl. Nicol (Anm. 12), 51–58.

Modus der Erwartung
Den Beginn intonieren

»Die Musik erstreckt sich in die Stille wie die Architektur in den Raum.« Das sagte der mexikanische Literat Octavio Paz, und der Pianist Alfred Brendel pflichtete bei: »Die Musik kommt aus der Stille und führt in die Stille.«[20] Ganz ähnlich der Pianisten-Kollege András Schiff: »Ich lebe bereits das Konzert, bevor überhaupt der erste Ton erklingt. Die Musik muss aus der Stille, aus der Ruhe kommen.«[21] Bei seiner Einspielung der Goldberg-Variationen klickt man den ersten Track an und hört ... nichts. »Diese zwölf Sekunden Stille«, bemerkte der Kritiker, »haben eine unerhörte Wirkung: Sie erinnern daran, dass auch das Schweigen zur Musik gehört.«[22]

Der Gottesdienst beginnt mit Musik. In unseren Breiten ist es normalerweise die Orgel, die mit dem ersten Ton Stille in Sound wandelt. Die Bankreihen sind überschaubar besetzt, aber auch eine kleine Gemeinde erfüllt den Kirchenraum bis unters Dach mit Erwartung. Wer sich in diesen Zeiten am Sonntagmorgen zur Kirche aufmacht, erwartet: Gottesdienst. Und selbst wenn die Menschen mit ganz anderen Erwartungen gekommen wären, so hätte doch die Kirche genau das zu bieten: Gottesdienst. Eine Stunde, bei der im Wechselspiel der Zeiten die Gotteszeit den Ton angibt. Einen Gottesdienst, der sich nicht in den Sonntag schwätzt, sondern der beginnt. Mit dem ersten Ton. Ein solcher Gottesdienst kommt aus der Stille, die über dem leisen Kirchensound aus Blättern, Husten, Tuscheln und Glockengeläut liegt. Der Ton macht die Musik. Darum nenne ich diesen Vorgang *Intonieren*. Da sucht die Orgel intonierend den Ton zu treffen, der an diesem Sonntag die Musik macht.[23]

Mit »Intonieren« meine ich sehr konkret die Intonation zum Lied der Gemeinde. Dieser Vorschlag wird in der Regel kontrovers diskutiert. Mein gewichtigstes Argument für einen Anfang mit Gemeindelied ist ekklesiologischer Natur: Die Gemeinde ist das Subjekt der gottesdienstlichen Handlung. Ihr gebührt, wie übrigens auch in der römisch-katholischen Messe, das erste, in diesem Fall das gesungene Wort. Die alte bayerische Gottesdienstordnung aus dem

---

[20] Alfred Brendel im Interview mit Malte Herwig (SZ Magazin vom 17.09.2014).

[21] András Schiff, Musik und Interpretation, in: Ders., Musik kommt aus der Stille. Gespräche mit Martin Meyer. Essays, Kassel/Leipzig 2017, 8–47, 23.

[22] Thomas Steinfeld (SZ Literatur 06.10.2003). Es handelt sich um eine Besprechung der CD mit den Goldberg-Variationen von Johann Sebastian Bach, eingespielt von András Schiff (rec. 2001), ECM Records 2003.

[23] Ein solcher Anfang kann musikalisch von einfacher Machart sein und gerade so liturgisch ins Schwarze treffen. Ich präsentierte den Anfang eines Gottesdienstes in der Erlöserkirche Bad Kissingen am Sonntag Kantate (28.04.2002). Jörg Wöltche intonierte zu »Nun jauchzt dem Herren, alle Welt« (EG 288).

19. Jahrhundert sah selbstverständlich das Eingangslied als Beginn des Gottesdienstes vor. Und in der vorläufig letzten Ringbuchagende werden die beiden Anfänge zumindest gleichberechtigt aufgeführt.[24] Im Übrigen scheint sich das problematische Signal, das von einer nicht choralgebundenen Musik zum Eingang ausgeht, durch das Fernsehen deutlich zu verstärken. Melitta Müller-Hansen, die kirchliche Beauftragte beim Bayerischen Rundfunk, sagte, als sie hier in dieser Reihe über »Kirchenmusik in den Medien« referierte: Das Eingangsstück »sollte nicht länger als 1'30« sein, sonst weiß man nicht, ob man in einem Gottesdienst oder einem Konzert zugeschaltet ist.«[25]

Ich wende mich direkt an die Musikerinnen und Musiker, die mir zuhören oder diesen Text lesen. Überzeugen Sie Pastoren und Gemeinden, dass Sie einen solchen Anfang mit Lust, Laune und mindestens so viel Musikalität und improvisatorischem Talent gestalten können wie das bestens bekannte Präludium von Bach oder Buxtehude! Locken Sie mit Ihrem Spiel die Gemeinde, dass sie gar nicht anders kann, als kräftig zu singen! Das macht eine Gemeinde nach innen stark und nach außen attraktiv. Wie soll denn eine Gemeinde ins Singen kommen, wenn Organistinnen und Organisten schon zum Eingang, geübt und sicher, lieber Konzertantes zu Gehör bringen, als sich risikofreudig mit der Gemeinde in die Gotteszeit hinein zu singen und zu spielen?

Zukunft proben
Wenn Sound zum Sanctus wird

Liturgische Kompetenz bedeutet, so sagte ich zu Beginn, die zwei Zeiten in ihrer Differenz wahrzunehmen, ihr spannungsreiches Wechselspiel liturgisch darzustellen und die Gemeinde für einen Zusammenklang der Zeiten zu sensibilisieren. Wenn ich jetzt das *Sanctus* eigens thematisiere, dann geht es vor allem um mein drittes Stichwort: den Zusammenklang. So sehr die Gotteszeit und die Weltzeit different wahrgenommen werden, so sehr bin ich geradezu sehnsüchtig auf mögliche Zusammenklänge ausgerichtet. Wenn Gott sein wird »alles in allem« (1Kor 15,28), dann werden, theologisch gedacht, die beiden Zeiten auch in der menschlichen Wahrnehmung eins sein. Es ist ein mystischer Moment, wenn ich so etwas gleichsam vorweg erlebe.

---

[24] Landeskirchenamt der ELKB (Hg.), Gottesdienst feiern. Gottesdienste an Sonn- und Feiertagen – Ordnungen und liturgische Texte, München 2014.

[25] Vgl. Melitta Müller-Hansen, Kirchenmusik in den Medien, in: Der evangelische Gottesdienst und die Musik. Spannungsfeld und Gestaltungsaufgabe, Ringvorlesung 2018 – 2020 an der Hochschule für evangelische Kirchenmusik Bayreuth, veröffentlicht vom Gottesdienst-Institut der ELKB, Nürnberg 2020, 83 – 90. Ich entnahm diese Bemerkung dem Skript, das dem Vortrag zugrunde lag.

In einem Sonatensatz Beethovens sehe ich ein Gleichnis für den unerwartet auf-
blitzenden und dann auch wieder rasch verklingenden Zusammenklang der Zeiten:
Beethoven Klaviersonate op. 31/1 G-Dur.[26] Sie ist mit ihrem *Allegro vivace*, dem
Kopfsatz, ein treffendes Beispiel für auskomponierten Humor. Da gehen nämlich die
beiden Hände des Pianisten hartnäckig nicht zusammen. Bei jeweils gleichem Ablauf
der musikalischen Figuren ist eine Hand der andern voraus. Das ist munter, spritzig,
humorvoll und lässt sehr kurzweilig auf eine Lösung hoffen. Wenn am Satz-Schluss
(TT. 319 – 322) die Differenz der Hände noch einmal *fortissimo* bestätigt wurde, dann
kommt in den beiden letzten, wie im Echo nachklingenden Akkorden endlich zusammen, was zusammengehört. Diese zwei Akkorde sind ebenso belanglos wie be-
deutungsvoll, das heißt: durchtrieben doppelgesichtig. Man hört die Akkorde ... und
will doch nicht glauben, dass der ganze Satz auf sie hin komponiert sein könnte. Als
wollte der Pianist mit Beethoven sagen: Passt gut auf, dass ihr über dem, was sich dick
in Szene setzt, das nicht überhört, was sich unscheinbar ereignet! Ähnlich unauffällig
geht es auch im Gottesdienst zu. Er schreibt keine Höhepunkte vor. Aber sie können
sich immer und auch an scheinbar unmöglichen Orten der gottesdienstlichen Partitur
ereignen.

Auch beim *Sanctus* stellt sich ein Höhepunkt nicht notwendig ein. Aber wenn ich
nach einem Modell für den Zusammenklang der Zeiten suche, dann bin ich beim
Sanctus richtig. Das Szenario ist gewaltig. Nach Jes 6 wird der Prophet plötzlich in
den himmlischen Thronsaal versetzt, wo er hört und sieht, wie die Engel den
Schöpfer loben und ihm ihr Dreimalheilig singen. Regelmäßig und modellhaft
geschieht solches beim Abendmahl. Die Pfarrerin stimmt den Lobgesang an:
»Wahrhaft würdig und recht ist es, billig und heilsam ...« Der Gesang wächst, löst
sich von der Erde, schwingt sich zum Himmel empor. Da singen die Engel, die
Mächte des Himmels. Und dann die Aufforderung: »Mit ihnen lass auch unsere
Stimmen uns vereinen und ohne Ende bekennen ...« Da passiert es. Da stimmt die
ganze Gemeinde ein in den kosmischen Gesang der Engel. Heilig, heilig, heilig.
Da singen die Engel – und ich bin dabei. Ein gemischter Chor aus irdischer
Gemeinde und Engeln des Himmels. Vielleicht ist das *Sanctus* das sensibelste
Stück des gesamten Gottesdienstes. Weil sich da Himmel und Erde berühren, weil
da Weltzeit und Gotteszeit zusammenklingen und weil da die irdische Gemeinde
so hochgehoben wird, dass einem schwindelig werden könnte. Da wird die Gemeinde in die Zukunft Gottes entrückt.[27]

Oder die Zukunft kommt zu uns – in Gestalt der Stadt, die Johannes visionär
vom Himmel schweben sieht: das himmlische Jerusalem von Offenbarung 21. Ich
denke an das Lied »Wachet auf, ruft uns die Stimme«. Die letzte Strophe *Gloria sei
dir gesungen* sollte im Stehen gesungen werden. »Wir stehn«, heißt es da, »wir

---

[26] Vgl. Nicol (Anm. 12), 284.
[27] Vgl. Nicol (Anm. 17), 99 – 102.

stehn im Chore / der Engel hoch um deinen Thron«.[28] Nicht: Wir würden gern stehen. Nicht: Wir werden stehen. Sondern: Wir stehen. Für einen Moment gilt, dass wir stehen und mitsingen im gemischten Chor, zusammen mit den Engeln. Das ist die Zukunft Gottes im doxologischen Indikativ der Gegenwart. Hier hat, in meinen Augen und Ohren, die Kirchenmusik eine ihrer vornehmsten Aufgaben: den Gesang der Gemeinde auch bei kleiner Schar so anzuleiten, dass er nicht zur Karikatur wird, sondern zur Doxologie. Hier wird der endzeitliche Zusammenklang der Zeiten im Modell geprobt und Gottes Zukunft im Präsens.[29]

Klangfrage rückwärts
Zeitkunst als Kritik

Die Klangfrage ist nicht nur zur Gestaltung künftiger, sondern auch bei der Begutachtung bereits geschehener Gottesdienste sinnvoll.

Konkret: Pfingstmontag auf dem Hesselberg, alle Jahre wieder, ein gar nicht so kleiner Kirchentag, mit einem Gottesdienst als Auftakt und Herzstück des Tages. Ich habe das Geschehen im Fernsehen verfolgt, das Video mehrfach gesehen, einschlägige Materialien gesichtet[30] und stelle nun die Klangfrage rückwärts: Wie hätte der Gottesdienst klingen können?

Da haben sich auf dem Hesselberg weit mehr als tausend Menschen versammelt: mit Kindern und Enkeln, mit Posaunen und Trompeten, mit Gästen aus Politik und Gesellschaft und mit vielen bunten Regenschirmen. Feuerflammen fielen nicht vom Himmel, dafür immer wieder Regen. Trotzdem war die Stimmung gut. Für den, der über TV dabei war, ergaben sich Fragen:

(1) Warum zu Beginn eine Musik, die schon im Titel signalisiert, dass nichts Außergewöhnliches zu erwarten ist:»Präludium in C«? Raimund Schächer dürfte beim Komponieren kaum an Pfingsten, sondern an einen wohltuend normalen Trinitatissonntag gedacht haben. Warum nicht bei einem derartigen Festgottesdienst zum Einzug ein bewegtes und bewegendes Vorspiel, den Pfingsthymnus (z. B. EG 124 »Nun bitten wir den Heiligen Geist«) intonierend, den dann die

---

[28]   EG 147 »Wachet auf, ruft uns die Stimme«, Strophe 3.

[29]   Günther Lamprecht, ehemals Direktor der »Kirchenmusikschule«, hatte es vergleichsweise leicht. Er spielte die Orgel in einer Kirche, die nicht nur bis zum letzten Platz gefüllt war, sondern beim Lied auch den Windsbacher Knabenchor zur Gemeinde zählen durfte. Ich war dabei; eine private Tonaufnahme erinnert mich noch heute an dieses Ereignis. Weil ich in Bayreuth in seiner ehemaligen Wirkungsstätte redete, ließ ich das Auditorium an »Gloria sei dir gesungen« (EG 147,3) teilhaben: Gottesdienst am Ewigkeitssonntag, 22. November 1970, in St. Andreas, Weißenburg i. Bay.

[30]   Von der Rundfunkbeauftragten der ELKB, Melitta Müller-Hansen, habe ich alle Materialien bekommen, die ich brauchte.

Posaunen geschmettert und die unzähligen Menschen trotzig in den Regen-
himmel gesungen hätten? Das wäre ein pfingstlicher Auftakt gewesen am Geburtstag der Kirche.

(2) Wo kommen heutzutage Tausende zusammen und feiern Gottesdienst?
Das, was da auf dem Hesselberg abging, war ein Ausnahmeereignis. Es war
Pfingstmontag, Fest des Heiligen Geistes. Der hat nach Luthers Kleinem Katechismus, qua Amt gewissermaßen, eine Menge zu tun: Er beruft, sammelt, er-
leuchtet, heiligt und erhält bei Jesus Christus im rechten, einigen Glauben (EG
S. 1557). Der Heilige Geist hat am Pfingstmontag 2019 das alles nach Kräften
getan. Aber seine Kirche hat sich ein Thema gesucht, das größeres Interesse zu
versprechen schien als der Heilige Geist: »Schätze des Glaubens«. Großen Respekt für den Glauben und die anrührenden Geschichten, die erzählt wurden!
Aber eine Schatzsuche gibt es bei jedem Kindergeburtstag, einen Gottesdienst
wie diesen allenfalls einmal im Jahr: Jerusalem, pfingstlich, auf dem Hesselberg.
Soll man denn die Feste nicht mehr feiern, wie sie kommen?

(3) Mit dem Credo hätte sich die ungewöhnliche Gemeinde ihrer Gemeinschaft im Glauben versichern können. Das Glaubenslied (EG 184 »Wir glauben
Gott im höchsten Thron«) hätte diese Funktion in dieser Gemeinde bestens erfüllt.
Problematisch war, wie eine Sängerin der Gemeinde bei jeder zweiten Strophe
das Bekenntnis wegnahm. Sie sang nicht schlecht. Aber sobald sie sichtbar als
Solistin auf der Bühne agierte, schwieg in der ihr eigenen Höflichkeit die Gemeinde.

(4) Warum muss man an einem Pfingstmorgen ein Lied singen, das mit der
Rede vom »Kleinod« zwar in das Thema »Schatzsuche« passt, aber mit seiner
Melodie noch immer verlässlich zum Einschlafen verleitet: »Mein schönste Zier
und Kleinod bist« (EG 473). Das ist und bleibt auch ohne Strophe 4 ein sehr
schönes, aber eben ein Abendlied.

Man hätte ... Ja, man hätte am Pfingstmontag 2019 auf dem Hesselberg und
im Fernsehen eine Kirche erleben können, die kraftvoll Geburtstag feiert, die mit
biblischen Bildern vom Heiligen Geist Sprache findet für ein Ausnahmeereignis
und die musikalisch zu großer Form aufläuft, wenn Gottes Geist auf dem Hesselberg aller Welt zeigt, was er kann.

Allegro con Dio
Mit Schwung über die Schwelle

Am Ende des Gottesdienstes stellt sich kirchenmusikalisch das Problem ähnlich
wie am Anfang. Üblich ist, dass sich nach der klaren Aufforderung »Gehet hin!«
die Gemeinde noch einmal setzt und dem Nachspiel lauscht. Ich habe diese In-

konsequenz oft genug mit scharfen Worten und beißender Ironie bedacht.[31] Jetzt aber will ich nicht wüten, sondern werben.

Ich will dafür werben, den Gottesdienst auch zum Schluss als Zeitenwechsel zur Geltung zu bringen. Wer den Gottesdienst besuchte, hat eine Zeitreise mitgemacht, in der vor allem gotteszeitliche Reiseziele die Route bestimmten. Er oder sie ist nun im Begriff, wieder die weltzeitlichen Reiseziele anzusteuern. Über diese Schwelle trägt die Musik. Sie lässt mich beschwingt zum Ausgang gehen und klingt mir durch die geöffneten Kirchentüren gotteszeitlich nach.

Eigentlich könnte es nach der Kirche sein wie im Kino, wenn ich einen starken Film gesehen habe. Da weiß ich bei meinen ersten Schritten im Freien nicht genau, ob ich noch im Film bin oder schon im Leben. Zum Schluss eines Gottesdienstes wäre es ein starkes *Allegro*, wenn ich *con Dio*, mit Gott, über die Schwelle geleitet werde und für einen kurzen Moment nicht genau weiß, wo ich bin. Selig sind die Zweizeitigen.

Es gibt Nachspiele, die sind genau dafür gemacht. Sie werden auch so genannt: *Sortie*, Ausgang. Ob das Stück, das ich an dieser Stelle einspielte, für den ersten Advent oder überhaupt zum Advent passen würde? Zum dritten Advent vielleicht schon. Dann, wenn Johannes der Täufer mich und die anderen soeben noch kräftig ermahnt und zur Buße gerufen hatte. »Ihr Otterngezücht!« (Lk 3,7), hallt es in mir nach, als ich aufstehen und mich zum Ausgang wenden will. Da tut es gut, mit einer *Sortie* schwungvoll und montagsmutig ins ganz normale Leben zurückzukehren.[32]

---

[31] Vgl. Nicol (Anm. 17), 172 f.

[32] Johannes Matthias Michel, Petite Suite in Blue [2004], 5. Satz »Sortie«: Nr. 15, in: In Dir ist Freude. Beschwingte Orgelmusik aus 4 Jahrhunderten [CD], Michael Haag an der Steinmeyer-Jann-Orgel in St. Andreas, Weißenburg, rec. 2011.

Verzeichnis der Erstveröffentlichungen

Ereignis und Kritik. Praktische Theologie als hohe Schule der Gotteskunst
in: ZThK 99 (2002), 226-238.

Wider die Instrumentalisierung des Rituals. Beispiel Confiteor
in: ZGDP 12 (1994), H.3, 9 f.

Kult um die Bibel und Kultur des Lesens. Zum gottesdienstlichen Umgang mit
dem Buch der Bücher
in: Kultbücher, hg. v. Rudolf Freiburg, Markus May u. Roland Spiller, Würzburg 2004, 1-13.

Warum wir Gottesdienst feiern. Erwartungen am Sonntagmorgen
in: Nachrichten der Evangelisch-Lutherischen Kirche in Bayern 68 (2013), 201-206.

Thema mit Variationen. Neue Gottesdienste und liturgische Tradition
in: Liturgie und Kultur 7 (2016), 95-105.

Preaching from Within. Homiletische Positionslichter aus Nordamerika
in: PTh 86 (1997), 295-309.

Zum Schluss kommen. Das Finalproblem in der Kanzelrede
in: Dramaturgische Homiletik. Eine Zwischenbilanz, im Auftrag des Ateliers Sprache e.V.
hg. v. Alexander Deeg und Dieter Rammler, Leipzig 2020, 153-168.

Engel im Kaffeehaus. Zur Schriftauslegung durch Lyrik
in: Kirche - Geschichte - Glaube, FS Hermann Pitters, hg. v. Hans Klein, Berthold W. Köber
u. Egbert Schlarb, Erlangen 1998, 310-319.

Karl May als Ausleger der Bibel. Beobachtungen zur »Old Surehand«-Trilogie
in: Jahrbuch der Karl-May-Gesellschaft, hg. v. Claus Roxin, Helmut Schmiedt u. Hans
Wollschläger, Husum 1998, 305-320.

Mit dem verborgenen Gott leben. Der einzelne Mensch und sein Leid in Texten moderner Lyrik
In deutscher Sprache bisher unveröffentlicht. In englischer Sprache: Living with the Hidden God. The Individual‹s Suffering in Modern Poetry, in: But Vindicate the Ways of God to Man. Literature and Theodicy, hg. v. Rudolf Freiburg u. Susanne Gruss (ZAA Studies 20), Tübingen 2004, 441–454.

In zwei Sprachen zu Haus. Der Professor als Poet
Richard Riess zum 80. Geburtstag
Festvortrag am 7. Januar 2018, Augustana-Hochschule Neuendettelsau [unveröffentlicht].

Nomadenhaft häuslich. Kaffeehaus als Lebensform
in: Universalien. Beiträge zu 25 Jahren studium universale, hg. v. Dominik Becher u. Alexandra Bär, Leipzig 2018, 343–372, Wiederabdruck mit verbesserten Angaben in den Fußnoten.

Ich stehe fertig und bereit. Klangrede als Seelsorge
in: Auf dem Weg zu einer seelsorglichen Kirche. Theologische Bausteine, FS Christian Möller, hg. v. Manfred Josuttis, Heinz Schmidt u. Stefan Scholpp, Göttingen 2000, 72–84.

Himmelfahrt. Von einem gestaltlosen Fest und seiner Gestalt in der Kunst
in: Spirituelle Aufbrüche. Perspektiven evangelischer Glaubenspraxis, FS Manfred Seitz, hg. v. Michael Herbst, Göttingen 2003, 212–223.

Sinnlichkeit und Gottverlangen. Mystische Erfahrung zwischen Kämmerlein und Konzertsaal
in: PTh 99 (2010), 156–170.

Fremde Botschaft Bibel. Homiletisches Plädoyer für eine hermeneutische Schubumkehr
in: PTh 93 (2004), 264–279.

Turmfrei und geistvoll. Zur Spiritualität in Luthers »Turmerlebnis«
in: PTh 109 (2020), 103–118.

Allegro con Dio. Liturgik als musikalische Zeitkunst
in: Der evangelische Gottesdienst und die Musik. Spannungsfeld und Gestaltungsaufgabe, Ringvorlesung 2018–2020 an der Hochschule für evangelische Kirchenmusik Bayreuth, veröffentlicht vom Gottesdienst-Institut der ELKB, Nürnberg 2020, 95–111.

Publikationsverzeichnis von Martin Nicol

Monographien

Meditation bei Luther, FKDG 34, Göttingen 1984; 2., durchgesehene u. ergänzte Aufl. 1991.

Gespräch als Seelsorge. Theologische Fragmente zu einer Kultur des Gesprächs, Göttingen 1990.

Grundwissen Praktische Theologie. Ein Arbeitsbuch, Stuttgart u. a. 2000.

Einander ins Bild setzen. Dramaturgische Homiletik, Göttingen 2002; 2., durchgesehene u. überarb. Aufl. 2005.

    Ungarisch: Dramatizált homiletika, übers. v. Sándor Percze, Budapest 2005.

    Finnisch: Saarnan taito. Dramaturginen homiletiikka, übers. v. Juhani Forsberg, Helsinki 2006.

Martin Nicol/Alexander Deeg, Im Wechselschritt zur Kanzel. Praxisbuch Dramaturgische Homiletik, Göttingen 2005, 2., erweiterte Auflage 2013.

Weg im Geheimnis. Plädoyer für den Evangelischen Gottesdienst, Göttingen 2009, [2]2010, 3., erweiterte Auflage 2011.

Gottesklang und Fingersatz. Beethovens Klaviersonaten als religiöses Erlebnis, Bonn 2015.

Mehr Gott wagen. Predigten und Reden zur Dramaturgischen Homiletik, Göttingen 2019.

Herausgegebene Werke

Rudolf Bohren, Auslegung und Redekunst, unter Mitarbeit von Roger Schmidt hg. u. eingeleitet v. Martin Nicol, = edition bohren 3, Waltrop 2005.

Bibelwort und Kanzelsprache. Homiletik und Hermeneutik im Dialog, hg. v. Alexander Deeg u. Martin Nicol, Leipzig 2010.

Lexikonartikel

Meditation II. Historisch/Praktisch-theologisch, in: TRE 22, 337–353 [1992].

Geselligkeit II. Praktisch-theologisch, in: RGG⁴ 3, 824 f. [2000].

Homiletik/Homiletische Literatur II. Evangelisch, katholisch, international, in: RGG⁴ 3, 1875 ff. [2000].

Meditation/Kontemplation II. Christentum, in: RGG⁴ 5, 965–967 [2002].

Predigt I. Allgemein, in: RGG⁴ 6, 1585 [2003].

Predigt IV. Rhetorisch, in: RGG⁴ 6, 1598–1601 [2003].

Predigtvorbereitung und Meditation, in: RGG⁴ 6, 1607 f. [2003].

Aufsätze und Artikel

Die Religion in Existenzanalyse und Logotherapie nach Viktor E. Frankl, in: WzM 38 (1986), 207–222.

Spiritualität als Lernelement des christlichen Glaubens, in: G. Adam/G. Fähndrich/M. Nicol/H.G. Ulrich, Kirche in der Gegenwart des Geistes. Glaube und Lernen im Konfirmandenunterricht, Hannover 1986, 61–72.

Traum-Predigt und Gottesbotschaft, in: ZGDP 5 (1987), H. 4, 9–11.

Evangelische Meditation bei Gerhard Tersteegen, in: ThBeitr 21 (1990), 136–150.

Musikalische Hermeneutik. Hinweis auf das Ereignis in der Schriftauslegung, in: PTh 80 (1991), 230–238.

»... durch einen Spiegel in einem dunkeln Wort«. Von der geistlichen zur existentiellen Schriftauslegung, in: ZW 63 (1992), 221–230.

Zwischen Ereignis und Wissenschaft. Über Schwierigkeit und Faszination der Praktischen Theologie, in: PTh 83 (1994), 68–81.

Im Ereignis den Text entdecken. Überlegungen zur Homiletischen Schriftauslegung, in: Einfach von Gott reden, FS Friedrich Mildenberger, hg. v. Jürgen Roloff u. Hans G. Ulrich, Stuttgart u. a. 1994, 268–281.

Wider die Instrumentalisierung des Ritus. Beispiel Confiteor, in: ZGDP 12 (1994), H.3, 9 f.

Auf der Suche nach Predigt. Über homiletische Erfahrungen in der Praktischen Theologie, in: DtPfrBl 93 (1994), 355–357.

Eine Taufe - Vielfalt der Deutungen. Ritus, Theologie und Biographie bei der Taufe Erwachsener, in: Erwachsene taufen. hg. v. Hans Gerhard Maser u. Johannes Opp, Gütersloh 1995, 28–39.

Preaching from Within. Homiletische Positionslichter aus Nordamerika, in: PTh 86 (1997), 295–309.

Leben deuten mit der Bibel. Zum Schriftgebrauch in der nordamerikanischen Seelsorge, in: WzM 50 (1998), 2–17.

Engel im Kaffeehaus. Zur Schriftauslegung durch Lyrik, in: Kirche - Geschichte - Glaube, FS Hermann Pitters, hg. v. Hans Klein, Berthold W. Köber u. Egbert Schlarb, Erlangen 1998, 310–319.

In den Spuren von Alexandre Vinet. Neue Wege der französischsprachigen Homiletik, in: IJPT 2 (1998), 196–207.

Karl May als Ausleger der Bibel. Beobachtungen zur »Old Surehand«-Trilogie, in: Jahrbuch der Karl-May-Gesellschaft, hg. v. Claus Roxin, Helmut Schmiedt u. Hans Wollschläger, Husum 1998, 305–320.

Homiletik. Positionsbestimmung in den neunziger Jahren, in: ThLZ 123 (1998), 1049–1066.

Ich stehe fertig und bereit. Klangrede als Seelsorge, in: Auf dem Weg zu einer seelsorglichen Kirche. Theologische Bausteine, FS Christian Möller, hg. v. Manfred Josuttis, Heinz Schmidt u. Stefan Scholpp, Göttingen 2000, 72–84.

Preaching as Performing Art. Ästhetische Homiletik in den USA, in: PTh 89 (2000), 435–453.

To Make Things Happen. Homiletische Praxisimpulse aus den USA, in: Predigen im Plural. Homiletische Perspektiven, hg. v. Uta Pohl-Patalong u. Frank Muchlinsky, Hamburg 2001, 46–54; erstmals in: Lernort Gemeinde. Zeitschrift für theologische Praxis 17 (1999), H. 1, 27–30.

Gestaltete Bewegung. Zur Dramaturgie von Gottesdienst und Predigt, in: Liturgie lernen und lehren. Aufsätze zur Liturgiedidaktik, hg. v. Jörg Neijenhuis, = Beiträge zu Liturgie und Spiritualität Bd. 6, Leipzig 2001, 151–163.

Lästige Verwandtschaft? Offener Brief zur Predigt als Performing Art, in: Balancé – Gespräche über Theologie, die die Welt braucht, hg. v. Bernd Beuscher, = Profane Religionspädagogik Bd. 5, Münster u. a. 2001, 106–109.

Ereignis und Kritik. Praktische Theologie als hohe Schule der Gotteskunst, in: ZThK 99 (2002), 226–238.
  Ungarisch: Esemény és kritika. A gyakorlati teológia mint az Istenröl szóló müvészet fö iskolája, in: Lelkipásztor 78 (2003), 42–47.

Vernetzte Texte. Bibel und moderne Lyrik im Wechselspiel (Tanja Gojny / Alexander Deeg / Martin Nicol), in: PrTh 37 (2002), 298–311.

The Art of Preaching versus the Doctrine of God? The Role Dogmatics plays in Preaching, in: Preaching: Creating Perspective, = Studia Homiletica 4, hg. v. Gerrit Immink u. Ciska Stark, Veröffentlichung der Societas Homiletica, Utrecht 2002, 184–195.

Himmelfahrt. Von einem gestaltlosen Fest und seiner Gestalt in der Kunst, in: Spirituelle Aufbrüche. Perspektiven evangelischer Glaubenspraxis, FS Manfred Seitz, hg. v. Michael Herbst, Göttingen 2003, 212–223.

Predigtkunst vs. Lehre von Gott? Zur Rolle von Dogmatik in der homiletischen Arbeit, in: Beim Wort nehmen. Die Schrift als Zentrum für kirchliches Reden und Gestalten, FS Friedrich Mildenberger, hg. v. Michael Krug, Ruth Lödel u. Johannes Rehm, Stuttgart 2004, 330–340.

Polyphon lesen. Biblische Spuren in der deutschsprachigen Lyrik nach 1945, in: LS 55 (2004), 98–103.

Kult um die Bibel und Kultur des Lesens, in: Kultbücher, hg. v. Rudolf Freiburg, Markus May u. Roland Spiller, Würzburg 2004, 1–13.

Fremde Botschaft Bibel. Homiletisches Plädoyer für eine hermeneutische Schubumkehr, in: PTh 93 (2004), 264–279.

290 Publikationsverzeichnis von Martin Nicol

Mit Musik predigen. Kantatenpredigt als Kunst unter Künsten: in: Klage – Lob – Verkündigung. Gottesdienstliche Musik in einer pluralen Kultur, hg. v. Irene Mildenberger u. Wolfgang Ratzmann, = Beiträge zu Liturgie und Spiritualität Bd. 11, Leipzig 2004, 141–157.

Living with the Hidden God. The Individual's Suffering in Modern Poetry, in: But Vindicate the Ways of God to Man. Literature and Theodicy, hg. v. Rudolf Freiburg u. Susanne Gruss, = ZAA Studies 20, Tübingen 2004, 441–454.

Dramaturgical Homiletic in Germany. Preaching as Art Among the Arts: Homiletic 29 (2004), H. 2, 12–19.

Mehr Gott wagen. Zur Sprachgestalt der Predigt, in: PTh 94 (2005), 262–272.

Müvészet a müvészetek között. Dramatizált homiletika, in : Lelkipásztor 80 (2005), 255–258 [deutscher Titel: Kunst unter Künsten. Dramaturgische Homiletik].

Dramaturgische Homiletik. Predigtarbeit zwischen Künsten, Kulten und Konfessionen, in: Kontrapunkte. Katholische und protestantische Predigtkultur, hg. v. Erich Garhammer, Ursula Roth und Heinz-Günther Schöttler, = ÖSP 5, München 2006, 274–287.

PredigtKunst. Ästhetische Überlegungen zur homiletischen Praxis, in: Grundfragen der Predigt. Ein Studienbuch, hg. v. Wilfried Engemann u. Frank M. Lütze, Leipzig 2006, 235–242; erstmals in: PrTh 35 (2000), 19–24.

Predigt als Rede. Zur Homiletik von Gert Otto, in: PrTh 42 (2007), 39–48.

Alexander Deeg/Martin Nicol, Auf der Schwelle zur Predigt. Was eine Göttinger Predigtmeditation leisten kann, in: GPM 62 (2007/08), 3–17.

Alexander Deeg/Martin Nicol, Jewish Hermeneutics and Christian Preaching. Scriptural Hermeneutics and its Homiletical Consequences, in: Preaching in Judaism and Christianity. Encounters and Developments from Biblical Times to Modernity, hg. v. Alexander Deeg, Walter Homolka, Heinz-Günther Schöttler, = SJ 41, Berlin / New York 2008, 204–220.

Martin Nicol/Alexander Deeg, Texträume öffnen, in: Arbeitsstelle Gottesdienst 23 (2009), H. 2, 34–40.

Sinnlichkeit und Gottverlangen. Mystische Erfahrung zwischen Kämmerlein und Konzertsaal, in: PTh 99 (2010), 156–170.

Paul Althaus (1888–1966), in: Gottesdienst als Feld theologischer Wissenschaft im 20. Jahrhundert. Deutschsprachige Liturgiewissenschaft in Einzelportraits, hg. v. Benedikt Kranemann u. Klaus Raschzok, 2 Bde., LQF 98, Münster 2011, Bd. 1, 82–93.

Martin Nicol/Alexander Deeg, Einander ins Bild setzen, in: Homiletik. Aktuelle Konzepte und ihre Umsetzung, hg. v. Lars Charbonnier, Konrad Merzyn, Peter Meyer, Göttingen 2012, 68–84.

Klangraum Gottesdienst. Imaginationen mit Links zur Praxis, in: MuK 83 (2013), 24–30.

Warum wir Gottesdienst feiern. Erwartungen am Sonntagmorgen, in: Nachrichten der Evangelisch-Lutherischen Kirche in Bayern 68 (2013), 201–206.

Höhere Offenbarung. Religiöses Erleben zwischen Konzert und Kirche, in: Erlebnis Predigt, hg. v. Alexander Deeg, Leipzig 2014, 162–183.

Thema mit Variationen. Neue Gottesdienste und liturgische Tradition, in: Liturgie und Kultur 7 (2016), 95–105.

»Holde Wurstigkeit des Augenblicks«. Theologie im Kaffeehaus, in: Forum. Magazin des Augustinum 3/2016, 6–10.

Nomadenhaft häuslich. Kaffeehaus als Lebensform, in: Universalien. Beiträge zu 25 Jahren studium universale, hg. v. Dominik Becher u. Alexandra Bär, Leipzig 2018, 343–372.

Zum Schluss kommen. Das Finalproblem in der Kanzelrede, in: Dramaturgische Homiletik. Eine Zwischenbilanz, im Auftrag des Ateliers Sprache e.V. hg. v. Alexander Deeg und Dieter Rammler, Leipzig 2020, 153–168.

Turmfrei und geistvoll. Zur Spiritualität in Luthers »Turmerlebnis«, in: PTh 109 (2020), 103–118.

Allegro con Dio. Musikalische Zeitkunst zwischen Sound und Sanctus, in: Der evangelische Gottesdienst und die Musik. Spannungsfeld und Gestaltungsaufgabe, Ringvorlesung 2018–2020 an der Hochschule für evangelische Kirchenmusik Bayreuth, veröffentlicht vom Gottesdienst-Institut der ELKB, Nürnberg 2020, 95–111.

Heimliche Homiletik. Die Rolle der Predigt auf dem Weg zu Agende I, in: Gussformen der Gottesdienstgestaltung. Das Agendenwerk der VELKD zwischen Neuaufbruch und Restauration, hg. v. Konstanze Kemnitzer, Leipzig 2021, 111–126.

Homiletische Schriftauslegung

Mk 4,26–29, in: GPM 41 (1986/87), 125–131.

Joh 8,12–16, in: MZGD III/1 (1992), 33–37.

Mt 4,12–17, in: GPM 47 (1992/93), 88–93.

Jes 6,1–13, in: MZGD III/2 (1993), 196–200.

1Petr 3,8–15a [15b–17], in: MZGD IV,2 (1994), 214–218.

1Thess 1,2–10, in: MZGD IV,2 (1994), 257–261.

Joh 6,47–51, in: MZGD V,1 (1994), 112–116.

2Mose 20,1–17, in: MZGD V,2 (1995), 272–276.

Mk 8,22–26, in: GPM 49 (1994/95), 339–344.

Röm 9,14–24, in: GPM 50 (1995/96), 111–117.

Joh 6,55–65, in: GPM 53 (1998/99), 165–172.

Mord, Totschlag und die Diakonie Gen 4,1–16a, in: GPM 54 (1999/2000), 379–386.

Das Letzte zuerst 1Kor 15,19–28, in: GPM 62 (2007/08), 194–200.

Von der herzinnigen Weltläufigkeit des Spiritus Creator Joh 14,23–27: in: GPM 63 (2008/09), 278–285.

Geschenkte Zeit Röm 6,3–8 (9–11), in: GPM 64 (2009/10), 317–323.

Auftakt zu Amen. Von der diskreten Macht der Doxologie Eph 1,3–14 / in: GPM 66 (2011/12), 287–293.

Paradiesisches am Sonntag Nr. 15 Gen 2,4b–9 (10–14) 15, in: GPM 68 (2013/14), 431–438.

Fanfaren der Freude und Ankunft im Pianissimo Lk 1, 26–38, in: GPM 71 (2016/17), 36–42.

Ostergesteinsbrocken Mt 28,1–10, in: GPM 75 (2020/21), 257–263.

Predigten

Mt 11,11-15 (Johannistag), in: Er ist unser Friede. Lesepredigten, hg. v. Wilfried Engemann, Bd. V/2, Leipzig 2007, 27-33.

1Kor 15,19-28 (Ostersonntag), in: Er ist unser Friede. Lesepredigten, hg. v. Wilfried Engemann, Bd. VI/1, Leipzig 2007, 184-190.

Auf Durchreise 2Kor 5,1-10 (Vorletzter Sonntag im Kirchenjahr), in: Er ist unser Friede. Lesepredigten, hg. v. Wilfried Engemann, Bd. VI/2, Leipzig 2008, 202-207.

Himmel, ist das eng hier! Joh 14,23-27 (Pfingstsonntag), in: Er ist unser Friede. Lesepredigten, hg. v. Wilfried Engemann, Bd. I/1, Leipzig 2008, 259-265.

Michael, die Engel und die Macht Lk 10,17-20 (Michaelis), in: Er ist unser Friede. Lesepredigten, hg. v. Wilfried Engemann, Bd. I/2, Leipzig 2009, 127-133.

Geschenkte Zeit Röm 6,3-8 (9-11) (6. So. n. Tr.), in: Er ist unser Friede. Lesepredigten, hg. v. Wilfried Engemann, Bd. II/2, Leipzig 2010, 54-58.

Logopädie nach Epheser Eph 1, 3-14 / Trinitatis (3.6.2012), in: Er ist unser Friede. Lesepredigten, hg. v. Helmut Schwier, Bd. IV/2, Leipzig 2012, 18-23.

Nächste Nähe 1Joh 1,1-4 / 1. Sonntag nach dem Christfest (27.12.2015), in: Pastoralblätter 155 (2015), 1059-1064.

Rezensionen

Jürgen Roloff, Neues Testament, Neukirchen-Vluyn 1977, in: Protest. 35 (1980), 175 f.

Peter Stuhlmacher, Vom Verstehen des Neuen Testaments, Göttingen 1979, in: Protest. 35 (1980), 176 f.

Wir glauben und bekennen. Zugänge zum Augsburger Bekenntnis, hg. v. Lutz Mohaupt, Göttingen 1980 + Das Augsburger Bekenntnis Deutsch 1530-1980, hg. v. Günther Gaßmann, Göttingen/Mainz 1980, in: Protest. 36 (1981), 241 f.

Große Mystiker. Leben und Wirken, hg. v. Gerhard Ruhbach und Josef Sudbrack, München 1984, in: GuL 58 (1985), 311 f.

Friedrich Mildenberger, Biblische Dogmatik, Bd. 1, Stuttgart u. a. 1991, in: Nachrichten der Evang.-Luth. Kirche in Bayern 47 (1992), 259.

Friedrich Mildenberger, Biblische Dogmatik, Bd. 3, Stuttgart u. a. 1993, in: Nachrichten der Evang.-Luth. Kirche in Bayern 49 (1994), 218 f.

Gert Hartmann, Lebensdeutung. Theologie für die Seelsorge, Göttingen 1993, in: ThLZ 119 (1994), 928-930.

Wybe Zijlstra, Handbuch zur Seelsorgeausbildung, Gütersloh 1993, in: ThLZ 120 (1995), 181-183.

Hanns Kerner, Reform des Gottesdienstes. Von der Neubildung der Gottesdienstordnung und Agende in der evangelisch-lutherischen Kirche in Bayern im 19. Jahrhundert bis zur Erneuerten Agende, Stuttgart 1994, in: Nachrichten der Evang.-Luth. Kirche in Bayern 51 (1996), 312 f.

Richard Lischer, The Preacher King. Martin Luther King, Jr. and The Word That Moved America, New York/Oxford 1995, in: PTh 87 (1998), 188 f.

Jan Twardowski, Wenn du betest atmet Gott in dir. Religiöse Lyrik mit biblischer Lesehilfe, ausgewählt und übersetzt von Rudolf Bohren jun., biblisch kommentiert von Rudolf Bohren sen., Zollikon 1996, in: PTh 87 (1998), 326 f.

Bernard Reymond, De vive voix. Oraliture et prédication, Genève (Labor et Fides) 1998, in: ThLZ 125 (2000), 117 ff.

Interkulturelle Umschau (Buchbericht). Zwei Impulse für Poimenik und Homiletik aus Indien und Afrika [Uwe Hein, Indische christliche Seelsorge, 1991; Rainer Albrecht, Eine Trommel allein singt kein Lied. Predigt als dialogisches Geschehen in einer Kultur der Oralität, 1996], in: PTh 89 (2000), 101–104.

Frank Peter Brinkmann, Praktische Homiletik. Ein Leitfaden zur Predigtvorbereitung, Stuttgart u. a. 2000, in: ThLZ 127 (2002), 550 f.

Theologie der Predigt. Grundlagen – Modelle – Konsequenzen, hg. v. Wilfried Engemann, APrTh 21, Leipzig 2001, in: ThLZ 129 (2004), 200 ff.

Albrecht Grözinger, Toleranz und Leidenschaft. Über das Predigen in einer pluralistischen Gesellschaft, Gütersloh 2004, in: Pastoralblätter 145 (2005), 778 f.

Reiner Knieling, Was predigen wir? Eine Homiletik, Neukirchen-Vluyn 2009, in: ThLZ 136 (2011), 962 f.

Gestalteter Klang – gestalteter Sinn. Orientierungsstrategien in Musik und Religion im Wandel der Zeit, hg. v. Ingolf U. Dalferth u. Stefan Berg, Leipzig 2011, in: Liturgie und Kultur 2 (2011), 69 f.

Beiträge in kirchlichen Blättern und sonstige Publikationen

Gespräche an der Grenze. Sechs Wochen Klinische Seelsorgeausbildung (KSA) in Bamberg, in: Korrespondenzblatt des Pfarrervereins in der Evang.-Luth. Kirche in Bayern 101 (1986), 152.

Kreuzung zweier Herzwege [zu Ps.1], in: Sonntagsblatt. Evangelische Wochenzeitung für Bayern, 1987, Nr. 42, 3 = Worte an den Ewigen. Andachten zu den Wochenpsalmen des Kirchenjahres, hg. v. Georg Heckel und Friedrich Kraft, München 1987, 104 f.

Die fernen Nächsten im Religionsunterricht. Herausforderungen durch Kinder von Aus- und Übersiedlern, in: KAT 1994. Kurse, Anstöße, Tips für die religionspädagogische Arbeit in Schule und Gemeinde, hg. v. Katechetischen Amt der Evang.-Luth. Kirche in Bayern, Heilsbronn, Oktober 1993, 36–41.

»Wir sind das Volk«. Praktisch-theologische Überlegungen zur Demokratie in der Kirche, in: LKI 5 (1994), Nr. 9, 4–8 [Landeskirchliche Informationen. Amtliches Informationsblatt des Landeskonsistoriums der Evangelischen Kirche A.B. in Rumänien].

Meditation – Erfahrung des Wortes. Die Aktualität des Reformators, in: Nachrichten der Evang.-Luth. Kirche in Bayern 51 (1996), 68 f.

An den Felsen geschlagen. Meditation – Nicht nur im Kloster: Luther persönlich. Zum 450. Todestag Martin Luthers, Beilage zum Sonntagsblatt. Evangelische Wochenzeitung für Bayern 7/1996, 10.

Percevoir la prédication comme événement. Enseignement homilétique à Erlangen: Actes du Colloque de Lyon-Francheville sur les méthodes d'enseignement en homilétique 15–18 mai 1996, in: Supplément aux Cahiers de l'Institut Romand de Pastorale, Lausanne 1996, 113 f.

Gemeinde entdecken, in: Evangelisch-Lutherisches Gemeindezentrum Christuskirche Dechsendorf. Festschrift zur Einweihung am 5. Oktober 1997, hg. im Auftrag des Fördervereins »Evang.-Luth. Gemeindezentrum e.V.«, Erlangen 1997, 42 f.

Mächtig Krach um ein bisschen Lob [Andacht zu Mt 21,14–17], in: Evangelisches Sonntagsblatt aus Bayern 16/2005, 1.

Beten mit wachen Sinnen [Andacht zu Kol 4,2], in: Evangelisches Sonntagsblatt aus Bayern 20/2006, 1.

Wie der Glaube sprechen lernt, Martin Nicol im Interview mit Pfr. Thomas Schaufelberger, in: Magazin Bildungskirche, hg. v. Konkordatskonferenz und Weiterbildungsrat der Reformierten Kirchen, Zürich, H. 2/2015, 13–16.

Elfenbeinturm und Turmerlebnis. Nachtrag zum Luther-Jubiläum, in: Uttenreuther-Blätter 86 (2017), H. 2, 18–26.

Gemeinschaftstärkendes Ritual [zur trinitarischen Eröffnungsformel im Gottesdienst], in: Korrespondenzblatt des Pfarrer- und Pfarrerinnenvereins in der evang.-luth. Kirche in Bayern 132 (2017), 52 f.

Über Martin Nicol

Thomas H. Böhm/Bernhard Spielberg, Martin Nicol, in: Praktische Theologie in der Spätmoderne. Herausforderungen und Entdeckungen, hg. v. Stefan Gärtner / Tobias Kläden / Bernhard Spielberg, S.Th.P.E. 89, Würzburg 2014, 227–251.

Personenregister

Anmerkung: Eine im Register *kursiv* gesetzte Seitenzahl weist darauf hin, dass der entsprechende Name nur in einer Fußnote vorkommt.

Bibelstellenregister

Gen
- Gen 5,24 211
- Gen 15,5 45
- Gen 18,1-15 110-114
- Gen 18,2 113
- Gen 18,5-8 113
- Gen 18,8 116
- Gen 22 *233*

Ex
- Ex 3 225
- Ex 3,1-5 *158*
- Ex 4,24 140
- Ex 13,21 140, *158*
- Ex 16 139
- Ex 16,14 140
- Ex 16,31 140
- Ex 17,2 139
- Ex 17,6 255, *256*
- Ex 33,18-23 140

Lev
- Lev 11,3 *257*

Num
- Num 20,3 139
- Num 20,11 255f.

Dtn
- Dtn 14,6 *257*

2. Samuel
- 2Sam 11 *213*

1. Könige
- 1Kön 8 204
- 1Kön 8,27 204
- 1Kön 19,1-8 131
- 1Kön 19,9-13 *131*

2. Könige
- 2Kön 2,11 211

Hiob
- Hi 30,20 138

Psalmen
- Ps 1,2 254f., 257, 259f.
- Ps 6,2 143
- Ps 6,3 143
- Ps 6,7 143
- Ps 14,7 144
- Ps 19,2 *158*
- Ps 27,1 144
- Ps 31,11 143
- Ps 34,5.11 143
- Ps 34,9 216
- Ps 55,19 143
- Ps 57,9 *158*
- Ps 59,10 143
- Ps 62,6 143
- Ps 71,5 143
- Ps 71,9 144
- Ps 80,3 143
- Ps 88,4 143
- Ps 90,1 143f.
- Ps 110,1 204
- Ps 118,16 204
- Ps 119,18 *262*
- Ps 121,1 144
- Ps 131,1 211
- Ps 143,9 143

Jesaja
- Jes 6 280
- Jes 6,3 66
- Jes 6,8 216

Daniel
- Dan 7,1.9-14 204

Alexander Deeg
Christian Lehnert (Hrsg.)

Krieg und Frieden

Metaphern der Gewalt und
der Versöhnung im
christlichen Gottesdienst

184 Seiten | Paperback | 14,5 x 21,5 cm
ISBN 978-3-374-07085-5
EUR 38,00 [D]

Polarisierungen im politischen Alltag, Spannungen, neue globale Konflikt-
lagen und immer wieder Gewalt, die als Mittel zum Zweck dient oder als
Exzess aufbricht! – Es ist drängender und zugleich schwieriger geworden,
Frieden zu verkündigen. Die christliche Friedensbotschaft ist stark und
mehrdimensional, sie hat ethische, eschatologische und auch liturgische
Aspekte. Eindeutig ist sie nicht, denn schon in der biblischen Tradition gehören Gewaltmetaphern zu religiöser Sprache.

Sind unsere Gottesdienste Orte des Friedens? Die Beiträge in diesem Buch
analysieren Lieder und Liturgien, schauen auf gesellschaftliche Kontexte
und versuchen in einem weiten Bogen zu erkunden, was unsere Gottesdienste beitragen können zu einer friedlicheren Welt.

⊕ **EVANGELISCHE VERLAGSANSTALT**
Leipzig   www.eva-leipzig.de

Tel +49 (0) 341/ 7 11 41 -44   shop@eva-leipzig.de